HISTOIRE UNIVERSELLE

PAR

AGRIPPA D'AUBIGNÉ

IMPRIMERIE DAUPELEY-GOUVERNEUR

A NOGENT-LE-ROTROU.

HISTOIRE
UNIVERSELLE

PAR

AGRIPPA D'AUBIGNÉ

ÉDITION PUBLIÉE POUR LA SOCIÉTÉ DE L'HISTOIRE DE FRANCE

PAR

Le Baron Alphonse DE RUBLE

TOME HUITIÈME

1588-1593

A PARIS
LIBRAIRIE RENOUARD
H. LAURENS, SUCCESSEUR
LIBRAIRE DE LA SOCIÉTÉ DE L'HISTOIRE DE FRANCE
RUE DE TOURNON, N° 6

M DCCC XCV

EXTRAIT DU RÈGLEMENT.

Art. 14. — Le Conseil désigne les ouvrages à publier, et choisit les personnes les plus capables d'en préparer et d'en suivre la publication.

Il nomme, pour chaque ouvrage à publier, un Commissaire responsable, chargé d'en surveiller l'exécution.

Le nom de l'éditeur sera placé en tête de chaque volume.

Aucun volume ne pourra paraître sous le nom de la Société sans l'autorisation du Conseil, et s'il n'est accompagné d'une déclaration du Commissaire responsable, portant que le travail lui a paru mériter d'être publié.

Le Commissaire responsable soussigné déclare que le tome VIII de l'édition de l'Histoire universelle d'Agrippa d'Aubigné *préparée par* M. le Baron Alphonse de Ruble *lui a paru digne d'être publié par la* Société de l'Histoire de France.

Fait à Paris, le 25 octobre 1895.

Signé : Lud. LALANNE.

Certifié :

Le Secrétaire de la Société de l'Histoire de France,

A. DE BOISLISLE.

LES HISTOIRES
DU
SIEUR D'AUBIGNÉ

LIVRE DOUZIÈME

(*Suite.*)

(LIVRE II DU TOME III DES ÉDITIONS DE 1620 ET DE 1626).

CHAPITRE XV.

Prise de Niort et Maillezais.

Telles incertitudes de desseins n'estoyent point parmi les réformez, qui de ce temps amassoyent leurs forces pour le secours de la Grenache, et pour cet effect avoyent desjà avancé trois régimens auprès de Fontenai. Sainct-Gelais[1], qui avoit de long temps fait plusieurs entreprises sur Niort[2] avec de très grandes despences et ayant eu promesse de ses amis de lui aider encor à ceste prise vingt fois sans se prendre à lui du succez, fit encor une entreprise[3] moins appa-

1. Louis de Saint-Gelais, s. de Lansac.
2. D'après une lettre de du Plessis-Mornay, publiée par Liques (*Vie de du Plessis-Mornay*, p. 124), ce capitaine avait été chargé de préparer la surprise de Niort.
3. Entreprise de Saint-Gelais sur Niort, au nom du roi de Navarre, 27 décembre 1588 (*Mémoires de la Ligue*, t. III, p. 152).

rente qu'aucune des autres ; car c'estoit une escalade où il faloit quarante-quatre pieds d'eschelle à huict pas d'une sentinelle. A quoi on adjousta un couple de pétars, comme vous verrez. Il pria donc le roi de Navarre de lui donner quelques compagnies de celles qui estoient demeurées en arrière, ce qui lui fut accordé à grand regret, pour la défaveur, voire la haine, où il estoit lors. Il fut donc asseuré de Parabère[1] avec trois cents harquebusiers de son régiment, parmi cela de très bons officiers. D'ailleurs, Sainct-Gelais avoit quelques cent de ses amis, la plupart gentilshommes bien armez ; tout cela ne passant que de fort peu quatre cents hommes, qui allèrent prendre leur logis à Ansigni[2].

Aubigné estoit demeuré à Sainct-Jean-d'Angéli pour attendre quelques gentilshommes qu'il devoit mener à l'entreprise. Comme il estoit prest de monter à cheval, arrive en poste Beaujeu[3], de la part du roi, qui aportoit la nouvelle de Blois[4]. Cela fit faire alte[5] pour redemander la volonté du roi de Navarre sur un tel changement. Elle fut d'aller rendre grâces à Dieu par une prière publique et extraordinaire et qu'on essayast l'entreprise, de laquelle il n'espéroit rien. Le porteur de ceste nouvelle trouva la file des entrepreneurs une heure après minuit entre Saincte-Blasine[6] et Niort.

1. Jean de Beaudéan, s. de Parabère, lieutenant général du roi de Navarre en Poitou.
2. Antigny (Vendée).
3. Charles de Mesnil-Simon, s. de Beaujeu, ancien gentilhomme de la chambre du duc d'Anjou, puis capitaine protestant.
4. La nouvelle de l'assassinat des Guises.
5. Cela fit faire halte *à d'Aubigné* pour...
6. Sainte-Placine (Deux-Sèvres).

Ceste réjouissance, bien que soupçonnée pour feinte des plus vieux, donna une grande allégresse aux compagnons.

Toutes choses venoyent à souhait pour ceste exécution, comme en ce que Ranques[1], qui avoit travaillé aux préparatifs, prenant un chemin à part pour se trouver au rendé-vous, avoit rencontré et pris quatre hommes de cheval de la garnison de Niort qui s'y alloyent jetter, ayant veu et recognu les troupes qui marchoyent. D'ailleurs, les domestiques de Sainct-Gelais avoyent fait pareil rencontre d'un messager de Ferrière[2], guidon de Malicorne[3], qui portoit un advis certain avec les particularitez.

Sur cet heur, les gens de cheval allèrent mettre pied à terre en une valée dessous Vouillé[4], loin de tous chemins, et de là, après la prière faite, marchèrent les armes à dos et firent aller par les champs les mulets qui portoyent les eschelles et les pétars. Arrivez près de la ville, il falut attendre dans les pierrières[5] que la lune fust couchée. Là ils pensèrent périr de froid. L'heure venue, ils partagent leurs deux eschelles, chacune de six pièces et chaque pièce de sept pieds. Il n'y eut point de *qui va là*, comme on a escrit[6], car

1. Antoine de Ranques, capitaine protestant, plusieurs fois cité dans les *Lettres de Henri IV*.
2. On trouve, dans le récit du siège de la Garnache, un capitaine La Ferrière (*Mémoires de la Ligue*, t. II, p. 541), qu'il ne faut pas confondre avec celui-ci.
3. Jean de Chourses, s. de Malicorne, gouverneur de Poitou.
4. Vouillé (Vienne).
5. *Perrière*, carrière de pierre.
6. Le récit auquel d'Aubigné fait allusion et qu'il dément plusieurs fois dans le cours de ce chapitre est une relation du temps réimprimée dans les *Mémoires de la Ligue*, t. III, p. 152.

la sentinelle, ne pouvant endurer la bise trenchante qui embouchoit son créneau, avoit la teste contre la muraille, à huict pas de l'eschelle de main droite, et n'ouït point de bruit, pource que les rouettes de la première pièce estoyent feutrées. Ces deux eschelles donc furent emboitées et appliquées à six pas l'une de l'autre dans une retraitte de muraille, où il y avoit deux créneaux. Quant aux pétars, le premier estoit porté par le capitaine Christophle, qui le devoit faire jouer quand Aubigné lui diroit, et c'estoit au premier bruit d'alarme; le second par le capitaine Gentil[1], avec de grandes perches pour l'appuyer du fonds du fossé et deux eschelles pour mettre en croix Sainct-André, pour passer de l'une dans l'autre et non la remuer, comme on a escrit.

A l'une des grandes eschelles montèrent Joquères[2], Aranbure[3], un soldat, Renaudière, qui sçavoit les avenues, et quelques autres hommes choisis; à l'autre Leslitres, quoiqu'il fust estropié, et Préau le second. Et furent onze sur le corridor avant qu'estre apperceus de la sentinelle, pour la raison que nous avons dite. Cet homme se trouva un coup d'espée à travers le corps, s'escriant sans dire *qui va là*. Préau et quelques autres donnèrent à main droite au corps de garde de la tour Folie. Sept hommes qui estoyent là en garde se jettèrent au bas des murailles sur des fumiers, et

1. Pierre Gentil, capitaine protestant.
2. Antoine de Dampierre, s. de Jonquières, conseiller et maître d'hôtel ordinaire du roi de Navarre, plusieurs fois cité dans les *Lettres de Henri IV*.
3. Jean de Harambure, s. de Romefort, fidèle serviteur du roi de Navarre, gouverneur de Vendôme et d'Aigues-Mortes, mort après 1624.

là quelqu'un de la ville tira une harquebusade. Celui qui commandoit au premier pétard venoit de voir les eschelles abandonnées, n'y ayant que dix-huict de montez pour cela, et à l'ouyr de ce coup il fait mettre le feu. L'effect fut tel que si on eust ouvert la porte à plaisir, pource qu'on avoit tasté par les cloux l'endroit de la barre avant poser. Le capitaine Gentil porte le second et le planta avec grandes difficultez et longueurs.

Or, cependant que toute la foule, qui estoit dans le ravelin, estoit couchée du ventre pour n'avoir autre couverture, les Niortois, resveillez du pétard, des trompettes et des tambours, se trouvent en un moment dans la hale jusques à quatre cents hommes, voyent à leur teste premièrement Prinçai[1], et puis le lieutenant Laurens[2], un gentilhomme nommé du Vert[3] et le capitaine La Barre. Ce dernier se signala, qui, marchant soixante pas devant le gros, à droite, rencontre premièrement Arambure, auquel il porta un coup de pique, qu'il traînoit aussi froidement qu'à une barrière. Ces deux recongnez jusques au gros, tout donne en foule jusques au puits du Dauphin[4], et là quelques harquebusiers des gardes jouèrent parmi une multitude où il y avoit le tiers de lanternes. Les fenestres garnies de lumière rendirent la nuict claire

---

1. Philippe de Villiers-Prinçai, receveur général des tailles de la ville. Il fut tué pendant le combat.

2. Jacques Laurent, lieutenant de la ville de Niort, fut blessé à mort pendant le combat.

3. Le capitaine du Vert fut tué pendant le combat (Fabre, *Hist. de Niort*, p. 192).

4. Ce puits, dit M. Fabre, dans son *Histoire de Niort*, in-8°, 1880, p. 192, existait encore en 1860.

comme le jour. Le Vert et deux autres estans tuez et le lieutenant la jambe cassée, la foule s'arresta, ayant pourtant r'amené les dix-huict plus de six cens pas, un desquels demanda secours de dessus la porte d'une voix tremblante, et les plus mauvais garçons méditoyent de sauter la muraille quand le second pétard joua et fit un pertuis fort estroit, à travers lequel ne put passer le premier homme armé qui s'y convia. Il falut élocher les bandes, et puis entrèrent à troupes, Aubigné à la première, Parabère à la seconde, Sainct-Gelais à la troisième, et puis le reste. Celui qui menoit la première rencontra Arambure, qui venoit de faire quitter à ceux de la hale un amas de coffres dont ils avoyent bouché la rue. Arambure, le prenant pour ennemi, se couvre des mesmes coffres. Les autres l'enfoncent et se portent les espées, les harquebusades et les pistolets tout à la fois dedans les dents. Il y eut, du costé de ceux que menoit Aubigné, Vilpion[1] et un autre gentilhomme tuez et trois blessez. Du costé d'Arambure, un homme de commandement mort, deux blessez, et lui pour un y perdit l'œil.

N'y ayant plus de résistance à la ville, plusieurs gentilshommes et hommes d'apparence gagnèrent le chasteau, où estoit Malicorne, qui s'y trouva enfermé avec vingt-sept gentilshommes ; entre ceux-là Chategneraye, le maistre de camp, La Roche du Maine[2] et

1. Vilpion de Valières.
2. Charles Tiercelin d'Appelvoisin, chevalier de l'Ordre, gentilhomme de la chambre du roi, seigneur d'Appelvoisin et baron de la Roche du Maine, fils de François d'Appelvoisin et de Françoise de la Roche du Maine. Charles épousa, le 22 mai 1581, Claude de Chastillon et mourut en 1600 (Notes communiquées par M. Louis Audiat).

Espane-Bougouin, La Roche-Jaquelin[1], Pont de Courlai[2], son cadet, et Marconnai[3], huict ou neuf capitaines, vingt-quatre soldats des gardes, cent vingt soldats et plus de cinquante habitans moyenez[4]. Cela garnit le corps de garde qui est auprès du pont et le circuit de la grande basse-court.

Cependant que les citadins sautoyent les murailles et se rompoyent jambes et bras, et quelques-uns le col, le premier soing de Sainct-Gelais fut de poser des gardes partout pour empescher le pillage trois heures, durant lesquelles ce qui estoit resté eut moyen de sauver le plus précieux, et cela se fit principalement par une grande authorité que Parabère monstra sur les siens. Après cela il falut sommer le chasteau. Malicorne, refusant de parlementer avec Sainct-Gelais pour la haine qui estoit entre eux, en second lieu avec Parabère, faute de cognoissance, demanda Aubigné, qu'on avoit nommé le troisiesme, pource qu'il l'avoit bien traité estant son prisonnier. Ce vieillard lui dit à l'abordée qu'il se rendoit à sa discrétion. [Aubigné] ne voulut pas abuser de cet effroi, mais, ménageant l'aage, la qualité et l'obligation, lui fit une capitulation qu'il n'osoit demander, à savoir que la capitulation de la place se faisoit dès l'heure. Pour foi de quoi il choisit

---

1. Louis du Vergier, seigneur de la Roche-Jacquelein, capitaine catholique, chevalier de l'Ordre, suivit le parti de Henri IV contre la Ligue et fut blessé à Arques auprès du roi (Notes communiquées par M. Louis Audiat).

2. Du Vergier de la Roche-Jacquelein, seigneur de Pont-Courlay, près de Bressuire (Vendée).

3. Ce personnage n'est point nommé dans l'édition de 1620.

4. *Moyennez*, riche, qui a des moyens (Glossaire de La Curne de Sainte-Palaye).

quatre ostages et les envoya en la ville, mais arresta que la reddition de la personne et de la place ne s'accomplissoit qu'entre les mains du roi de Navarre[1], disant qu'un gouverneur de province estoit un morceau de roi. Par ce moyen, il osta ceux du chasteau du danger de l'insolence et laissoit à son maistre quelque part à la curée.

Ainsi fut pris Niort le jour qu'on appelle les Innocens[2], avec meurtre de quatorze habitans seulement; et les preneurs ne perdirent qu'un homme et deux blessez, outre ce qui fut tué à la rencontre d'Arambure. Sur les dix heures, on permit quelque pillage avec une merveilleuse modestie, qui ne se pouvoit espérer pour les grandes insolences des Niortois envers les refformez de leur ville et envers quelques prisonniers; et notamment ils devoyent craindre les vilenies qu'ils disoyent du roi de Navarre par les rues, quand ils y traisnèrent La Marzelle[3], son grand prévost, qui y estoit mort honorablement.

Le roi de Navarre fut fort content et loua grandement la capitulation du chasteau, surtout qu'il ne s'es-

1. Le roi de Navarre arriva avec sa cavalerie à Niort, le 29 décembre 1588 (*Mémoires de la Ligue*, t. III, p. 158).
2. Prise de la ville et du château de Niort, 28 décembre 1588 (*Mémoires de la Ligue*, t. III, p. 158).
3. La relation contenue dans les *Mémoires de la Ligue* (t. III, p. 159) dit que le lieutenant de Niort avait fait pendre et traîner dans les rues le corps de Jean Valette, grand prévôt du roi de Navarre, qui avait été tué dans un combat. M. Fabre, dans son *Histoire de Niort* (p. 192), ajoute que le lieutenant avait fait subir le même traitement à Jean de Peray, conseiller du roi de Navarre, trésorier et receveur général de ses finances (*Lettres de Henri IV*, t. II, p. 368). Peut-être Jean Valette portait-il le nom de seigneur de la Marzelle.

toit commis aucune insolence ni envers les femmes ni envers les ecclésiastiques[1]. Il partagea les prisonniers et, pour expier le traînement de La Marzele, voulut en faire pendre les deux autheurs, le lieutenant et Jamart. Le dernier le fut[2] et l'autre, estant mort, fut traisné par le bourreau à la potance.

Il y eut une merveille à ceste prise, digne de l'histoire, c'est que Louys de la Rivière[3], dit l'Hometrou, paralitique de trois ans entiers, sauta du lict, qu'il n'avoit laissé du mesme temps, pour vouloir, comme il estoit, aller mourir avec ses combourgeois, et depuis a vescu douze ans en parfaite santé.

Aubigné, ayant donné ordre au chasteau et pris les clefs de la ville[4], rendit compte de sa gestion à Sainct-Gelais, et Parabère[5] fit monter à cheval ceux qui l'avoyent suivi; particulièrement en envoya deux pour faire partir les régimens qui estoyent vers Fontenai, comme nous avons dit.

1. Les ligueurs publièrent un pamphlet : *les Cruautés exécrables commises par les hérétiques contre les catholiques de la ville de Niort en Poitou*, 1589, in-8°, dont il existe un exemplaire parmi les imprimés de la Bibliothèque nationale (Lb, 34, n° 718). Ce récit, plein de mensonges, contient d'atroces calomnies contre le roi de Navarre. L'historien de Thou, qui visita Niort peu de mois après la prise de la ville, en certifie absolument la fausseté (*Mémoires*, ann. 1588).

2. Ce bourgeois, dit la relation contenue dans les *Mémoires de la Ligue* (t. III, p. 159), fut convaincu, par le témoignage des catholiques eux-mêmes, de nombreux crimes.

3. Louis de la Rivière, s. de l'Hometrou, seigneurie située dans le voisinage de Niort.

4. Le maire de Niort, Jacques Pastureau, s. de la Roche-Cartault, fut remplacé par Pierre Miget, s. de Malmouche (Fabre, p. 198).

5. Le roi de Navarre nomma Saint-Gelais gouverneur de la ville de Niort, et Parabère commandant du château (Fabre, p. 198).

Cherbonnière, Saint-Jean-de-Ligoure[1], La Grand-Ville, celui qui menoit le régiment de Préau, les compagnies de Fequières et autres marchent droit à Maillezais[2]; et, ayant trouvé la porte de l'Isle abandonnée, pource que leur mareschal de camp avoit desjà saisi le passage de Bouliers et du Courtiou[3], ils se vindrent joindre à lui à l'entrée du bourg. Et ainsi commençoyent le siège, quand Sainct-Pompoint[4], sommé par Aubigné, condescendit de venir parler à lui sur sa foi, et, avec l'effroi qu'apportoit le vent de Niort, il aima mieux capituler avec son cousin, ayant lors toute authorité, que d'attendre le roi à venir, et avec lui La Boulaye, qu'il sentoit avoir offensé. Il se rendit donc à la charge d'envoyer premièrement vers son gouverneur provincial voir s'il estoit en estat de le secourir. Maillezais commençoit d'estre une bonne place, comme fortifiée par les deux partis. Il y avoit dedans soixante et dix soldats, une coulevrine bastarde, quelques autres petites pièces, assez de magasins pour bouche et pour guerre, mais les glaces pouvoyent lors porter un canon, et n'y avoit point de bois pour cuire un pain. A la vérité, et le chasteau de Niort et celui de Maillezais pouvoyent attendre dix jours le secours du

---

1. Le s. de Saint-Jean-de-Ligoure était un capitaine d'origine limousine. Cependant plusieurs membres de cette maison ont été échevins de Saint-Jean-d'Angély (Notes communiquées par M. L. Audiat).

2. Maillezais (Vendée).

3. Bouillé, Curtion (Vendée).

4. François de Liniers, s. de Saint-Pompain, homme d'armes en 1575 de la compagnie du comte du Lude, gouverneur de Maillezais en 1588, puis de Marans, sous le règne de Henri IV (Notes comm. par M. L. Audiat).

duc de Nevers, qu'ils eussent eu en trois. Maillezais demeura à son preneur[1].

Sainct-Maixant[2], se voyant menacé de trois gros canons de Niort, un demi-canon et trois bastardes, en contant celle de Maillezais, sans laisser aprocher les forces plus près que Sainct-Loumoye, receut Pierrefite[3] pour gouverneur de la part du roi de Navarre. L'artillerie, que nous avons spécifiée avoir le fouet pendu au collier pour aller trouver le duc de Nevers, duquel nous avons à dire les efforts devant la Grenache, cependant que le roi de Navarre se prépare et marche pour le secours.

Chapitre XVI.

Secours de la Grenache; sa reddition; les refformez s'accommodent de Loudun, Thoars, l'Isle-Bouchart, Chastelleraut, Argenton et autres.

Au premier jour de l'an 1589, estant finie l'année

1. Prise de Maillezais par le roi de Navarre, nuit du 31 décembre 1588, d'après une lettre du Béarnais à la comtesse de Gramont (*Lettres de Henri IV*, t. II, p. 416).

2. La ville de Saint-Maixent (Deux-Sèvres) fut prise par le roi de Navarre dans la nuit du 31 décembre 1588 au 1er janvier 1589, d'après une lettre de ce prince à Corisande (*Lettres de Henri IV*, t. II, p. 416). Cependant l'acte de capitulation ne porte que la date du 2 janvier 1589 dans l'original (f. fr., vol. 3977, f. 5) et dans une copie conservée à la bibliothèque de Poitiers parmi les manuscrits de dom Fonteneau (*Table de Fonteneau*, p. 429). Le vol. 3977 du fonds français contient en outre d'importantes pièces sur la prise de Saint-Maixent, notamment un mémoire apologétique du s. de Pontevez, gouverneur de la ville pour le roi, touchant la prise de la ville (Pièce datée du 5 janvier 1589; copie du temps; f. fr., vol. 3977, f. 5).

3. Le s. de Pierrefite, fidèle serviteur du roi de Navarre, souvent cité dans les *Lettres de Henri IV, passim*.

merveilleuse et rendue redoutable par les éphémérides et autres prédictions[1], la Grenache eut pour estresne[2] sa première batterie[3] à rompre les défenses seulement. Mais, le quatriesme[4], se firent deux batteries à bon escient et par deux endroits, l'une à travers l'estang, du costé de Sainct-Léonard[5], l'autre de l'autre costé de l'estang. Le gouverneur prit à défendre la première et donna l'autre à Vignoles, ayant chascun quinze hommes couverts et de sept à huit-vingts harquebusiers. Les bresches n'estoyent que de trois brasses quand l'armée se mit en estat d'assaut. Le régiment de Brigneux eut la pointe à la bresche du Plessis-Gecté. Celui de Chastaignerai, rafreschi par Grand-Pré, cut affaire à Vignoles. Chasque assaut estoit de quatre refraîchissements et poussoit devant soi deux cents hommes débandez pour faire brusler l'amorse. Brigneux donna avec les meilleurs de ses hommes à la courtine de terre, qui marioit les bastions sans attaquer la bresche, où on l'attendoit, et enfila par ce moyen trois forts. Les Suisses, contre leurs coustumes

1. Sur les prédictions de l'année 1588, voir une note du chapitre XXIX.
2. Le procès-verbal de sommation au château de la Garnache par le héraut d'armes Orléans, au nom du duc de Nevers, daté du 31 décembre 1588, est conservé en original dans le fonds français, vol. 3976, f. 224.
3. Le bombardement de la Garnache, contrairement au récit de d'Aubigné, avait commencé vers le 26 décembre 1588 (Note de la fin du chapitre XII ci-dessus). L'artillerie royale comptait douze pièces : six canons de batterie, quatre couleuvrines et deux moyennes (*Mémoires de la Ligue*, t. II, p. 544).
4. Second ou troisième bombardement de la Garnache, 4 janvier 1589 (*Ibid.*, p. 546).
5. Saint-Léonard (Vendée). L'un des faubourgs de la Garnache portait ce nom (*Mémoires de la Ligue*, t. II, p. 538).

et traittez, allèrent à l'assaut de gayeté de cœur, et Brigneux, soustenu par eux, se logea du costé de Vignoles. On fut aux mains trois quarts d'heure, mais, l'escarpe estant mal aisée à franchir et opiniastrement défendue, il falut s'en retourner avec perte de quarante morts et deux fois autant de blessez[1].

La nouvelle de Blois affoiblissoit l'armée de tous les gens de guerre passionnez à la Ligue[2], s'ils n'estoyent attachez de charges notables, et de ceux qui espéroyent s'avancer par ceste nouveauté. Le roi avoit par lettres fait sentir au duc de Nevers le besoin qu'il avoit de lui près de sa personne[3], toutesfois qu'il se faloit garder d'estre convaincus de faveur envers les refformez. D'ailleurs, les affaires du duc le demandoyent fort en autre part, et toutesfois ne vouloit rien faire dont il peust estre blasmé. Paluau[4], voisin du siège, s'estant porté neutre en ceste guerre, fut employé pour entrer en propos avec les assiégez, lesquels, n'ayans plus en la place que neuf-vingts hommes en estat de combattre, ne se firent pas beaucoup prier pour entrer en discours. On leur pensoit porter les

1. Le 5 janvier 1589, on enterra les morts, tant catholiques que protestants (De Thou, liv. XCIV).

2. La relation rédigée sous les yeux du duc de Nevers, et qui peut même lui être attribuée, raconte que le duc cacha la nouvelle aussi longtemps que possible et qu'elle ne s'ébruita que par les cris du soldat wallon dont d'Aubigné parle plus loin (*Mémoires de Nevers*, t. I, 1re partie, p. 881).

3. Cette lettre, dont le ton et les termes trahissent les angoisses du roi, est publiée dans les *Mémoires de Nevers*, t. I, 1re partie, p. 882.

4. La baronnie de Palluau était située dans le voisinage, non loin des Sables-d'Olonne. Le baron de Palluau appartenait à la maison de Gouffier (Note de l'abbé Goujet dans les *Mémoires de la Ligue*).

accidents des Estats, mais ils les avoyent sceus par un Walon qui, quelques jours auparavant, à la merci de trente harquebusades, s'estoit jetté dans le fossé.

Le discours[1] de Paluau fut sur l'importance des affaires et nouvelles espérances qui se présentoyent maintenant au roi de Navarre, qu'il lui estoit très utile de haster le retour du duc de Nevers, tant pour n'aigrir plus les choses de ce costé-là que pour aller secourir le roi, sur les bras duquel la Ligue alloit tomber; qu'il n'y avoit point de nécessitez qui peussent amener ce prince à sortir du siège autrement qu'à son honneur; que, par le changement arrivé, non pas la Grenache seulement, mais toutes les places jusques à Loire s'en alloyent au pouvoir du parti; et partant il faloit venir à quelque très honorable composition. Les assiégez, prenans les discours d'estat de Paluau pour couverture et pour vraye cause leurs nécessitez, conviennent dès le lendemain, aux enseignes desployées, le tambour battant, armes et bagages, et huict jours préfix, pour avertir leur général et recevoir secours ou ses commandemens[2].

Le roi de Navarre, ayant passé les rivières de Mareuil[3] et prenant le droit chemin de la Grenache[4],

---

1. Le baron de Palluau apportait aux assiégés de la Garnache et les pressait d'accepter un projet de capitulation, daté du 6 janvier 1589, qui est conservé en original dans le vol. 3977 du fonds français, f. 11.

2. Le 11 janvier 1589, le duc de Nevers écrivit au roi de Navarre pour lui demander s'il ratifiait l'acte de capitulation de la Garnache apporté aux assiégés par le s. de Palluau (Copie ou minute; f. fr., vol. 3977, f. 26).

3. Mareuil (Vendée).

4. Le roi de Navarre partit de Niort le 7 janvier 1589 (*Chroniques fontenaisiennes*, p. 466).

tomba malade¹ d'une grande pleurésie au champ Sainct-Pierre², donna grande alarme à tout son parti, notamment aux Rochelois, qui passoyent les nuicts dans les temples en prière pour sa santé³. Ce prince, ne jugeant pas aux premiers jours l'estat de sa maladie et voulant lui-mesme porter son secours, amusa ses forces jusques au pénultiesme de la capitulation; et lors, non sans jalousie de La Trimouille et du comte de la Rochefoucaut, ordonna Chastillon, qui estoit près de lui, pour commander à l'expédition. Chastillon estant venu tenir son conseil au logis de La Trimouille, comme⁴ pour l'apaiser par cette defférence, un mareschal de camp⁵ opiniastra, seul contre tous, qu'ils ne sauroyent, par quelque diligence que ce soit, faire que leur armée, mesme sans combat, vist le lendemain la ville, qu'ils vouloyent secourir. Cela fut ridicule à tous, veu qu'il n'y avoit que trois lieues à faire de la teste des logemens. L'autre se fondoit qu'ils ne pouvoyent faire qu'une file en un chemin si rabotteux qu'il se faloit souvent contenter d'estre deux de front, et puis au passage d'un moulin sur la rivière de Vie⁶, qui estoit accreue de beaucoup. Les autres

1. Le roi de Navarre tomba malade le 9 janvier 1589 et reçut les soins du médecin Orthoman (*Lettres de Henri IV*, t. II, p. 428, note).

2. Champ-Saint-Père (Vendée) est la paroisse du château de la Mothe-Freslon, où le roi de Navarre resta malade du 10 au 20 janvier 1589 (*Lettres de Henri IV*, t. II, p. 429, note).

3. Voyez les touchants détails donnés par l'*Histoire de la Rochelle* (Arcère, t. II, p. 69).

4. Le membre de phrase suivant, jusqu'à ces mots : *Un maréchal*, manque à l'édition de 1620.

5. D'Aubigné.

6. Vie, rivière de la Vendée.

mareschaux de camp, pour n'estre pas vaincus, firent batre aux champs deux grosses heures avant jour, et avoyent fait le tiers du chemin avant soleil levé dans le beau païs, mais employèrent toute la journée, sans tenir ordre de combat, à ne faire que cinq quarts de lieues, le soleil lors couchant à l'endroit de Sainct-Cristophle[1] et à un quart de lieue de là la nuict. Et, le mauvais temps les ayant accueillis, il falut tourner sur ses pas avec tel désordre que, le lendemain jusques à soleil levé, Chastillon n'eust sceu fournir de quatre cents hommes pour un combat. Il y a des choses qu'aprennent par expérience ceux qui conduisent les armées et pour lesquelles il ne se trouve point de naturelles raisons.

Ainsi sortirent ceux de la Grenache à capitulation[2] bien gardée[3], et le duc de Nevers, aux plus grandes journées qu'il put, alla rompre son armée[4] vers Doué[5], où il l'avoit dressée, exhortant seulement les maistres

1. Saint-Christophe-du-Ligneron (Vendée).
2. Les négociations de la Garnache commencèrent par une trêve, le 7 janvier 1589, et durèrent jusqu'au 14, jour de la capitulation (*Mémoires de la Ligue*, t. II, p. 551 et 552).
3. Les défenseurs de la Garnache se retirèrent à l'abbaye de Breuil-Herbaut, dans le diocèse de Luçon (*Ibid.*, p. 552).
4. Le duc de Nevers *ne rompit pas* son armée, mais elle se rompit elle-même par la retraite de tous les ligueurs (Relation par le duc de Nevers dans *Mémoires de Nevers*, t. I, 1re partie, p. 882). Le duc eut l'habileté de la reconstituer, avant de rejoindre le roi, par des levées en Poitou. Au mois de février, quelques jours après la prise de la Garnache, le roi signa un état pour la fourniture de 100,000 pains et de 40 muids de vin par jour. L'état signé porte que l'armée royale compte 40,000 hommes : 22,000 Français, 15,000 Suisses et Allemands et 3,000 pionniers. Cette pièce est conservée dans le vol. 4556 du fonds français, f. 120.
5. Doué (Maine-et-Loire).

1589] LIVRE DOUZIÈME, CHAP. XVI. 17

de camp royaux à retenir leurs troupes en estat[1].

Le roi de Navarre ne fut pas desplaisant que ses gens n'avoyent peu joindre, ayans à faire à un bon capitaine, à une armée logée à ses avantages et trois fois plus forte que les secourans. De là, en se fortifiant, soit sa personne, soit ses bandes, où il appelloit tous ses confidens, il s'en vint passer vers les Essars, tourna court sur son chemin, séjourna à Fois-la-Basse[2]; il se va estandre dans les plaines de Loudun[3], traite avec les habitans de ceste grande ville, où il avoit tousjours eu plusieurs serviteurs. Ceux-là firent tellement gouster les menaces, promesses et espérances, qu'ils lui donnèrent la ville et le chasteau. Cet exemple fit penser ceux de Touars et de l'Isle-Bouchart[4] à obliger leur seigneur[5], et lui en obligea son parti[6], auquel il s'estoit depuis quelque temps uni de religion.

1. La plus grande partie de la correspondance du duc de Nevers a été imprimée dans les *Mémoires de Nevers* par Leroy de Gomberville, 2 vol. in-fol.; mais il reste encore une grande quantité de lettres inédites. Nous signalerons seulement les vol. 3405, 3407, 3409, 3422, 3629, 3977, 4405 et 4716 du fonds français, qui contiennent des lettres importantes du duc de Nevers adressées au roi, au roi de Navarre et aux officiers de Henri III pendant sa campagne d'hiver en Poitou.

2. Les Essarts, Foix-la-Basse (Vendée).

3. Prise de Loudun (Vienne) par le roi de Navarre, avant le 5 mars 1589 (Lettre de ce prince de cette date dans *Lettres de Henri IV*, t. II, p. 459).

4. Thouars (Deux-Sèvres); l'Isle-Bouchard (Indre-et-Loire).

5. Le duc de la Trémoille.

6. Prise de Thouars par le roi de Navarre avant le 5 mars 1589. — Prise de l'Isle-Bouchart par ce prince avant le 8 mars (Lettres du roi de Navarre du 5 et du 8 mars, dans *Lettres de Henri IV*, t. II, p. 459).

Dès lors, la duchesse d'Angoulesme[1] s'estoit avancée vers Chastelleraut pour traiter l'union des deux rois. Elle, ayant quelque authorité et quelques droits sur cette contrée, fut visitée par les principaux de la ville, qu'elle disposa à son désir, et puis, ayant fait venir à Pigarreau Préau, qu'elle avoit nourri, elle dressa une intelligence, par le moyen de laquelle Préau, ayant fait passer son régiment en divers lieux, le fit rendre à une pointe de jour sur la contr'escarpe de Chastelleraut ; et, avec de petites eschelles, n'en ayant pas d'autres, il fit monter quelques-uns des siens par deux guérites défoncées. De là il gagna quelques tours et un portail, où s'estant logé, il fut aisé à ses partisans de le faire recevoir[2].

Plusieurs troupes qu'on avoit fait couler pour favoriser ce dessein avoyent monté le long de la Creuse, à la prière de Beaupré[3], qui, sçachant qu'il n'y avoit rien dans le chasteau d'Argenton[4], les fit avancer et

---

1. Diane de France, fille naturelle de Henri II et de Philippe Duc, demoiselle piémontaise, mariée à Horace Farnèse, duc de Castro, en 1552, et à François de Montmorency, fils aîné du connétable, en 1557. Elle mourut à Paris le 11 janvier 1619.

2. Prise de Châtellerault par Hector de Préau, au nom du roi de Navarre, 2 mars 1589. Le prince en fit le centre de ses opérations militaires jusqu'au 28 du même mois. C'est de Châtellerault qu'il lança, le 4 mars 1589, la célèbre déclaration en forme de lettre aux trois États de la France. Cette pièce est imprimée par Palma Cayet, *Chronologie novenaire,* édit. du Panthéon, p. 119, dans le *Recueil de Mémoires* de Chevalier, 1623, p. 393, et réimprimée dans les *Mémoires de la Ligue,* t. III, p. 230. Cette déclaration, qui facilita la réconciliation et l'alliance des deux rois, figure aussi dans les Œuvres de du Plessis-Mornay (t. IV, p. 322, édit. Auguis) et doit lui être attribuée.

3. Gaspard Foucault, s. de Beaupré, capitaine protestant.

4. Argenton-sur-Creuse (Indre). La ville et le château apparte-

par ses pratiques entrer dedans la ville, mais ils n'y furent pas plustost que le gouverneur du lieu, sollicité et assisté par la noblesse liguée du païs, s'en vint la mesme nuict pour garantir sa place. Vingt gentilshommes de la cornette blanche, qui avoyent accompagné Beaupré, se trouvent front à front des autres qui avoyent mis pied à terre. La teste des uns et des autres estant toute de gentilshommes, ils vienent des pistolets aux espées. Puiguyon[1], ayant levé son pistolet par-dessus le rondache du gouverneur d'Argenton, qui menoit les autres, le tua, et de ce coup la victoire bransla[2] pour les refformez[3], et quelques-uns qui s'estoyent jettez dans le chasteau se donnèrent à Beaupré, qui en demeura gouverneur[4].

Or il nous faut laisser les refformez en cet estat d'avancement. La duchesse d'Angoulesme, qui négotie ce que nous avons dit[5], et le roi qui n'en fait pas sem-

naient à Catherine-Marie de Lorraine, veuve du duc de Montpensier, la plus ardente des ennemis de Henri III et du roi de Navarre. Les habitants étaient divisés en trois partis et avaient même pris les armes (Palma Cayet, *Chronologie novenaire*, liv. I, édit. du Panthéon, p. 118). Ces divisions facilitèrent l'intervention du Béarnais.

1. N. de la Martonie, s. de Puyguillon.
2. *La victoire bransla pour les refformez,* c'est-à-dire *en faveur des réformés.*
3. Le roi de Navarre annonce à Corisande la prise de la ville et du château d'Argenton par une lettre du 28 mars 1589, écrite de Châtellerault (*Lettres de Henri IV,* t. II, p. 469). La prise d'Argenton est donc un peu antérieure à cette date et doit être fixée aux environs du 16 mars, date de la présence de ce prince à Saint-Gautier en Berry (*Lettres de Henri IV,* t. II, p. 612).
4. Beaupré fut nommé gouverneur de la ville et du château d'Argenton par le roi de Navarre.
5. Henri III, terrassé par la Ligue et comprenant qu'il n'avait

blant et fait de l'eschaufé catholique, fait loger ses prisonniers, sauve la vie à l'archevesque de Lion[1], principal moteur des liguez, en espérance d'en tirer les secrets plus cachez, et aussi en faveur du baron de Lus[2], son neveu[3]; mais on n'avoit pas sçeu la cause cachée de ceste grande charité du roi envers le baron; c'est que lui, trompant son oncle, avoit donné au roi les plus exprès advis sur lesquels fut prise la tragique résolution[4].

de salut que dans l'alliance du roi de Navarre, devenu, depuis la mort du duc d'Anjou, l'héritier présomptif de la couronne, lui avait envoyé au mois de mars, à Châtellerault, Diane de France, dite alors la duchesse d'Angoulême (Palma Cayet, *Chronologie novenaire*, p. 122, édit. du Panthéon littéraire). Sully aussi joua un rôle très actif dans la négociation et entra en conférence avec Nicolas d'Angennes de Rambouillet, capitaine des gardes du corps du roi, et enfin avec le roi lui-même, à Blois (*OEconomies royales*, liv. I, chap. xvii).

1. Pierre IV d'Espinac, archevêque de Lyon, 1573 à 9 janvier 1599.

2. Edme de Malain, baron de Lux, fils d'une sœur de l'archevêque de Lyon, et, suivant un pamphlet du temps, réimprimé dans le tome X des *Variétés historiques littéraires* de la Coll. elzévirienne, fils incestueux de l'archevêque de Lyon, figure en 1612 sur la liste des gentilshommes de la maison de Concini. S'étant vanté d'avoir intercepté, vingt-quatre ans auparavant, un avis qui prévenait le duc de Guise des menaces de Henri III, il fut provoqué en duel, le 3 janvier 1613, par le chevalier de Guise et tué d'un coup d'épée. Quelques jours après, le 31 janvier, son fils, Claude de Lux, voulut le venger. Il appela le chevalier et se fit tuer comme son père d'un coup d'épée (*Historiettes de Tallemant des Réaux*, édit. Paulin Paris et Monmerqué, t. I, p. 373 et suiv., d'après une lettre de Malherbe).

3. Var. de l'édit. de 1620 : « *baron de Lus,* son frère; *mais on n'avoit pas...* »

4. D'Aubigné a pris ce fait à Pierre Mathieu (*Hist. des troubles*, 1604, p. 150) et le défigure un peu. Voici le récit de Mathieu : « ... Le roy, qui aymoit ce gentilhomme (le baron de Lux) et qui

[1589]   LIVRE DOUZIÈME, CHAP. XVI.   21

J'ai encore à dire que le roi prit lors une confiance de ses affaires autant déréglée qu'avoit esté la crainte[1], et se mit à faire une vie qui donna argumens aux siens de n'en espérer que mal, aux ennemis d'en dire et d'en escrire sans diminuer. Sur tout estant arrivé que, durant une séance où présidoit le mareschal d'Aumont, la compagnie vit sortir de la garde-robe un vieux Piémontois, nommé Sainct-Sévrin[2], qui[3] avoit espousé la mère du grand prieur et de la dame de Montmorenci[4]. Cettui-ci ayant fait grand bruit en se batant contre les huissiers des autres portes, son chapeau perdu, et son manteau estans engagez entre la porte et la muraille, le mareschal et les principaux coururent, ne pouvans penser, sinon que c'estoit un assassin qui se sauvoit. Le bruit appaisé par Montigni[5],

n'avoit pas envye de perdre ce prélat (l'arch. de Lyon), pensant tirer de luy toute la quintessence des menées de la Ligue, l'assura non de sa liberté, mais de sa vie. »

1. Le *Journal de L'Estoile* raconte que, depuis la mort du duc de Guise, Henri III disait ouvertement : « Je suis seul roy maintenant. » — « Et toutefois, » ajoute le sagace chroniqueur, « dès lors il commença à l'estre moins que jamais » (édit. Champollion, p. 274).

2. Le s. de San Severino, de la maison de Cajasso, famille piémontaise depuis longtemps dévouée à la France. Il avait assisté au siège de la Rochelle en 1573. Brantôme fait son éloge, t. VI, p. 496.

3. La fin de la phrase manque à l'édit. de 1620.

4. D'Aubigné se trompe. Le *grand prieur*, Henri de Valois, fils naturel de Henri II, était fils de la dame Flamin, Écossaise, mariée au s. de Leviston et gouvernante de Marie Stuart pendant la première jeunesse de cette princesse. La *dame de Montmorency*, Diane de France, dont d'Aubigné a parlé dans le cours de ce chapitre, était fille de damoiselle Philippe Duc, Italienne que Henri II, avant son avènement, avait connue en Piémont.

5. Charles ou François de la Grange, s. de Montigny, de Vèvre et

qui courut après et asseura que ce n'estoit qu'une raillerie, le mareschal depuis mit Sainct-Sévrin prisonnier pour ses estranges propos.

Chapitre XVII.

Renaissance du parti ligué.

Bothéom[1], le marquis d'Urfé[2] et l'official de l'évesque de Lion, où estoit le duc de Mayene, se trouverent bien empeschez un matin que ce duc les assembla à Sainct-Nisier[3] pour leur faire part de ce que lui avoit apporté le courrier de Rossieux dès le soir auparavant[4]. Ce duc, avec les larmes aux yeux et fréquens souspirs, ayant déduit les choses passées, et qu'il voyoit prises diversement par ses auditeurs, mais n'ayant point cognu en eux de gayeté de cœur pour espouser le parti affligé, en fin tasta quel il faisoit avec eux pour sa seureté. Mais ils lui tranchèrent le mot, le prians de n'esprouver point ses serviteurs contre les absolus commandemens du roi, auquel ils estoyent plus obligez. Et là-dessus l'official s'estendit en un long discours pour lui oster le sentiment de son frère,

d'Humbligny, gentilhomme du Berry. Charles de Montigny devint plus tard maréchal de France.
1. Guillaume de Gadagne, marquis de Bothéon, sénéchal de Lyon, plusieurs fois cité dans les *Lettres de Henri IV*.
2. Anne de Baugé, marquis d'Urfé, chevalier de l'ordre du Roi, capitaine de 200 chevau-légers.
3. Saint-Nizier (Loire). Mais il est probable que d'Aubigné désigne ici un des faubourgs de Lyon.
4. Ce courrier se nommait Chazeron (Bouillé, *Hist. des Guises*, t. III, p. 345).

craindre toutes choses et acheter son repos comme eust fait l'official[1].

Le duc ne se fit plus dire qu'il faloit partir comme il fit, et gagna Chalon-sur-Sone[2]. Puis, s'en estant fait maistre par le moyen de la citadelle, qui estoit pleine des siens, il donne à Dijon[3], qu'il trouve, horsmis quelques-uns de la cour de Parlement, disposé à son parti. Là il receut des lettres du roi[4], de qui les recerches furent attribuées à la crainte. Pour response il commença à donner des commissions en tiltres et termes incertains; mais elles ne laissèrent pas de donner authorité à Rhosne[5] sur la Champaigne, et sur la Brie à Sainct-Paul[6]. De là encor il dépescha en grande diligence le chevalier Breton[7] à Orléans. Il arriva bien

---

1. D'Aubigné ne dit pas que la ville de Lyon céda bientôt au mouvement général et se donna à la Ligue le 24 février 1589. La déclaration des officiers de la ville sous cette date est réimprimée dans les *Archives curieuses,* t. XII, p. 303.

2. Chalon-sur-Saône (Saône-et-Loire). La ville fut reprise par les troupes du roi, février 1589 (De Thou, liv. XCIV).

3. Le duc de Mayenne entra à Dijon le 11 janvier 1589 (Lettre de Mayenne à Alphonse d'Ornano de cette date; Vᶜ de Colbert, vol. 30).

4. Une copie de la lettre du roi à Mayenne, datée du 24 décembre 1588, est conservée dans la coll. Serilly, vol. 187, f. 13.

5. Chrestien de Savigny, s. de Rosne.

6. Les pouvoirs donnés par le duc de Mayenne à Rosne et à Saint-Paul pour commander en Champagne et en Brie sont reproduits dans une relation attribuée au duc de Nevers : *Prise des armes en janvier 1589,* et imprimée dans les *Mémoires de Nevers,* t. II. La pièce ci-dessus citée se trouve à la page 552.

7. Le chevalier Breton, capitaine piémontais, renommé à la cour pour sa bravoure, ancien gentilhomme du duc d'Anjou, duelliste souvent cité par Brantôme, est l'objet d'une note dans la *Satyre Ménippée,* 1752, t. I, p. 182.

à propos pour former les commencemens de Rossieux[1]. Ce fut là où brusla le premier poulevrin de ceste guerre, car les bourgeois, encouragez de cet envoi, se résolurent de faire sauter leur citadelle, où Antragues, refusé de la ville, avoit jetté quelques hommes.

Comme donc ils se préparoyent à la forcer, le mareschal d'Aumont y arriva avec quelque artillerie, les régimens ausquels le duc de Nevers avoit commandé de se maintenir, comme vous avez leu, horsmis les Suisses, Châtaigneraye et quelques autres compagnies qui estoyent près du roi. A la veue de ces forces, les bourgeois, ne pouvans mettre à bas leur citadelle, se contentèrent de la mettre dehors par le poing, c'est-à-dire de faire un grand retranchement en croissant, qui alloit baiser les deux courtines, se servans de Sainct-Paterne[2] pour un cavalier. Ce peuple, assisté de peu de gens de guerre, pour lors des deffenses vint aux offenses, et ayant mis en poudre à coups de canon ceste petite place, si bien que les soldats n'avoyent seureté que sous les voûtes ou sous les ruines appuyées, osa faire deux mines, tellement qu'après diverses attaques ils l'emportent au nez du mareschal d'Aumont, qui, pour se retirer avec quelque vengeance, fit charger par Montigni deux régimens de Parisiens[3] qui commençoyent à se former près

1. Le soulèvement d'Orléans en faveur de la Ligue remontait au 23 décembre 1588.
2. La porte de Saint-Paterne.
3. Les deux régiments parisiens qui marchèrent au secours d'Orléans se mirent en campagne le 14 janvier 1589 (Lettre de Mendoça au roi d'Espagne, du 21 janvier, publiée dans les Pièces

d'Angerville[1], et ceux-là rendirent leurs drapeaux tout neufs sans se deffendre.

Il faloit que les liguez asseurassent Paris. Pour y parvenir, le duc de Mayene s'avance à Troyes, où il entra par le chasteau, et receut une entrée préparée avec les magnificences royales[2]. Et de là s'approche de la ville en s'asseurant de places et grossissant d'hommes[3]. Ceste grande cité, que la peur avoit au commencement retenue, voyant le parti se former par tout, receut avec gayeté les discours privez des Jésuites, les concions de leurs prescheurs, qui estoyent ou invectives contre le roi, avec toutes sortes d'horreur et de desdains, ou panégériques pour la maison de Guise et ceux qui deffendoient l'Église. Mais les cris des princesses de la Ligue tindrent bien leur partie à faire mettre aux Parisiens l'enseigne au vent contre le roi, qui apporta de foibles remèdes à si forte maladie : ce fut de donner liberté au président de Neuilli, au prévost des marchans et autres, avec asseurance et foi donnée qu'ils appaiseroyent leurs concitoyens ; d'envoyer avec eux Abin[4] et Vilquier[5], la douceur de l'un et violence de l'autre mesprisez également.

justificatives de l'ouvrage de M. de Crozes, *les Guises, les Valois et Philippe II*, t. II, p. 394).

1. Angerville-la-Rivière (Loiret). De Thou, dans ses *Mémoires* (liv. III), donne quelques détails sur cette escarmouche.

2. Le duc de Mayenne entra triomphalement à Troyes, le 16 janvier 1589.

3. Le duc de Mayenne entra à Paris le 12 février 1589 (*Journal de L'Estoile*).

4. Louis Chasteignier, s. d'Abain, s. de la Roche-Posay, né en 1535, chevalier des ordres du roi, conseiller d'État, lieutenant du roi en Poitou, mort le 29 septembre 1595.

5. René de Villequier, gouverneur de Paris et de l'Ile-de-France, un des favoris de Henri III, déjà nommé.

La Chastre, qui avoit laissé le roi satisfait de ses infimes sommissions et sermens redoublez, arrivé à Bourges[1], apprit aux habitants et à la noblesse qui y vint avec lui que nul ne devoit la foi à un roi qui avoit esteint la foi du royaume à Blois[2]. Angers voulut contrefaire Orléans et se servir de la haute contr'escarpe du chasteau pour le mettre aux champs[3], mais Picheri[4], après avoir refusé de grands offres par fidélité, brisa par valeur et à coups de canon les aproches à point. Aussi y arriva le mareschal d'Aumont[5], bien tost après le comte de Brissac[6], qui, ayant quitté et changé ses discours de Blois, s'estoit jetté dans Angers pour asseurer la ville au parti de l'Union, comme ils l'appelloyent. Il falut tout quitter à la venue des forces du roi[7], qui, n'ayant peu faire ceste

1. La Châtre arriva à Bourges au mois de février 1589.
2. La Châtre ne se hâta pas de se prononcer entre le roi et Mayenne. Ce ne fut que le 4 avril qu'il se déclara pour la Ligue par un manifeste qui a été imprimé : *Déclaration de M. de la Chastre aux habitants de Bourges*. Paris, 1589.
3. Les ligueurs d'Angers se soulèvent et se donnent à la Ligue, 20 février 1589 (Mourin, *la Réforme et la Ligue en Anjou*, 1856, in-8°, p. 219, d'après des documents originaux locaux).
4. Pierre Donadieu de Puichairie, gouverneur du château d'Angers, capitaine gascon.
5. Le maréchal d'Aumont prit possession d'Angers au nom du roi le 1er avril 1589 (Mourin, p. 224).
6. Le comte de Brissac entra à Angers avec des compagnies ligueuses le 28 mars 1589. Il en sortit trois jours après, quand le maréchal d'Aumont y entra au nom du roi (Mourin, p. 222 et 224). D'Aubigné s'est trompé dans l'ordre du récit.
7. Le maréchal d'Aumont resta à Angers jusqu'au 15 ou au 16 avril, réorganisa les services municipaux, chassa les habitants compromis avec la Ligue et rendit le pouvoir au s. de Puychairie. Le roi sanctionna les actes du maréchal par lettres patentes du 1er mai (Mourin, p. 225).

besongne sans insolences, ceux qui de là fuirent à Nantes aidèrent au duc de Mercœur et à la duchesse pour irriter et résoudre les Nantois et leur faire souffrir la prison des plus apparens qui avoyent osé parler en serviteurs de roi[1].

La Bretaigne a esté trop considérable au mouvement de ce temps[2] pour n'exposer comment les évesques de Rennes et de Dol[3] ménagèrent une assemblée ecclésiastique, en laquelle ils firent déclarer le duc de Mercœur[4] protecteur de l'Église romaine en tout le duché, et pour l'obliger de plus que d'un tiltre sans effect. Assistez de deux Jésuites, ils persuadèrent au peuple que La Hunaudaye, lieutenant de roi, Asserac et Monbarot[5] estoyent à leur ville pour la saisir

1. Prise de Nantes par le duc de Mercœur, 7 avril 1589. Voyez une relation dans les *Mémoires de la Ligue*, t. III, p. 246.

2. On conserve à la Bibliothèque nationale (f. fr., vol. 11534) le manuscrit original de l' « Information d'office faite par nous, Guy Meneust, s. de Brecquigny, conseiller du roy, sénéchal de Rennes, ayant avec nous pour adjoint Mᵉ Gilles Loaisel, s. de la Rivière, suivant la commission particulière à nous adressée en date du 12 avril dernier, signée du roy..., à laquelle avons procédé contre les ennemis du roy, se disant de la Ligue, perturbateurs du repos de son estat et de ceste province. » Ce manuscrit, gros de 245 pages et daté du 24 avril 1589, contient une foule d'indications précieuses sur les premiers troubles de la Ligue en Bretagne.

3. Aimar Hennequin, évêque de Rennes, décembre 1573 au 13 janvier 1596. — Charles d'Épinay, évêque de Dol, 1558 au 12 septembre 1591.

4. Le roi, après l'assassinat du duc de Guise, avait envoyé le s. de Gèvres au duc de Mercœur pour lui promettre « qu'il seroit le plus grand de sa race, pourvu qu'il ne se bougeast et n'entreprist rien contre luy et son estat » (*Histoire de Bretagne*, t. III, Preuves, col. 1695; Journal de Pichart).

5. René de Tournemine, s. de la Hunaudaye. — Jean de Rieux, marquis d'Asserac. — René de Marec, s. de Montbarot, gouverneur de Rennes.

et traiter à la mode d'Angers, d'où ils comptoyent beaucoup plus de maux qu'il n'y en avoit eu. Et ainsi préparèrent la populace à faire sauter les murailles à ces trois, et sur tout les animèrent contre le dernier, duquel ils trouvoyent tous les propos sentir le fagot. Le faict de ces préparatifs fut long temps retardé, pource que le duc de Mercœur s'estoit esloigné vers Redon[1], où, par le moyen des ecclésiastiques, il se rendit le plus fort, sans combat; et puis prit le chemin de Rennes, où le peuple ne le sentit pas si tost approcher qu'ils courent aux armes[2]. Quelques-uns de la Justice, qui voyoient leur authorité diminuée par le trouble, voulurent armer aussi. Mais, aux cris de l'Union, ceux desquels ils se vouloyent servir, et leurs domestiques mesmes, furent contre eux. La Hunaudaye, Asserac et Monbarot avoyent, le soir auparavant, avec quelques royaux de la ville, touché à la main pour mourir ensemble ou garder la ville au roi, et tout cela après qu'ils eurent sçeu l'approche du duc; mais, à la première émeute, ils se saisirent d'une porte pour se sauver. A la vérité, ils en avertirent Monbarot, et lui, suivant sa résolution, demeura ferme, retrancha quelques maisons et quelques rues qu'il débatit par honneur. Puis, le duc estant arrivé[3], ses gardes et le régiment des dames, qu'on commençoit à dresser, vindrent percer les maisons pour réduire, comme ils firent, Monbarot à la porte Morlaise[4], où il y a une

1. Redon (Ille-et-Vilaine).
2. Sédition de Rennes, 13 mars 1589. La ville embrassa le parti de la Ligue(*Hist. de Bretagne*, III, Preuves, col. 1696; Journ. de Pichart).
3. Entrée du duc de Mercœur à Rennes, 15 mars 1589 (*Ibid.*).
4. Le duc de Mercœur assiège le capitaine Monbarot dans la tour Mordelaise, 16 mars 1589 (*Ibid.*).

assez bonne tour. Dans ce recoin, ce courageux tint autant de jours qu'il faloit pour attendre secours du mareschal d'Aumont et des forces qui estoyent vers Laval ; mais tel secours ayant esté trouvé difficile ou mesprisé, les fermetez des assiégez leur firent avoir contre toute apparence une honneste capitulation[1].

Le duc de Mercœur, s'estant fait maistre de la Métropolitaine, ne pouvoit fournir à recevoir petites villes et chasteau qui se donnoyent à lui. Et ainsi en conquérant, sans coups de canon, il s'achemine jusques à Fougères[2], et à sa veue eschaufa tous les habitans à mespriser les remonstrances, prières et menaces du gouverneur[3], mesmes à le contraindre de se sauver dans le chasteau. Là, sans faire autres approches, on se mit sur le combien, et la place fut prise à coups de pistoles ; je ne puis pas dire le prix[4].

Telles prospéritez donnèrent à la Ligue une armée de cinq à six mil hommes, avec laquelle ils délivrèrent les environs de Rennes de plusieurs petis chasteaux qui les incommodoyent. Et puis osèrent au commencement investir Vitré[5], faisans esmouvoir les communes

---

1. D'Aubigné est ici mal informé. Le capitaine Monbarot ne put tenir dans la tour Mordelaise à Rennes contre les forces supérieures du duc de Mercœur et fut obligé de capituler le même soir, 16 mars 1589 (*Hist. de Bretagne,* t. III, col. 1096 ; Journal de Pichart).

2. Fougères (Ille-et-Vilaine). — Prise de la place, mars 1589.

3. Le gouverneur se nommait le marquis de la Roche. Voyez la note suivante.

4. Le marquis de la Roche fut emprisonné au château de Nantes et resta sous les verrous pendant sept ans, jusqu'à la fin de la guerre (*Hist. de Bretagne,* t. III, Preuves, Mémoires de Montmartin).

5. Le duc de Mercœur fit investir la ville de Vitré par le s. de Talhouet, son lieutenant, en avril 1589, peu de temps après que

par lesquelles tous les chemins de trois lieues à l'environ furent retranchez. Et puis la ville fut assiégée à bon escient, siège qui dura cinq semaines, et où ils furent receus au commencement avec plusieurs sorties, mais une très grande, où ceux de la ville furent un quart d'heure à partager les trenchées. Or, pource que la fin de ce siège est du livre suivant, nous avons encores à dire que, voyant les forces employées à cela, Monbarot trouva moyen de prattiquer ses anciens amis dedans Rennes et de redonner courage aux serviteurs du roi, parmi lesquels ayant fait couler quelques bons soldats, les habitans et eux ensemble se rendirent maistres d'une porte comme on l'ouvroit, et Monbarot, ne manquant pas à l'assignation, se jetta le premier avec trente chevaux dans la rue, et puis, y estant accourus deux cents cinquante harquebusiers qui s'estoyent relaissez au bout des fauxbourgs, il receut d'autres troupes de ses amis. Charonnière[1], gouverneur de la place, voulant rendre quelque défense, fut abandonné des siens, Monbarot tellement prest à charger tous les raliemens qu'on vouloit faire qu'il rendit la place en l'obéissance[2] du roi, non sans grands périls de sa personne. Sans ce coup, la Bretaigne estoit entierement liguée et ne cognoissoit plus qu'un parti.

Aux dévotions de Pasque, Sainct-Laurens[3], mares-

Rennes eut été repris par les capitaines du roi. M. Anatole de Barthélemy a publié, dans *Choix de documents inédits sur l'histoire de la Ligue en Bretagne*, in-8°, 1880, p. 18 et suiv., un fragment de chronique sur le siège de Vitré.

1. Le s. de la Charronnière, gouverneur de Rennes pour le compte de la Ligue.

2. Reprise de Rennes par Monbarot au nom du roi, 5 avril 1589 (*Hist. de Bretagne*, t. III, Preuves, col. 1700; Journal de Pichart).

3. Jean d'Avaugour, s. de Saint-Laurent.

chal de camp de la Ligue, entreprit sur Josselin[1] par le moyen d'une procession, où il avoit des hommes déguisez; mais le baron de Molac[2] s'estant jetté dans le chasteau, où la cérémonie devoit aller, le sauva et sa personne avec la place, et par mesme moyen regagna la ville dans quelque temps[3].

Mesme jour et mesmes dévotions opérèrent à Bordeaux. Mais Poictiers[4], qui est en nostre chemin, veut que nous disions comment, par les menées du vicomte de la Guerche[5], assisté du lieutenant criminel, Nousière, gentilhomme et courageux, avec lui encore de Palustre et de Berlan[6], tout cela favorisé de l'évesque[7] et de tout le clergé, commença à remplir la ville de rumeurs, de déclamations contre l'acte de Blois, de louange des Guisars[8], rafraîchissant la mémoire du siège[9], de l'obligation qu'ils leur avoyent, de la valeur

1. Josselin (Morbihan), château appartenant à la maison de Rohan.
2. Sébastien de Rosmadec, baron de Mollac.
3. Prise de la ville de Josselin par les ligueurs, 19 mars 1589, d'après de Thou (liv. XCIV); 31 mars, d'après les *Mémoires de la Ligue* (t. III, p. 250).
4. Voyez *la Grande trahison descouverte en la ville de Poictiers sur les entreprises de Richelieu et de Malicorne*, 1589, in-8°, pamphlet ligueur d'une extrême violence. On en trouve un exemplaire à la Bibliothèque nationale (*Catalogue*, chap. III, n° 747).
5. Georges de Villequier, vicomte de la Guerche.
6. Jean Palustre, maire de Poitiers. — Berlaud, huissier de Poitiers.
7. Geoffroy de Saint-Belin, évêque de Poitiers, 1579 au 21 novembre 1611.
8. Une lettre du roi de Navarre, datée du 24 mars 1589, mentionne les dispositions des habitants de Poitiers en faveur de la Ligue (*Lettres de Henri IV*, t. II, p. 468).
9. Le duc Henri de Guise avait été le plus héroïque défenseur de Poitiers contre les réformés en 1569. Voyez le t. III, p. 100.

qu'ils y monstrèrent. Tous ces principes s'augmentèrent en une sédition contre le mareschal de Biron, que le roi y avoit envoyé[1], qui fut rudement chassé de la ville. Mais ils pressèrent bien plus rudement Malicorne, leur gouverneur, qu'ils promenèrent par leur ville les halebardes à la gorge, au son de toutes leurs cloches[2], et le contraignirent de limiter son gouvernement à Partenai[3] jusques à la réconciliation des rois[4].

En fin, le plus grand de tous les affronts fut celui qu'y receut le roi en personne, car, y estant appellé par ses partisans plus dévotieux, et mesme quelquesuns qui avoyent authorité entre les liguez au commencement, ils lui firent en attendant[5] prendre son disner à une maison de plaisir[6], et qui est à la veue de la ville; et puis le saluèrent et donnèrent à sa troupe de deux coulevrines chargées à bales pour lui monstrer le chemin de Tours[7]. Dès lors, il ne demeura plus dans la ville aucun royal de marque, et sur tous la race de Sainte-Marthe[8] fut chassée, comme princi-

---

1. Biron revenait de Guyenne et traversait Poitiers pour aller retrouver le roi à Tours, avril 1589.

2. Soulèvement des ligueurs de Poitiers contre l'autorité du roi et expulsion du s. de Malicorne, lieutenant de roi, 11 mai 1589. M. Ouvré, dans *Essais sur l'histoire de la Ligue à Poitiers*, in-8°, 1855, p. 98, a donné un bon récit de ces événements.

3. Parthenay (Deux-Sèvres).

4. Voyez plus loin.

5. Le roi se présenta aux portes de Poitiers le 17 mai 1589 à sept heures du matin (Ouvré, p. 101).

6. Le roi se retira à la ferme de la Chauvinerie, sur le coteau de la Roche (Ouvré, p. 101).

7. Le roi, confus et terrifié, se retira à Anzance pour y passer la nuit (Ouvré, p. 101).

8. Scévole de Sainte-Marthe était premier échevin de Poitiers.

pale entre les partisans du roi. A elle se joignirent plusieurs familles notables, qui, tousjours depuis ralliées sous celle-là, ont en guerre et en paix esté marquez à Poictiers pour partisans de la royauté[1]. Niort fut la retraite à ceux de ceste qualité.

Nous voilà à Bordeaux[2] et à la révolte assignée aux processions de Pasques, et, pource que ceste grande ville est recognue par les Jésuites[3] en leurs escrits pour avoir esté leur fidèle retraitte quand toute la France les chassoit, pour user de leurs termes, aussi voulurent-ils en avoir soing particulier, car chez eux et par eux se fit la conjuration, par laquelle le peuple soulevé[4] se saisit d'une porte[5], receurent à harquebusades et chassèrent les magistrats qui les vouloyent réprimer. A temps y arriva le mareschal de Matignon[6],

1. De retour à Châtellerault, le 23 mai 1589, le roi écrivit au s. de Bournazel deux lettres de doléance sur son voyage à Poitiers (Orig., f. fr., nouv. acquis., vol. 3522, f. 55 et 57).

2. La ville de Bordeaux avait déjà tenté de se soulever à la nouvelle de l'assassinat du duc de Guise (Caillière, *Histoire de Matignon*, p. 248).

3. Les Jésuites, convaincus d'avoir pris part à la conspiration, furent chassés de Bordeaux par arrêt du parlement du 31 juillet 1589 (Boscheron des Portes, p. 296. Voyez les notes suivantes).

4. La ville de Bordeaux se souleva en faveur de la Ligue, le 1er avril 1589, sous la conduite de Thomas de Pontac d'Escassefort, ancien député aux États de Blois (Boscheron des Portes, *Histoire du parlement de Bordeaux*, d'après les registres de la cour, in-8°, 1878, t. I, p. 293).

5. La porte St-Julien (Devienne, *Hist. de Bordeaux*, in-4°, p. 184).

6. Caillière, dans son *Histoire de Matignon* (in-fol., p. 261), donne beaucoup de détails sur la rébellion de Bordeaux et reproduit le discours (vrai ou prétendu) que le maréchal aurait prononcé au parlement de Bordeaux après la répression de la révolte. Suit une longue lettre du roi à Matignon, du 24 avril 1589, à ce sujet (*Ibid.*, p. 264).

de qui lors les garnisons estoyent foibles. Mais, estant très bien suivi de noblesse de huict cents refformez et d'hommes bien couverts, il fit sauter les murailles aux plus mutins et à ceux qui en avoyent trop fait pour espérer pardon. Il ne fut tué en tout cet affaire que six hommes et deux qu'il fit pendre[1], pourcé qu'ils tiroyent la solde du roi. Les eschapez de Bourdeaux se retirèrent dans Brouage[2], qui lors aussi se déclara de la Ligue en haine du roi seulement, comme il parut puis après.

En poursuivant mon tour, je ne puis laisser arrière l'émeute de Thoulouze, à laquelle les Feuillans[3] donnèrent le premier branle. Ce qu'il y eut de plus remarquable fut le fait du président Duranti[4]. Cettui-ci, en sa jeunesse, avoit fait profession d'une sanglante haine contre les refformez; aux massacres et séditions ne se pouvoit saouler de meurtre. Sur le poinct de la déclaration pour la Ligue, il s'avisa qu'il ne pouvoit se croistre en authorité, de laquelle il voyoit plus d'incertitude, et que les conseils qu'on establissoit ne pouvoyent instituer de nouvelle jurisdiction[5] que la siene n'en laissast aller autant. Il voulut donc apporter

---

1. Ils se nommaient Achard, fabricant de tonneaux, et Louis, sergent des bandes (Boscheron des Portes, p. 293). Le second fut convaincu d'avoir prémédité l'assassinat du maréchal de Matignon.

2. Brouage (Charente-Inférieure).

3. Les Feuillants, abbaye fondée en 1162 dans le comté de Comminges (Haute-Garonne).

4. Jean-Étienne Duranti, né en 1534, premier président du parlement de Toulouse.

5. M. Loutchitsky a publié, dans *Documents inédits pour servir à l'histoire de la Réforme et de la Ligue,* in-8°, 1875, une partie des registres du parlement de Toulouse pendant les troubles des mois de janvier, de février et de mars 1589.

quelque modération à l'insolente nouveauté[1] et faire que ce peuple enrageast avec raison[2]. Il leur fut si dur de voir quelque refroidissement en leur boute-feu ordinaire qu'ils le tirèrent de sa maison, le traînèrent par les rues, le vindrent poignarder et mettre en pièces avec toutes sortes d'ignominies[3], et cela devant une maison où, en haine de la religion refformée, il avoit exercé ses inhumanitez[4], que vous pourrez voir descrites au traité qui en a esté fait exprès[5].

J'achèverai le cercle de cet embrasement à Paris, comme au centre[6], où la Sorbonne, ayant, dès le 7 de

---

1. La ville de Toulouse voulait échapper à l'autorité du roi et se donner à la Ligue. Duranti, s'aidant de son crédit comme premier président, s'efforçait de résister aux séditieux. Après plusieurs tentatives d'assassinat dirigées contre lui, il fut jeté en prison au couvent des Jacobins le 1er février 1589. Voyez le récit de l'*Histoire du Languedoc,* t. V, p. 430, et une savante dissertation de dom Vaissette imprimée dans le même volume, p. 645.

2. Les procès-verbaux des délibérations du conseil de la ville de Toulouse pendant ces tristes événements, du 7 janvier 1589 au 20 juillet de la même année, ont été publiés par M. Loutchitsky, dans *Documents inédits pour servir à l'histoire de la Réforme et de la Ligue,* in-8°, 1875, p. 242.

3. Assassinat à Toulouse du premier président Duranti par les ligueurs, 10 février 1589.

4. L'*Histoire du Languedoc* rapporte que la porte du couvent des Jacobins, où fut assassiné le président Duranti, était située vis-à-vis de la porte du couvent des Béguins, de l'ordre des religieux de Saint-François.

5. Cette relation est intitulée : *Advertissement particulier et véritable de tout ce qui s'est passé en la ville de Tholose depuis le massacre et assassinat commis en la personne des princes catholiques...,* et a été réimprimée dans les *Archives curieuses,* t. XII, p. 283. Cette pièce est attribuée à Urbain de Saint-Gelais, évêque de Comminges, le plus fanatique ligueur de la province.

6. La première réunion des ligueurs à l'hôtel de ville, après l'assassinat du duc de Guise, eut lieu le 25 décembre 1588 et ne

janvier[1], donné aux François le conseil de conscience pour guerroyer contre le roi Henri III, et les ayant dispensez du serment qu'ils lui devoyent avec les formalitez accoustumées en choses de telle importance, le tout divulgué par livres imprimez, Paris prit un visage nouveau. Quiconque ne diffamoit le roi en termes exécrables couroit risques de la vie, et, sans m'estendre, comme les autres ont fait, il faloit y estre traistre ou violent.

Pour eschantillon ou chef-d'œuvre de quoi, un procureur, nommé Le Clerc[2], qui, ayant fait le coup que je vous conterai, se fit appeller quelque mois après Bussi, en janvier, arriva un matin au Palais, suivi de sa faction, entre dans la chambre dorée, met la main sur le premier président du Harlai[3], se fait suivre par ceux de la chambre, et, ayant envoyé ses officiers aux autres, après avoir osté du pair ceux qu'il estimoit ses partisans, mena le plus grand sénat[4] de la chrestienté dans les prisons, à la Bastille les principaux[5].

donna lieu qu'à de folles vociférations. Il faut arriver jusqu'à la séance du 31 décembre pour trouver une ébauche d'organisation. Le compte-rendu de cette dernière séance est conservé dans le vol. 3996, f. 29, du fonds français.

1. *Responsum facultatis theologicæ parisiensis,* pièce datée du 7 janvier 1589. Elle a été réimprimée dans les *Archives curieuses* de Cimber et Danjou, t. XII, p. 352.

2. Jean Bussy le Clerc, procureur au parlement de Paris, l'un des chefs de la faction des Seize et gouverneur de la Bastille, mort à Bruxelles en 1635.

3. Achille de Harlay, premier président au parlement de Paris, mort en 1619.

4. Bussy le Clerc, au nom de la Ligue, emprisonna à Vincennes le parlement de Paris, 16 janvier 1589. Voyez le beau récit du *Journal de L'Estoile* à cette date.

5. Le parlement, privé de ses chefs, continua ses séances sous la

Ce qui estoit absent et puis ceux qui se rédimèrent par rançon prindrent leur retraitte à Tours[1], où le roi avoit fait la siene ; et cela servit pour y establir la cour de Parlement[2], dont quelqu'un escrivit :

> Le sénat, espérant contre toute espérance,
> Qui des mains des François tira vive la France,
> Quant Paris fut Madril portant Paris à Tours.

La première besongne de ceste compagnie fut un édit de proscription[3] contre toutes les villes que nous avons nommées en nostre course, et autres qui à l'ombre et l'exemple de celles-là se déclarèrent du parti de l'Union.

Ce chapitre finira par la prise de Vandosme, que le duc de Mayene gagna par la vendition de Maillé-Benhard[4]. Avec la ville fut pris le grand conseil qui y estoit logé, qui paya plus de trente mille escus de

présidence de Barnabé Brisson, premier président malgré lui. Le compte-rendu et les procès-verbaux de cette session pendant le mois de janvier sont conservés dans le vol. 3996 du fonds français, f. 35 et suiv. La liste des magistrats qui furent emprisonnés est conservée dans la coll. Moreau, vol. 745, f. 16.

1. La liste des présidents et conseillers du parlement de Paris retirés à Tours est conservée dans le fonds français, vol. 3977, f. 65. Voyez aussi la pièce, f. 87.

2. L'édit du roi transférant le parlement à Tours, publié le 23 mars 1589 et enregistré le 24 avril suivant, est publié dans les *Mémoires de la Ligue* (t. II, p. 260 et suiv.). Le registre des délibérations et des arrêts du parlement de Tours est conservé dans le vol. 2752, f. 189 et suiv., du fonds français, mais il n'embrasse que la période du 10 juin 1589 à la fin de 1592.

3. Cet édit de proscription fut rendu et enregistré le 27 avril 1589 (De Thou, liv. XCIII). Il est imprimé dans les *Mémoires de la Ligue* (t. II, p. 266 et suiv.).

4. Jacques de Maillé, s. de Benehart, gouverneur du château de Vendôme.

rançon. Ceste ville servit d'estape à l'armée du duc de Mayene, qui, s'estant formée grande auprès de Chartres, s'avança au Vandosmois pour faire ce que vous entendrez.

Chapitre XVIII.

Traité et aproche des deux rois, et[1] présentation du duc de Mayenne à Tours.

Bien que les défiances des refformez fussent grandes et que les mutations escrites aux livres passez, jointes à la foi de Blois, leur rendissent odieuses et les affaires et la personne du roi, le roi de Navarre, qui avoit des conclusions à part, presta l'oreille et le cœur aux négotiations[2] de la duchesse d'Angoulesme[3], ne communiquant ce traitté qu'aux serviteurs du successeur. L'affaire en vint là que, pour faciliter une paix ou une tresve[4], le roi devoit donner à son beau-frère un passage sur Loire. On voulut faire ce présent du Pont de Sez[5], mais le mespris du roi estoit tel qu'il fut refusé tout à plat de ce petit chastelet[6], incapable d'endurer

---

1. Le reste du titre du chapitre manque à l'édition de 1620.
2. Caillière prête au maréchal de Matignon et Girard au duc d'Épernon les premiers pourparlers avec le roi de Navarre. Caillière publie même une lettre du roi à Matignon à ce sujet (*Hist. de Matignon,* in-fol., p. 254). Caillière et Girard sont d'accord pour laisser à la duchesse d'Angoulême l'honneur de la négociation. Le premier donne, d'après les papiers de Matignon, plus de détails qu'aucun autre historien sur les démarches de la duchesse (Caillière, p. 253 et 257).
3. Voyez ci-dessus la note 1 de la p. 18.
4. Négociation du 3 avril 1589. Voyez plus loin.
5. Les Ponts-de-Cé (Maine-et-Loire), sur la Loire.
6. Le gouvernement du Pont-de-Cé appartenait au capitaine

[1589]   LIVRE DOUZIÈME, CHAP. XVIII.   39

un seul canon, et qui, à une lieue et demie, devoit craindre Angers[1], qui en estoit garni. Il falut donc traiter avec le gouverneur de Saumur[2], qui, à meilleur marché que l'autre, vendit au roi sa maison, donnée pour le passage et union des forces au roi de Navarre, qu'il receut avant le traitté conclu, et mit dedans le Plessis-Mornai[3].

Et puis, estant adverti que la Ligue dégastoit son Vandômois, il passa Loire avec trois cents salades et sept cents harquebusiers à cheval pour donner quelque strette à ceste armée[4]. Mais le roi, se voyant menacé du dedans et du dehors, lui dépescha de Tours deux courriers pour s'unir aux Plessis-lez-Tours. A une lieue de là, trouvant le mareschal d'Aumont[5] qui venoit encores le haster, comme on entretenoit le roi

Alexandre de Cosseins, qui refusa de livrer la place au roi. De Thou dit qu'il y fut indirectement poussé par le roi de Navarre, qui regardait la ville comme insuffisante et qui visait Saumur (liv. XCV).

1. Angers était une des rares villes qui reconnaissaient l'autorité du roi. Voyez le chapitre précédent.

2. Florent Guyot, s. de l'Essart.

3. La ville de Saumur fut remise par le roi en gage au roi de Navarre, qui en donna le commandement à du Plessis-Mornay, le 17 avril 1589. Le roi de Navarre y entra le 19 avril. Le 21, il lança un manifeste éloquent, dû à la plume de du Plessis-Mornay, en faveur de la cause du roi. Cette pièce est imprimée dans les *Mémoires de la Ligue*, t. III, p. 252, et dans *Mémoires et correspondance de du Plessis-Mornay*, t. IV, p. 356.

4. Le roi de Navarre partit de Saumur le 28 avril 1589 avec ses troupes. Cette entrée en campagne est racontée dans une relation réimprimée par les *Mémoires de la Ligue*, t. III, p. 297.

5. Le maréchal d'Aumont, envoyé par le roi, rejoignit le roi de Navarre le 30 avril, à deux heures de l'après-midi, à une lieue de Tours, et le pria, de la part de son maître, de se rendre au Plessis-lès-Tours (Relation dans les *Mémoires de la Ligue*, t. III, p. 298).

des advis divers qu'amis et ennemis donnoyent à son beau-frère pour lui faire apréhender les mutations et les perfidies qui venoyent de paroistre au jour, et que c'estoit une pernicieuse folie de se jetter ès mains de ses ennemis[1], mesmement n'y ayant encore entr'eux ni tresve ni paix; comme, di-je, on comptoit au roi que ce prince, en secouant la teste, secouoit aussi ces advis et marchoit vers lui, quelqu'un lui vint dire quant et quant qu'il arrivoit. Le roi accourut au-devant, et, leur rencontre[2] s'estant faite sans cérémonie[3], là ne furent espargnées les caresses, le récit des mutuels désirs, ni des soupçons, ni des opinions et advertissemens divers, qui d'un costé et d'autre avoyent esté vaincus par la résolution de se joindre, comme aussi par le besoin. Deux jours se passèrent[4] en conseils,

1. Sully répondit à ces arguments en disant au roi que le succès valait la chance du danger (*OEconomies royales,* chap. XVII).

2. Première entrevue des deux rois, 30 avril 1589, dans l'allée du parc du Plessis. « Il y avoit si grande presse, dit Simon Goulard, tant de ceux de la cour que de la ville, qui y estoient accourus, que leurs Majestés demeurèrent l'espace de demi-quart d'heure à quatre pas l'un de l'autre sans se pouvoir toucher, tant la foule estoit grande... » (*Mémoires de la Ligue,* t. III, p. 298).

3. Le roi de Navarre, dit Palma Cayet, était vêtu en soldat. « De toute sa troupe nul n'avoit de manteau et de panache que luy. Tous avoient l'écharpe blanche, et luy, vestu en soldat, le pourpoint tout usé sur les espaules et aux costés de porter la cuirasse, le hault de chausses de velours de feuille morte, le manteau d'escarlatte, le chapeau gris avec un grand pennache blanc, où il y avoit une très belle médaille... » (*Chronologie novenaire,* liv. I, édit. Buchon, p. 135). Conférez le récit des *OEconomies royales,* chap. XVII, édit. Petitot, p. 415.

4. Le même soir, le roi de Navarre vint coucher au faubourg Saint-Symphorien à Tours. Le lendemain, 1er mai, à six heures du matin, il vint rendre visite au roi (*Mémoires de la Ligue,* t. III, p. 298).

en embrassades à tous les capitaines refformez, en dépesches au loin et auprès, et, qui estoit chose nouvelle, en promptes expéditions. A l'ouie du canon de l'ennemi qui attaquoit, forsoit et prenoit par composition le comte de Briene[1], avec sept ou huict cents hommes de toute sorte[2], logez à Sainct-Oin[3], près d'Amboise[4], les deux rois touchèrent à la main, promettans de parole seulement[5] une tresve, qui, pource qu'elle ne fut publiée qu'à la fin d'avril[6], ni émologuée de deux mois après, ce livre n'est obligé à vous rendre

1. Charles de Luxembourg, comte de Brienne, beau-frère du duc d'Épernon.
2. Défaite du comte de Brienne par le duc de Mayenne, 27 avril 1589. Les ligueurs firent grand bruit de cette victoire et publièrent que l'armée des deux rois de France et de Navarre avait été écrasée. Voyez les relations conservées aux imprimés de la Bibliothèque nationale (*Catalogue*, chap. III, n°s 736 et 748). Conférez avec une autre relation contenue dans le vol. 15591, pièce 13, du fonds français.
3. Saint-Ouen (Indre-et-Loire) appartenait à Pierre Molan, trésorier de l'Épargne (*Mémoires de la Ligue*, t. III, p. 297).
4. Prise de Saint-Ouen, près d'Amboise, par le duc de Mayenne, 28 avril 1589. D'après une pièce du temps, *La Victoire obtenue par monseigneur le duc de Mayenne*, Paris, 1589, les soldats de la Ligue se montrèrent tellement indisciplinés à la prise du château que le duc se vit obligé d'en faire exécuter plusieurs.
5. Avant de se réunir, les deux rois avaient convenu d'une trêve d'un an. L'acte, daté du 3 avril 1589, rédigé par du Plessis-Mornay, est imprimé dans les *Mémoires et correspondance de du Plessis-Mornay*, t. IV, p. 351. Cet acte, négocié à Tours par Schomberg, au nom du roi, et par du Plessis-Mornay, au nom du roi de Navarre, avait été tenu secret. D'Aubigné ne paraît pas en avoir connu l'existence.
6. La déclaration de Henri III touchant la trêve, datée du 26 avril 1589, et celle du roi de Navarre, datée du 24 avril, sont imprimées dans les *Mémoires de la Ligue* (t. III, p. 300 et suiv.). La publication de la trêve fut enregistrée au parlement de Tours le 29 avril 1589.

compte que au mesme terme, en suivant l'ordre que nous avons commencé.

Le duc de Mayene estoit fort sollicité par les principaux de son armée d'attaquer Boigensi[1], où Antragues, chassé d'Orléans et réconcilié au roi, commandoit ; mais il aima mieux tenter le fruict de diverses intelligences qu'il avoit dans Tours, tant avec les habitans qu'avec les courtisans, par ces derniers adverti d'un grand estonnement où estoit le roi et presques tous ceux qui l'accompagnoyent. Sçachant aussi par mesme moyen que le roi de Navarre n'avoit peu passer à Maillé[2] le gros de ses troupes, de plus que les capitaines refformez, faisans de grandes difficultez de se mesler parmi ceux qui avoyent leurs espées rouillées de leur sang, qu'aux dangers ils auroyent à l'eschine et au visage celles des ennemis, il avoit falu que le chef lui-mesme allast s'exposer pour destruire ces langages que j'ai rapportez en leurs termes, sans changer. De cela bien advertis, les liguez[3] firent une trette d'onze lieues, si bien que les coureurs de l'armée furent une heure après soleil levé, le 8 de mai, sur la queuille du fauxbourg Sainct-Siforien[4], où le roi se promenoit fort peu accompagné, et peut-estre fort mal, car on l'avoit mené là si à point que, sans un

---

1. Beaugency (Loiret).
2. Le roi de Navarre était arrivé à Maillé (Indre-et-Loire) le soir du 28 avril 1589 (*Lettres de Henri IV*, t. II, p. 613).
3. La cavalerie de la Ligue, conduite par le duc de Mayenne, partit de Montoire le 7 mai 1589.
4. Surprise du faubourg Saint-Symphorien à Tours, par le duc de Mayenne, 8 mai 1589. D'après une pièce du temps, les ligueurs y commirent toute sorte de cruautés (*Mémoires de la Ligue*, t. III, p. 427).

meusnier qui lui monstra le loup, son retour lui alloit estre coupé. Lui donc, ayant regagné le village et disposé ses Suisses et autres forces pour rasseurer les habitans amis et s'asseurer des autres, Grillon[1], maistre de camp des gardes, suivi de Gersai[2], alla recevoir les enfans perdus au bout du chemin creux qui descend au fauxbourg. Mais, trouvant à cette teste de mauvais garçons, soustenus du régiment de Chastaignerais, qui ne marchanda point, il falut revenir à la barrière, qui ne fut guères gardée, pource que les terriers des deux costez furent aussi tost saisis par l'harquebuserie des ennemis, qui leur eust donné à l'eschine. Il fallut donc se contenter de défendre la porte du fauxbourg, en laquelle fermant, Grillon se trouva tellement engagé que, n'ayant encores que le costé droit au dedans, il fut blessé au gauche à coups d'espée, et, si tout blessé il n'eust poussé la porte d'autant de force que de courage, elle estoit prise, pource qu'il y demeura seul.

Heureusement et bien à propos y arrivèrent La Trimouille, Chastillon, La Rochefoucault et quelques domestiques du roi de Navarre[3] peu en nombre; mais ils aportèrent une gaycté de cœur qui ne se trouvoit point aux autres bandes. Ceux-là donc, le costeau estant desjà tout saisi de l'avant-garde, mille mous-

1. Louis Berton de Crillon.
2. Jean Bourry de Gersai.
3. Le roi de Navarre, à la date du 8 mai 1589, était à Chinon (lettre de cette date adressée au s. de Boisguerin et publiée dans les *Archives historiques du Poitou*, 1883, t. XIV, p. 219). Il arriva avec ses troupes au secours du roi, aux portes de Tours, dans la matinée du 9 mai. Voyez le beau récit de Sully (*OEconomies royales*, chap. XVII).

quets et six mille harquebusiers logez sur le bord du rocher, la pluspart couverts de petites murailles des jardins, faisoyent un salve perpétuel et rendoyent le fauxbourg périlleux, mais plus que ce fauxbourg le pont, où il failloit faire près de trois cents pas à juste portée et à descouvert, si bien que plusieurs ont avoué qu'ils eussent quitté le fauxbourg sans le péril de ce passage. Ceux-là donc mesurèrent le pont au petit pas et vindrent prendre la place de Grillon, qui s'est tousjours depuis passionné pour les refformez.

Bien tost après les régimens de Cherbonnières, la Grand-Ville, Sainct-Jean-de-Migoure et de la Croix arrivèrent, qui se trouvoyent beaux hommes au jugement du peuple effrayé. Ceux-là passèrent le pont froidement, au péril duquel s'estoyent adjoustez sept canons, qui batoyent les jambes du portail. Ces bandes arrivent sur le poinct que, toute l'armée jointe, les liguez se laissoyent couler des rochers sur les maisons; et ainsi contraignirent les Royaux à quitter et à se loger dans l'isle la plus proche des ennemis. Là, les escharpes blanches désespérèrent, par leur veue seulement, l'entreprise des liguez, qui leur crioyent, ceux de la ville le pouvans ouïr : « Braves huguenots, gens d'honneur, ce n'est pas à vous à qui nous en voulons, c'est à ce perfide, à ce coyon, qui vous a tant de fois trahis, et qui vous trahira encores. » Parmi cela, d'autres voix confuses d'opprobres et d'infamies, outre le commun, nommans des noms ausquels les courtisans sourioyent. Tout cela n'eut response qu'harquebusades. Le duc[1] tint conseil et résolut sa retraite, pour laquelle il fit les mesmes onze lieues qu'il avoit

---

1. Le duc de Mayenne.

fait en s'avançant. Et le roi, spectateur de ses nouveaux soldats, pour honorer leur valeur, prit l'escharpe blanche, ce qui fascha à plusieurs des siens, ne pouvans de bon cœur voir honorer la marque contre laquelle ils avoyent eu et avoyent encores tant de passion. De ce rang furent d'O, Clermont d'Antragues, Chasteau-Vieux et autres. Mais le mareschal d'Aumont, Montigni, Grillon et gens de cette sorte tenoyent bien autre propos, et le mareschal adjoustoit qu'il n'y avoit que les bougres qui ne vouloyent pas souffrir les huguenots[1].

Le duc d'Espernon s'estoit avancé quelques jours auparavant[2] au secours du roi avec près de deux cents chevaux et douze cents hommes de pied, en comptant ceux de Briene qui avoyent esté chargez en se venans joindre à lui. Cela eut pour département Blois, qui fut assez mal traité, les principaux pris et rançonnez sur l'aparence qu'ils donnèrent d'avoir quelque inclination aux Guisars.

---

1. On conserve à la Bibliothèque nationale plusieurs relations du temps sur les combats du 8 et du 9 mai 1589, sous les murs de Tours (*Catal. des imprimés*, chap. III, n⁰ˢ 758 et suiv.). Tous les récits ligueurs présentent la journée comme une éclatante victoire du duc de Mayenne. Les *Mémoires de Nevers* (t. II, p. 589) contiennent une pièce qui témoigne de la bravoure des deux rois. Enfin Henri III, dans une lettre à Bournazel, du 9 mai 1589, nous donne un nouveau récit de ce combat (f. fr., nouv. acquis., vol. 3532, f. 52).

2. Le duc d'Épernon ne revint à la cour qu'après le 27 avril 1589, puisqu'il rallia en route les débris des troupes du comte de Brienne, qui avait été défait ce jour-là. En passant à Amboise il avait été voir l'archevêque de Lyon, qui y était encore détenu (Girard, *Vie du duc d'Épernon*, in-12, t. I, p. 294).

Chapitre XIX[1].

Bataille de Senlis. Combat de Saveuze et autres.

A Tours, le roi receut nouvelles de Normandie que le duc de Montpensier[2], assisté de la noblesse du païs, ayant deffait six-vingts ou cent quarante hommes de la garnison de Falaise[3], et voyant ceste ville d'autant affoiblie, avoit pris occasion de l'assiéger. Là-dessus, le comte de Brissac, avec deux cents chevaux et les communes du pays, qui s'estoyent donné le nom de Gautiers[4], amassez et commandez par les prestres, s'avança pour lever ce siège. Le duc le quita pour aller au devant, et, partageant ses hommes en deux, partit la nuict, arrive avant jour sur les deux logis des Gautiers, attaque les plus avancez, qu'il enleva sans combat. Ce qui eschappa de la camisade porta l'alarme ou plustost la peur dans les autres quartiers, où le comte accourut, n'oubliant rien de ce qui se pouvoit dire pour les rasseurer et mettre en estat de combat. L'effroi fut plus puissant, et le comte, pour n'estre pas inutile, se jetta dans Falaise. Le reste, incertain et branlant entre combat et fuite, eut promptement la noblesse

---

1. L'en-tête du chapitre ne se trouve pas dans l'édition de 1620.
2. Le duc de Montpensier se mit en campagne le 4 avril 1589 (Relation contenue dans les *Mémoires de la Ligue,* t. III, p. 544).
3. Falaise (Calvados). — Siège de la place par le duc de Montpensier, 18 avril 1589 (De Thou, liv. XCV).
4. Ces révoltés avaient pris le nom de *Gautiers,* du nom de leur chef, le s. de la Chapelle-Gautier, qui les avait commandés dès le début de l'insurrection en 1587 (De Thou, liv. XCV).

du duc sur les bras, qui n'eurent peine que de tuer ; le plus grand meurtre fut par la noblesse du pays, qui, bien que neutre, monta à cheval pour se venger des insolences et grands excez qu'ils en avoyent receus, si bien qu'en toutes ces poursuites il y eut près de deux mille Gautiers assommez[1].

Le roi, à son retour de Poictiers, avoit seu le siège de Senlis[2], qui, huict jours après s'estre déclairée royale par les pratiques de Bouteville[3], fut assiégée[4] par le duc d'Aumale avec une armée composée de six cents chevaux, la pluspart de Picardie, trois régimens de gens de pied et six mille Parisiens. La batterie se fit au coin de l'estang avec quelques pièces sur le bord, qui enfiloyent la courtine de bas en haut. Il se donna au commencement un assaut[5], les chefs ne pensans qu'à une reconnoissance. Mais, le lendemain, ayans employé la matinée à rompre quelques traverses faites par les assiégez, fut présenté un assaut

1. Déroute des Gautiers, 22 avril 1589 (Relation contenue dans les *Mémoires de la Ligue*, t. III, p. 544). Caillière, dans son *Histoire de Matignon* (in-fol., p. 259), donne d'assez grands détails sur la révolte des Gautiers d'après les récits du s. de Thorigny, fils du maréchal de Matignon, qui faisait partie de l'armée du duc de Montpensier.

2. Senlis, qui s'était donné à la Ligue, fut surpris par Montmorency-Thoré, au nom du roi, le 26 avril 1589. On conserve dans le fonds français, vol. 3958, f. 375 v°, une relation de cet événement.

3. Louis de Montmorency de Bouteville, parent et lieutenant de Guillaume de Montmorency, s. de Thoré.

4. Ouverture du siège de Senlis par le duc d'Aumale, 6 mai 1589. La prise de la ville est escomptée dans un pamphlet ligueur (*Catal. des imprimés de la Bibl. nat.*, chap. III, n° 726).

5. Premier assaut de Senlis par l'armée de la Ligue, 13 mai 1589 (De Thou, liv. XCV).

général et quelque escalade du costé de Compiègne ; tout cela fort froidement, et comme de mauvais soldats. Et toutesfois il n'y en put avoir si peu de blessez du dedans, veu le peu de gens de guerre qu'il y avoit, que la ville ne fust réduite à extrémité. Là-dessus, ils envoyent quelques bourgeois au duc de Longueville [1], encor fort jeune, et assisté de gens qui lui dissuadoyent le péril pour en sauver leur part. Mais Humière et Bonnivet [2], qui s'y vouloyent hazarder, furent fort aises de voir arriver La Noue [3]. Cetui-là, avec plus d'authorité, conseilla et fit résoudre le secours, et, comme ceux qui le vouloyent retarder demandoyent qui payeroit les poudres qu'il falloit porter dans le siège, car ceux de dedans ne demandoyent que cela et des hommes, La Noue y engagea tout son bien, et particulièrement le Plessis-Lestournelles [4], qui, pour cette debte et autres de mesme nature, appartient aujourd'hui à des financiers. Cet ardent serviteur du roi amena donc le duc de Longueville et les principaux partisans du roi à espérer et essayer de jetter quelque secours dans Senlis ; et pourtant, ayans cheminé le seiziesme de mai toute la nuict, arrivèrent le dix-septiesme à un bois qui est au-dessus de Senlis devers Compiègne.

L'armée avoit bien pourveu sur ce chemin, tant par estradiots que par escoutes et vedettes, tellement

1. Henri d'Orléans, duc de Longueville, gouverneur de Picardie.
2. Charles d'Humières. — Henri Gouffier de Bonnivet.
3. La Noue accompagnait le duc de Longueville, mais il y avait aussi un capitaine, Christophe de Lanoy de la Boissière, qui a été souvent confondu avec lui dans le récit de cette campagne (Relation réimprimée dans les *Mémoires de la Ligue,* t. III, p. 353).
4. Le Plessis des Tournelles, Seine-et-Oise.

qu'avertie, la cavalerie fut en son devoir d'assez bonne heure. Toute l'armée vid sortir de derrière le bois les forces du duc de Longueville, qui se montoyent à trois cents cinquante chevaux, mais bons, et huict cents harquebusiers à cheval. Je ne compte que cela, pource que le reste n'apporta rien au combat. Comme le duc d'Aumale et ses officiers prenoyent confusément place de bataille, La Noue, voyant former deux gros, dit à Humières, qui ne le perdoit guères de veue : « Il faut que vous et moi mettions en désordre ces deux troupes. Je me trompe fort si le reste ne branle ; mais, en tout cas, sous la faveur de nos charges, M. le duc fera entrer le secours qu'il pousse devant lui et tiendra la main à nostre raliement. » Ce dessein pris, La Noue, avec quatre-vingts chevaux, [court] à la charge, lui vingt pas devant sa troupe ; Humières, comme surpris de cette diligence, court aux siens. La troupe de Rhosne qu'avoit chargé La Noue fut tellement rompue que d'autres troupes, qui n'avoyent point combatu, se mirent à la fuite, et on vid plus de cent cinquante chevaux s'entayer dans un marais qui sembloit un pré, à la queue de l'estang. Humières, avec six-vingts chevaux, en charge plus de deux cents, desquelz il eut bon marché. A la veue de cet estonnement, le duc de Longueville, prenant son temps là-dessus, ne s'amusa plus à faire entrer ni poudres ni hommes, mais à poursuivre sa victoire[1], qui fut moins sanglante, pource que cette armée prit la route de bonne heure, et aussi que les bois qui vont vers Chantilli[2] furent

---

1. Le duc d'Aumale, battu à la tête des troupes de la Ligue, lève le siège de Senlis, 17 mai 1589.
2. Chantilly (Oise).

gagnez par une partie des Parisiens. Et, encor que tous les chemins menans en la ville estoyent embarrassez par le bagage, et pource que les assiégez furent merveilleusement tardifs à sortir et prendre l'occasion, encor demeura-il sur la place de huict à neuf cents hommes de cheval seulement[1].

Givri[2], qui estoit venu le dernier en ceste armée, lui fit faire une galenterie devant Paris; car, après les avoir défié de la bataille, congné ce qui estoit dehors jusques au fauxbourg de la Courtille, ils saluèrent la ville du canon gagné à Senlis. Les coups donnèrent dans les hales[3], où il y avoit multitude de peuple. Il ne se peut dire combien d'effroi apporta ceste gayeté.

Le lendemain de la journée de Senlis, à sçavoir le dix-huictiesme de mai, le roi de Navarre s'avançant vers Boigenci[4] avec quatre mil cinq cents hommes de

1. La victoire de l'armée royale à Senlis eut un grand retentissement et couvrit de honte le duc d'Aumale, qui commandait des forces supérieures. De Thou raconte que la duchesse de Montpensier, alors à Paris, écrivit à Mayenne de réparer les suites « de la maladresse et de la lâcheté » du duc d'Aumale. La lettre fut interceptée, et le roi de Navarre, « par manière de gausserie, » l'envoya au duc d'Aumale en lui offrant d'être son second s'il voulait tirer raison de l'insulte (De Thou, liv. XCV). Les *Mémoires de la Ligue* contiennent (t. III, p. 547 et suiv.) trois relations contemporaines de ce fait d'armes. Le vol. 30 des Vc de Colbert (non paginé, *in fine*) conserve d'autres pièces sur ce combat, dont un plan manuscrit de la disposition des armées. Enfin le roi, dans une lettre du 23 mai 1589, raconte au capitaine Bournazel l'affaire de Senlis (orig.; f. fr., nouv. acquis., vol. 3532, f. 55).

2. Anne d'Anglure de Givry commandait les chevaux-légers.

3. Givry, passant avec les troupes du roi sous les murs de Paris, envoya quelques volées de canon sur la ville et jusqu'aux Halles, 19 mai 1589.

4. Le roi de Navarre arriva à Beaugency (Loiret) le 21 mai 1589 et y resta jusqu'au 1er juin (*Lettres de Henri IV*, t. II, p. 614).

pied et six cents chevaux pour attirer le roi hors de Tours, qu'une crainte sans raison y détenoit, la nouvelle vint que Sourdis[1] avoit perdu Chartres[2], ou par la crainte du peuple, plus fort que lui, ou par vendition[3], comme le vulgaire a voulu. Quelque capitaine des siens qui en estoit sorti à regret présenta à Chastillon un projet pour y rentrer. Ce cœur bouillant, qui trouvoit tout facile, donna assignation à quelques harquebusiers tirez des régimens pour se trouver vers Bonneval[4], prit ce chemin-là, faisant, avec la compagnie de chevaux-légers, que commandoit Arambure, et ce qu'avoit Lorges[5], cent quarante salades, des gardes

---

1. François d'Escoubleau de Sourdis, capitaine d'opinion incertaine, cité peu avantageusement pour ses mœurs dans le *Journal de L'Estoile* et dans la *Confession de Sancy*.
2. La ville de Chartres fut une des plus empressées à embrasser la Ligue. Le procès-verbal, extrait des registres du greffe de la ville, contenant « la résolution » des habitants en faveur de la Ligue, est daté du 7 février 1589 (f. fr., vol. 3977, f. 53). Le 10 du même mois, le duc de Mayenne, de passage à Chartres, avant d'arriver à Paris, leur fit prêter serment (ibid., f. 54). Le siège de Chartres par l'armée royale est raconté dans une relation conservée parmi les manuscrits de la Bibliothèque nationale, f. fr., vol. 3996, f. 31 v°. Voyez aussi les *Mémoires de Cheverny*, gouverneur titulaire de la province (édit. Buchon, p. 256), et les *OEconomies royales*, chap. XVII.
3. Sourdis passait pour l'époux complaisant d'Isabelle Babou de la Bourdaisière, que des liens intimes rattachaient au chancelier de Cheverny (Tallemant des Réaux, édit. Techener, 1854, t. II, p. 337). On verra plus loin que d'Aubigné confirme ces dires. Or, Cheverny, brutalement chassé par Henri III, était secrètement dévoué à la Ligue. Il avoue dans ses *Mémoires* qu'il eût pu empêcher la révolte de Chartres s'il l'eût voulu (édit. du *Panthéon littéraire*, p. 256).
4. Bonneval (Eure-et-Loir).
5. François de Mongonmery, s. de Lorges.

du régiment de Charbonnière et autres volontaires, deux cents harquebusiers à cheval, et parmi cela vingt capitaines en pourpoint. On donne à Fouquerolles vingt coureurs. En aprochant de Bonneval, et prenant à droite le chemin qui tourne à Chartres, il trouve sortant d'une combe le nouveau gouverneur de Chartres, nommé Arclinville[1], venant de laisser Saveuse[2], qui repaissoit à trois quarts de lieue de là, et avoit avec lui trois cents salades, desquelles les deux tiers faisoyent la fleur de la noblesse de Picardie ; outre cela, près de deux cents harquebusiers tels quels.

Arclinville, qui se mettoit sur la retraite, voulut recognoistre à bon escient ce qui suivoit Fouqueroles et ne porter pas l'alarme à Saveuse en aprentif. Cela fut cause, joint qu'il avoit troupe pareille, que Fouquerole le mesla et lui tua quatre des siens. Sur cette perte, il sauva le reste dans le quartier de Saveuse. Brosses[3] et lui résolvent quand et quand de prendre ceste occasion de combatre. Les harquebusiers à cheval furent les premiers prests, mais, estans à veue de Chastillon, qui avoit fait alte, crurent devoir attendre de meilleurs estomacs pour digérer ce morceau. Les troupes estans à veue les uns des autres, Saveuse fait une grande haie, Brosse une autre à cinquante pas, les harquebusiers prennent les coins pour tirer d'asseurance à l'aproche du combat, Chastillon fait mettre

1. Louis d'Alonville, s. de Reclainville.
2. Charles de Saveuse, de la maison de Tiercelin.
3. Jean de la Barre, s. de la Brosse, d'une ancienne famille de Touraine et d'Anjou, cité dans les *Lettres de Henri IV*, t. VIII, p. 287, capitaine de gens de pied en 1589, gentilhomme de la chambre, mort avant le 7 février 1598. (Note de M. L. Audiat.)

les plus mal montez de ses harquebusiers pied à terre et fit deux semonces à la mode de Coutras, et met à sa gauche Arambure et Charbonnière avec ses capitaines en pourpoint, fait son premier rang de ses meilleurs et trois autres sans choisir. Il y eut quelques harquebusiers des gardes qui se mirent devant lui pour se faire passer sur le ventre. Saveuse vint gayement à la charge, et, comme celui qui attaquoit ne fit tirer ses harquebusiers que de cheval, les autres qui estoyent à pied lui firent un grand dommage. Nonobstant il passe sur le ventre et à ses gens de pied, qui jouoyent de l'espée dans le flanc des chevaux, et à la troupe de Chastillon. Lui par terre, à la main droite des Picars, mit encor en désordre ceux du flanc. Mais Arambure et Charbonnière, appelans à soi cettui-ci et cettui-là, se ralient avec tant de fermeté qu'ils donnent moyen aux gens de Chastillon de le relever; et lors tout ensemble donnent aux Picars, qui se serroyent en gens de guerre près de leur drapeaux. Ils les percent et rompent. Ceux de Saveuse se ralient à leur main gauche, les autres à la mesme place de la charge, et puis voilà tous remeslé.

Il ne se peut dire quel bien firent à leurs gens les harquebusiers à pied et quelques gentilshommes portez par terre, car ceux-là faisoyent un grand meurtre, prenans les défaux des armes de bas en haut. A ce dernier effort, les chefs de Picardie estans blessez et hors de combat, la victoire parut pour les refformez[1]. Il demeure cinquante morts sur la place, et ceste noblesse,

---

1. Défaite des ligueurs à Bonneval par le comte de Chastillon, 18 mai 1589 (*Lettres de Henri IV*, t. II, p. 492, note).

se retirant à regret, fit quatre raliemens, et nul sans coups d'espée. Cela fut cause qu'il s'en sauva moins, et qu'il mourut en ce combat en divers lieux six-vingts gentilshommes et quatre-vingts prisonniers, entre ceux-là Saveuse. Le roi de Navarre le visita en son lict, où il mourut, refusant toutes cérémonies et confessions, parlant honorablement et constamment de son parti, hardiment contre la perfidie de Blois. Ceste nouvelle servit à faire que le roi promit son partement de Tours, en recevant les drapeaux, en un desquels y avoit escrit *Moriro mas contento*. Ce combat valoit la peine d'estre descrit, pource qu'il rendit redoutables envers les liguez tous les conflictz où ils sçavoyent avoir à faire aux refformez.

Quelques-uns ont escrit que Saveuse s'avançoit pour aller chercher L'Orges, qui amenoit à Chastillon les troupes pour l'entreprise. Il se peut faire qu'Arclainville le détournoit pour cela, mais il tendoit vers Alençon, que le duc de Mayene alloit assiéger[1] pour achever le mois de mai. Le roi de Navarre, après avoir envoyé toutes ces bonnes nouvelles à Tours, print six de ses serviteurs et y alla[2] pour en arracher le roi, que la peur, moins de lui que des siens, y retenoit.

Or, je sen que mon lecteur me tire par la cape pource que je n'ai pas assez marqué la rupture des Estats; c'est pource que jusques à ce poinct le roi s'employoit tousjours à quelques matières qui en

---

1. Voyez le chapitre suivant.
2. Le roi de Navarre se rendit à Tours le 1ᵉʳ juin 1589 (*Lettres de Henri IV*, t. II, p. 614).

dépendoyent, pour faire que le résultat en demeurast à son avantage. Mais à Paris on préparoit d'autres Estats pour opposer à ceux-là et accusoit-on ceux qui estoyent demeurez des derniers d'estre fauteurs d'hérésie, et sur tous l'archevesque de Bourges[1], qui, par sa dernière harangue, avoit monstré sentir mal de la foi. Et voici les termes prononcez par lui, desquels on s'offensoit. Il disoit que par l'ignorance et corruption sont entrez en la bergerie de nostre Sauveur, non par la porte, mais par dessus les murailles, les faux pasteurs, dissipateurs, loups ravissans, qui ont produit l'hérésie, qui s'aproprient l'héritage de l'Église et baillent en partage la vigne du Seigneur. Toutes ces choses, dites pour y aporter de la réformacion, se prenoyent à contre-poil pour taxer d'hérésie tout ce qui demeuroit auprès du roi et en tirer le profit que vous verrez ci-après[2]. Cette harangue fut la dernière action des Estats, qui de là se deffirent à pièces[3], le roi ne refusant congé à aucun et les laissant descoudre sans estre par lui rompus.

Chapitre XX.

Démarches des liguez et exploicts en Bretagne.

Des fauxbourgs de Tours, le duc de Mayene, pour aller au-devant de quelques troupes de Normandie et pour se garder créance en ceste province, avoit, par-

---

1. Renaud de Beaune, archevêque de Bourges, président de l'assemblée du clergé depuis la mort du cardinal de Guise.
2. Le discours de l'archevêque de Bourges, prononcé le dernier jour de la session, est analysé par de Thou, liv. XCII.
3. Clôture des États de Blois, 15 janvier 1589.

tie par la frayeur, partie par ses intelligences avec les ecclésiastiques, à peu de peine, saisi la ville d'Alençon[1]. Mais les refformez estant conviez par Hartrai[2], gouverneur, de se retirer au chasteau, le duc y trouva plus d'opiniastreté qu'il n'avoit estimé. Et là, sachant que le duc d'Espernon avoit pris par intelligence Montereau-faut-Yonne[3], n'ayant pas esté changé le gouverneur[4] qu'il y avoit mis, sçachant aussi que Givri avoit mené au bois de Vincennes un ravitaillement et que ceux qui avoyent défait Aumale à Senlis alloyent vers la frontière recevoir des estrangers levez par la négotiation[5] de Sansi[6], la frayeur des Parisiens le fit démordre sans achever ce qu'il vouloit. Il donna jusques dans la Brie pour faire sentir le voyage de Longueville à quelque crainte de lui. Il prit quelques petis

---

1. Prise d'Alençon par le duc de Mayenne, 22 mai 1589. Voyez une relation, *Reddition et prise du château et ville d'Alençon*, in-8°, 1589 (Bibl. nat., *Catal. des imprimés*, règne de Henri III, n° 769).

2. De Thou et d'après lui tous les historiens modernes disent que la capitainerie d'Alençon était occupée par René de Renty, baron de Landelles, qui s'en était emparé en poignardant Claude d'Escoliers, s. de Pastoureau, soupçonné de complicité avec la Ligue. Voyez la relation citée dans la note précédente.

3. Montereau-sur-Yonne (Seine-et-Marne). Prise de la ville par le duc d'Épernon, juillet 1589 (De Thou, liv. XCVI).

4. François de Jussac, s. d'Ambleville, gouverneur de Montereau.

5. Le 3 février 1589, le roi avait envoyé Sancy en Suisse pour demander du secours (lettres du roi à Sillery, à Sancy et aux cantons, dans *Recueil de mémoires et instructions servant à l'histoire de France*, in-4°, 1626, p. 527). La mission avait réussi, et Sancy amena un corps d'armée que certains historiens portent à dix mille hommes. On conserve dans le fonds français, vol. 20153, f. 395, une relation, datée du 2 juin, de l'entrée et du voyage de cette armée en France.

6. Nicolas de Harlay, s. de Sancy.

chasteaux et vint assiéger Montereau-faut-Yonne, qu'il eut par capitulation[1], principalement pource qu'il n'y avoit point de magasin dedans. Et de là n'osa s'eslongner de Paris, sçachant combien le roi estoit solicité de s'en aprocher. Le peuple de Paris le receut avec un grand aplaudissement. Avec son arrivée, celle de plusieurs nouvelles de toutes les parts de la France, les unes inventées, les autres faites meilleures par additions, les autres racontées à la vérité, changèrent la peur des peuples en insolences. Il n'y eut coin de la France duquel ils ne receussent nouvelles prises ou nouvelles augmentations à leur parti. Et de là il n'y eut prescheur, commédiant, nouvellant, qui ne se fist ouïr sur l'énorme vie du roi, et les chaires prononçoyent les vilains termes de toutes sortes de sodomies que les femmes prostituées qui veulent vendre quelque modestie n'osent prononcer au bordeau. Ceux qui ont moyen d'avoir des tableaux sont curieux d'arborer ceux de leurs rois et princes pour les contempler avec honneur. Mais la galerie du Palais et tous les cantons[2] de Paris raisonnoyent des portraits du roi parsemez de diables ou vestus en pantalons, avec les postures de l'Aretin ou chose pire que cela; et c'est ce qui n'est permis.

De l'autre costé, on semoit des livrets des insolences que les liguez commettoyent partout, et, pour de toutes en dire une, ces escrits asseuroyent, avec toutes les circonstances avec lesquelles on fait foi, qu'à la prise du fauxbourg de Tours un jeune prestre s'estant

---

1. Reprise de Montereau par le duc de Mayenne, juillet 1589 (De Thou, liv. XCVI).

2. *Cantons*, quartiers.

sauvé en son temple pour azyle et s'estant vestu d'habits sacerdotaux, prest à missifier[1], les liguez[2], ayans enfoncé la porte et renié en exécrables façons contre le prestre, l'avoyent couché sur le grand autel et là commis en sa personne ce que je ne puis exprimer, et, après avoir employé les cierges à lui brusler les parties honteuses, l'avoir laissé pour mort. Sçache la postérité avec les misères surnaturelles, les péchez qui les ont arrachez des mains du ciel, et, quand au vrai et au faux de telles choses incroyables, que la Ligue s'en prene aux vanteries de ses galans.

Entre les nouvelles véritables qui resjouyrent Paris, la plus notable fut que, le comte de Soissons ayant receu quelques régimens levez nouvellement, la pluspart de ceux qui avoyent desfait les Gautiers et quatorze compagnies de gens d'armes, s'estoit avancé en Bretagne[3], hasté de nouveau par la reprise de Rennes, avec désir de parfaire son armée à la faveur de ceste grande ville. Comme donc il eut fait l'assiette de ses forces à l'entour de Chasteau-Giron[4], où estoit sa personne, le duc de Mercœur ayant receu de nouveau à son service Lavardin avant que la nouvelle fut espandue de son quatriesme changement[5], le duc commanda

---

1. *Missifier,* dire la messe.
2. *Les ligués,* c'est-à-dire les partisans du roi et du roi de Navarre, qu'il ne faut pas confondre avec les ligueurs.
3. Par ordre du roi, le comte de Soissons avait été envoyé en Bretagne, accompagné de Jean de Beaumanoir, s. de Lavardin.
4. Châteaugiron (Ille-et-Vilaine). Le comte de Soissons y fut fait prisonnier par les ligueurs le 1er juin 1589.
5. Lavardin changea encore plusieurs fois de parti. On vient de voir que, en 1589, il passa à la Ligue. Il rentra dans le parti du roi avec le marquis de Belle-Isle en 1591 (Aubigné, liv. XII, chap. xx), puis il se donna au tiers parti (liv. XIII, chap. xi).

à Sainct-Laurens[1], son mareschal de camp, de faire renger auprès de son nouveau partisan les forces, dont les unes venoyent devers Nantes, les autres devers Fougères, pour ce que nous avons touché. Dès que Laverdin se vit ensemble trois cent cinquante chevaux et de six à sept cens harquebusiers à cheval, il donna ordre de faire marcher le reste des troupes à un rendé-vous, dans son chemin, pour sa retraite; et lui, ayant pris la teste des choisis, bien garni de bons guides pour passer dans le moins de villages qu'il pourroit, doubla le pas. N'ayant rien trouvé en son chemin qui s'alarmast de lui, bien que recognu, il arrive sur le midi dans le quartier du général et, ayant dit son nom, donne sans autre ordre qu'à prene qui peut dans le logis du comte. Ses gardes, n'ayant pas eu le loisir de coucher une mesche, voyent la chambre pleine et, sa personne choisie, tous les logis pillez avec aussi peu de résistance. Laverdin, ayant mangé en faisant la besongne, trousse en malle son prisonnier et ses prisonniers, et entre ceux-là d'Avaugour[2], et vint se jetter aux compagnies qui estoyent avancées, comme nous avons dit. Et l'armée du comte se rompit d'elle-mesme, la pluspart de Bretons, se jettans dans la nuict suivante à Rennes ou à Vitré, et les autres à Cran[3].

Ces conversions successives ne l'empêchèrent pas de devenir maréchal de France.

1. Jean d'Avaugour, s. de Saint-Laurens, se rallia plus tard à Henri IV et fut nommé par ce prince, le 13 juillet 1605, gouverneur de Moncontour (Barthélemy, *Documents inédits sur la Ligue en Bretagne*, 1880, p. 223).

2. Charles d'Avaugour, comte de Vertus.

3. Craon (Mayenne). On conserve à la Bibliothèque nationale

Le prince de Dombes[1] fut bientost envoyé en sa place[2] avec les forces qu'il amenoit devers Poictou et la Marche, où ils avoyent pris le Dorat[3] par estonnement ; et puis, ayant joint à soi les pièces de l'armée défaite sans combat, il s'avança en Bretagne pour les choses que nous verrons ci-après.

Et, pource que nous ne dérogeons point trop au temps, nous y adjousterons la délivrance du comte de Soissons par le moyen de son sommelier, qui arrangea si dextrement son maistre dans la corbeille, où il desservoit[4], que le duc de Mercœur perdit son prisonnier[5]. Bientost après, les Parisiens sceurent l'arrivée des Espagnols au mesme païs, desquels nous parlerons à une autre halenée. Ils sceurent aussi comment le vicomte de la Guerche, fortifié des régimens de Cluseau, Fons-le-Bon et Pui-Morin, estendoit ses fimbries[6] par la prise de plusieurs chasteaux, comme Dissai, Vuaillé, Mon-

---

une relation d'une entreprise que l'armée royale fit, vers cette époque, sur Craon (coll. Moreau, vol. 722, f. 133).

1. Henri de Bourbon, prince de Dombes, fils du duc de Montpensier, né en 1670, mort le 27 février 1608.

2. Le roi donne le gouvernement de Bretagne au prince de Dombes en remplacement du comte de Soissons fait prisonnier par les ligueurs, 7 juin 1589.

3. Le Dorat (Haute-Vienne).

4. Le récit de d'Aubigné, à force d'être bref, est difficile à comprendre. Voici l'explication : le comte de Soissons, prisonnier au château de Nantes, recevait ses repas du dehors dans un grand panier. Un soir, il s'enferma dans ce panier, mit un page à sa place dans son lit et se fit emporter au dehors (*Hist. de Bretagne*, t. III, Preuves, Mémoires de Montmartin).

5. Le comte de Soissons, prisonnier des ligueurs, s'évade du château de Nantes, 21 juin 1589.

6. *Fimbrie*, limite. Voyez t. VII, p. 220.

treuil-Bonnin, et peu après de la ville et chasteau de Mirebeau, et puis d'Airon et Faugeré[1] ; comme aussi ceux de Nantes, allant au-devant d'eux, fortifioyent Toufous, la Treille, Tifauges, la Graive, la Seguinière, puis la Flosselière[2]. Et ainsi Poictiers et Nantes, par l'avantage de ces bicoques, unissoyent leurs forces quand il leur plaisoit.

Chapitre XXI.

Démarches des rois ; sièges et prises de Gergeo, Pluviers, Estampes, Pontoise et autres moindres places autour de Paris.

De Chasteaudun, où le roi de Navarre s'estoit logé[3], il fit une course, comme nous avons dit, lui septiesme, pour esbransler le roi et l'esmouvoir à sortir de Tours ; qui fut une dure départie[4], car il le trouva entourné

1. Dissay (Vienne), Nuaillé (Charente-Inférieure), Montreuil-Bonnin, Mirebeau (Vienne), Airon, Fougeré (Maine-et-Loire).
2. Torfou, la Treille (Maine-et-Loire), Tiffauges, la Grève (Vendée), la Séguinière (Maine-et-Loire), la Flocellière (Vendée).
3. Le roi de Navarre s'était emparé de Châteaudun le 25 mai 1589 (*La Résistance faite par les habitants de la ville de Châteaudun contre les troupes du roy de Navarre le 25 may*, in-8°, 1589). Cependant sa présence n'y est signalée qu'à partir du 3 juin (*Lettres de Henri IV,* t. II, p. 614).
4. Caillière, dans son *Histoire de Matignon* (in-fol., p. 273), raconte, d'après les lettres du maréchal, que le roi avait été tellement impressionné de l'excommunication lancée contre lui par le pape à la suite de l'assassinat du cardinal de Guise « qu'il fut quarante heures sans boire ni manger. » Le roi de Navarre, « qui n'avoit pas l'âme tendre aux censures romaines, » ne put le remonter qu'en lui citant l'exemple de Charles-Quint, qui avait osé faire assiéger le pape lui-même dans sa ville de Rome.

de gens qui n'avoyent pas appris les labeurs qui se présentoyent ni fondé leur espérance aux périls. Il falut donc laisser la vie oisive pour l'active et promettre le délogement avec un dessein d'assiéger Gergeo[1]. Le roi de Navarre vint passer à Iliers[2], où la cavalerie d'Orléans vint taster son logis. Ce prince, à la première allarme, ayant sauté sur un courtaut, mena les plus proches de sa maison pour coureurs, et, le reste venant à suive qui peut, il fit donner si brusquement dans la retraite de ceste cavalerie qu'il y demeura dix gentilshommes de ceux qui la faisoyent. Le lendemain, son logis fut à Artenai[3], le jour d'après dans le fauxbourg de Gergeo, qui est du costé de la Beauce. Le roi, de son costé, marcha et serra les fauxbourgs le lendemain, où, le roi de Navarre estant allé pour visiter les aproches, le duc d'Espernon lui monstrant, comme il disoit, son mesnage, le mena par le milieu de la grande place, en pourpoint, et si froidement et si à descouvert que Houillez[4], cousin germain du duc et maistre de camp, et un des siens tombèrent roide morts. Et puis, ayant gagné le corps de garde de Belangueville[5], ils resortirent par le derrière, passer à quarante pas de la courtine, qui joua sur eux et leur laissa encor deux hommes par terre. Ce prince

1. Jargeau (Loiret).
2. Le roi de Navarre arriva à Illiers (Eure-et-Loir) le 5 juin 1589 et y resta jusqu'au 13 du même mois (*Lettres de Henri IV,* t. II, p. 614).
3. Arrivée du Béarnais à Artenay (Loiret), 17 juin 1589 (*Lettres de Henri IV,* t. II, p. 615).
4. Philippe-Antoine de Moncassin-Houliez, colonel du régiment de Picardie.
5. Bellengreville (Seine-Inférieure).

et le duc ayant gagné le couvert d'une porte de jardin, Frontenac et un autre[1] demeurèrent en la place et convièrent le duc à y retourner, qui s'y en alloit, et peut-estre les rengager à pis, comme depuis ils s'y convièrent. Mais le roi de Navarre le retint la main sur le colet, donnant la commission à l'un des deux d'aller prendre l'ordre du roi ; lequel, desjà averti, parla du duc d'Espernon comme ayant voulu faire tuer son frère, et en termes qui sonnoyent autre chose que l'anciene amitié. Le bruit courut par l'armée que le duc avoit eu ce mauvais dessein, et les plus simples y adjoustoyent que c'estoit en confiance du caractère. Pour moi, qui puis dire comment le tout se passa, je n'attribue cela qu'à la vanité courtisane, qui estime que perdre soit faire la guerre et nomme la témérité valeur. Sept canons mis en batterie devant Gergeo lui fit faire une capitulation[2] à la haste, par laquelle furent exceptez ceux qui avoyent faussé leurs promesses au roi, ayant touché argent. Entre ceux-là fut pendu Jaranges[3], gentilhomme tourangeau.

La Chastre, le second jour du siège, vint à la guerre avec trois cens chevaux et cinq cens harquebusiers choisis pour lever le logis du duc de Monbason[4], du

1. Cet autre est d'Aubigné lui-même. Il se nomme dans ses *Mémoires*, édit. Lalanne, p. 89.
2. Prise de Jargeau par l'armée du roi et du roi de Navarre, avant le 26 juin 1589. Voyez les notes suivantes.
3. Le s. de Jalange, gouverneur de Jargeau. Jean du Faur, cousin germain de Guy du Faur, s. de Pibrac, reçut le commandement de la ville (De Thou, liv. XCVI).
4. Hercules de Rohan, duc de Montbazon, né le 27 août 1568, mort le 16 octobre 1654.

marquis de Nesle[1], comte de Fiesque[2], et quelque autre encor. Mais il trouva le duc en son devoir, qui, le premier à cheval, engagea le mareschal sur sa retraitte et, bien suivi des autres, pressa de façon que ceux d'Orléans y perdirent quarante des leurs[3].

De Gergeo[4], le roi de Navarre s'avance à Pluviers[5], où Chastillon se jetta et gagna le pont du chasteau, sur l'estonnement et incertitude de se défendre ou non. De là Estampes fut investi[6]. Le duc de Mayene y avoit envoyé deux régimens et la moitié d'un. Ceste foule d'infanterie vouloit disputer toute l'estendue des fauxbourgs. Mais ce qui estoit entre l'eau et l'armée leur fut osté d'emblée par les compagnies de gens d'armes de Chastillon et Sainct-Gelais, qui y perdit Noizé, son

---

1. Louis de Sainte-Maure, comte de Nesle et de Joigny, tué à la bataille d'Ivry, était le gendre de l'ancien chancelier, Philippe Hurault, comte de Cheverny (*Mémoires de Cheverny*, édit. Buchon, p. 262).

2. Scipion de Fiesque, ancien chevalier d'honneur de Catherine de Médicis et d'Élisabeth d'Autriche, femme de Charles IX, ou son fils, François de Fiesque, comte de Lavagne et de Bressuire.

3. Le maréchal d'Aumont, chassé d'Orléans, se retire à Beaugency, 31 janvier 1589. Sur la révolte et le siège d'Orléans, voyez les *Mémoires de Cheverny*, édit. Buchon, p. 256.

4. Le roi de Navarre, après avoir pris Jargeau, se rendit à Pluviers. De là, il envoya une déclaration par laquelle il s'engageait à conserver la ville de Jargeau au roi, à n'y rien changer quant à la religion et au gouvernement, et à la rendre au roi à l'expiration de la trêve signée par les deux rois le 3 avril précédent. Cette singulière pièce, datée de Jargeau et du 26 juin 1589, est conservée en original dans la coll. Dupuy, vol. 322, f. 285.

5. Pluviers, aujourd'hui Pithiviers (Loiret). Prise de Pluviers par l'armée royale, 23 juin 1589 (*Lettres de Henri IV*, t. II, p. 500).

6. Les rois de France et de Navarre entrent à Étampes, 3 juillet 1589 (*Lettres de Henri IV*, t. II, p. 615).

lieutenant. Ces gens de cheval estoyent malmenez entre les maisons sans les harquebusiers qui donnèrent par les jardins. Le duc d'Espernon, arrivé le lendemain, se logea aux fauxbourgs de devers Orléans. La nuict d'après, Chastillon, ennuyé de se voir arresté à quelque chose qui eust nom fauxbourg, fit donner La Limaille[1] avec huict soldats dans le bras de la rivière qui sert de fossé; et, ayant posé deux eschelles sur le front du corps de garde, qui est entre deux tours, donne lui-mesme si opiniastrement qu'il emporta tout jusques à la ville. L'artillerie estant arrivée le jour d'après, l'effroi se mit en la multitude des soldats. Une voix qui cria pour gagner le chasteau leur fit quitter les murailles, aussitost eschellé par tous les quartiers, horsmis par le lieu où on capituloit. La ville fut saccagée, le chasteau rendu à discrétion. Le roi donna la vie aux soldats, mais quelques capitaines et gens de robe longue furent pendus.

De ce siège, le roi de Navarre fit une partie pour aller voir Paris et cercher occasion de voir ses ennemis l'espée à la main. Il donne son rendé-vous à Chastres-sous-Monléri[2], qui ne fut point deffendue, et, avec six cens chevaux et autant d'harquebusiers à cheval choisis, vint repaistre auprès de Chevreuse[3]. Là seut nouvelles du régiment de Villemain, qui mar-

1. Jean-Robert La Limaille, dit le capitaine La Limaille, bourgeois de la Rochelle, soldat de fortune, avait fait la guerre en Poitou et mourut au siège d'Amiens en 1597 (*Journal de L'Estoile*, 1744, t. V, p. 181).

2. Chastres-sous-Montlhéry, aujourd'hui Arpajon (Seine-et-Oise). Arrivée du roi de Navarre dans cette ville, 4 juillet 1589 (*Lettres de Henri IV*, t. II, p. 615).

3. Chevreuse (Seine-et-Oise).

choit vers Sainct-Clou. Il falut rompre la repue pour courir après ; mais ces gens de pied mirent l'eau entre deux. La troupe coule par Vanves à Monrouge. Arambure, qui s'estoit poussé devant ses coureurs, void une troupe de chevaux qui regagnoyent le fauxbourg Sainct-Jaques ; c'estoyent chevaux-légers qu'avoit dressé de nouveau le chevalier du guet, qui lors retournoyent de la guerre. Arambure, avec dix volontaires qui se trouvèrent là, mesle à toute bride à l'embouchure du fauxbourg, où une partie se sauvèrent ; le reste fut pris ou tué. Quelque armée qu'il y eust dans Paris, on se contenta de tirer force canonnades des rempars. L'excuse en est que l'armée des liguez estoit harassée, comme ayant, à la nouvelle de la Royale, quitté le siège encommencé de Montereaufaut-Yonne et gagné à la hate le Pont Charanton.

Les deux rois, s'estans reveus à Chastres, dépeschèrent à toutes les forces, comme aux Suisses[1] et lanskenets[2] que Sansi avoit levez, à toute la noblesse devers la Picardie, et notamment à ceux qui depuis

---

[1]. Les Suisses conduits par le s. de Sancy passèrent à Besançon le 2 juin 1589 (Relation du temps; f. fr., vol. 20153, f. 395). Les Suisses, unis aux lansquenets et commandés par La Noue et par le duc de Longueville, arrivèrent à Poissy deux jours avant la prise de Pontoise, c'est-à-dire vers le 23 juillet 1589 (De Thou, liv. XCVI).

[2]. Le roi, vers le commencement de février, avait envoyé Schomberg en Allemagne, et, le 21 février 1589, le s. de Baradat pour demander du secours (Instruction du roi au s. de Baradat de cette date; Ve de Colbert, vol. 30, non paginé, *in fine*). Schomberg signa avec les princes allemands, sous la date du 8 juin 1589, un traité qui accordait au roi un secours de 1,200 reitres et de 1,000 lansquenets. Ce traité est conservé en copie dans la coll. Moreau, vol. 745, f. 31.

la bataille de Senlis avoyent donné parole au duc de Longueville; en Normandie aussi, où Fervaques faisoit amas. Pour la conjonction de tout cela fut pris le logis de Poissi[1].

Ce qui se présenta le premier à attaquer fut Pontoise, où commandoit Bourdezière[2] avec trois mille hommes de pied, la pluspart sous le régiment de Tremblecourt[3], Lorrain. Il y avoit de plus quelques quatre-vingts gentilshommes qui avoyent cerché cette occasion. Le duc d'Espernon attaqua le fauxbourg d'abas[4], que ceux de la ville n'avoyent point pensé à défendre pource qu'il estoit gourmandé du terrier. L'autre, qui pour sa hauteur désavantageoit la ville, estoit muré et flanqué, et fut le partage de l'infanterie huguenote. Cherbonnière, qui en avoit la teste pour cet affaire, trouva ceux de la ville près de mille pas avancez hors le fauxbourg, disputans la haye et le fossé à l'envie les uns des autres. Ce mestre de camp tira profit de cela; car, sur l'approche de la nuict, il fit mener à la main droite, par La Croix-Chasteauneuf, une troupe d'harquebuserie desbandée et fit tenir

1. Le roi de Navarre et probablement le roi de France arrivèrent à Poissy le 28 juillet 1589 (*Lettres de Henri IV*, t. II, p. 616).
2. D'après de Thou (liv. XCVI), la ville de Pontoise était commandée par Charles de Neuville-d'Alincourt, qui avait pour lieutenant le capitaine Edme de Hautefort. D'Alincourt fut blessé pendant le siège et Hautefort tué le 12 juillet 1589.
3. Louis de Beauvau, s. de Tremblecourt, tué par le marquis de Pont en 1596.
4. Le siège de Pontoise commença le 11 juillet 1589 (Le Charpentier, *la Ligue à Pontoise et dans le Vexin français*, in-8°, 1878). Voyez aussi une relation du temps : *Discours du siège de Pontoise contenant ce qui s'est passé despuis l'unzième de juillet jusques à présent*. Paris, 1589, in-8°.

bride à sa teste, et, quand il vid La Croix assés avancé, donna partout. La Croix, meslant la retraite des assiégez, en vid quelques-uns qui, pour éviter la presse qu'il y avoit à la porte du fauxbourg, gagnoyent le fossé d'entre la ville et ce fauxbourg. Il prit ces gens-là pour ses guides, et par ce moyen gagna un logis qui eust cousté des coups de canon, et enfermoit dehors plus de cent hommes, si par le fonds du fossé ils n'eussent coulé à la porte du pont. De là en hors, les aproches se firent par les régimens.

Le mareschal de Biron avoit logé ses sept canons en lieu assez eslevé, et à propos pour batre le temple de Nostre-Dame et la courtine de dessous tout à la fois. Le duc d'Espernon ayant dit qu'on pouvoit bien les faire jouer de plus près, le mareschal, piqué, mit quelques pièces à huict pieds de la muraille, car il n'y avoit point de fossé, et, en revenant de les loger, dit au capitaine des gardes : « Messieurs de l'infanterie, qui contrerollez les commissaires, c'est à vous à garder ces pièces jusques à demain ; je ne say si vous le ferez bien. » Dès le soir, les assiégez, sans beaucoup de peine, abrièrent[1] le rouage de fascines gouldronnées et, entretenans une escoupeterie, y mirent le feu. A une heure de là, le canon eut le cul dans la cendre, lequel, pourtant, le lendemain matin, fut remis à son devoir avec peine et péril. La bresche estant faite, qui confondoit les ruines de Nostre-Dame et de la muraille, et qui, par la continuelle ruine des voutes et piliers, rendoit très périlleuse la place de combat aux assiégez, ils parlementèrent et eurent composition hono-

---

1. *Abrièrent*, revêtirent.

rable[1], particulièrement en ce qu'on les fournit de chariots et de brancarts pour emporter leurs blessez et malades, à quoi il falut mille huict cens chevaux, qui voulurent estre conduits par les troupes du roi de Navarre, disans assez licentieusement qu'ils ne trouvoyent foi que de ce costé-là ; mais c'estoit principalement pource que le prince, courtois, avouoit Tremblecourt pour son parent.

La prise de Pontoise fit rendre les autres petites villes de dessus l'Oize, comme l'Isle-Adam, Beaumont et Creil[2]. Durant ce siège, le duc de Mayenne fit par deux fois contenance de voir l'armée. Ce fut sans effet. Mais je ne puis oublier un accident, lequel, pour sa nouveauté, aura ici place. Cependant que la cornette blanche du roi de Navarre estoit allé prendre place de bataille à l'une de ces deux occasions, ils oyent quelque effroi dans le village d'Héricourt[3], d'où ils estoyent partis, et voyent à mesme temps une colonne de fumée droitte, estroitte et fort haute, sur le milieu de la bourgade. Quelques gentilshommes envoyent à ce bruit, trouvent qu'un sergent ou capitaine d'environ quarante harquebusiers avoit donné dans la rue, pillé des logis et tué des valets. Puis, se voyans poursuivis par ceux-ci, les galands se jettent tous dedans un trou au milieu d'un jardin, horsmis deux tuez, qui n'obéissoyent pas à leur capitaine,

---

1. Prise de Pontoise par l'armée royale, 25 juillet 1589 (*Lettres de Henri IV*, t. II, p. 502). Une relation contenue dans les *Mémoires de la Ligue* (t. III, p. 559) certifie cette date. Le *Journal de L'Estoile* donne la date du 26 juillet.

2. L'Isle-Adam, Beaumont-sur-Oise (Seine-et-Oise), Creil (Oise).

3. Héricourt (Oise).

lequel se jetta le dernier dans le trou, d'où aussitost sortit la fumée dont est question. On les poursuivit si chaudement qu'un soldat se jetta après eux dans le trou et fut perdu, un second retiré de la fumée demi-mort. Ceste noblesse fut trois jours encores logée dans Héricourt, regardans tous les jours en vain les moyens de prendre ce pertuis, qui n'avoit que trois pieds et demi de diamètre et dans la surface duquel se contenoit la fumée. L'armée estoit honteuse, en voulant assiéger Paris, laisser derrière cette forteresse, faite, comme on a seu depuis, dans les cavernes et pierrières par le peuple du païs, instruit à choses nouvelles par nouvelles nécessitez. J'ai encores à dire que le roi de Navarre perdit à ce siège le maistre de camp Cherbonnières[1], esprit et cœur ferré, homme digne des guerres civiles. Je remarque en cette mort que ce prince estoit appuyé sur lui quand une harquebusade brisa au maistre de camp les deux bras sous son coude. Et tout ce que dessus nous a menez jusques au cinquiesme de juillet de l'année que nous courons.

Chapitre XXII.

*Conseil et résolution pour le siège de Paris.
Mort du roi Henri III.*

A la reveue que fit faire le roi au partir de Pontoise[2], l'armée se trouva de trente mille hommes frais, sains

---

1. Gabriel Prévost de Charbonières, mestre de camp de l'armée du roi de Navarre. « Il fut tué, dit Sully, le roy de Navarre ayant les deux bras et l'estomach appuyez sur luy » (*OEconomies royales*, chap. XVII).

2. Cette revue fut faite à Poissy, peu de jours après la prise de Pontoise (De Thou, liv. XCVI).

et bien armez. Ceste veue esmeut le roi à demander à part aux siens leur jugement pour assiéger Paris. Il ne trouva en sa cour aucun de cette opinion que Givri, qui argumentoit ainsi : « Après la bataille de Senlis, je suis venu, n'ayant que quatre mille hommes, en demander une aux Parisiens. J'ai abatu leurs cheminées et percé les hales à coups de canon, attendu leur résolution deux heures sur les dunes de Montfaucon. Que ne fera point une armée telle que ceci, la présence de deux rois, tous les princes du sang et la fleur de la noblesse françoise? » Mais les vieux officiers de l'armée alléguoyent la grande différence qu'il y avoit entre les accidens d'une journée, une force aisée à retirer, non reconnue, quelques coulevrines légères, l'absence des forces estrangères de la Ligue et la réputation de Givri d'une part; ou, de l'autre, à un siège de longue halène, une grande et pesante armée engagée à ses trenchées, un dessein qu'on void venir de loin, un grand et pesant attirail de grosse artillerie, le retour de l'armée liguée dans Paris et la mesme présence des rois et princes du sang, qui, au lieu de pousser légèrement une entreprise, ne permettoyent pas de coucher du reste et mettre l'espérance du royaume au hazard. Mais le roi de Navarre, accompagnant ses opinions d'authorité, donnoit l'esperon à tout. « J'avoue, disoit-il, qu'il y va du royaume à bon escient d'estre venu baiser ceste belle ville et ne lui mettre pas la main au sein; qu'il n'y avoit point d'aimant pour attirer tout le fer de la France en l'armée royalle que la gloire d'assiéger Paris, que l'audace estoit mère de la créance, la créance de la force, elle des victoires et partant des seuretez. »

Ainsi parlant, et le roi authorisant ce qu'il ne pouvoit aisément desdire, le roi de Navarre avance les siens, engage le conseil au siège. Pour le commencement duquel on fit sur le soir couler quatre canons au pont Sainct-Clou[1], et après quelques volées qui firent quiter le pont. Ce fut là où le roi print son funeste logis[2]. Son beau-frère coule le long de la rivière et, soustenu d'un régiment de Suisses, emplit tous les villages du bord jusques à Vaugirart, où Chastillon fit la teste, à laquelle se passèrent de froides escarmouches contre la cavalerie légère des liguez, qui eussent bien renvoyé Chastillon s'ils l'eussent recognu accompagné de quarante salades seulement et de fort peu d'harquebusiers. Le lendemain au matin, le roi de Navarre, pour taster le poux de l'armée assiégée, n'ayant que huict cens chevaux, se vint mettre en bataille à la veue de la ville aux carrières de Vaugirart, plaçant lui-mesmes ses vedettes de gens bien choisis, pour pouvoir donner un avis digéré; et leur permit de se promener aux harquebusades des retranchemens. Ces refformez estoyent ravis de joye d'ouyr sifler les balles de Paris, conférant ceste condition avec celle où ils s'estoyent veus depuis peu, quand ils contemployent de la Rochelle le meurtre et le feu de Croichapeau[3]. C'estoit à qui demanderoit le coup de pistolet. Mesme un de ceux qui estoit en vedettes, appellant Sagonne au combat et, après estre relevé,

1. Prise de la ville et du pont de Saint-Cloud par l'armée royale, 30 juillet 1589 au soir.
2. La ville et le château de Saint-Cloud appartenaient à Jérôme de Gondi, évêque de Paris.
3. Croix-Chapeau (Charente-Inférieure).

cerchant cette occasion vers le pré aux Clercs, sauta le grand fossé qui l'environne pour aller combattre un caval-léger qui le défioit en absence de son maistre de camp et l'amena prisonnier au prince de Conti[1].

Toutes ces gayetez furent esteintes par Roquelaure, qui, en venant changer les gardes, conta aux compagnons comment le roi venoit de recevoir un coup de couteau dans le petit ventre des mains d'un jacobin qui lui avoit esté présenté par La Guesle, procureur général[2].

L'histoire en doit estre prise de plus haut. Ce jeune jacobin, aagé de vingt et deux ans, natif d'un village de Bourgongne, nommé Sorbonne[3], ayant commis quelques crimes énormes ausquels les cloistres sont sujets, et s'en confessant à son prieur, nommé Bourgoin[4], fut par lui premièrement incité à expier ses fautes en se vouant à Dieu ; et cela en termes généraux pour le commencement. Et depuis, cet homme estant recognu pour estre d'humeur mélancholique, on le fit loger et exercer dans la chambre des Méditations (terme qui sera expliqué ailleurs). Les uns disent qu'on lui donna des receptes pour se faire invisible et que

1. Ce combat eut lieu dans la journée du 1er août. D'Aubigné, dans ses *Mémoires*, s'en attribue l'honneur et raconte comment il provoqua et fit prisonnier le s. de l'Éronnière, maréchal des logis du comte de Tonnerre (*Mémoires*, édit. Lalanne, p. 90). Le même jour, il y eut un autre duel entre Claude de Marolles, seigneur ligueur, et le capitaine de l'Isle-Marivaut. Voyez le chapitre suivant.

2. Jacques de la Guesle, né en 1557, mort le 3 janvier 1612.

3. Sorbon, près Réthel (Ardennes).

4. Edmond Bourgoing, prieur des Jacobins, ligueur, fait prisonnier par Henri IV en novembre 1589, conduit à Tours et mis à mort le 26 janvier 1590.

ses instructeurs feignoyent habilement de ne le voir plus après quelques paroles prononcées et quelques poudres jettées en l'air; le choquoyent sans y penser et n'oublioyent pour leur villonnerie aucune invention, jusqu'aux nourritures affoiblissantes le cerveau. Les autres escrivent autrement et disent que celui qui tua le prince d'Orange fut dressé en cette manière, non pas Jacques Clément[1]; mais, bien qu'on l'asseura qu'il ne demeureroit dans Paris homme de marque connu pour serviteur du tyran, comme ils parloyent, qui ne fut mis en prison; et que tant de testes précieuses asseureroyent la teste d'un jacobin, et, au cas qu'ils ne la peussent assurer, la payeroyent; que, s'il eschapoit en vie d'un acte si généreux, il avoit tout l'ecclésiastic pour respondant d'un chapeau rouge; et encor, si par quelque accident il avenoit qu'il y mourust, le corps de l'Église, qui ne peut errer, l'asseure de la béatitude au plus haut degré, d'estre canonisé et mis au rang des saincts[2], invoqué comme tel et tous ses pauvres parens faits riches et remplis d'honneur à

1. Jacques Clément, né en 1567, tué à Saint-Cloud le 1er août 1589. On conserve dans le vol. 20153 du fonds français, f. 431, une note du temps sur les antécédents de Jacques Clément et sur sa conduite la veille du crime.
2. Il est à remarquer que d'Aubigné ne mentionne pas une tradition, fort répandue de son temps, d'après laquelle la duchesse de Montpensier s'était livrée à Jacques Clément pour l'encourager à l'assassinat de Henri III. Cette tradition a été mise au jour pour la première fois dans un pamphlet: *Lettre d'un gentilhomme françois à dame Jaquette Clément, princesse boiteuse de la Ligue,* daté du 25 août 1590, lequel a été réimprimé dans le tome X des *Variétés historiques et littéraires* de la Collection elzévirienne. On sait que la duchesse de Montpensier était boiteuse. La *Satyre Ménippée* fait de fréquentes allusions au *dévouement* de la duchesse de Montpensier.

jamais. De fait, on mit dedans Paris près de deux cens prisonniers de marque, et de ceux-là quelques prescheurs sollicitèrent la mort après le coup fait par le jacobin, comme ils avoyent fait auparavant. Ceux-là mesmes, non de Paris seulement, mais aussi de plusieurs villes liguées, promirent partout ce coup du ciel.

Ce moine ayant donc esté receu du roi, comme estoyent les moines de cet esprit abigoti, il receut sa lettre[1] estant à la chaire percée, la leut en partie, receut le couteau dans le ventre en remontant ses chausses[2]. Le couteau estant demeuré, ce prince l'arrache et en donne dans le front à son meurtrier, qui aussitost estendit ses deux bras contre une muraille, contrefaisant le crucifix. Là, le procureur général, troublé de desplaisir pour se voir instrument d'une chose tant à contrecœur, donna de son espée à travers corps du jacobin et le tua de ce coup seul[3]. Le prévost

---

1. Jacques Clément était porteur d'un laissez-passer signé par le comte de Brienne, alors prisonnier au Louvre (cette pièce a été imprimée dans le *Journal de L'Estoile*, édit. Champollion, t. I, p. 300); 2º d'une lettre de recommandation du même seigneur; 3º d'une fausse lettre du premier président Brisson.

2. D'Aubigné n'explique pas que l'assassin, sous prétexte qu'il avait des révélations secrètes à faire au roi, avait attendu pour frapper sa victime que le procureur général La Guesle et que le s. de Bellegarde se fussent écartés (Relation de La Guesle dans le *Journal de L'Estoile*, 1744, t. III, p. 376, et dans les *Archives curieuses*, t. XII, p. 376).

3. De Thou raconte que le moine fut tué par Montpezat de Longnac, capitaine des Quarante-cinq, et par Jean de Lévis de Mirepoix (liv. XCVI). D'après une relation réimprimée dans les *Archives curieuses* (t. XII, p. 366), l'assassin aurait été mis à mort immédiatement, sur l'ordre du roi, par le capitaine Montserrier, gentilhomme bigourdan. — Il s'agit ici de Bernard de Montserrier, frère cadet de Géraud de Montserrier, dont nous avons parlé

de l'hostel le fit mettre quelques heures en spectacle et puis on le fit brusler par le bourreau, ses cendres jettées dans la rivière. Le coup de la Guesle fut subject à beaucoup d'interprétations et de blasmes; pour le moins justes en cela qu'un procureur général en devoit savoir l'importance et contenir ses mains [1].

Le roi estant blessé [2], sur le premier avis de ses chirurgiens, fait despescher lettres partout pour avertir comment sa playe estoit sans danger de mort [3], envoya quérir plusieurs gentilshommes, devisoit avec eux et mesmes, ayant sceu le duel fait au pré aux Clercs, estima ce coup et s'en resjouit, pria le roi de Navarre [4] de lui envoyer celui qui l'avoit fait avec son

au chapitre xiv. Il appartenait, comme son frère ainé, à la compagnie des Quarante-cinq. (Documents généalogiques communiqués par M. le baron de Lassus, héritier de la maison de Montserrier.)

1. La Guesle, dans la relation que nous avons citée plus haut, raconte qu'il poussa l'assassin, de la garde de son épée, dans la ruelle, et que les gardes du roi l'égorgèrent, « nonobstant qu'il leur criast par plusieurs fois qu'ils n'eussent à le tuer » (*Archives curieuses*, t. XII, p. 376). Cheverny, comme d'Aubigné, blâme les gardes du roi d'avoir tué l'assassin avant de lui arracher des aveux (*Mémoires de Cheverny*, édit. Buchon, p. 258).

2. Assassinat de Henri III, 1er août 1589, dans la matinée.

3. L'une de ces lettres, adressée par Henri III à du Plessis-Mornay, dans la journée du 1er août 1589, a été imprimée dans les *Lettres de Henri IV*, t. II, p. 503, note. Une autre, adressée au comte de Montbéliard, a été réimprimée, d'après une relation du temps, dans les *Mémoires de la Ligue*, t. III, p. 563. Il en existe plusieurs autres inédites, mais il est inutile de les citer, car elles sont presque toutes de la même teneur.

4. La visite du roi de Navarre au roi n'est mentionnée ni par de Thou, ni par le *Journal de L'Estoile*, ni par la relation contenue dans les *Archives curieuses* (t. XII, p. 366), ce qui inspire quelques doutes. Mais elle est certifiée par une lettre du roi de Navarre lui-même au s. de Souvré, datée de Saint-Cloud et du 1er août

prisonnier. A l'après-disnée, on fit marcher les Suisses en un grand bataillon et plusieurs troupes de cavalerie aux ailes, comme pour contretester les gayetez de la ville et celles que leurs gens de guerre faisoyent paroistre au dehors. Mais, le soir venu, le roi de Navarre, estant averti de l'estat où estoit le roi[1], envoye promptement quérir huict de ses serviteurs plus confidens[2], avec lesquelles ils consultent de ses affaires nouvelles[3], leur commande de prendre des cuirassines sous le pourpoint et, s'estant accompagné en outre de quelques vingt-cinq gentilshommes, part avant jour du logis et arrive en la chambre du roi[4] au mesme temps qu'il achevoit d'expirer[5].

après l'attentat, et pourvue d'un post-scriptum autographe qui porte dans son texte la preuve qu'il est écrit de Meudon (*Lettres de Henri IV*, t. II, p. 503). Voyez aussi le récit de Sully (*OEconomies royales*, chap. XVIII).

1. Le roi de Navarre fut averti, dans la soirée du 1er août, par un message du s. d'Orthoman, son médecin, que le roi touchait à ses derniers moments (*OEconomies royales de Sully*, chap. XXVIII).

2. L'un de ces huit était d'Aubigné; un autre était le duc de la Force (*Mémoires de d'Aubigné*, édit. Lalanne, p. 91). Sully aussi accompagnait le roi de Navarre (*OEconomies royales*, chap. XVIII). Nous ignorons les noms des autres.

3. Sully dit que le roi de Navarre apprit la mort de Henri III en traversant une petite rue pour se rendre au château (*OEconomies royales*, chap. XVIII).

4. Mort de Henri III, nuit du 1er au 2 août 1589, vers deux heures du matin.

5. Le procès-verbal de la mort du roi signé par tous les seigneurs présents : Charles d'Orléans, d'Épernon, Biron, Bellegarde, d'O, Chasteauvieux, d'Entragues, Manon, du Plessis, Ruzé et les deux aumôniers, est imprimé dans les *Archives curieuses*, t. XII, p. 371, d'après une copie que l'éditeur n'indique pas, mais qui nous paraît fautive. L'original sur parchemin, pourvu de toutes les signatures et daté du 3 août, est conservé dans le vol. 10196 du fonds français.

Et ainsi mourut ce prince par les mains qu'il baisoit trop souvent et desquelles on lui avoit prédit qu'il voloit pour corneille, qui n'estoit pas son gibier, et qu'il seroit tué par une d'elles. Ses derniers propos furent, au commencement, des regrets de sa vie, des vengeances de sa mort et commanda l'union des siens près la personne du roi son beau-frère, qu'il déclara son successeur, non par une harangue continue, comme on lui attribue, mais par mots entrecoupez de gémissemens et de sanglots, le tout en bons termes pourtant[1]. Quelques curieux ont remarqué qu'il receut le coup de la mort en la mesme maison, chambre et place et au mesme mois que, dix-sept années auparavant, il avoit consulté violemment, sollicité et résolu le massacre de la Sainct-Barthélemi[2].

Voilà la fin de Henri troisiesme, prince d'agréable conversation avec les siens, amateur des lettres, libéral par-delà tous les rois, courageux en jeunesse et lors désiré de tous; en vieillesse aimé de peu, qui avoit de grandes parties de roi, souhaité pour l'estre

1. D'Aubigné vise ici un assez long discours, évidemment composé après coup, que de Thou prête au roi mourant (liv. XCVI). Le procès-verbal de la mort du roi cité plus haut ne lui prête que des déclarations entrecoupées (*Archives curieuses*, t. XII, p. 374).
2. Voyez ci-dessus, t. III, p. 286 et note 5. Cette coïncidence a été admise et présentée comme un châtiment de la Providence par tous les historiens protestants, mais Palma Cayet observe que le château de Saint-Cloud n'était, en 1572, qu'une petite maison appartenant à un bourgeois de Paris, nommé Chapelier, où le duc d'Anjou, depuis Henri III, n'était jamais entré, que la reine mère ne l'acheta qu'après la mort de Charles IX, qu'elle la donna à Jérôme de Gondi en 1577 et que ce ne fut qu'à partir de cette date que la maison de Chapelier fut agrandie, ornée et transformée en château (*Chronologie novenaire*, édit. du Panthéon, p. 162).

avant qu'il le fust, et digne du royaume s'il n'eust point régné; c'est ce qu'en peut dire un bon François[1].

Chapitre XXIII.

Conséquences de la mort de Henri troisiesme.

Henri IV se trouve roi plustost qu'il n'eust pensé et désiré, et demi-assis sur un trosne tramblant; au lieu des acclamations et du *Vive le roi* accoustumé en tels accidens, vid en mesme chambre le corps mort de son prédécesseur, deux minines aux pieds avec des cierges, faisans leurs liturgies, Clermont d'Antragues[2]

---

1. On peut comparer ce beau portrait avec celui que de Thou a tracé du même prince (liv. XCVI). D'Aubigné, dans le poème des *Tragiques* (livre des *Fers,* édit. Réaume et Caussade, t. IV, p. 232), raconte en beaux vers la dernière année de la vie de Henri III depuis la journée des Barricades :

> Voicy Paris armé soubs les loix du Guysard :
> Il chasse de sa cour l'hypocrite renard,
> Qui tire son chasseur après en sa tasnière.
> Les noieurs n'ont tombeau que la trouble rivière;
> Les maistres des tueurs périssent de poignards;
> Les supports des bruslants par les brusleurs sont ards.
> Loire, qui fut bourrelle, aura le soing de rendre
> Les biens esparpillés de leur infâme cendre.
> Aussitôt leur boucher de ses bouchers pressé,
> Des proscrits secouru, se void des siens laissé;
> Son procureur, jadis des martirs la partie,
> Procure et meine au roy le trancheur de sa vie,
> Au mois, jour et logis, à la chambre et au lieu
> Où à mort il jugea la famille de Dieu;
> Faict gibier d'un cagot, vilain porte-besace,
> Il quitte au condamné ses fardeaux et sa place.

2. Charles de Clermont, s. d'Entragues, frère de François de Balsac, s. d'Entragues, dont nous avons parlé dans les chapitres précédents.

tenant le menton, mais tout le reste, parmi les hurle-
mens, enfonsans leurs chapeaux ou les jettans par
terre, fermans le poing, complottans, se touchans à la
main, faisans des vœux et promesses, desquelles on
oyoit pour conclusion : *plustost mourir de mille morts*[1].
Les compagnons du bourlet[2] esclatent leurs lamenta-
tions. Mais d'O, Manon son frère, Antragues, Chasteau-Vieux[3] murmurent, et à dix pas du roi il leur
eschape de se rendre plustost à toutes sortes d'ennemis que de souffrir un roi huguenot. Ils joignent à
leur propos quelques autres, entre ceux-là Dampierre[4],
premier mareschal de camp, qui fit ouïr tout haut ce
que les autres serroyent entre les dents. Tout cela se
ralie au duc de Longueville, qu'ils éleurent pour porter parole de leurs volontez.

Le mareschal de Biron prit plaisir au murmure de
ceux-là, non pour les suivre, mais pour faire valoir sa
besongne à la nécessité ; il se présenta sans se faire de
feste. Le roi, tout troublé de ces choses, s'estant retiré

1. Var. de l'édit. de 1620 : « ... *mille morts*. Dans cet estour-
dissement encores, il y en eut qui demandèrent pardon à genoux
des choses commises auprès du roi, à quoi un duc respondit :
Taisez-vous, vous parlez comme femmes. *Les compagnons...* »

2. *Compagnons du bourlet*, les mignons, compagnons de la chaise
percée (table de l'édit. de l'*Hist. universelle*), c'est-à-dire compagnons de débauche. Expression citée par le *Dictionnaire* de Littré
dans ce sens, v° *Bourrelet*.

3. François d'O, gouverneur de Paris et de l'Ile-de-France ;
Jean d'O, s. de Manon, capitaine des gardes du roi ; Joachim de
Chasteauvieux, premier capitaine des gardes du corps. Tous trois
sont signataires de l'acte de décès de Henri III. Manon est appelé
Lanon dans la version imprimée (*Archives curieuses*, t. XII, p. 375).

4. François de Cognac, s. de Dampierre, conseiller d'État, lieutenant général en Orléanais, mort en 1615.

en une garderobe, prit d'une main La Force[1] et de l'autre un gentilhomme des siens. La Force s'estant excusé, l'autre, commandé de dire son avis sur la présente perplexité, parla ainsi[2] :

« Sire, vous avez plus de besoin de conseil que de consolation. Ce que vous ferez dans une heure donnera bon ou mauvais branle à tout le reste de vostre vie, et vous fera roi ou rien. Vous estes circui de gens qui grondent et qui craignent, et couvrent leurs craintes de prétextes généraux. Si vous vous soumettez à la peur des vostres, qui est-ce qui vous pourra craindre, et qui ne craindrez-vous point? Si vous pensez vaincre par bassesse ceux qui murmurent par cette maladie, de qui ne serez-vous point tyrannisé? Je les viens d'ouïr; ils menacent que, si vous ne changez de religion, ils changeront de parti, en feront un à part pour venger la mort du roi. Comment auseront-ils cela sans vous, puis qu'ils ne l'ausent avec vous? Gardez-vous bien de juger ces gens-là sectateurs de la royauté pour appui du royaume; ils n'en sont ni fauteurs ni autheurs; s'ils en sont marqués, c'est comme les cicatrices marquent un corps. Quand vostre conscience ne vous dicteroit point la response qu'il leur faut, respectez les pensées des testes qui ont gardé la vostre jusques ici; appuyez-vous après Dieu sur ces espaules fermes et non sur ces roseaux tremblans à tous vents. Gardez cette partie saine à vous, et dedans le reste perdez ce qui ne se peut conserver, et triez

---

1. Jacques Nompar de Caumont, duc de la Force.
2. Ce *gentilhomme des siens*, qui tint ce beau langage au roi, est d'Aubigné lui-même. Il le dit lui-même dans ses *Mémoires*, édit. Lalanne, p. 91.

aujourd'hui les catholiques moins atachez au pape qu'à leur roi, car les autres feront plus de mal proches qu'esloignés. A l'heure que je parle à vous, le mareschal de Biron et avec lui les chefs des meilleures troupes ne pensent point à vous quiter ; les offenses de Blois sont sur leurs testes ; ils ont besoin de vous, chérissent mesmes cette occasion pour vous obliger et gagner la grâce de vostre establissement ; sérenez vostre visage, usez de l'esprit et du courage que Dieu vous a donné ; voici une occasion digne de vous ; mettez la main à la besongne, et, cependant que les grondeurs et leurs confesseurs mesureront la crainte de vostre religion à celle qu'ils ont des ligués, commencez par le mareschal de Biron, faites lui sentir le besoin que vous avez de lui, jusques aux bords de la lascheté, et non plus avant ; demandez-lui pour première preuve de son vouloir et crédit qu'il aille prendre le serment des Suisses, qu'il les face mettre en bataille pour crier *Vive le roi Henri IV;* dépeschez Givri vers la noblesse de l'isle de France et Brie, qui est en l'armée, Humières vers les Picards ; descouplés ainsi à propos ceux que vous conoissez mieux que nous, et, sur les premiers raports qu'on vous fera des bonnes volontés, demandés lors le mesme office à ceux de qui vous tenez l'esprit douteux. Quant au duc d'Espernon, que je tiens le plus considérable de vostre armée, il est trop judicieux pour manquer à son devoir, aussi peu à son intérest ; tenez-le par la main, il consent en ne dissentant point ; sa présence authorise vos affaires pour une paix qu'il espéroit en vain des ennemis ; il ne rompra pas celle qui est toute faite avec vous ; n'ignorez pas que vous estes le plus fort ici ; voilà plus de deux cents gentilshommes de vostre cornette dans ce jardin, tous glorieux d'estre au roi. Si vostre douceur accoustumée et bien séante à la dignité royale et les affaires présents n'y contredisoyent, d'un clin d'œil vous feriez sauter par les fenestres tous ceux qui ne vous regardent point comme leur roi. »

Le roi approuva la pluspart de cet avis, appella le mareschal de Biron, et lui dit : « Mon cousin le mareschal, c'est à cette heure qu'il faut que vous mettiez la main droitte à ma couronne. Ni mon humeur ni la vostre ne veulent que je vous anime par discours pour commencer nos affaires. Je vous prie, en pensant à ce qui se présente sur nos bras, aller tirer le serment des Suisses comme vous entendez qu'il faut, et puis me venir servir de père et d'ami contre ces gens qui n'aiment ni vous ni moi. » Le mareschal ayant respondu : « Sire, c'est à ce coup que vous connoistrez les gens de bien, nous parlerons du reste à loisir. Je ne vai point essayer, mais vous quérir ce que vous demandez, » partit avec une gayeté gasconne qui donna beaucoup de confiance au roi.

Cependant les gronderies ayant multiplié, et le duc de Longueville ayant pensé à soi, il falut que d'O portast la parole pour les conjurez. S'estant donc approché accompagné de plusieurs catholiques, il parla ainsi :

« Sire, l'estat de ce royaume, n'estant pas une succession à mespriser, n'est pas aussi un nom vain, et que l'on prenne comme une idée là où l'on veut. Il faut donc le cueillir là où il est, et avec les conditions

---

1. La fin de l'alinéa manque à l'édition de 1620.

qui l'environnent. Les marques de cet estat sont les approbations des princes de vostre sang, des pairs de France, des officiers de la couronne, des grands, des cours de parlement et autres compagnies génerálles, et enfin des trois estats, parmi lesquels vous ne doutez point que la voix la plus efficacieuse ne soit celle de l'église ; vostre noblesse prendra tousjours sa leçon des princes et grands ; le tiers estat dira *Amen* à ce que dicteront les parlemens ; regardez autour de vous, Sire, de quelle religion sont vos princes et ceux qui les représentent ; usez de mesmes considérations sur les officiers de vos cours souveraines, pensez leurs sentiments. Le jugement que Dieu vous a donné vous fera laisser les opinions fondées au gré d'autrui, et accorder au bien du roi et du royaume vos pas et vos résolutions. Si à cette prompte mutation vous désespérez ceux de qui vostre condition, quelque belle et grande qu'elle soit, doit espérer, vous choisissés les misères d'un roi de Navarre pour fuir le bonheur et l'excellente condition d'un roi de France. De tous ceux que je vous ai allégués, il n'y en a un seul qui n'aimast mieux s'estre jetté sur son espée que de l'avoir prestée à la ruine de l'Église catholique. Il y a encor plus que cela, c'est qu'il faut voir, Sire, que le sacre et le couronnement sont les arres de nos rois, et de quelles mains peuvent venir ces sainctes cérémonies, marques de celui qui est roi ; et vous trouverez qu'il n'y a rien parmi les prétendus réformez qui puisse s'eslever à une telle authorité. Ce n'est pas que nous voulions ni pensions vous faire perdre l'amitié de ces gens-là qui vous ont bien servi, en servant pourtant plus à leur passion qu'à vos affaires; mais on désire de vous les promesses d'entrer au giron de l'église, et qu'en attendant vous ne donniez pas les clefs de nos vies et de nos honneurs entre les mains de ceux que nous avons offensez par delà l'espoir de réconciliation. Si vous croyez vos fidelles serviteurs, vous gagnerez tous ceux qui branlent aujourd'hui pour vous laisser, en embrassant la religion du royaume avec le royaume, ou pour le moins consignant en nos mains des promesses de vous faire instruire en peu de jours. Et si vous craignez d'aliéner les huguenots, ou vous ne vous souvenez plus quelles gens ce sont, ou eux ont oublié leur profession ; car nous n'avons jamais failli de les contenter en leur baillant leur saoul de presches, quelques forces qu'ils ayent eues et quelques avantages sur nous, comme aussi ils sont demeurés fermes à mesme poinct, quelques défaveurs et ruines qu'ils aient sentis. S'ils sont devenus plus ambitieux que leurs prédécesseurs, il ne sera point trop mal aisé de les guérir de cette maladie, quand vous aurés réconcilié vostre royaume à vous. »

Le roi ayant pasli, ou de colère ou de crainte, et puis recueilli ses esprits, fit la response que vous verrez :

« Parmi les estonnemens desquels Dieu nous a exercés depuis vingt-quatre heures, j'en reçois un de vous, Messieurs, que je n'eusse pas attendu. Vos larmes sont-elles desjà essuyées? La mémoire de vostre perte et les prières de vostre roi depuis trois heures sont-elles évanouies avec la révérence qu'on doit aux paroles d'un ami mourant? Si vous quittés le chemin de venger le parricide, comment prendrés-

vous celui de conserver vos vies et vos conditions?
Qui est-ce de vous qui aura dans Paris le gré d'avoir
parfait leur joye et destruit une armée de trente mille
hommes pour y avoir jetté la confusion? Il n'est pas
possible que tout ce que vous estes ici consentiez à
tous les poincts que je viens d'entendre : me prendre
à la gorge sur le premier pas de mon avènement, à
une heure si dangereuse me cuider traîner à ce qu'on
n'a peu forcer tant de simples personnes, pource qu'ils
ont sçeu mourir! Et de qui pouvés-vous attendre une
telle mutation en la créance que de celui qui n'en
auroit point? Auriés-vous plus agréable un roi sans
Dieu? Vous asseurerés-vous en la foi d'un athéiste, et
aux jours des batailles suivrés-vous d'asseurance les
vœux et les auspices d'un parjure et d'un apostat?
Oui, le roi de Navarre, comme vous dites, a souffert
de grandes misères et ne s'y est pas estonné. Peut-il
dépouiller l'âme et le cœur à l'entrée de la royauté?
Or, à fin que vous n'apelliés pas ma constance opiniastreté, non plus que ma discrétion lascheté, je vous
responds que j'apelle des jugemens de ceste compagnie
à elle-mesme quand elle y aura pensé, et quand elle
sera complette de plus de pairs de France et officiers de la couronne que je n'en vois ici. Ceux qui ne
pourront attendre une plus meure délibération, que
l'affliction de la France et leur crainte chasse de nous,
et qui se rendent à la vaine et briève prospérité des
ennemis de l'Estat, je leur baille congé librement pour
aller cercher leur salaire sous des maistres insolens.
J'aurai parmi les catholiques ceux qui aiment la France
et l'honneur[1]. »

1. Le *Journal de L'Estoile* dit que le roi prononça un discours

Givri[1] entre sur cette conclusion, et, avec son agréable façon, prit la jambe du roi et puis sa main, dit tout haut : « Je viens de voir la fleur de vostre brave noblesse, Sire, qui réservent à pleurer leur roi mort quand ils l'auront vengé. Ils attendent avec impatience les commandemens absolus du vivant. Vous estes le roi des braves, et ne serez abandonné que des poltrons. » Cette brusque arrivée et la nouvelle que les Suisses venoyent[2] donnèrent au roi l'ocasion, qui fut bien prise, pour rompre ces fascheux discours et prendre un habit de deuil violet, dépesché en quatre heures, duquel le roi vestu alla recevoir les Suisses au bout des jardins, et là mesme se vid entouré de tous les principaux de son armée. Le mareschal de Biron, lui ayant présenté les collonels et capitaines et leur serment par escrit, parla tout haut de servir le roi sans si et sans car, et puis d'aller au conseil pour mettre la main à la besongne. Là arriva la Nouë, encor blessé à une jambe, et puis Chastillon, Guitri et autres chefs réformez.

Chapitre XXIV.

Différent estat des deux partis[3].

C'estoyent deux faces bien différentes que celle de

le 4 août 1589. De Thou (liv. XCVII) prête à Henri IV une belle harangue à la façon de Tite-Live. Les *Mémoires de la Ligue* (t. IV, p. 34), d'après une relation du temps, lui en prêtent une autre. Enfin d'Aubigné, comme on vient de le voir, ne se montre pas en reste de rhétorique. Tous ces discours nous paraissent supposés.

1. Anne d'Anglure, baron de Givry.
2. Les compagnies suisses, dit de Thou, avaient été haranguées par Sancy et étaient conduites au roi par ce capitaine (liv. XCVII).
3. Le chiffre et l'en-tête de ce chapitre ne sont marqués dans

l'armée et celle de Paris. Vous oyez à Sainct-Clou un hurlement général, des pleurs d'émotion, d'autres que plusieurs jettoyent par le sentiment de leurs affaires, et d'autres par contagion. Mais ce qui rendit le roi encor plus regretté fut que, le soir de auparavant sa blessure, le roi, lors de Navarre, avoit dit tout haut aux siens tels propos : « Mes amis, le roi m'a tantost fait de grandes complaintes du peu d'amour et fidélité qu'il trouvoit entre les siens, quoi qu'ouillez de bienfaits. Il a admiré les grands et bons services que je reçois de vous autres, quoi qu'acablez de misères et mal payez. Il m'a prié de trouver bon qu'il pratiquast dix de vous autres pour mettre sa personne entre vos mains, faire coucher les cinq des dix en sa garderobe et en sa chambre quelquesfois. J'ai respondu que je n'avois ni volonté ni puissance qui ne fussent sous les siennes, et qu'au lieu de trouver cela mauvais, je vous en prierois de bon cœur, comme je fais, et vous prie que ceux à qui le roi adressera cet honneur ne s'estiment pas moins estre miens, ni moi moins leur ami. » Plusieurs réformez s'enrollans de ces dix haussoyent la crierie.

Si la modestie de l'histoire ne me tenoit la bride, je nommerois ceux qui demandèrent pardon à genoux des places de mignons usurpées en termes, comme un duc seut fort bien respondre[1], qui sentoyent à la

aucune des deux éditions de l'*Histoire universelle*. Mais, à la table des chapitres, d'Aubigné, après le titre du chapitre xxiii, a imprimé : « xxiv. Chapitre non marqué en l'impression, qui doit avoir pour tiltre *Différent estat des deux partis*... Après la ligne 19. » Nous corrigeons l'oubli ou l'erreur des précédents éditeurs.

1. La fin de la phrase ne se trouve pas dans l'édition de 1620.

honte, à l'horreur et à la femme. Voilà quelle estoit de ce costé la consternation.

Dedans Paris au contraire ne retentissoyent que les esclats d'une incomparable gayeté. Quelques princesses et grands se parèrent d'escharpes vertes, et, comme si avec la joye le courage eust changé de parti, voilà les galands sur les rangs à demander les coups de pistolets, dont se fit le duel d'entre L'Isle-Marivaut[1] et Marolles[2]. Ces deux s'estans deffiez d'un coup de lance avant mettre la main à l'espée, L'Isle coucha en arrest. L'autre aima mieux se fier en sa justesse et, prenant sa carrière un sillon entre deux, comme à courre la bague, logea le fer de sa lance entre les deux yeux de son ennemi, qui fut combatre d'une grande froideur, et l'estendit mort sur la place[3]. Cette victoire, qui fut bien autrement eslevée que celle du jour d'auparavant[4], fut un eschantillon de bonne espérance pour les autres, que les liguez se promettoyent à l'avenir. Il[5] est bon de sçavoir comment tous les princes et seigneurs de l'armée assemblée firent une notable déclaration[6] pour la recognoissance

1. Claude de l'Isle, s. de Marivaux, gouverneur du château d'Arques, gouverneur de Laon, lieutenant général au gouvernement de l'Ile-de-France, chevalier des ordres en 1595, mort en 1598.
2. Claude de Marolles, père du célèbre abbé de Marolles et partisan acharné de la Ligue.
3. Le duel entre Marivaux et Marolles eut lieu le 1ᵉʳ août 1589 (*Lettres de Henri IV*, t. II, p. 499, note). On conserve une relation de ce combat dans le vol. 20152 du fonds français, f. 407.
4. Allusion au combat singulier de d'Aubigné avec le s. de l'Éronière. Voyez le chapitre précédent.
5. La fin de l'alinéa manque à l'édition de 1620.
6. Le 4 août 1589, par une déclaration officielle, le roi jura de

de Henri IV, leur roi. Mais cette pièce fut mal signée pour le différent des ordres, ou en vérité ou en couverture de leur mauvaise volonté, ce qui parut en la dépesche vers le pape pour les catholiques seulement.

Or nous lairrons les deux partis en ceste grande diversité de faces, de conditions et de pensées, et avons attendu jusques ici à nous servir de la tresve qui devoit quelques mois plustost partager nostre livre pour deux principales raisons : l'une que le parlement, n'ayant peu si tost estre establi à Tours, n'avoit peu aussi émologuer ceste pièce, laquelle sous le nom de tresve eut plus d'efficace qu'aucune paix, et aussi qu'à ce poinct vient bien à propos un nom, un estat et un roi tous nouveaux.

Chapitre XXV.

Liaison des affaires de France avec les quatre voisins.

En Allemagne se faisoyent de toutes parts diverses pratiques. Celles des réformez n'y avoyent plus de

---

maintenir la religion catholique en toute souveraineté dans les villes où la réforme n'était pas ouvertement pratiquée, et promit, quant à lui, de se faire instruire. Moyennant cette promesse, la plupart des seigneurs de l'armée royale le reconnurent pour roi. La déclaration des seigneurs catholiques, datée du 4 août 1589, fut signée par le prince de Conti, les ducs de Montpensier, de Longueville, de Piney, de Montbazon, par Biron, d'Aumont, d'Inteville, Nicolas et Louis d'Angennes de Rambouillet, Châteauvieux, Clermont d'Entragues, Manon, Richelieu, etc. D'Épernon refusa de signer sous prétexte que la préséance avait été donnée aux maréchaux. Ces deux pièces ont été souvent imprimées et se trouvent notamment dans le *Recueil des anciennes lois* d'Isambert, t. XV, p. 5.

vigueur, tant pour leur pauvreté que pour le mauvais succès des choses passées; car le peuple ne juge pas des causes aux effects, comme font les prudens. Les négociations pour le roi n'alloyent guère mieux, car ses pensionnaires estoyent trompez à tous coups pour la diversion des deniers au cabinet, ou bien desbauchez par les diligences des Lorrains, ausquels le roi d'Espagne, le pape et l'empereur prestoyent tout ce qu'ils avoyent de créance, crédit et authorité. Le duc de Guise avoit attachez à ses volontez particulières les collomnels Chomberg, Bassompierre, Taubith et Haut-Plot[1]. Et, pour vous faire voir comment il leur rendit compte soigneusement de ses actions, vous n'avez qu'à lire la lettre à Bassompierre que nous avons insérée ci-devant[2].

La Lorraine, qui avoit tousjours observé quelque neutralité aux guerres passées pour la crainte des passages d'armée ausquels elle est subjette, se fit à ces derniers mouvemens partisane de la Ligue à jeu descouvert, pource que, la confusion de France venant au poinct où on la vouloit mener, les liguez n'avoyent point désigné certainement quel prince succéderoit au roi Charles X, comme ils appelloyent le cardinal de Bourbon; et, quelques vertus éminentes qui parussent au duc de Guise, quelque faveur que le pape lui portast, tout cela n'alloit qu'au dernier eschelon de la royauté. Cettui-là si haut et le morceau si friand qu'il sembloit n'estre que pour un qui eust desjà gousté

---

1. Gaspard de Schomberg, comte de Nanteuil; Christophe de Bassompierre, colonel au service du duc de Lorraine.
2. Lettre du duc de Guise à Bassompierre, du 21 mai 1588. Voyez ci-dessus, liv. XI, chap. xxiv.

la souveraineté. D'ailleurs, il y avoit quelque apparence que les préparatifs faits par ceux de Lorraine devoyent estre au profit du chef de la maison. Le peuple avoit le nom et la rigueur espagnolle en haine, horsmis les ecclésiastiques, desquels nous dirons le goust en un autre lieu. On craignoit les exactions de Savoye, l'avarice des Italiens et leurs inventions. Tout cela sembloit rire au duc de Lorraine, de mesme langage et mœurs que nous. Cet espoir, coulé licentieusement en son esprit par les modesties et simplicitez du duc de Guise, faisoit que ce prince perdoit toutes circonspections, et au fait de la Ligue mettoit le tout pour le tout.

Le duc de Savoye[1], qui se sentoit les reins plus fermes et n'embrassoit pas tant, se contentoit d'arondir sa pièce, de quoi vous avez eu des nouvelles aux Estats. Ce prince donc, ayant menacé Genève et de n'aguères espousé la fille puis-née d'Espagne[2], se résolut d'en espouser aussi les passions. On lui remonstra que Charles-Philibert[3], son père, avoit régné et plus gagné par la douceur que par la violence, tesmoin sa tolérance, quand les Suisses avoyent enjambé sur son estat; la liberté de religion qu'il souffroit aux vallées d'Angrongne et de Pragela; les bons et pacifiques conseils que receut en Savoye retournant de Poulongne le roi Henri[4]. A cela on

1. Charles-Emmanuel, duc de Savoie depuis 1580.
2. Charles-Emmanuel de Savoie avait épousé l'infante Catherine, fille de Philippe II et d'Élisabeth de Valois.
3. Philibert-Emmanuel de Savoie, duc de Savoie, le vainqueur de Saint-Quentin, l'époux de Marguerite de France.
4. Henri III, revenant de Pologne, s'arrêta, le 24 août 1574, à Turin. Voyez le tome IV, p. 269.

adjoustoit qu'il irriteroit par ses mouvemens la censure du pape, les jalousies des Italiens, la prudence et force des Vénitiens, la pesante fureur des Suisses, l'authorité de l'empereur et les insolences des François, desquels il sentiroit le premier des mutations ; et d'ailleurs qu'il devoit encor à la France une grande courtoisie de lui avoir rendu Savignan et Pignerol[1] sans apparente nécessité.

En mesprisant toutes ces choses, voici le rideau qu'il mit au-devant de son action. Il escrit au pape que Lesdiguières se vouloit emparer de ses places, pour faire une retraite aux huguenots au milieu de sa souveraineté. Il envoye un ambassade au roi, pour lui faire endurer ce morseau à la mesme saulse du zèle de l'Église, y adjoustant, pour marque de sa continence, qu'il ne veut tenir ces places que sous l'authorité du roi[2], demeurant tousjours souverain ; et cependant change la monnoye, donne les grâces, change les officiers, arbore les armes de Savoye et abbat les fleurs de lis ; faisant en mesme temps courir quelques discours sans son aveu, par lesquels il est exposé comment un marquis de Salusse, vassal de Savoye, eut son fief confisqué pour s'estre rebellé contre Charles VI, duc de Savoye[3] ; que ainsi le marquisat estoit un fief de Savoye. Je laisse l'adoration du prince Hubert[4]

1. Restitution de Savigliano et de Pignerol au duc de Savoie, 14 décembre 1574. Voyez le tome IV, p. 269 et 270.
2. Voyez plus loin l'indication d'une partie de la correspondance du roi avec le duc de Savoie.
3. Prise du marquisat de Saluces, fin septembre 1588. Voyez une relation contenue dans les *Mémoires de la Ligue*, t. III, p. 692 et suiv.
4. Humbert III de Savoie, dit *le Saint*, vivait au XIIe siècle.

aux recherches de l'antiquité pour dire, en me contentant de mon mestier, comment ce duc seut, ayant fait taster à la nouvelle des barricades, quelle part de la France lui vouloit faire le duc de Guise, comme voulant conclure au marquisat, à la Provence et au Dauphiné ; et, n'ayant pas eu response à son gré[1], et d'ailleurs averti de Romme qu'on devoit tondre le roi à la fin des Estats, il avoit au mois d'aoust envoyé recercher le roi d'amitié, et sur la fin de l'année exécuté avant le terme du trouble et plus tard qu'il n'avoit pensé.

Il y avoit un an que le gouverneur de la citadelle de Carmagnole[2] prenoit de l'argent du duc et descouvroit ses menées au roi. Ce chemin n'estant pas bon, il y eut une seconde intelligence avec un caporal nommé La Chambre, qui estant descouvert fut pendu par les pieds en la place de Carmagnole, trois de ses compagnons estranglez, et puis lui le dernier. Tout cela ayant manqué, le duc lève une armée qu'il donne au marquis de Sainct-Sorlin[3], tantost pour Genève, et puis pour le Montferrat[4]. Et, ayant tiré de ses troupes huict cents hommes sans bagage, il fait escaler la ville,

---

1. D'Aubigné est ici très exactement informé. Le duc de Guise était hostile aux manœuvres ambitieuses du duc de Savoie. On conserve aux Archives nationales (K 1567, n° 164) quatre billets du duc de Guise à Bernardino de Mendoça, des 9, 13, 24 et 26 octobre 1588, par lesquels il se plaint que la surprise de Carmagnole par le duc de Savoie a troublé sa politique aux États de Blois et donné raison aux hésitations du roi.

2. Le s. de La Coste, gouverneur de Carmagnole, ville principale du marquisat de Saluces.

3. Henri de Savoie, marquis de Saint-Sorlin, cousin du duc de Savoie.

4. Le marquisat de Montferrat, entre Gênes et le Piémont.

où il n'y avoit que des corps de garde, sans sentinelles, la prend[1], et, le reste des forces y estans accourues, il assiège la citadelle, que le gouverneur Sainct-Silvie[2] avoit desgarnie de vivres, à la mutation des magasins, ce qui est plus croyable que l'infidélité. On monstra aux capitaines qui estoyent dedans la nécessité dans peu de temps et lors une mauvaise condition, et au présent une capitulation très honorable, c'est-à-dire pleine de déshonneur. Ils la prenent donc, non sans soupçon de corruption, et mettent entre les mains du duc avec la place cent pièces de batterie et trente autres sur roues. Cet arcenal marchant par le marquisat fit rendre sans tirer coup tout le reste du marquisat, et les soldats s'en revindrent en France chargez de honte et trompez de trois mois de paye qu'on leur avoit promis. Le duc changeant de ton fit faire des ducatons[3] nouveaux, où un centaure fouloit du pied une couronne renversée avec ce mot : *Opportune*[4].

Le pape, voyant le duc de Savoye obligé à lui servir de barrière, tempéra la peur que le changement de Blois lui avoit donné, et se mit à favoriser les affaires

1. Prise de Carmagnole par le duc de Savoie, 1ᵉʳ novembre 1588 (De Thou, liv. XCII).
2. De Thou le nomme Saint-Sivier. Ce capitaine commandait à Carmagnole en l'absence de La Coste (De Thou, liv. XCII).
3. *Ducaton*, monnaie d'or du Piémont.
4. A la nouvelle de la conquête du marquisat de Saluces par le duc de Savoie, le roi lui envoya, le 23 octobre 1588, le chevalier de Poigny avec une remontrance. Poigny rendit compte de sa mission dans une série de lettres du 13 au 29 novembre. Ces pièces sont imprimées dans les *Mémoires de Nevers*, t. I, 2ᵉ partie, p. 224 et suiv., 829 et suiv.

des Guisars en France à jeu plus descouvert, comme par bulles, authorisant la Ligue[1].

Après l'usurpation du marquisat de Saluces faicte par le duc de Savoye, le roi mesnagea en Suisse[2] par l'ambassadeur Sanci[3] une levée, où contribuèrent les quatre cantons refformez, les Grisons, les Valaisans et les Genevois[4]. Les Bernois ayant fait quelques corps

---

1. Var. de l'édit. de 1620 : « ... *la Ligue*. Le duc de Savoie aiant achevé son usurpation, le roi mesnagea par son ambassadeur de Suisses quelques levées, où contribuèrent les quatre cantons reformez, les Grisons, les Valaizans et ceux de Genève, pour faire attaquer ce que le duc avoit auprès de cette ville, tandis qu'on l'empescheroit du costé de Dauphiné. Pour cet effect les Genevois, aiant secrètement receu quelques hommes de là et mis les leurs en ordre, le second d'avril 1589, mirent aux champs sous la charge du capitaine Bois. Ces troupes s'emparèrent sans résistance du chasteau de Monthore, d'une villette nommée Bonne, de Ternier, et pillèrent l'abbaye de Perlenay; et puis, aians rompu quelque pont sur Arve, prirent Sainct-Joire, chasteau du baron d'Ermance, où ils trouvèrent des commissions et mémoires d'entreprises sur Berne et sur Genève. Ces troupes se fortifians, on leur donna Guitri, qui en prit la ville et chasteau de Getz; mais, aians failli le pas de la Cluse, repasse auprès de Genève, se loge dans Tonnon, prenant le chasteau par composition, et, se voyans forts de 9,000 hommes, assiègent le fort de Ripaille. Le duc de Savoye receut ceste occasion gayement et *dépesche au secours dans Amedeo...* » (p. 97, ligne 20).

2. Le pouvoir donné par le roi à Sancy pour traiter avec les Suisses est daté du 2 février 1589. La convention de Sancy avec les Suisses est datée du 19 avril 1589. Elle fut ratifiée par Henri IV le 20 octobre 1592. Ces trois pièces sont imprimées par Spon, *Histoire de Genève*, t. II, p. 233 et suiv.

3. Nicolas de Harlay, s. de Sancy, partit de Blois au commencement de février 1589 et arriva à Genève le 14 du même mois (De Thou, liv. XCIV).

4. Ces troupes se réunirent aux environs de Genève le 15 avril 1589 (De Thou, liv. XCVI). Sancy en fit la revue le 22 du même mois.

les premiers, et arrivez sous le colonnel d'Erlac[1] vers le pas de la Cluse[2], voulurent faire peur à la garnison; laquelle ne la recevant pas, ils allèrent joindre le reste de leurs forces vers Tounon[3], eurent la ville par capitulation, assiègent le chasteau, et, l'artillerie que ceux de Genève y envoya par le lac estant retardée par le vent contraire, les forces du duc de Savoye se présentèrent du costé du pont d'Arve, où les Genevois commençoyent un petit fort pour avoir la clef des forces de ce costé-là ; et ne firent pour lors que ravager le païs. Le chasteau de Tounon se rendit le vingt-sixième d'avril.

Durant ce petit siège, le régiment de Berne fit quelques petits exploits, comme de la tour de Fleschaire[4], où une partie de la garnison furent pendus; ce qui ayant fait peur à d'autres petites garnisons, comme Yvoire et Balaison[5], le pays en fut deschargé. De là fut attacqué Ripaille[6], place qui consistoit en sept tours.

Sur ce siège, le duc de Savoye despesche au secours Dom Amedeo[7], assisté du comte de Martinangue, de 1,200 lances, 500 carrabins et 1,500 hommes de pied. Tout cela ayant passé les montagnes, à peine se

---

1. Louis d'Erlach, général des troupes de Berne.
2. La Cluse (Ain). — Entreprise sur le Pas de la Cluse, 1er avril 1589 (*Mémoires de la Ligue*, t. III, p. 700).
3. Thonon (Haute-Savoie). — La ville fut assiégée le 23 avril 1589 et se rendit le 26 suivant (De Thou, liv. XCVI).
4. Prise de la tour de la Fléchière, dans le village de Concise, 24 avril 1589 (*Mémoires de la Ligue*, t. III, p. 703).
5. Yvoire et Ballaison (Haute-Savoie).
6. Siège de Ripaille par de Sancy, 27 avril 1589 (*Mémoires de la Ligue*, t. III, p. 704).
7. Victor-Amédée de Savoie, fils du duc de Savoie.

présentent à la fin d'avril près de Tounon. Ces troupes s'estant retirées, après quelques légères escarmouches où Martinangues fut blessé, Ripaille se rendit[1] par l'estonnement des basilics[2] de Genève qui la percèrent d'outre en outre, et donna aux Genevois deux galères et deux frégates, qui furent bruslées pour la jalousie des Suisses, qui en demandoyent leur part.

Le mois de may fut employé par le duc à parfaire son armée, qui se trouva de 12,000 hommes de pied, 2,500 chevaux, Espagnols, Italiens, sujects du duc, et quelques françois, trente pièces d'artillerie, où il y avoit quelques basilics. Cela passa sa première colère sur la tour de Ternier[3], où quelques quarante de Genève, la pluspart imprimeurs, faisoyent la guerre, qui presque tous furent pendus contre la capitulation.

De là l'armée se présenta vers le fort d'Arve, n'ayant encor ni forme ni flanc, fit sa teste du régiment du comte de Maureverd[4] et d'un régiment de cavalerie italienne. Les Genevois allèrent à eux sans ordre, sans conduite, vindrent des arquebusades aux mains, prindrent le baron de Pressiac[5] et bruslèrent les maisons qui approchoyent le fort[6].

Le mardi suivant, troisième du mois, l'armée ducale se présenta au plan des Wattes[7], ayant à sa

1. Prise du fort de Ripaille par Sancy, 1er mai 1589.
2. *Basilic,* pièce d'artillerie.
3. Siège du fort de Ternyer par le duc de Savoie, 23 mai 1589 (De Thou, liv. XCVI).
4. Antoine de la Baume, comte de Montrevel.
5. De Thou le nomme de Pressy (liv. XCVI).
6. Prise de Ternyer par le duc de Savoie, 1er juin 1589 (De Thou, liv. XCVI).
7. Combat des Ovates entre le duc de Savoie et les Genevois, 3 juin 1589.

teste 3,000 hommes de pied et 1,000 chevaux en très bon ordre. Les Genevois au contraire firent passer l'eau à 500 hommes sans dessein, tuent de l'armée du duc près de 200 hommes, parmi eux plusieurs hommes de commandement; entre ceux-là le comte de Salenove[1], et un autre comte espagnol[2], qui, demandant courtoisie, eurent pour response : *Grâce de Ternier*.

Le lundi vingt-troisiesme, les Genevois levèrent quelques logis à Saconney[3], qui donna occasion à une autre escarmouche au plan de Wattes. La cavalerie de Savoye, voyant combien franchement les Genevois mordoyent à la pomme, mirent à couvert de Pinchat quatre cornettes de cavalerie, les voulurent attirer par une autre troupe, ce qui eust réussi sans qu'estans descouverts par quelques Genevois, qui avoyent mené deux pièces sur le haut de Champet, lesquels ayans tiré, ceux qui vouloyent attirer se voyans descouverts, vindrent à leur charge. Receus résolument, y perdirent près de quatre-vingts hommes, entre ceux-là Bellegarde[4] et un de leurs cornettes. Durant cet exer-

1. Le comte de Salenove était maréchal de camp dans l'armée du duc de Savoie.
2. Var. de l'édit. de 1620 : « ... *comte de Salenove,* premier mestre de camp de l'armée; quelques-uns promettans 10,000 escus de rançon; à quoi ils eurent pour response *grâce de Ternier*; et c'est chose tenue pour vraie dans le païs qu'il ne mourut à cette affaire que deux Genevois. Ce fut lors que le duc dressa le fort de Sainte-Catherine, duquel il sera parlé; et les Genevois de leur costé mirent celui d'Arve en meilleur estat. A petites journées les Bernois estoient approchez *à une licue du Pas de la Cluse...* »
3. Combat de Saconey (canton de Genève) entre le duc de Savoie et les troupes genevoises, 23 juin 1589.
4. De Saint-Sergue, dit Bellegarde, un des capitaines du duc de Savoie.

cice, le duc traça le fort de Saincte-Catherine au village de Sonzi[1].

Le mercredi neufviesme juillet, l'armée ducale renforcée de nouvelles troupes fit embusquer deux régiments d'infanterie dedans les bois de la Bastie, et après soleil levé paroistre quelque cavalerie sur Pinchat[2]. Les Genevois dès huict heures eurent passé le pont, et, ayans commencé une escarmouche à neuf heures du matin, la maintindrent jusques à quatre heures du soir, où ils s'opiniastrèrent tellement qu'ils rapportèrent leurs morts et plusieurs prisonniers.

Et puis, le samedi douziesme, plusieurs troupes de Savoye s'estans embusquées, soixante soldats du fort les entretindrent dès le point du jour, jusques à ce que, plus de soldats arrivant de part et d'autre, une trouppe de lances commandée par Chassay[3] donnèrent jusques à un petit fossé, accommodé à une harquebuzade du fort. Là Chassay porté par terre et tué[4], le combat se réchauffa de tous costez; 80 chevaux conduits par Le Bois[5], que par le conseil de Lesdiguières ils avoient esleu chef de cavalerie, beurent le salve de 4,000 hommes de pied, pour mesler un gros de cavalerie trois fois plus fort qu'eux; puis, en se desmeslant du combat, arrestèrent par leur bonne contenance l'escadron qui leur présentoit la charge en flanc,

1. Sonzy, à deux lieues de Genève.
2. Combats autour de Pinchat entre l'armée du duc de Savoie et celle des Suisses, 9 au 15 juillet 1589 (Relation dans les *Mémoires de la Ligue*, t. III, p. 723).
3. Le s. de Chassey, capitaine genevois, commandait la cavalerie suisse.
4. Mort du s. de Chassey, 12 juillet 1589 (Relation dans les *Mémoires de la Ligue*, t. III, p. 725).
5. Le capitaine Bois, lieutenant général des troupes de Genève.

repassèrent sur le ventre à quelques harquebusiers au retour. A ce combat, jugé pour téméraire par plusieurs hommes de guerre, ils n'eurent pas si bon marché qu'aux autres, où ils perdoyent si peu que j'en ai teu le nombre de peur des miracles desquels je m'abstiens. Ils y laissèrent quatre gendarmes morts, dix hommes de pied, deux prisonniers, et vingt chevaux blessez. Quelques moyennes qui estoient sur Pinchat respondirent à celles de Champet sur le desmeslement.

Cependant l'armée des Bernois estoit approchée à une lieue du pas de la Cluse. Le duc tourna au pont de Gresin et les alla taster à Escorran[1], mais les trouva bien logez et s'en retira avec perte. Les Suisses, ayans emprunté des Genevois trois compagnies de gens de pied et une de cavalerie, sur une crainte d'estre mal menez et sur un mauvais avis, quittèrent deux de leurs pièces. De l'autre costé les Savoyars, ayans pris un plus grand effroi, en firent telle part au reste de leur armée qu'ils emmenèrent tout jusques à ce que la lassitude les arrestast; et, ayant receu des troupes fraisches de Bresse, vindrent loger à Felinge, près de Bonne[2].

Les Suisses de leur costé ravisez, estans retournez à Escorran, la garnison de Bonne receut les Savoyars de bonne grâce avec escarmouches heureuses pour eux[3]. Ceux de Genève y acoururent à leur abord,

---

1. Siège d'Escourran par le duc de Savoie, 10 juin 1589 (*Mémoires de la Ligue*, t. III, p. 716).

2. Fillenges, Bonne (Haute-Savoie). — Arrivée des Savoyards à Fillenges, 10 juin 1589 (*Mémoires de la Ligue*, t. III, p. 717).

3. Ces escarmouches eurent lieu le 14 juin 1589 (*Mémoires de la Ligue*, t. III, p. 717).

enfoncèrent le logis de Felinge; et, ayant recognu qu'ils se fortifioyent dans le temple, on fit venir nouvelles compagnies de Genève, qui firent quitter le fort, et le bruslèrent. Il y eut encor un combat au pont de Maura, où les Savoyars avoyent dressé une embusche à ceux de Bonne. Le duc de Savoye, ayant de plus près sur les bras l'armée de Berne, commença d'un costé à ruiner de tout point le balliage de Ternier[1], ne faisant mal que sur les terres de Genève, et de l'autre à pratiquer quelques intelligences, favorisées d'une troupe qui se fit en trois semaines, durant lesquelles l'armée de Berne, de douze ou treize mille hommes, mit à rien ce qui restoit dans le Genevois.

A la fin du mois, les forces de Savoye donnèrent une escalade au chasteau de Bonne, où ils ne firent rien et perdirent plusieurs soldats. Ils ne furent pas plus heureux le 10 de juillet que sur la fin de la trêve. Ils voulurent au mesme lieu lever un quartier des Suisses, lesquels, contre telles surprises, empruntèrent des Genevois cavalerie et infanterie, commandez par le sindyc Varro[2]. Et, pour monstrer qu'il y employa tout, avec lui marchèrent toutes les compagnies des seigneurs de la ville. Tout cela à la mi-juillet s'avança vers la Cluse[3] et borda la rivière pour faire la récolte et gaster ce qu'ils ne pouvoyent mettre à profit.

1. Nouvelle entreprise du duc de Savoie sur le château de Ternyer, 26 mai 1589. — Prise de la place, 1er juin (*Mémoires de la Ligue*, t. III, p. 712).

2. Le s. Varro, commandant en chef des troupes de Genève. Une note des *Mémoires de la Ligue* (t. III, p. 724) dit qu'il se nommait *Ami Varro*.

3. L'armée de Berne arriva au Pas de la Cluse le 14 juillet 1589 (*Mémoires de la Ligue*, t. III, p. 727).

Puis, au 25 de juillet, les deux armées assignèrent la bataille tout contre Sainct-Geoire[1], aux ruines de Rolle Boqui. Le duc s'y trouve le 26 et présenta premièrement mille cinq cents lances, commandées par le marquis d'Est, accompagné des comtes de Valpergue, de Massin et de Vivalde[2]. Ceste troupe avoit à son aile droitte le baron d'Ermance[3], qui commandoit la pluspart des carrabins. Ce baron, arrivé de bonne heure, logea huit cents harquebusiers piémontois dedans les hayes du champ de bataille désigné, y pratiquant des avantages afin que leurs ennemis n'y peussent mettre le pied.

L'armée des Bernois ne faisoit qu'un grand bataillon qui avoit à sa gauche les forces de Genève avec une cornette blanche. Sur le midi, Wateville[4] démesle de sa teste trois troupes : la première donna aux hayes de gauche et les fit abandonner à ceux que nous y avons logez; la seconde courut plus bas, où estoyent les Fossignerans[5] et les mit en route; la troisiesme, favorisée de deux pièces de campagne, se fit faire place. Wateville sur cet avantage fit marcher les Genevois dans le champ, d'où ils virent, et non plustost, le marquis d'Est et ses troupes sous des noyers. Ceux-là aussi tost veus aussi tost chargez par le capitaine Bois, qui eut affaire aux comtes de Valpergue, et Massin et encor à Sonas[6] qui ne faisoit qu'arriver.

1. Saint-Jeoire (Haute-Savoie). — D'après la relation contenue dans les *Mémoires de la Ligue* (t. III, p. 729), les Suisses arrivèrent à Saint-Jeoire le 24 juillet 1589.
2. Alexandre, comte de Valperque. — Le comte de Saint-Martin.
3. Le baron d'Armance.
4. Le s. de Watteville, avoyer de la république suisse.
5. *Fossignerans*, habitants du Faucigny.
6. Le s. de Sonas était gouverneur de Remilly.

Les deux premiers rangs ayans combatu, le reste tourna visage vers Sainct-Geoire par un chemin estroit qui fut cause de perte, non seulement d'hommes, mais de deux retranchemens que les Espagnols et Piémontois gardoyent. Là furent tuez les deux comtes que nous avons nommez et trente-cinq ou quarante cavalliers. De l'autre costé fut blessé le capitaine Bois par le fils de Vivalde, son cheval l'ayant emporté où il ne vouloit pas, et mourut de la blessure. Pour l'infanterie, il en fut tué quelque soixante sur le lieu, et plus de deux cents que les païsans assommèrent par les montagnes où ils se sauvoyent. Le profit de ce combat fut le siège et la prise de Sainct-Geoire, par capitulation bien gardée[1]. Lors, cependant que les Savoyars se vengeoyent en bruslant le pays, survint la mort du roi[2].

Chapitre XXVI.

De l'Orient.

Rodolphe[3], espérant du repos du costé du Turc par

---

[1]. Prise de Saint-Jeoire par les Genevois, 29 juillet 1589 (*Mémoires de la Ligue*, t. III, p. 731).

[2]. De Thou et d'Aubigné, dans ce chapitre, ont principalement suivi une relation écrite dans le sens protestant, *Discours de ce qui s'est passé ès environs de Genève...*, qui a été réimprimée dans les *Mémoires de la Ligue*, t. III, p. 696. Il en est une autre, qui est écrite dans le sens catholique, *Discours véritable de l'armée du très vertueux et illustre Charles, duc de Savoie...*; elle a été réimprimée dans les *Variétés historiques et littéraires* de la Coll. elzévirienne, t. I, p. 149.

[3]. Rodolphe II, empereur d'Allemagne (1576-1611), petit-fils de Charles-Quint.

la tresve[1] qu'il avoit faite avec Amurath[2], estoit après à convenir d'une partie de l'argent qu'on lui avoit accordé avec beaucoup de peine à la diette de Posum pour faire quelque levée de reistres et de lanskenets. Les uns disoyent que c'estoit pour France, pource que le courrier d'Espagne qui l'en estoit venu requérir estoit venu accompagné d'un escuyer du duc de Lorraine; les autres vouloyent que les gens de pied fussent pour envoyer au comte de Mansfels, et succéder aux effects de la grande armée. Hors de cela toute l'Alemagne estoit empeschée à des retenues de gens de guerre, quand il fallut divertir tout ce qui se levoit en Moravie, Austriche et Bavière, contre une armée de quarante mille Turcs descendus vers la Croacie, sous divers capitaines, et sans ordre; n'ayans autre dessein, outre le pillage, que de rompre la foi d'Amurath. Tout cela se faisoit par les menées de Mahomet son fils, ennemi du père, et auquel les bachats de la Porte conseilloyent d'eslever son authorité, se rendre agréable aux gens de guerre, et sur tout infirmer les desseins du vieillard pour le lasser de l'administration et la faire tomber entre ses mains, par la retraite du père en un serrail. Mahomet donc, ayant fait eschaper ses quarante mille hommes, leur envoya un sien cousin germain, qui, avant avoir policé, chargeant à tout, rencontra George, comte de Serin[3], successeur en tout de son père. Cettui-ci, ayant

---

1. Trêve de neuf ans conclue entre Rodolphe II et Amurat, 1er janvier 1585.
2. Amurat III, fils de Selim II, sultan de 1574 à 1595.
3. George, comte de Serin, gouverneur de Canisa, fils de Nicolas, comte de Serin.

ramassé les compagnies albanoises et la noblesse de Gorts, Karst, Chaczeole, Carniole et Histrie, s'avança à grandes journées et deffit premièrement deux mille chevaux qui s'estoyent esloignez vers Bakhjim. Ce qui se sauva fit savoir aux compagnons qu'il se faloit assembler, et un capitaine qui avoit fui plus à regret que les autres asseura le chef que tout ce qui avoit paru des chrestiens ne faisoit point quatre mille hommes. Les Turcs donc, ralliez comme ils peurent, vindrent au-devant du comte de Serin, qui, fortifié de tout ce qui acouroit à lui et ayant sept mille hommes, ou lanciers ou escoupetaires à cheval, chargea le neveu d'Amurat, passa sur le ventre sans ordre et sans résistance à tout ce qui attendit. Et la teste du chef fut portée par un Albanois, et sans commandement du comte, à veue au bout d'une lance et receue avec plaisir et récompence de l'archiduc Ernest[1]. Cela donna à Mahomet occasion plus apparente de complaire aux gens de guerre, en leur donnant le pillage de la Croacie, tousjours par eux fort désiré. Il mit donc ensemble cinquante mille hommes, commandez par quatre Sanjacs. Et disoit-on qu'il les laissoit ainsi sans chef pour aller lui-mesmes prendre cette place avec des forces nouvelles.

Le comte avoit esté blessé à la première expédition. Et, lui gardant le lict, il n'y eut nul en Austriche ni en Bavière qui mit au vent le drapeau; dont avint que les quatre Sanjacs, n'ayans rien à craindre, se séparèrent par la Croacie, n'oublians aucunes sortes d'inhumanitez et encor moins de rapines; si bien qu'ayans

---

1. Ernest, archiduc de Bavière.

saccagé toutes les places qui n'estoyent que moyennes, on estimoit leur butin plus grand que d'aucune armée turquesque qui ait ravagé en la chrestienté. Mais le baron de Serin, estant debout, sans regarder qui le suivoit, se mit à veue d'eux. Les quatre Sanjacs avoyent donné ordre à leur ralliement et à leurs déférences, en cas qu'ils eussent quelques-uns sur les bras, et mesmes lors ils estoyent unis pour leur retour, comme gorgez de butin. Quelques Tartares tardifs à se joindre furent premièrement deffaits, et puis une autre troupe chargée au passage d'un pont. Un Valaque renégat se sauva, ayant reconnu le baron de Serin, que les autres estimoyent au lict. Ce nom apporta terreur aux Sanjacs mesmes, si bien qu'ils prirent conseil d'une retraite, et de faire marcher leurs richesses devant eux, qu'ils observèrent jusques à Blagii et au passage de la rivière Onvizze, qui finit la Croacie. Et puis, les plus chargez ayans envie de se haster, Serin donna à eux, n'ayant pas quatre mille hommes, et, sans attendre d'autres forces qui lui venoyent, enfonce le plus vieil des Sanjacs qui faisoit la retraite, et, les autres ne tournant pas teste pour venir à lui, ceste troupe prend l'espouvante, embarasse les chemins de son bagage et par ce moyen se sauve à Nabin. Le comte, sachant leur effroi par ses prisonniers, les poursuit jusques à la rivière de Worvaiz et bord de la Bosnie, leur fait quitter tout leur butin, sur tout quatre mille esclaves, demeurans trois mille Turcs morts; et ceux qui escrivent asseurent qu'il ne perdit que deux hommes en tous ces combats.

Amurath, marri de la perte, en print pourtant occasion de réprimer et amoindrir la créance de son fils Mahomet, qui ne laissa pas de crier vengeance parmi les janissaires et autres gens de guerre. Mais les capitaines aux despens d'autrui, considérans que les quatre Sanjacs n'avoyent receu ni la personne du jeune prince ni les forces qu'il leur avoit fait espérer, entreprirent avec plus de poids, si bien qu'il n'y eut point d'armée preste pour retourner en Croacie plustost qu'en l'année 1592, qui est hors de nos barrières; et pourtant nous tournons au Midi.

Chapitre XXVII.

Du Midi.

Sixte V gouvernoit l'Italie le plus impérieusement qu'autre pape qui ait jamais esté. Il augmenta à Rome un grand nombre d'espions, les récompensoit mesmes des calomnies bien avérées, augmentoit ses gardes; et, comme sa rigueur accreut le nombre des bannis chassez de divers lieux, il inventa une sorte de proscription qu'il fit publier[1], par laquelle chaque banni apportant la teste de son compagnon recevoit un notable salaire, et, outre cela, quelque crime dont il fût chargé, il en demeuroit quitte et en sa liberté. Sans rechercher le temps précisément, j'ay à vous dire qu'il envelopa en ce malheur le comte de Pepoli[2], de la race des Picolhomini, qui se sont tant fait estimer par les bonnes lettres. Cettui-ci, ne comparoissant pas aux premières citations de cette sévère justice, estant en

1. Le pape publia cet édit de proscription le 28 juillet 1585 (De Thou, liv. LXXXII).
2. Jean, comte de Pepoli, fut étranglé par ordre du pape le 27 août 1585.

peine pour quelques batteries et querelles particulières, fut contraint par degrez de se jetter parmi les bannis, où il fut pris et trahi par la ruse que nous vous avons fait savoir[1]. Le pape, lui ayant fait trencher la teste, pressé du cardinal Salviati[2], se resjouissoit d'une teste de comte entre ses plus privez. Mais, ayant sceu ce qui s'estoit passé en Angleterre, il se mit à n'estimer rien au monde, ni en félicité ni en grandeur, au prix de la roine Élizabet, et, comme pleurant les conquestes d'Alexandre, disoit d'elle : *O beata fœmina, qui ai gustato el piacer di far saltare una testa couronata!* Mais ce qu'il ne pouvoit en dignité il le récompensa en nombre; car les Italiens tienent qu'il a fait couper quatre mille testes de son vivant. En cet humeur, il dépeschoit ses bules violentes contre le roi de Navarre, plus animé contre lui quand il seut qu'il l'apelloit maistre Sixte. Et pourtant sur la fin il devint plus modeste, quand l'estime qu'il en oyoit faire amena la crainte avec soi. Il réforma plusieurs rues de Rome en jettant le cordon rouge pour la ruine des maisons.

L'aise et la paix qu'affecte en ses royaumes Hamet, et qui ne durera plus guères, nous fait prendre nostre volée plus au loin et reprendre les pertes de nos Portugais, et voir leurs vertus se relever par celle de Martin-Alfonce de Melo. Car, après le désastre de la mer Rouge, il ralia ceux qui avoyent fait tant de fautes, espérant se servir d'elles comme il fit pour les serrer à l'obéissance; mais aussi eut-il le soin d'amener quelques gens que le désastre n'eust point amolis. Et

1. D'Aubigné a déjà raconté ces faits, t. VI, p. 305.
2. Antoine-Marie Salviati (t. VI, p. 306).

ainsi accommodé il marche à Patan et Brava[1], qui avoit éleu un nouveau roi. Il prit la première par effroi et l'autre, où tout s'estoit retiré, par une approche sous des mantelets qu'il fit aux deux portes, où, ayant mis le feu, il présenta l'escalade par tout, emporta et sacagea la ville, fit couper la teste au nouveau roi, qu'il envoya à Goa[2], depuis fortifié par Baraldino et Cavalho avec les mesmes hommes et vaisseaux. Trouvant le fort de Colombe assiégé par le roi de Seilam, nommé Raju, il vint donner si furieusement qu'il mit quelques-uns de ses beauprés sur le parapet d'un petit balouart[3] vers la mer comme elle estoit pleine. Les assiégez à cette résolution quittent la forteresse, estans à l'extrémité, instruisirent ses truchements pour la composition.

La mesme année 1589, Paul de Lima-Pereira, ayant levé le siège de Malaca[4], que le roi de Sumatra[5] avoit pressée, s'en alla au royaume de Joor[6], où au bord de la mer y a une ville de mesme nom. A l'abord les habitans de Joor lui couvrirent de leurs hommes toute la coste, et cela se montroit une multitude infinie. Ceux de ce païs-là, ayant appris, comme on estime, des Chinois l'usage de l'artillerie, y mettent tellement leur confiance qu'ils n'espèrent leurs victoires et leurs défenses qu'en cela; car toute leur milice est de fort peu de mousquets, le commun ne portant qu'un couple

---

1. Patau et Brava, villes de l'Indoustan.
2. Goa, capitale des possessions portugaises dans l'Indoustan.
3. *Balouart,* digue.
4. Malacca, ville et province de l'Indo-Chine.
5. Sumatra, ile de la Malaisie.
6. Jooria, ville et province de l'Indoustan.

de javelots empenez qui n'ont que quatre pieds de long.

Les Portugais ne laissans pas pour les coups de canon d'aller fraper à terre avec des bateaux plats, desquels le ponton estoit troussé en pavezade et s'abaissoit en abordant, tous s'enfuirent. Et la ville, qui n'estoit fermée que de paulis et de fascines, fut emportée, et la ville de Joor prise, qui ne donnoit pas petite espérance aux conquérans. Là les Portugais gagnèrent deux mille cinq cents pièces de toute artillerie, et entre ce nombre une de si extrême grandeur que les palancs et autres artifices ne la cuidèrent jamais rendre à bord. Ceste pièce et les principaux joyaux de Joor se perdirent d'un grand temps devant Sainct-Michel-des-Tercières[1], comme ce présent venoit au roi d'Espagne, pour une merveilleuse nouveauté. La prise de Joor fit faire paix entre les Portugais et le roi Achein, et de là fut délivrée Malaca. Et lors mourut le vice-roi du pays, et en sa place fut trouvé nommé dedans le papier cacheté, selon la coustume du roi d'Espagne, Manuel de Souza, à qui ceux de meilleure maison que lui et plus vieux capitaines, bien qu'ayans espéré cet avantage, rendirent toute sorte d'obéissance et d'honneur.

Le vice-roi d'auparavant avoit près de sa personne un gentilhomme portugais nommé Anthoine d'Avezedo-Courintho. Cettui-ci, estant poussé par un fort temps à la coste d'Ormus[2] et y ayant mis pied à terre, quelques Arabes estoyent en garnison en ce pays avec

---

1. Saint-Michel des Tercières, île de l'archipel des Açores.
2. Côte et détroit d'Ormus, dans le golfe Persique.

des habitans d'Ormus, qui en ce temps-là se rébelloyent souvent contre leur roine, firent une partie pour venir enlever les Portugais, encores qu'ils eussent rendu tout devoir et receu paroles favorables de la princesse. Avezedo, voyant venir de loin ceste troupe conjurée à sa perte, fit ouvrir le milieu de son retranchement, qui estoit fait de pavois de navires, et, faisant fuir à la venue des ennemis quelqu'un des siens dans le retranchement, il y receut premièrement les Arabes et puis ceux du pays, lesquels, voyans les chrestiens en bataille et quelques pièces bien logées, mirent bas les armes. Avezedo, leur ayant fait faire une remonstrance par son truchement, donna congé à tout, hormis aux chefs, qu'il envoya deux à deux liez d'escharpes à leur roine avec ces paroles : qu'elle pouvant disposer de la vie et de la mort du vainqueur par l'empire qu'elle avoit pris sur ses désirs, il estoit raisonnable qu'elle eût ce pouvoir sur les vaincus. Avezedo avoit esté une fois vers elle pour un traité et se persuadoit en avoir esté regardé de bon œuil, et mesmes depuis avoit apris le langage d'Ormus. Cette roine ne s'amusa point à regarder, comme ses conseillers lui disoyent, que la crainte plus que la courtoisie lui avoit fait faire cet honorable présent, qu'elle receut avec désir d'en voir l'autheur, qu'elle fit venir en sa présence avec les asseurances nécessaires en tel cas. Ce gentilhomme estoit de très belle taille, et la roine estimée très belle en son pays, sur tout à cause des yeux. Elle trouvoit quelque magie en ceux d'Avezedo sur les siens. Elle envoya aux chrestiens qui estoyent dans les vaisseaux et à ceux de terre des vivres et rafraîchissemens pour ne s'ennuier pas, non plus qu'elle avec leur chef.

Leurs propos estoyent plus longs que les traitez ordinaires, et leurs privautez excédoyent celles des ambassadeurs. Aussi parloit-il pour soi-mesme, et avec cette ruze que, ne pouvant se faire valloir en propos bien filez et en mignardises de discours, il respondit en termes judicieux et à trais racourcis, en quoi sa nation se fait valoir. Toutes les parties de l'estranger furent si agréables à la roine qu'elle, qui avoit auparavant envie de traitter avec quelques rois voisins pour se faire obéir à ses rebelles subjects, pensa que Dieu lui avoit envoyé ensemble un secours à son amour et à son estat. Je n'ai peu quitter ce pays sans mesler l'amour estranger parmi les combats, n'estant pas ma profession de traitter de l'amour en style de roman. Il m'est permis seulement de vous dire que cette Turque se rendit tellement au chrestien que, le propos de mariage estant mis en avant, elle se fit instruire en la foi chrestienne par un organe spécieux d'amour et de vérité. La négociation rompant toutes difficultez, elle fit premièrement faire alliance avec les Portugais, et puis le vice-roi vint avec un magnifique appareil faire les festins de cette alliance. Et, ayant amené avec soi le docteur Fonseca, le fit procéder de tout poinct à instruction telle qu'elle se pouvoit par l'entremise d'un truchement. Cet enseignement fut plus cérémonial, mais le premier avoit esté plus efficacieux, ayant eu l'amour pour truchement. De la conférence on vint au baptesme, et la roine eut pour parrin le vice-roi ; et pompes et festins s'entresuivirent jusques au mariage, et Avezedo demeura roi d'Ormus.

Là il eut plusieurs peines à vaincre les rébellions qui furent adjoustées aux premières par le changement de religion. Les plus notables du païs, ceux que l'on connoissoit plus pieux, se rendans tous les jours ennemis de l'estat nouveau, les mercenaires et plus courtisans espousèrent la foi de leur roine, et les révoltez de créance firent la guerre aux révoltez d'estat. Or, estant destitué de tous mémoires pour vous descrire les combats et les affaires particulières de ce païs, voici ce que je puis vous donner. C'est que tout céda à la vertu d'Avezedo, qui en cinq mois eut réduit en obéissance tout le royaume d'Ormus. Les Portugais comptent que cette réduction eust esté bien plustost achevée sans une incommodité notable ; c'est que la roine, qui changeoit de visage pour un jour d'absence de son ami, estoit menacée de mort par syncopes et autres accidents, si elle passoit la semaine sans la veue de son espoux, tellement qu'il estoit contraint, assez chargé du labeur de la guerre, de quiter à tous coups un exploict commencé pour aller sauver la vie à la roine, au péril de son estat. Sur la fin de la première année, qu'on estimoit cet esprit avoir perdu ses plus grandes violences par l'usage et le contentement, le vice-roi, ayant à secourir une place assiégée, employa le roi d'Ormus et les braves hommes qu'il avoit près de lui, promettant à la roine de ne le retenir que deux mois. Les deux mois passez, cette princesse, après de grands symptosmes de son amour, sans se payer ni des vents, ni de la mer, ni des remonstrances des siens, ne trouva point de remède à l'absence entre les mains des médecins, mourut de regrets et avec elle ce qu'il y avoit de christianisme entre les siens ; car la faction turquesque, avec peu de résistance, regagna le païs. Or, suivons les souspirs de la roine et les navires portugais qui se vont perdre en Occident.

Chapitre XXVIII.

De l'Occident.

A ceste fois l'Espagne nous donne quelque chose à ses despens. C'est que le ressentiment de la roine d'Escosse servit d'esperon pour faire partir cette grande armée, qu'on appeloit l'invincible. Et ce premier partement fut en juin[1]; qu'ayant joint à Grogne[2] en Galicie, tous les vaisseaux levèrent l'ancre. Et n'eut pas perdu terre de veue qu'un nor-ouest se lève, si contraire et si furieux qu'il fallut relascher. Et tous ne le peurent faire, car trois galères de Portugal qui prenoyent le devant, ou soit pour se monstrer servir alaigrement leur conquérant, ou qu'elles fussent ainsi commandées pour avoir moins de soin d'elles que des espagnolles ; tant y a que, ne pouvans porter la mer, elles périrent, et quelques autres de Portugal arrivèrent encor, si fort battues à la coste qu'elles ne peurent faire le voyage. L'armée donc se mit à l'abri jusques au 21 de juillet[3], que le duc de Medino Sidonia[4] fit lever l'ancre et faire voile, si bien que, dedans trois jours,

1. La flotte espagnole sortit du port de Lisbonne le 29 mai 1588 (De Thou, liv. LXXXIX).
2. Corogne, port de la Galice. La flotte y resta jusqu'au 28 juin 1588.
3. L'invincible *Armada* quitta les côtes de la Corogne et prit la haute mer le 21 juillet 1588. Cette date est confirmée par tous les historiens.
4. Don Juan Lopez, duc de Medina-Sidonia.

elle descouvrit le Lisart[1], qui est à la coste de Cornouailles en Angleterre. Et le lendemain matin ceux des hunes virent les navires de la roine au port de Phalmoust[2], où commandoit l'amiral[3] d'Angleterre et Drack[4] en qualité de vis-amiral.

Les Anglois, le jour d'après, leur laissèrent passer le vent, et, n'estans point du quart si forts que les autres, mesnagèrent leurs avantages, attaquans sur le soir une escarmouche avec leurs petits vaisseaux, et s'appercevants que les meilleurs navires de l'armée ne mettoyent pas les boursets pour surattendre un galion plus pesant qu'eux, ils pressèrent tellement de canonnades les derniers, que le galion leur demeura en partage[5]; qui ne fut pas un petit profit, tant pour ce qu'on trouva dedans une grand'partie des finances de l'armée, comme aussi pour ce qu'il y avoit des pagadours[6] et gens de conseil qui ne furent pas si habiles que de jetter leurs mémoires dedans la mer. L'amiral les envoya à la roine. Par eux elle apprit tout l'ordre de la conqueste d'Angleterre[7], non sans intelligence au dedans.

1. Cap Lisard, à la pointe de Cornouailles. La flotte espagnole y toucha le 29 juillet 1588 (Relation contenue dans les *Mémoires de la Ligue,* t. III, p. 88).

2. Falmouth, port dans le comté de Cornouailles. L'amiral anglais n'était pas à Falmouth, mais à Plymouth.

3. Charles Howard, petit-fils de Thomas, duc de Norfolk.

4. François Drake, vice-amiral de la flotte anglaise, né en 1545, mort en 1595.

5. Ce galion était commandé par don Pietro de Valdès (Relation dans les *Mémoires de la Ligue,* t. III, p. 88).

6. *Pagadours,* payeurs, officiers de finances.

7. Ces mémoires, d'après un bruit rapporté dans une relation publiée par les *Mémoires de la Ligue* (t. III, p. 88), certifiaient le

Pour la retraite de l'armée avoyent esté choisis trois bons navires, qui demeuroyent tousjours les derniers. Celui qui faisoit l'honneur de la maison s'appeloit Sainct-Jean-de-Porte, qui estoit de douze cents tonneaux, et puis celui de Dom Pedro, qui estoit de mille, et un autre de sept cents. Par six jours entiers, les Anglois allèrent entretenans ces trois vaisseaux de canonades, poussant devant eux des barques de trente et quarante tonneaux chargées de fagots et de gouildron, et les hommes qui les conduisoyent touans derrière des chalupes légères pour se retirer à propos. La cinquiesme journée, le général renforça sa retraite de deux vaisseaux de chacun cinq cents. Les Anglois en bruslèrent un, mirent à fond à coups de canon le galion de Dom Pedro, tuèrent cinquante hommes, la pluspart de marque, sur le tillac de Sainct-Jean-de-Porte. La sixième journée, l'armade voulut s'approcher de la coste de France, pour après avoir la main droitte seure et les faveurs de Gravelines et Domkerke[1], comme aussi l'armée flamande et les préparatifs du duc de Parme, que nous avons touchez en leur endroit. Mais les Anglois, jugeans cette route, pressèrent plus que de coustume, et, ayans congné leur retraitte dans le corps de l'armée, enfoncèrent de cannonades les deux grands galions royaux de Lisbonne[2] et le grand biscain qui les attendoit. La seconde des galéaces, se voulant aprocher de Calais pour les raisons

projet d'exterminer la nation anglaise jusqu'aux enfants de sept ans, qui devaient être marqués au fer rouge et réduits en esclavage.

1. La flotte espagnole s'approcha des côtes de France et mit à l'ancre près de Calais le 6 août 1588.

2. Ces deux galions, qui se nommaient Saint-Philippe et Saint-Mathieu, sont décrits dans la relation des *Mémoires de la Ligue*, t. III, p. 61 et 91.

que nous avons dittes, s'eschoua sur les sables d'auprès de Risban[1]. Là les Anglois, suivans leurs pointes, firent périr en demie-lieue cinq autres navires communs. Et en mesme temps, le vent ayant pris du sud et l'armée n'estant plus pressée dans le canal, commença à quitter son ordre. Les Anglois, encores rafraîchis de quelques navires, se meslèrent plus inconsidérément qu'auparavant, attaquans à gauche et à droitte, si bien qu'entre l'Angleterre et Flessingue, l'armée trouva à dire cinquante-cinq de ses vaisseaux. Le reste, en perdant tousjours quelque chose, fut poursuivi par l'amiral d'Angleterre jusques à 56 degrez du Nort, prenant sur la fin un petit navire qui se vint rendre, comme faisoit aussi une frégate, mais elle se perdit[2].

De là en avant il n'y eut galère aucune qui peust endurer la mer d'Escosse et d'Irlande, où il falloit doubler. Ils la trouvèrent si louve, comme on dit, que, de la frayeur qu'ils en prenoyent, ils choisissoyent de se perdre aux terres. Le grand navire de la Rose[3], de plus de mille tonneaux, fut mis à fonds par la tempeste, et dedans lui le prince d'Ascoli[4] et trente sei-

1. *Risban,* terre-plein garni de canons. Il y a, à Dunkerque, un risban célèbre.
2. Ruine de l'invincible *Armada,* 6 au 9 août 1588. De Thou et d'Aubigné, dans la composition de leur récit, ont suivi une relation imprimée dans les *Mémoires de la Ligue,* t. III, p. 60. Le tome II du même recueil (p. 402 à 460) contient aussi d'intéressantes pièces, mémoires, lettres, enquêtes, etc., sur la défaite de la flotte de Philippe II. On conserve dans le fonds français (vol. 20153, f. 323) une autre relation de cet événement.
3. La Notre-Dame-de-la-Rose est décrite dans les *Mémoires de la Ligue,* t. III, p. 65. D'après la relation précitée, ce navire périt le 10 septembre 1588 (*Ibid.*, p. 92).
4. Don Juan de Leiva, prince d'Ascoli.

gneurs et capitaines de marque. Un autre de neuf cents tonneaux fut jetté sur les sables de Ballicrahihi[1]. Ceux-là s'estans reconnus sauvèrent quelques poudres et les meilleures de leurs armes, et se retranchèrent dans un village, fort mal à cause de leur lassitude. Mais, leurs courages n'estans pas las, ils renvoyèrent rudement les premières communes qui les allèrent taster. Mais à la fin, quelques gentilshommes d'assez loin y estans accourus, le lendemain ils furent emportez, quelques trois cents morts, cent prisonniers et treize gentilshommes parmi eux. Un autre presqu'aussi grand fut jetté sur la coste en Tireavulei[2]. Ceux-là furent massacrez par quelques Irlandois qui s'y trouvèrent, et les tuoyent tous, sans quelques gens d'aparence qui y estoyent acourus et sauvèrent quelque soixante prisonniers. Les Espagnols, ayans frapé en la rivière de Shenem[3] avec quatre navires, bruslèrent le plus avancé qui avoit touché et retirèrent l'équipage avec ce qu'ils peurent dedans les trois autres. Il s'en perdit encores deux autres grandes aux costes de Connaultg[4].

Plusieurs ont estimé cette perte, mais le meilleur compte que nous en puissions rendre est de dire qu'il ne s'en rendit en Espagne, à veue les uns des autres, que trente-huit. Quelques-uns escrivent qu'il en peut estre eschapé encor autant par diverses manières et en divers endroits. Ce fut une perte inestimable, de laquelle le conseil d'Espagne se deschargea sur le

---

1. Ballicrahihi, sur les côtes d'Irlande, non loin de Limmerick (autre pièce contenue dans les *Mémoires de la Ligue*, t. II, p. 443, et t. III, p. 93).
2. Tirawlei, baronnie d'Irlande, comté de Mayo.
3. Shannon, fleuve d'Irlande, le plus long cours d'eau de cette île.
4. Connaught, province occidentale d'Irlande.

duc de Parme pour ne s'estre pas joint à eux devant l'isle de Wigt, selon qu'ils ont maintenu avoir esté le project. A quoi les Espagnols adjoustoyent qu'au pourparlé que nous vous avons marqué, le duc n'approuvoit pas les hautesses et rigueurs espagnoles. A cela ils joignoyent encore cette guerre brave et courtoise et non autant sanglante qu'il eust bien pu, et qu'eust fait le duc d'Albe, non sans soupçon que le duc eust bien autant pensé à acquérir pour soi par honnestetez qu'à conquérir à son maistre par rigueurs.

De cela ils trouvoyent un eschantillon en la capitulation d'Anvers[1], sur un article qui permettoit aux familles réformées la demeure en la ville et jouyssance de leurs biens jusques à un temps limité. D'autre costé le duc ne laissa pas d'estre averti par ses confidens d'Espagne qu'il estoit désormais trop créancé dans les armes et trop authorisé dans le Pays-Bas pour y estre continué davantage; que la commission d'Angleterre estoit pour le déposséder et mettre en sa place le prince d'Ascoli; et puis, l'Angleterre estant conquise, il y avoit quelques milors anglois qui avoyent promesse de partage, et que ce qui restoit pour l'Italien seroit bien modeste et esloigné de son pays. Le duc ne laissa pas de poursuivre le service de l'Espagnol comme nous allons voir.

Chapitre XXIX.

Du Septentrion.

Ceste grande armade haussa les cœurs des Irlandois

---

1. Capitulation d'Anvers, 17 août 1585.

desjà resveillez. Mais, pource que nous voulons vous rendre compte de cette guerre tout à la fois et avec sa fin, nous la différerons jusques à son poinct.

Comme le comte de Leicestre[1] voulut partir, il fut à la Vère[2] et en la ville d'Arnemuiden[3], et autres lieux mesmes qui appartenoyent particulièrement au comte Maurice, pour les faire roidir en désobéyssance contre le prince et les Estats, et qu'ils despendissent de l'Angleterre entièrement. A cela s'accorda le mescontentement de Russel[4], pource que les Estats de Zélande lui avoyent refusé les charges qui lui estoyent escheues, comme il disoit, par la mort de Sidnei[5]. Il en vint jusques-là que, pour se faire maistre de toute l'isle de Walcre[6], il print ses mesures pour fermer le havre de Meidelbourg[7], et avec des blocus lui oster l'usage de la mer. Il avint encores qu'un grand nombre de petits bateaux que le duc de Parme faisoit préparer en Flandre fit penser à l'isle de Walcre, où les Estats voulurent jetter quelque cavalerie. La compagnie de Viliers[8] y estant envoyée, il fit défendre par cri public

1. D'Aubigné passe sans transition dans les Pays-Bas, où le comte de Leicester avait été envoyé avec des troupes par la reine d'Angleterre.
2. La Wère, rivière de la province de Durham, en Angleterre.
3. Armuyden, ville dans l'île de Valcheren.
4. Guillaume Russel, fils du comte de Bedford, gouverneur de Flessingue.
5. Mort de Philippe Sidney, vers le 18 septembre 1586 (De Thou, liv. LXXXV).
6. Walcheren, île de Zélande. — L'entreprise de Leicester sur l'île eut lieu vers la mi-février 1588 (De Thou, liv. LXXXIX).
7. Middelbourg, capitale de l'île de Walcheren, en Zélande.
8. Josse de Zoète, s. de Villers, nommé par les États, le 8 mars 1581, maréchal de camp en remplacement de La Noue. Voyez plus loin le récit de sa mort.

de la loger sur peine de pillage, et quant et quant escrivit aux Estats qu'on lui envoyast sa troupe, qui lors estoit à Berg-Opsom[1], et cela avec propos de méfiance et de vouloir commander absolument en l'isle. La response entremesla des douceurs aux raisons, et parmi l'un et l'autre fit couler quelque menace. Ceux de la Vère et d'Arnemuiden, estans commandez de loger une partie des gens de Viliers, refusèrent tout à plat. Et, comme désireux d'estre à une roine, les magistrats firent faire un contract qu'ils envoyèrent au comte de Leicestre, s'obligeans de ne recevoir que ses commandemens. Pour mettre ordre à la révolte qui paroissoit par tout des forces angloises contre les Estats, on voulut que le prince Maurice passast en Walcre avec son train seulement. Mais en mesme temps que lui arriva en l'isle le millord Havrard[2], amiral d'Angleterre, avec dix grands vaisseaux et deux cent mille florins pour le payement des Anglois. Le prince se trouvant foible se retire vers l'Isléo. L'amiral envoya vers lui pour traiter et faire désassiéger Médenblick[3], de quoi le prince s'excusa sur les Estats. Ceux de la Vère et d'Arnemuiden, à la venue du millord, monstrèrent toutes marques de défection. Mais, lui estant retourné en Angleterre, le prince Maurice traita inutilement avec Russel : lettres d'Angleterre en faveur de ceux d'Utrech et de Médenblick ; responses des Estats sur leurs afflictions causées par ceux qu'elle

1. Berg-op-Zoom, dans le Brabant hollandais.
2. Charles Howard, dont nous avons parlé dans le chapitre précédent.
3. Medemblick, sur le Zuyderzée. — Reddition de la ville, avril 1588 (De Thou, liv. LXXXIX).

avoit envoyé à leurs secours; lettres aussi du comte Maurice et de ses sœurs sur ce que les Anglois leur pilloyent quarante mille livres de rente. Tant y a que les millords d'Angleterre, au moins la pluspart, alloyent engager la roine à la guerre contre les Estats, et par apparence à leur destruction, sans l'aproche de la grande armée, qui tourna parmi les Anglois les pensées de conqueste à celles de conservation. Mais sur tout la bonté de la roine esteignoit toutes ces entreprises. Elle osta les séditieux, abolit entièrement la puissance que s'estoit réservée le comte de Leicestre, corrigea toutes commissions qui ne despendoyent point de l'absolu commandement des Estats, et pour chef-d'œuvre s'accorda au désir des Pays-Bas pour de tout point créer et publier le comte Maurice capitaine et commandeur général de toutes les armées et provinces unies. Et cela changea la face de la guerre, comme nous verrons.

Deux entreprises des partis contraires se trouvèrent vaines en mesme temps : la première fut à la fin de février par les garnisons de Deventer[1] et les places devers Utreck, qui firent une entreprise sur Hatem au pays de Gueldres, espérant l'emporter par-dessus les glaces. Pour cet effect, ayans fait bonnes provisions de planches et d'eschelles, les plus volontaires montent sur la muraille, et, pource qu'ils crièrent ville gagnée, la foule se pressa si grande sur le fossé que la glace creva et enfonça plus de cent vingt hommes. Ceux qui estoyent entrez eurent à grande joye de descendre par

---

1. Deventer, capitale de l'Over-Yssel; Hattem, dans le duché de Gueldres, sur l'Yssel.

leur eschelle, et, ayant filé par l'escarpe, aller chercher où la glace n'estoit point rompue à la merci des mousquetades et de quelques coups de canon[1]. L'autre entreprise fut du collonel Verdugo[2], gouverneur en Frise, qui fit esquiper à Delziel[3] des navires de guerre pour faire contribuer la rivière d'Amazis et particulièrement pour le trafic d'Emden, mais tout ce préparatif fut consommé par les vents, la mer, les maladies et la confusion, en mesme temps que l'armée fut destruite comme si quelqu'astre en eust voulu aux armemens.

Les Provinces-Unies, ayans à reconnoistre plusieurs commoditez de l'armée d'Espagne, entr'autres de les avoir réunis, rendirent plusieurs tesmoignages publics de grâces à Dieu et de joye entr'eux et mesmes firent battre quelque monnoye où il y avoit : *Classis Hispanica, venit, ivit, fuit 1588*.

Il faut qu'il m'eschape en ce lieu, contre ma sobriété aux choses qui sont contre le cours de nature, de dire que, plus de vingt ans auparavant cette année, elle avoit esté rendue esmerveillable[4] et redoutable par les éphémérides, prophéties anonimes et vers en diverses langues qui couroyent par tout, comme :

« Octuagesimus octavus mirabilis annus
Ingruit, et secum funebria fata revolvit :
Si namque hoc anno totus malus non perit orbis
Multa tamen mundi sursum ibunt atque deorsum
Imperia, etc. »

1. Entreprise des Espagnols sur Hattem, 26 février 1588 (De Thou, liv. LXXXIX).
2. François Verdugo, capitaine espagnol.
3. Delfziel, à l'embouchure de l'Ems, près de Groningue.
4. Jean de Serres parle des prédictions de l'année *climatérique* et

Ce gros latin et ces vers grossiers furent suivis d'autres en diverses langues, par lesquels chascun se préparoit à voir l'an des merveilles, comme ils l'apelloyent.

Il est raison de dire quel personnage joua le duc de Parme. En cet accident il estoit à Domkerke avec toute son armée, et faisant faire les petits vaisseaux qui donnèrent l'alarme à l'isle de Walcre, comme nous avons dit; et c'estoit pource que les navires domkerkois avoyent le vent contraire, puis qu'il amenoit l'armée vers eux, et les vaisseaux de rames estoyent plus propres soit pour favoriser par les platins avec des coulevrines ou pour porter des hommes frais dedans le grand vaisseau. Mais tout cela fut inutile pource que les chefs espagnols n'avertirent point, ayans perdu par la nécessité présente le soin du lointain, et que cette armée, ayant apporté les nouvelles de sa ruine par quelques coups de canon entendus difficilement et par le grand vaisseau de Calais, avoit, comme nous avons dit, tourné le cap au nort et nor-ouest, ne se pouvant fier aux costes de Flandres, qui ne sont pas pour tels vaisseaux.

Le duc, sachant la perte, ne voulut point monstrer d'estonnement, mais se résolut, pour relever le pays et le parti, d'assiéger quelque place de conséquence et de réputation. Et pourtant entreprit sur Bergopsom contre l'avis de tout son conseil de guerre et notamment du collonel Mondragon[1]. Il envoya commencer

---

donne des détails (*Inventaire de l'histoire de France,* 1648, in-fol., t. I, p. 811).

1. Le colonel Mondragon était gouverneur de Middelbourg et d'Armuyden.

cette besongne par le marquis de Burgaut[1], fils de l'archiduc Ferdinand, nouvellement arrivé en l'armée avec un grand régiment levé au comté de Tirol. Ce jeune prince, portant le nom de comte de Mansfeld, en supportoit le faix. Vers le 20 de septembre, le duc se trouva au siège[2]; de mesme temps dépescha, pour prendre l'isle de Ter-Tolen[3], le marquis de Ranti[4] avec ses troupes et celles du comte Octavio de Mansfeld, estimant qu'à la faveur de deux mille mousquetaires qu'ils faisoyent jouer de dessus la digue de Berg, ils pourroyent gagner le terrier. Mais le comte de Solms[5], qui y commandoit, n'avoit ajousté au naturel de l'isle qu'un parapet, duquel bien couvert il attendit deux ataques, la dernière fort opiniastrée, où il y eut bien de la peine à retirer des vases le comte Octavio, qui s'estoit envasé, ne regardant pas qui le suivoit. Enfin, il fallut quitter ce dessein, avec perte aux ataquans de quatre cents hommes presque tous frapez à la teste, pource que le reste estoit caché en l'eau. La perte des Zélandois fut comme nulle, d'autant qu'ils estoyent bien couverts[6].

C'estoit en mesme temps que Bonne[7] fut rendue au

---

1. Octave de Mansfeld, marquis de Burgos.
2. Le prince de Parme investit Berg-op-Zoom le 24 septembre 1588 (De Thou, liv. LXXXIX).
3. Tertolen, en Zélande.
4. Emmanuel de Lallain, marquis de Renty.
5. Georges Éverard, comte de Solms.
6. Entreprise du prince de Parme sur Tertolen, avant le 22 septembre 1588 (De Thou, liv. LXXXIX).
7. Bonn, sur le Rhin. Prise de Bonn par le prince de Chimay, 29 septembre 1588 (De Thou, liv. LXXXIX).

prince de Chimai[1] par la capitulation que Skinck[2] fit de dehors et qu'il envoya aux assiégez par permission des ennemis, n'ayant peu faire avec les Alemans que ce que vous avez veu, la garnison se retirant à Wachtendonck[3].

Au commencement d'octobre, une grande esmotion à Utrec avec une grande baterie fut appaisée par le comte de Mœurs[4]. Et par cet accord, faisant espérer à ceux d'Utrec l'oubli des choses passées, remit la ville en devoir et en union avec les Estats. Et, pour ce qu'il avoit senti que tous les mouvemens de cette ville naissoyent par les menées des ecclésiastiques, desquels on toléroit quelques formes à Utrec, le comte conseilla aux Estats et ne put obtenir qu'on retranchast cette pernicieuse civilité.

Le duc de Parme, n'ayant sceu emporter Ter-Tolen, et par ce moyen ne pouvant assiéger de tout point Bergopson, eut recours à une entreprise d'intelligence qu'il pratiqua avec le collonel Balfort[5], lors commandant au grand fort au-dessus de la ville. Le jour et les conditions estans prises, on fait choix de trois mille Espagnols et Italiens qui donnèrent à cette entreprise le plus légèrement que gens de telle nation ayent jamais fait. Balfort marcha le premier, se jette dans un recoin préparé pour cela, et aussitost l'artillerie et

1. Charles de Croy, prince de Chimay.
2. Martin Schenck.
3. Wachtendook, dans la Gueldre. — Siège de la ville par le prince de Parme, fin octobre 1588 (De Thou, liv. LXXXIX).
4. Adolphe, comte de Meurs.
5. Henri Balfour, d'une ancienne maison d'Écosse, colonel d'un régiment écossais.

la mousqueterie mirent en pièces une grande partie de ce qui estoit entré, les prenant de tous costez. L'artillerie de la ville, qu'ils avoyent laissée à main gauche, et la garnison logée aux contrescarpes donnoit à ceux qui n'estoient pas entrez au piège ou qui s'en démesloyent. Le duc de Parme, oyant l'escoupetterie, fut pressé de tel despit qu'il y vouloit donner à toute force, mais il fut retenu, premièrement par les paroles des plus familiers, qui le saisirent au corps, ne[1] le pouvant arrester par raisons. Il ne se sauva pas le tiers de ce qui avoit donné. Et puis ce fut à disputer s'il faut appeler traistre celui qui, estant recherché par l'ennemi, fait ce qui lui est commandé par son général. Le duc, après cet échec et six semaines de siège, le leva le 19 novembre et retira son armée aux garnisons pour passer l'hyver. Plus heureux fut le comte de Mansfeld, qui assiégeoit Wactendonk et l'emporta par le moyen de deux cavaliers ; sur lesquels ayant logé force artillerie, il ne demeuroit en cette ville aucune place où on peust arrester en seureté. La capitulation fut avec l'espée et le poignart, et sortirent le 20 décembre sous la foi bien observée.

Nous avons parlé de la mutinerie de ceux de Geertruidenberghe[2], qui arrestoyent tous les navires, et comment on les avoit appaisez la première fois par une grande somme. La garnison retourna à ses mutineries au commencement de l'an 1589 et les Estats estoyent encores après à les suporter en leur offrant mesme somme. Mais un des boutefeux, nommé Neux, gagné

1. La fin de la phrase manque à l'édition de 1620.
2. Gertruidemberg, dans le Brabant hollandais.

par les Espagnols pour empescher le racommodement, rompit tout traité et en fit commencer un avec les ennemis. Les Estats furent en grand perplexité, craignans d'employer leurs hommes et moyens contre une place qui estoit leur partisane en aparence, pour le moins de laquelle les hommes et la fortification estoyent redoutables, craignans aussi que ces mutinez oposassent à leurs menaces les promesses de l'Espagnol et mesmes le traité ayant desjà commencement. Ils voyoyent aussi la ruine du trafic et un exemple pernicieux de révolte et mespris à tous leurs gens de guerre au moindre mescontentement. Les Estats, par les violentes et justes raisons du comte Maurice, à qui le péril et la peine en demeuroyent, se résolurent à la force. Par ainsi, on fit rendre à une traite les régimens pour les investir, et puis, estans sommez au commencement d'avril[1], ils ne respondirent que bravades et défis. Le prince Maurice y mit en basse batterie soixante canons, qui ne reposèrent en deux jours et une nuict qu'autant qu'il falut pour les rafraîchir ; si bien que cette batterie fut estimée la plus furieuse qui eust encor esté faite aux Pays-Bas, et qu'ayant fourni aux courtines des bastions et à celle du milieu, le prince Maurice, qui reconnut la bresche, la jugea raisonnable et délibéra de donner un assaut. Là-dessus un ministre sortit de la ville pour traiter d'accord ; et cetui-là, instrument trompé, trompa le prince, de manière que cette occasion se perdit. Car la nuict la bresche fut remparée, et l'eau creut, de façon que tout le travail passé fut rendu inutile, les

---

1. Siège de Gertruidemberg par le prince Maurice, 15 mars 1589 (De Thou, liv. XCVI).

assiégez se mocquans des articles d'accord qui avoyent esté couchez.

Voilà le prince Maurice réduit non seulement à changer de batterie, mais aussi de quartier, pour plus commodément résister au duc de Parme, arrivé à Bréda le 6 d'avril, et n'y ayant qu'une lieue et demie entre les forces des deux partis. Mais le lendemain le duc s'approcha bien plus près, car il vint prendre le premier camp des Estats, et voilà la ville entre les deux armées courtisée des deux partis. Quelque temps ils demeurèrent en branle par les messages qu'ils recevoyent de Dordreck[1], leurs plus proches voisins, et qui avoyent plus d'intérêt à leur perte. Enfin, voyans qu'ils ne pouvoyent espérer d'un costé que le pardon, plusieurs fois mesprisé, et de l'autre une grande obligation et des richesses, ils tendirent la main à l'Espagnol et sortirent le 10 d'avril, chargez de tout ce qu'ils voulurent piller aux habitans. Et ainsi, ceux-là payez de leur rébellion contre leur seigneur naturel, les Estats ne firent[2] que faire proclamer la proscription des traistres[3], nommez par leurs rolles. Et ne se peut dire combien peu ont eschapé d'estre pris et traitez comme ils méritoyent. A ce siège les Estats perdirent Bréderode Landas[4], capitaine des gardes du prince Maurice, trois autres capitaines de marque et quatre cents bons soldats; mais, plus que tout, y fut regretté le mareschal de Vilers. Les deux armées ne se peurent rien faire

1. Dordrecht, dans la Hollande méridionale, sur une île formée par la Meuse.
2. Le texte porte *ne feurent*.
3. Le traité des rebelles avec le prince de Parme fut signé à Breda, le 10 avril 1589 (De Thou, liv. XCVI).
4. Walffaert de Brederode-Landas.

qu'à coups de canon. Le duc de Parme se retira d'un costé. Le comte de Mansfeld, qui s'estoit joint à lui pour ce siège, tira du sien, prit le chasteau de Loben[1], que le prince Maurice lui fit quitter à trois jours de là.

Ses compagnies prirent trois navires de guerre holandois, ancrez sur la Meuse, par l'yvrongnerie des matelots. Et encor, avant la fin de may, qui est nostre pause, il emporta les chasteaux de Doetoren, de Hemert et de Bliembeck[2], et quelques autres qui furent brulez et inutiles à l'un et l'autre parti. Hensden[3], quelque temps après, fit mieux et chassa les Espagnols; mais la garnison de Gertruidemberghe print leur revanche sur les compagnies de Reisoir Kinski[4] et celles de Vilers, qu'ils deffirent à un logement.

Or, pource que le duc de Parme ne nous donne plus rien pour ce livre, mais se prépare pour le voyage de France, nous achèverons par un petit discours de sa condition : c'est que toute la colère du mauvais succez de l'armade servit de texte aux prescheurs du païs, sur tout aux jésuites, qui hayssoyent au duc de Parme quelques courtoisies ausquelles son naturel estoit fort enclin et, comme nous avons desjà dit, l'observation de la foi aux capitulations de guerre : « Dieu, disoyent-ils, ne bénit rien entre ses mains, car il va regardant derrière soi, et n'exécute pas les vengeances du Tout-Puissant, par quoi il est maudit comme Saül. Dieu a

---

1. Lobbes, dans la province de Liège.
2. Prise de Doeteren, Hemert et Bliembeeck par le comte de Mansfeld, fin juin 1589 (De Thou, liv. XCVI).
3. Siège de Hensden (dans le Brabant) par le comte de Mansfeld, vers le 23 septembre 1589 (De Thou, liv. XCVI).
4. Risoire et Chinski. D'Aubigné confond ces deux personnages.

entendu la voix des bestes qu'il a sauvées pour faire un sacrifice à la réputation de ses honnestetez. » Tel jargon estoit suivi par la pluspart des ecclésiastiques du païs. Mais les gens de guerre qui envioyent sa condition, comme le duc de Pastérane et Champigni[1], prenoyent des occasions sur le fait mesme de la guerre de le décrier; et ce dernier escrivoit ouvertement en Espagne contre lui, de quoi l'infante l'advertissoit à poinct nommé, tellement qu'il dépescha vers le roi Philippes Richardot[2], particulièrement pource qu'on accusoit le duc d'avoir esloigné la paix d'Angleterre; et lui et Richardot l'avoyent fait par un mandement secret. Lui donc averti par un courrier comment son envoyé avoit fait à Madrid selon son désir et obtenu une nouvelle commission ou prolongation de la première pour les Païs-Bas, il commanda à Champigni de vuider toutes les terres du roi d'Espagne, sur peine d'estre traité comme rebelle. Champigni demandant pourquoi? la response fut : « Pour apprendre à vostre langue à se taire et à vostre plume à escrire plus vrai. » Et, n'y ayant aucunes intercessions qui peussent faire révoquer cette ordonnance, Champigni tout malade quitta le pays et se retira en un cloistre de capussins.

Le duc s'en vint attendre Richardot aux eaux de Spa[3], où il faillit mourir; les Italiens disans tout haut que les Espagnols avoyent empoisonné leur maistre, et qu'un venin lent lui donnoit la jaunisse et l'enfleure de ventre et de jambes dont il se plaignoit, et qui

1. Le duc de Pastrana et Frédéric Perrenot, s. de Champagny.
2. Jean Grusset, dit Richardot, un des négociateurs du traité de Vervins, mort à Arras le 3 octobre 1609.
3. Spa, dans le duché de Liège.

l'empeschoit d'exécuter les mandemens d'Espagne, et joindre les forces du Pays-Bas, qu'il devoit mener en France, auprès d'Aix-la-Chapelle. Et, pource que son messager avoit appris en Espagne qu'entre les autres accusations on lui reprochoit qu'il n'estoit pieux, qu'il n'affectoit point les tableaux de dévotion, ni chapelets, ni grains bénits, par le conseil du mesme il alla visiter les reliques du lieu, comme la chemise de la Vierge Marie, la chaire de Charlemagne, le drap où Sainct-Jean-Baptiste a esté enseveli, et les braies de Sainct-Joseph. Nous l'allons attendre en France, et ferons cependant une pause en vous donnant les articles de la tresve tout de leur long comme une pièce de nouveauté, et plus efficacieuse que n'avoit esté aucune paix.

Chapitre XXX.

Tresve faite entre le roi et le roi de Navarre.

Henri, par la grâce de Dieu, roi de France et de Pologne, à noz amez et féaux les gens tenans nos cours de parlement, gouverneurs, et nos lieutenans généraux en nos provinces, baillifs, séneschaux, prévosts ou leurs lieutenans et autres officiers et sujets qu'il appartiendra, salut.

Si la vérité des choses se juge par ce qui en apparoist aux hommes, comme il se doit, puisqu'ils n'en peuvent avoir autre preuve certaine, et qu'à Dieu seul apartient de pénétrer l'intérieur et affection des cœurs humains, la sincérité de nostre zèle et dévotion en la saincte foi et religion catholique, apostolique et romaine, se deffend assez d'elle-mesme contre toutes calomnies et impostures, par les preuves que nous en avons rendu dès nostre première jeunesse et tousjours continué, tant en nostre vie et profession ordinaire qu'à poursuivre par tous moyens, mesmes par les armes, sans y espargner nostre propre vie, l'avancement de la gloire de Dieu et establissement de ladite religion catholique, apostolique et romaine où elle a esté changée et altérée par l'introduction d'une nouvelle opinion, à nostre très grand regret et desplaisir.

En quoi le principal empeschement, que nous avons eu, n'a tant procédé de la force et industrie de celui que suivent ceux de ladite nouvelle opinion, comme d'autres, lesquels, se couvrans d'un faux prétexte de zèle à ladite religion catholique, ont de longue main essayé de séduire la pluspart de nos subjects catholiques par fausses impressions, et pratiqué une ligue et association secrette entr'eux, de laquelle ils estoyent les chefs, sous couleur de vouloir asseurer après nous, si Dieu nous appelloit de ce monde sans nous donner des enfans, la conservation d'icelle religion catholique contre ceux de la nouvelle opinion qui pourroyent prétendre de nous succéder à cette couronne; mais leur but et dessein tendant à l'usurpation et partage d'icelle entr'eux, après s'estre formé un parti entre nosdits subjects catholiques et apuyé d'intelligence avec estrangers qui peuvent désirer l'afoiblissement de ce royaume.

Pour accroistre leur authorité et grandeur ils auroyent desployé contre nostre personne et authorité le secret de leurs damnables desseins, premièrement par détractions et mesdisances de nos actions, pour les rendre

odieuses à nostre peuple et tirer à eux les factions
d'icelui, sous l'espérance plausible qu'ils auroyent jointe
au prétexte de la religion, de lui donner soulagement
des charges que l'injure du temps lui auroit apportées ;
dont néantmoins leurs déportemens, ès lieux où ils
auroyent commandement, estoyent tesmoins peu favorables de leur promesse pour ce regard. Puis, impa-
tiens de plus longue attente, auroyent pris et levé les
armes ouvertement contre nous, desquelles le fruict
seroit principalement tourné à leur profit particulier
pour les avantages et conditions qu'ils auroyent tiré
de nous ; l'effet d'icelles n'ayant au surplus esté que
ruine et destruction de nos subjects et avancement des
ennemis de la religion catholique, contre lesquels les
entreprises que les susdits faisoyent continuellement
sur nous et nostre authorité nous ont empesché de
faire l'effet qu'il eust esté requis pour réprimer leur
progrez. Et, si les premiers essais de leurs dites armes
ont esté pernicieux à cet estat, la suite en est encor
plus dommageable, ayans par leurs artifices de nouveau rempli la France d'un trouble et guerre civile,
séditions, mespris des magistrats, sang, pillages, ran-
çonnemens, saccagemens de biens tant sacrez que
profanes, forcemens de femmes et filles, et autres
infinies espèces d'inhumanitez et désordres tels qu'il
ne s'en est jamais veu n'ouï de semblables, le tout au
grand préjudice non seulement de nostre authorité et
personne royale, contre laquelle ils se sont ouvertement
déclarez, n'ayans eu honte de faire publier qu'ils
recherchoyent nostre propre vie, mais aussi de cette
florissante couronne en général qu'ils desseignent partager et démembrer entr'eux, y associans les dits

estrangers au grand déshonneur et oprobre du nom françois, et spécialement de la noblesse tant renommée et estimée anciennement, remplissant le monde de sa vertu, prouesse et singulier amour et fidélité envers les rois, et, qui pis est, au grand détriment de ladite religion catholique, apostolique et romaine.

Car, outre que la guerre civile corrompt les bonnes mœurs et destourne les cœurs, non moins de la piété et révérence de l'honneur de Dieu que de toute charité humaine, cette division est le vrai moyen à ceux de l'opinion contraire d'eslargir et accroistre leurs conquestes.

A quoi néantmoins voulans obvier de nostre pouvoir et tascher de redresser toutes choses au bon train, auquel par la grâce de Dieu nous les avions acheminées, et dont nous avions esté divertis par les présens troubles, nous aurions encores, depuis le commencement d'iceux, recherché tous moyens à nous possibles pour par douceur ramener tous nos subjects catholiques à une bonne et ferme réunion sous nostre obéyssance, et, sur le moyen d'icelle, exécuter ce que, à leur instante prière, nous aurions promis en l'assemblée de nos Estats.

Mais tant s'en faut que par cette voye la dureté de leurs cœurs ait peu estre amolie et fléchie à quelque compassion de tant de maux dont ils sont cause, non contens des désordres passez, mesmes d'avoir soulevé contre nous la pluspart de nos villes, tué, empoisonné ou déposé nos officiers, rançonné les plus aisez de nostre royaume, de quelque ordre, estat, qualité, sexe, condition et aâge qu'ils puissent estre, mesmes les personnes ecclésiastiques, rompu nos féaux, effacé nos armoiries, deschiré et ignominieusement traité nos ordonnances, establi des conseils et officiers à leurs fantaisies, ravi finances et exécuté contre nous et nos bons subjects tous actes de mespris, dérision, hostilité et inhumanité; que, adjoustans injure sur injure, ils s'aprestent à venir assaillir nostre propre personne avec artillerie tirée de nos arcenaux, et armée composée tant de nos subjects rebelles que d'estrangers, en partie de religion contraire à la catholique, apostolique et romaine, de laquelle néantmoins ils se disent seuls protecteurs, pour avec nous oprimer tous nos subjects et serviteurs catholiques, au lieu de s'adresser à ceux de l'opinion contraire qu'ils laissent en paix et liberté de s'estendre à leur plaisir, comme ils en ont l'occasion.

Ayant le roi de Navarre, pendant que nous estions à nous préparer et fournir de forces pour nous garentir des mauvaises intentions desdits rebelles, prins et saisi nos villes de Nyort, Sainct-Maixant, Maillezais, Chastelleraut, Loudun, l'Isle-Bouchard, Montreuil-Bellai, Argenton et le Blanc en Berri, et avancé ses forces près de cette ville, où nous nous estions acheminez, sur le premier avis de sesdits exploicts, pour donner tout l'ordre que nous pourrions à empescher qu'il ne les poursuivist plus avant; ce qu'en fin connoissant ne pouvoir faire par les armes, en mesme temps que nous sommes en nécessité de les employer pour la conservation et deffence de nostre propre personne et de nosdits bons serviteurs et subjects contre la rage et violence desdits rebelles, après les avoir reconnus inflexibles à aucunes conditions de réconciliation sur les ouvertures que leur en avons fait faire, et considérant que, ores qu'il n'eust voulu comme eux s'attaquer à nostre vie, nosdits subjects pouvoyent néantmoins estre grandement molestez de ses armes si nous ne lui ostions l'occasion de les employer, selon que l'estat présent des affaires de ce royaume lui en donnoit la commodité;

D'autre part, estans pressez et interpelez, par les clameurs et requestes de nos provinces travaillées de ceux de son parti, d'y remédier plustost par une surséance d'hostilité qu'autrement, sans laquelle leur deffaillant la force de se deffendre, et le moyen d'entretenir les gens de guerre, toute espérance de pouvoir plus substenter leurs vies et de leurs familles leur estoit ostée, et qu'aucunes d'icelles contraintes par la violence du mal avoyent jà accordées d'elles-mesmes;

Toutes les susdites raisons ayans esté par nous mises en délibération avec les princes de nostre sang, officiers de nostre couronne et autres seigneurs et personnages de nostre conseil estans près de nous, n'aurions trouvé autre moyen entre ces extrémitez que de prendre et donner à nosdits subjects quelque relasche de guerre de la main dudit roi de Navarre.

Et pour cet effect lui avons accordé, pour lui et pour tous ceux de son parti, trêve et surséances d'armes et de toute hostilité, suivant l'instance qu'il nous en a faite, reconnoissant son devoir envers nous, esmeu de compassion de la misère où ce royaume est de présent réduit, qui incite tous ceux qui retiennent le sentiment de bons François d'aider à esteindre le feu de division qui le consomme et menace de sa dernière ruine, dont toutesfois nous espérons que Dieu par sa bonté le voudra encor préserver pour sa gloire contre les machinations et efforts de ceux qui en désirent et pourchassent la dissipation pour leur ambition particulière. Laquelle tresve et surséance d'armes nous entendons estre générale par tout nostre royaume durant un an entier, à commencer du troisiesme jour de ce mois et finir à semblable jour, l'un et l'autre inclus, pour tous nos bons et fidèles subjects qui reconnoissent nostre authorité en nous rendant l'obéissance qu'ils nous doivent, ensemble par l'estat d'Avignon et comté de Venisse, appartenant à nostre Sainct-Père le Pape, que nous avons voulu y estre compris, et les subjects d'icelui en jouir comme estants sous nostre protection.

A la charge et condition, outre ce promise par ledit roi de Navarre, soi faisant fort pour tous ceux de son parti, qu'il ne pourra durant ladite trêve employer ses forces et armées en quelque part que ce soit dedans ou dehors ce royaume sans nostre commandement ou consentement, qu'il n'entreprendra ou souffrira estre entrepris ni attenté aucune chose ès lieux et endroits du pays où nostre authorité est reconnue, et en quelque part que ce soit qu'il passera ou séjournera, hormis les lieux qui estoyent desjà par lui tenus jusques au jour susdit, il ne changera ni permettra changer ni altérer aucune chose au fait de la religion catholique, apostolique et romaine, ne qu'il soit fait aucun desplaisir à nos subjects catholiques, tant ecclésiastiques qu'autres qui nous sont fidèles et bons serviteurs, soit en leur personne, bien ou autrement, en quelque sorte que ce soit.

Que si durant cette guerre lui ou les siens prènent quelques villes, chasteaux ou autres places par force, surprise, intelligence, ou y entrent en quelque façon que ce soit, il les remettra et laissera incontinent en nostre libre disposition, suivant la promesse qu'il nous a faite.

Qu'en conséquence de ce que dessus ledit roi de Navarre et ceux de son parti auront main levée de leurs biens pour en jouyr tant que ladite trêve durera ; comme aussi réciproquement ils laisseront jouir les catholiques, tant ecclésiastiques qu'autres nos bons serviteurs, de leurs biens et revenus ès lieux par eux tenus.

Si voulons et vous mandons que vous ayez chacun de vous, en ce que lui peut toucher, à observer et faire observer ladite trêve et surcéance d'armes et tout le contenu ci-dessus de poinct en poinct selon sa forme et tenue, sans y contrevenir ni souffrir estre contrevenu en aucune manière, et ces présentes faire lire et publier et enregistrer partout et ainsi que besoin sera, à ce que nul n'en prétende cause d'ignorance ; par lesquelles nous protestons qu'outre ce qui touche la deffence de nostre personne et estats contre la violence desdits rebelles, nous avons esté meus à faire et accorder ladite trêve pour le bénéfice qui en redonde à nostre religion catholique, apostolique et romaine et au soulagement de nos bons subjects ; estant par icelle arresté le progrez que ledit roi de Navarre et ceux de son parti pouvoyent faire sans cet expédient, au grand détriment de nostreditte religion, foule et oppression de nosdits bons subjects, pendant que nos forces à l'effect susdit ne lui eussent peu estre opposées.

Protestons en outre contre lesdits rebelles de l'infraction par eux faitte de l'union de tous nos subjects catholiques, jurée et confirmée avec nous par les députez des Estats généraux en la dernière assemblée d'iceux, et les interpellons de s'y rejoindre sous nostre authorité pour la conservation et avancement de nostredite religion catholique, apostolique et romaine ; et qu'eux seuls sont coulpables devant Dieu de tout mal qui peut advenir de ladite division au préjudice de son honneur et de la saincte Église, dont la guerre qu'il nous fait est la seule cause. Demeurans de nostre part très résolus de ne nous vouloir départir d'un seul point en ce qui appartient à la conservation et exaltation de ladite religion catholique, apostolique et romaine, et de persévérer en cette volonté moyennant la grâce de Dieu, que nous implorons continuellement à nostre aide pour cet effect, jusques au dernier soupir de nostre vie.

Et, pource qu'en plusieurs et divers endroits l'on pourra avoir affaire des présentes, nous voulons qu'au *vidimus* d'icelles, deuement fait et collationné par l'un de nos amez et féaux notaires et secrétaires, foy soit adjoustée comme au présent original. Car tel est nostre plaisir[1].

Donné à Tours, le vingtsixiesme jour du mois d'avril, l'an de grâce 1589 et de nostre règne le quinziesme.

Signé : HENRI.

Et, plus bas : *Par le roi,*

REVOL.

Et, pource que la tresve présuposoit distinction de partis et que les gens de guerre, n'estans point réunis par la paix, ne prenoyent absolu commandement que de leur chef, il falut que la déclaration du roi de Navarre accompagnast celle du roi ; qui fut une pro-

---

1. La déclaration de Henri III touchant la trêve est imprimée dans les *Mémoires de la Ligue*, t. III, p. 300 et suiv. et ailleurs.

cédure nouvelle, et qui pourroit estre requise par quelques-uns de mes lecteurs désireux de voir les respects mutuels des princes et les termes choisis pour couvrir la misère, voire la honte de la France, de rideaux honorables et spécieux.

Chapitre XXXI.

Déclaration du roi de Navarre pour la tresve.

Henri, par la grâce de Dieu, roi de Navarre, premier prince du sang, premier pair et protecteur des églises refformées de France, à tous gouverneurs de provinces, capitaines de villes, places et chasteaux, chefs et conducteurs de gens de guerre, maires, consuls et jurats des villes, justiciers et officiers, tant du roi nostre souverain seigneur qu'autres qu'il appartiendra et qui sont sous nostre authorité et protection, salut.

Comme il soit notoire à un chacun que nous n'avons prins ni retenu les armes en cette misérable guerre qu'autant que la nécessité nous y auroit contraint, aussi avons-nous assez tesmoigné par nos actions l'extrême regret que nous avions de nous y voir envelopez et obligez par la malice des ennemis de ce royaume ; le désir au contraire que nous aurions de pouvoir servir Sa Majesté encontre eux pour le restablissement de son authorité, repos et tranquilité de ses bons subjects. Le malheur cependant auroit esté tel que nostre bonne intention auroit esté déguisée par plusieurs artifices. La mauvaise volonté desdits ennemis couverte de prétextes spécieux et favorables, tellement que ce royaume auroit esté réduit jusques sur le bord d'une ruine inévitable si la prudence du roi nostre souverain seigneur, combatue toutesfois et controversée d'infinis obstacles, n'eust seu démesler nostre innocence de leurs calomnies, n'eust veu aussi leur malignité invétérée au travers de leurs couleurs et paliations. Et est évident que cette guerre, commencée sous ombre de religion, s'est trouvée tout à coup pure guerre d'Estat; que ceux de la Ligue ne sont point allez chercher ni attaquer ceux de la religion dont nous faisons profession, ains ont abusé des armes et de l'authorité qui leur auroit esté laissée à cette fin pour occuper les villes de ce royaume plus esloignées et moins suspectes de ladite religion.

Aussi peu ont-ils employé leurs prescheurs à la conversion de ceux qu'ils prétendoyent hérétiques. Au contraire s'en sont servis par toutes les villes à la subversion de ce royaume comme de boute feux pour embrazer l'Estat, suborner les subjects contre leur prince, les desbaucher de l'obéyssance de leurs magistrats, les disposer à séditions et changemens, à confondre sans aucun respect toutes choses divines et humaines, dont seroit avenu, au grand regret de tous les gens de bien, une révolte non croyable en cette nation contre le roi, nostre souverain seigneur, et en conséquence d'icelle une telle désobéyssance en plusieurs villes et provinces que l'ombre prétendue de religion et de justice en auroit du tout anéanti et effacé le corps, la crainte de Dieu et la révérence de sa vraye image, du magistrat légitime et souverain institué de lui.

En ces extrémitez donc, reconnoissant nostre devoir

envers le roi, nostredit souverain seigneur, et desplorant au fonds de nostre âme la calamité de cet Estat et de ce peuple, nous serions retirez devers Sa Majesté, lui aurions présenté à ses pieds nos vies et moyens pour l'assister comme ses bons subjects ; protestans, comme ores nous faisons, de n'avoir autre intention que son service, et comme aussi chacun peut juger évidemment que, si autre elle eust esté, nous avions l'occasion tout à propos de nous aider des misères publiques, laquelle nous auroit fait cet honneur de le reconnoistre et accepter bénignement nostre bonne volonté.

Et, pour nous donner meilleur moyen de la servir, se seroit résolue à une tresve ou surséance d'armes et de toutes hostilitez, de laquelle nous espérons avec l'aide de Dieu une bonne paix à l'advenir.

Pource est-il que nous vous faisons savoir à tous et chacun de vous, qui reconnoissez nostre authorité et protection, et qui avez suivi et suivez le parti que nous soustenons, chacun endroit soi, que nous avons traité, arresté et conclud avec le roi nostre souverain seigneur une tresve et surséance d'armes générales par tout ce royaume pour un an entier, à commencer du troisiesme du présent mois d'avril et finir à semblable jour l'un et l'autre inclus.

En laquelle aussi nous entendons estre compris l'estat et comté de Venisse.

En quelconque lieu que nous entrerons, passerons ou séjournerons, enjoignons très expressément qu'il ne soit rien entrepris contre ses bons et loyaux subjects, mesmes contre les ecclésiastiques, ni innover ou interrompre au faict de la religion catholique et romaine, comme aussi si par la grâce de Dieu nous entrons, soit par force, surprise ou autrement, dedans aucune place ou ville occupée par les ennemis, entendons qu'il n'y soit rien altéré au fait du service ni de ladite religion catholique et romaine et le tout selon que plus amplement a esté par nous traité avec le roi, nostredit souverain seigneur.

Et, comme il a pleu à Sa Majesté, en conséquence de ce que dessus, octroyer et accorder une main levée générale de leurs biens à tous ceux de la religion dont nous faisons profession et autres de ce parti, pour en jouyr tant que la présente tresve durera ; aussi est nostre intention réciproquement que tous les bons subjects, tant ecclésiastiques qu'autres, jouissent de leur bien et revenu pendant icelle ès lieux qui sont par nous tenus, dont outre la présente nous les ferons expédier toutes lettres nécessaires.

Si vous mandons, et à chacun de vous endroit soi, si comme à lui appartiendra, que ces présentes vous fassiez lire, publier et enregistrer, garder et deffendre de poinct en poinct selon leur forme et teneur, cessant et faisant cesser tous troubles et empeschemens au contraire.

En tesmoin de quoi nous avons cesdites présentes signé de nostre main, fait mettre et aposer le seel de nos armes.

Donné à Saumur[1], ce 24 jour d'avril, l'an de grâce 1589.

Ainsi signé : HENRI.

Et, plus bas : BERZIAU.

---

1. La déclaration du roi de Navarre relative à la trêve est imprimée dans les *Mémoires de la Ligue*, t. III, p. 306 et suiv., et ailleurs.

Les édicts tant de fois rompus au despens des refformez, la foi publique mesprisée, le privilège du concile de Constance et les nouvelles réunions catholiques à la ruine des refformez faisoyent estimer parmi eux qu'on ne sauroit plus trouver de forme ni d'asseurance pour establir une paix entre les partis; mais, lorsque toutes choses sembloyent estre ainsi désespérées, cette tresve, qui encor n'estoit que d'un an, sans l'authorité des provinces, par la seule direction du roi de Navarre et avis de ceux qui estoyent près de lui, eut telle vigueur que nulle paix n'a jamais apporté un tel calme jusques à ce que les moindres capitaineaux de la France eussent obtenu des édicts, que la grande lassitude de tous rendit un chacun facile à s'endormir.

LES HISTOIRES

DU

SIEUR D'AUBIGNÉ

LIVRE TREIZIÈME

(LIVRE III DU TOME III DES ÉDITIONS DE 1620 ET DE 1626).

Chapitre I.

Avancement des affaires de la Ligue sur la diminution de celles du roi, et[1] son voyage vers Dieppe.

En ce livre, plus hérissé de combats qu'aucun autre, vous trouverez la période des affaires du roi et du royaume, car les grands exploicts menèrent la Ligue à ne chercher que des couvertures pour donner le gantelet[2].

Sur les esjouissances de la mort de Henri III[3], le duc de Mayène, ou plustost son conseil, prenoit l'occasion aux cheveux[4], et pour bouclier l'authorité du

---

1. La fin de l'en-tête manque à l'édit. de 1620.
2. *Donner le gantelet,* attaquer.
3. Ces réjouissances sont racontées en termes piquants dans les premières pages du *Journal de L'Estoile* (règne de Henri IV).
4. Le 5 août 1589, le duc de Mayenne publia un premier *Édit et déclarations pour réunir tous vrais chrestiens françois à la défense et conservation de l'Église catholique, apostolique et romaine et manu-*

parlement, lors composé seulement de ses partisans par l'action que nous vous représenterons. Un procureur nommé Le Clerc[1], qui se fit nommer Bussi, nom qui sonnoit autant que Cæsar parmi les courtisans[2], et se sentit capable de faire le capitaine pour s'estre veu assez bon prévost de sale, s'estre esprouvé à battre le pavé; cettui-ci, qui se faisoit de feste à tout, fut choisi par le conseil pour un coup bien nouveau. C'est que, sur les neuf heures du matin, il entra dans le palais, accompagné de six ou sept-vingts hommes de sa sorte, desquels ayant envoyé par quinzaines aux Chambres, lui avec son reste va à la grande, entre sans saluer, fit commandement au premier président de Harlai[3] de le suivre sur peine de la vie, et, hormis ceux qu'il laissa à part pour estre reconnus de l'Union, comme ils disoyent, emmena tout le reste en prison à la Bastille. Et ainsi le palais n'estant plus que d'un parti, pour sa première besongne, émologua librement un édict[4] d'union sur les termes bien observez de l'édict fait en

tention de *l'Estat royal*. Cette pièce est imprimée dans les *Mémoires de la Ligue*, t. IV, p. 29.

1. Jean Bussy Le Clerc, maître d'armes puis procureur au parlement de Paris, l'un des chefs de la faction des Seize, gouverneur de la Bastille. Après le meurtre du président Brisson, Bussy racheta sa vie en livrant la Bastille au duc de Mayenne. Il se retira alors en Flandre et y mourut dans la misère vers 1630.

2. Allusion aux souvenirs que Louis de Clermont de Bussy d'Amboise avait laissés à la cour.

3. Achille de Harlay, né le 7 mars 1536 à Paris, premier président du parlement à la mort de Christophe de Thou, démissionnaire en 1616, l'un des plus fermes magistrats dont l'histoire ait gardé le souvenir.

4. L'édit d'union, rendu par le parlement décimé, et signé par le duc de Mayenne, est publié sous la date du 5 août 1589 dans les *Mémoires de la Ligue*, t. IV, p. 29.

avril. Ce style, suivi des parlemens liguez, fut renchéri par celui de Thoulouse, qui n'obmit aucune clause rigoureuse contre Henri, qu'ils nommoyent prétendu roi de Navarre[1].

La seconde action de ces parlemens fut de déclarer, par toutes les Chambres, Charles cardinal de Bourbon[2] roi de France[3], y observant les promulgations et cérémonies les plus authentiques et authorisantes qu'ils pouvoyent inventer. La Cour des monnoyes fit forger des pièces d'or et d'argent sous le nom de Charles X, et les arrests de la Cour travailloyent à ce mesme titre, commençans[4] par : « Charles, par la grâce de Dieu, roi de France, etc. » De mesme style toutes les commissions avec un charactère de son nom imprimé. Je dirai en passant que, ce vieil prince estant envoyé par le roi prisonnier à Maillezais[5], quelques hommes ayans affaire à lui, et entre ceux-là un excellent médecin de Poictiers, nommé Lommeau, ayant dit au corps de

---

1. L'arrêt du parlement de Toulouse, daté du 22 août 1589, est publié dans les *Mémoires de la Ligue*, t. IV, p. 47.

2. Charles, cardinal de Bourbon, fils de Charles de Bourbon, duc de Vendôme, cardinal en 1548, mort le 9 mai 1590.

3. Le cardinal de Bourbon fut proclamé roi de France par un arrêt du parlement rendu le 7 août 1589. Cette décision fut suivie de nombreux arrêts, édits et ordonnances par lesquels il était enjoint de reconnaître le cardinal comme roi de France. Voyez l'arrêt du 5 mars 1590 dans les *Archives curieuses* de Cimber et Danjou, t. XIII, p. 233.

4. Ce passage, jusqu'à *Je dirai en passant*, manque à l'édit. de 1620.

5. Le cardinal de Bourbon avait d'abord été enfermé au château d'Amboise, où il était assez mal traité (Lettre de ce prince à ses neveux; autogr. s. d.; f. fr., vol. 3363, f. 203). Puis il fut conduit au château de Chinon sous la garde de François Le Roy de Chavigny (*Mémoires de la Ligue*, t. IV, p. 29, note), puis à Maillezais sous la conduite de d'Aubigné (*Journal de ma vie*, 1854, p. 97).

garde de la porte de l'Isle qu'ils vouloyent parler au roi, et ceux de la garde leur refusant l'entrée s'ils n'ostoyent ce tiltre au cardinal de Bourbon, aimèrent mieux s'en retourner que de l'apeller autrement que le roi[1]. Ce[2] qui leur fut permis, pource que c'estoit en tresve. Le duc de Mayène aima mieux laisser ce beau nom à un autre en gardant l'effect sous le tiltre de lieutenant général en l'estat et couronne de France[3]. Et ainsi, faisant modestie de sa crainte, il fuyoit les blasphèmes des peuples, les envies de ses rivaux, la moquerie des plus avisez et n'ostoit point l'espérance de cette qualité à ceux ausquels elle pouvoit servir de solde pour son parti. Mais sur tout par là il ouvroit la porte aux désirs, et par les désirs au secours du roi d'Espagne. De plus, il fit establir un conseil général qui fut de seize[4], et promit d'administrer toutes choses

1. On conserve aux Archives nationales (K. 961) quelques actes de ce prince rendus en qualité de roi et relatifs à la ville de Paris.

2. Cette phrase manque à l'édit. de 1620.

3. Mayenne avait été nommé lieutenant général de l'union le 4 mars 1589. L'avis du conseil qui donna lieu à cette nomination est conservé dans le f. fr., vol. 3977, f. 107.

4. Les Seize étaient les représentants des seize quartiers de Paris. Leur nombre varia de seize à cinquante-quatre et au delà quand les quatorze princes ligueurs briguèrent l'honneur d'en faire partie. Cependant l'usage applique ce nom à quinze bourgeois de Paris dont l'ardeur et l'énergie ne laissaient aucune place à leurs collègues. Les Seize sont énumérés avec de curieux qualificatifs dans le *Dialogue du Maheustre et du Manant* : « La Bruyère, le sire safranier de la Ligue ; Crucé, le résolu ; Bussy, le feudant ; Louchart, le rodomontadier ; La Morlière, le bizarre inconstant ; Senault, le finet madré ; de Bart, l'opiniastre et testu ; Drouart, le doulcet ; Alvequin, le philosophe ; Émonnot, le turbulent ; Jablier, le resveur ; Messier, le babillard ; Passart, le fantastique ; Oudinot, le pipeur, et Morin, le flatteur. » Nous croyons qu'aucun autre historien de la Ligue n'a donné la liste des Seize. Cette liste fut plusieurs fois modifiée. Dupuy y ajoute (note autogr.; coll. Dupuy,

par les libres suffrages de cette compagnie, de laquelle la première résolution fut celle des Estats.

Il y avoit lors quelques prisonniers pour le fait de la religion, desquels on voulut qu'il sollicitast la mort, comme avoit fait lors des barricades le duc de Guise son frère, en la personne des deux sœurs filles de Sureau; mais il refusa cet office, tant selon son naturel que pour avoir veu la réputation de son frère en avoir esté tachée en un siècle désaccoustumé aux bruslemens. Pour marque de quoi il estoit avenu à la mort de ces deux que, le peuple les trouvant belles et un vieillard tout blanc ayant monté sur une boutique pour s'escrier : « Elles vont devant Dieu, » le peuple, au lieu de sauter au colet de cet homme, respondit quelques gémissemens. Launai[1], autrefois ministre et maintenant des seize, solicitoit qu'on menast au spectacle public le vieux Bernard[2], premier inventeur des potteries excellentes. Mais le duc fit prolonger son procès, et l'aage de quatre-vingt-dix ans qu'il avoit en fit l'office à la Bastille. Encor ne puis-je laisser aller ce personnage sans vous dire comment, le roi dernier mort lui ayant dit, en prison : « Mon bon homme, si vous ne vous accommodez pour le fait de la religion, je suis contraint de vous laisser entre les mains de mes ennemis, » la response fut : « Sire, j'estois bien tout

---

vol. 87, f. 283) le banquier Auroux et Ameline, qui sont en effet cités en cette qualité dans la *Satyre Ménippée,* et d'Aubigné, plus loin, y ajoute le s. de Launay.

1. Mathieu de Launay, ligueur, ancien chanoine de Soissons, embrassa le protestantisme, qu'il abjura plus tard (De Thou, liv. LXXXVI).

2. Bernard de Palissy, né vers 1500 en Agenais, un des plus grands artistes du xvie siècle, l'inventeur des émaux qui portent son nom.

prest de donner ma vie pour la gloire de Dieu. Si c'eust esté avec quelque regret, certes il seroit esteint en ayant ouï prononcer à mon grand roi : *Je suis contraint*. C'est ce que vous et ceux qui vous contraignent ne pourrez jamais sur moi, pource que je sai mourir. »

Rendons compte de l'autre branche des affaires et de ce qui se passoit près du roi. C'est qu'il impétra de ceux qui le pressoyent le plus que les promesses qu'on requéroit pour son instruction fussent faites entre quelques personnes choisies et non publiquement. Cela fait, il disoit en privé ce qui contentoit chacun, et puis il harangua à la face de son Conseil en paroles choisies[1], pour ne déroger point à ses discours secrets. Cela ne se put sans inégalité entre les recerches et les menaces, tantost monstrant de la fermeté en sa religion, puis laissant couler la clause avant que d'estre instruit et celle du concile national. Telle perplexité esbranla chascun en voulant tout asseurer. La noblesse de Guiene, de Poictou et des lieux plus esloignez, qui avoit desjà demandé son congé sur la prise de Pontoise[2], lors le pressa et le prit; les réformez ayans apris de d'O mesme qu'il n'y avoit ni secours ni bienfaits pour eux et les catholiques, plus passionez pour les haster d'aller, leur ayans fait sçavoir entre les clauses promises celle qui les privoit des bienfaits et honneurs du royaume ; et ceste théorie jointe à la pratique comme il paroissoit par les reproches et mescontentemens.

D'entre les catholiques aussi quelques-uns prirent

1. La harangue du roi, datée du 8 août 1589, est imprimée dans les *Mémoires de la Ligue*, t. IV, p. 34.
2. Prise de Pontoise par l'armée du roi, 24 juillet 1589 (De Thou, liv. XCVI).

l'occasion de la mort du roi pour faire leur paix avec les liguez et puis les servir. Le roi changea sa nécessité en bienséance, et puis en dessein, car, n'estant guères affoibli que de cavalerie, il voulut conduire le corps de son prédécesseur à Compiègne[1], et de là prendre son chemin vers la Normandie pour y asseurer ce qu'il avoit de places partisanes[2], et y recevoir quelques Anglois qu'il avoit envoyez demander[3]. Il obligea le plus de noblesse qu'il put à se rallier bien tost, particulièrement les Picars à se venir joindre soubs le duc de Longueville, et les Champenois soubs le mareschal d'Aumont, qu'il avoit depuis peu despeschez en leur païs pour quelques entreprises qui ne succédèrent point. Tous ces congez se donnèrent à regret et non sans quelque mescontentement contre le comte de Soissons, que le roi croyoit en avoir donné à la noblesse. Il prend donc le chemin de Rouan, n'ayant que de six à sept cens chevaux, trois mille François et deux régimens de Suisses un peu débifez[4].

1. Henri IV partit pour Compiègne, suivi de son armée, le 14 août 1589 (De Thou, liv. XCVII).

2. Sur le chemin de Compiègne, Henri IV s'empara de Meulan (Seine-et-Oise), de Gisors (Eure) et de Clermont (Oise).

3. Dès le 8 août 1589, Henri IV avait envoyé Sancy en Allemagne avec une instruction que nous croyons inédite et qui est conservée dans le f. fr., vol. 3969, f. 53. Le 19, il envoya Jean de la Fin de Beauvais la Nocle à la reine d'Angleterre (*Lettres de Henri IV*, t. III, p. 25), avec Pierre de Mornay-Bussy et Paul de Hoart de Buzanval. Le 7 septembre 1589, ils prirent l'engagement de payer à la reine la somme de vingt mille livres sterling en paiement de son secours. Cette somme ne fut payée que le 28 octobre 1612 (Copie de la quittance; f. fr., vol. 3342, f. 59). On conserve dans la collection Moreau, vol. 722, un recueil de pièces du temps sur les négociations du roi de France avec la reine d'Angleterre au sujet de cette prise d'armes.

4. Ce mot, qui se retrouve dans les deux éditions de l'*Histoire*

Il s'asseure en passant du Pont de l'Arche[1], où il confirma Roulet[2], fidèle au feu roi, par lequel il avoit esté eslevé. De là il fait un logis à Dernetal[3], couvert par le haut de sa cavalerie légère, la compagnie royale, celle de Lorge et les carrabins de l'Angevin et de Fournier. Sur les deux heures après midi, Arambure, visitant ses vedettes, void la cavalerie de Rouan qui filoit et s'amassoit derrière les contr'escarpes, d'où il sort aussitost six-vingts chevaux, qui chargent les royaux retirez sous des pommiers, tuent Pressigni-Guitri, en prènent des prisonniers. Le reste des chevaux-légers arrivant meslèrent les six-vingts, en font demeurer le quart sur la place, et les congnent jusqu'au retranchement. Le lendemain, sur le point de desloger, ceux de la ville se présentent plus forts. Mignonville et Arambure, préparez à cela, les congnèrent jusqu'aux barrières, où un cheval-léger, nommé L'Esgalois, ayant mis pied à terre pour tuer un qui l'avoit entrepris, fut assisté d'Arambure et cause d'un combat assez opiniastré.

De là le roi voulut visiter Dieppe[4], où le commandeur de Chattes[5] le logea avec plusieurs tesmoignages de sa fidélité. Là il receut par lettres les sermens de

---

universelle, est une expression familière qui désigne un corps de troupe désordonné.

1. Pont-de-l'Arche (Eure). Le 22 août 1589, le roi de Navarre s'empara de Pont-Saint-Pierre et le lendemain, sans coup férir, de Pont-de-l'Arche.

2. Le Blanc du Rolet était gouverneur du Pont-de-l'Arche.

3. Darnetal (Seine-Inférieure), près de Rouen. Le roi s'établit aux portes de Rouen le 24 août.

4. Le roi part de Darnetal pour Dieppe, 26 août 1589.

5. Aymar de Chastes, commandeur de l'ordre de Malte, proche parent du duc de Joyeuse, gouverneur de Dieppe.

la Vérunne[1], et partant asseurance de la ville et chasteau de Caen où il commandoit; puis, pour eslargir les coudes des royaux, Chattes, assisté de Givri[2], et soubs l'aisle du roi, assiégea Neuchastel, où se rendit avec quelques forces Halot[3], aportant un avis qu'un gentilhomme du païs, nommé Chastillon[4], marchoit pour jetter dans la ville six ou sept cents hommes. Givri les alla engager, et de sa troupe seule, sans attendre ce qui le suivoit, les chargea sans ordre d'une part et d'autre, les défit à peu de frais[5]. Eu fut assiégée et rendue de mesme temps[6].

Cet escart de l'armée estoit pour faire place à une ennemie de vingt mil hommes en la fleur, qu'amenoit à grandes journées le duc de Mayène[7]; et de laquelle, en attendant son reste, il vint attaquer Gournai[8], rendu depuis peu de jours au duc de Longueville. Ceste

1. Gaspard de Pélet, s. de la Vérune, parent d'Aymar de Chastes, gouverneur de Caen.
2. De Thou le nomme Jean de Chaumont, s. de Guitry.
3. Michel du Bourrouge, s. du Halot.
4. Le s. de Chastillon, gentilhomme normand de la maison de Rebours, gouverneur de Neufchâtel dans le pays de Caux, était un capitaine catholique.
5. Défaite du s. de Chastillon par l'armée du roi près de Neufchâtel, avant le 29 août 1589.
6. Prise d'Eu par le roi, 6 septembre 1589. La ville était commandée par le s. de Launay.
7. La campagne du duc de Mayenne, depuis le 28 août 1589 jusqu'à la fin de l'année, est racontée dans une relation du temps, réimprimée par les *Mémoires de la Ligue*, t. IV, p. 88. Le 8 décembre, le duc adressa à la noblesse catholique une circulaire convoquant le ban et l'arrière-ban pour le 15 janvier 1590 (f. fr., vol. 4005, f. 268).
8. Gournay-en-Bray (Seine-Inférieure) avait été pris par le roi le 21 août 1589. La ville fut reprise par le duc de Mayenne avant le 7 septembre (Discours sur la prinse de Gournay, V⁰ de Colbert, vol. 31).

place, n'estant forte ni d'assiette ni d'artifice, n'amusa guères le duc. Ce passage gagné pour les vivres, et l'armée s'estant fortifiée de six mil hommes de pied et deux mille chevaux, tant françois qu'estrangers, le duc, sçachant bien que le roi n'avoit point six mille cinq cents hommes de toute sorte, prend son chemin droit vers Dieppe[1], donne aux chefs de son armée pour une gayeté de cœur l'asseurance d'assiéger et prendre le roi dedans Dieppe ou lui faire quitter la partie et s'embarquer pour gagner l'Angleterre. A la vérité c'eust esté perdre le royaume, qui estoit soubs la corde. Ceste gaillarde résolution, volant jusques à Paris, fit courir de toutes parts au duc de Mayenne et laisser tous autres affaires tout ce qui put armer pour ce parti, si bien que son armée se fit de trente mil hommes et plustost plus que moins.

Chapitre II.

Ce qui se passa à Arques et vers Dieppe.

Bien averti que fut le roi des desseins du duc, il avoit dépesché au comte de Soissons celui de Longueville et le mareschal d'Aumont. Mais, sentant aux démarches des ennemis que ce seroit un secours après la bataille, il aima mieux prendre un logis digne d'une armée que de s'enfoncer dans Dieppe, comme estant moins honnorable et plus dangereux. Il choisit donc l'assiette d'Arques[2], qui estoit telle. Il laissoit à sa

1. Le duc de Mayenne quitta Gournay le 7 septembre 1589 pour marcher au-devant du roi.
2. Arques (Seine-Inférieure). Le roi prit position à Arques le 8 septembre 1589.

main droite le chasteau, capable d'endurer du canon, la bourgade qui le rendoit de longue digestion, et cette partie estant hors du chemin des ennemis. Il avoit au-devant de lui un grand bois très espais et tellement difficile à passer qu'il n'y avoit point d'apparence que des gens de guerre se voulussent désordonner pour au sortir soustenir un combat; à trois cents pas du bois y avoit une chapelle qui faisoit le coin de devant; la moitié de sa gauche et tout le derrière estoit défendu d'une petite rivière qui a le bord marescageux. Le roi entreprend un retranchement de six pieds de gueule, en ouvrage et en fonds, faisant mettre la pluspart de la terre en escarpe et vers soi. Ce fossé prenoit de l'orée[1] du bois à la chapelle, et de là s'en venoit descendre vers le marais, laissant à son haut et au bord du marais deux espaces pour envoyer la cavalerie au combat, cinquante de front. Et puis on désigna et partagea l'infanterie françoise, la pluspart au retranchement, et le reste fut mis à la bourgade. Les Suisses devoyent estre au milieu du champ, pour les occasions.

Le vingt-sixiesme jour[2] de septembre parut l'armée, et la cavallerie légère vint marquer son logis à Martinglise[3], que celle du roi, quittant à regret, disputa seulement par escarmouches. Sagonne[4], maistre de

1. *Orée*, bord, lisière.
2. D'Aubigné se trompe. C'est le 16 septembre 1589 que parut l'armée du duc de Mayenne devant le camp du roi (De Thou, liv. XCVII).
3. Martinéglise (Seine-Inférieure), à une demi-lieue du village d'Arques, était le siège d'une baronnie qui appartenait au chapitre de Rouen. Mayenne s'y était établi fortement le 15 septembre 1589.
4. Jean Babou, comte de Sagonne.

camp, avec tous les chevaux-légers, outrepassa la bourgade, et, se voyant fort incommodé par les gayetez de cœur des royaux qu'il voyoit par petites troupes, il se résolut de les recongner dans le retranchement, mais les chevaux-légers du roi le receurent franchement, se voyans soustenus du mareschal de Biron, avec huict compagnies de gens d'armes, qui estoit presque tout. Les liguez furent menez battant jusques dans l'entrée du village, où Sagonne receut un coup de pistolet dans le haut de la cuisse, de la main du comte d'Auvergne, et, tombant de ce coup dans un fossé, se cassa la nuque du col. Et mourut ce gentilhomme de valeur et agréable en tout ce qu'il faisoit. Il y eut de beau en cette charge que les royaux, ayans laissé le pont, virent en se retirant un de leurs compagnons, nommé La Cour, versé sous son cheval, et que les Liguez achevoyent. Arambure et les siens y retournent et, se faisans faire place à coups d'espée sur le pont, sauvèrent leur compagnon avec honneur.

Le second jour, le duc de Mayène résolut d'emporter le retranchement qu'il avoit reconnu à la faveur d'une escarmouche, et, pour ce faire, met en estat son armée; le roi, les siens pour la défense. Sur quoi il lui arriva un accident bien nouveau et qui troubla l'assiette, car, comme la cavalerie du duc fut avancée en gros à la mousquetade du retranchement, quelques royaux, qui avoyent franchi l'espace du bas, furent rudement ramenez par cette grosse multitude obligée à favoriser toute l'infanterie qui marchoit droit à tous les retranchemens. Le roi estoit empesché à démesler cette charge quand voici sortir de l'espaisseur du bois et entrer dans le camp une grande foule de lanskenets qui estoyent tous sans ordre et desbandez pour les grandes difficultés qu'ils avoyent trouvé à passer le bois, là où, comme il avient ordinairement en tels lieux, les premiers ne pouvoyent marcher si froidement que les derniers ne fussent au trot. Ce régiment donc, qui estoit de vieux lanskenets, et bons, ayant remédié à ce que nous disons par fréquentes haltes et se préparans pour exécuter le mandement qu'ils avoyent, qui estoit de gagner à travers le bois le derrière du retranchement, les premiers, se trouvans sans ordre entre les forces du roi, s'estonnèrent grandement et crièrent qu'ils se venoyent rendre au roi. Ce prince y acourut, et y trouvant le mareschal de Biron, l'un et l'autre furent estonnez et resjouis tout à la fois de voir cette nouveauté; et, pource qu'ils avoyent auparavant ouï parler de quelques mescontentemens, ils prenent ce qu'ils désiroyent pour argent contant, se meslent parmi les capitaines, touchent à la main de plusieurs, cependant que le reste de la foule arrive.

Ces lanskenets, se voyans en lieu pour jouer de la pique et du mousquet, se resserrent et se font spectateurs du combat que nous descrirons, à la veue duquel ils changent de courage et de langage en mesme temps. Et les derniers venus se mettent les premiers à tirer; les uns crioyent *rendu roi*. Quelques gentilshommes expliquoyent qu'ils se rendoyent au roi. D'autres adjoustoyent *rendu roi* à monsieur de Mayenne. Ces dialogues s'accompagnoyent de mousquetades qui tuoyent et blessoyent des gentilshommes près la personne du roi. Enfin lui-mesme en eschappa deux de fort près. A regret et bien tard le roi et le mareschal de Biron, connoissans le malentendu, s'en coururent où plus grande nécessité les appeloit, car, durant ce que nous avons conté, tout le retranchement estoit aux coups de picques et attaqué de dix-huict mil hommes. Quatorze cornettes de cavallerie donnent jusques à l'espace du bas. La compagnie de gens d'armes du prince de Condé commandée par Montatère[1], qui y fut estropié, et Sainct-Germain[2], qui estoit en garde au passage, alla mesler dans ce gros. Mignonville y adjousta la troupe du prince de Conti et trois autres compagnies, qui menèrent battans les quatorze jusques à deux cents pas de leur retranchement, et puis revienent prendre halène sur le bord avec plusieurs morts, le quart blessez, et force chevaux à qui les coups de lances faisoyent trainer les tripes. Les quatorze cornettes furent rafraîchies d'une plus grande troupe. Du costé du roi il n'y eut point de rafraîchissement, et falut que ces blessez et malmenez fissent teste à l'endroit de leur passage. Et arriva heureusement pour eux que les premiers, car il n'y eut que ceux-là qui portèrent ce combat, fussent bien fermes. Cependant l'infanterie de la Ligue, favorisée par les lanskenets qui avoyent gagné le derrière du retranchement, l'emporta de tout poinct[3].

Le roi, contraint au combat sans avantage, com-

1. Jean de Madaillan, seigneur de Montataire, capitaine huguenot, gouverneur de Thouars sous Henri III, avait épousé Judith de Chauvigné, celle même qui devint plus tard marquise de Lassay. Il est question dans les *Lettres de Henri IV* (t. VIII, p. 860) d'un autre seigneur de Montataire de la maison de Villuisant, mais il était catholique.

2. Cet engagement, le plus grave de tous ceux qui composent les combats d'Arques, eut lieu le 21 septembre 1589.

mande la prière au ministre d'Amours[1], et se vient rallier à ses forces pour recevoir le combat en général. Deux choses lui donnèrent moyen d'espérer et faire espérer les siens. Premièrement Chastillon[2], ayant logé quatre cents harquebusiers dans un chemin creux, arresta tout à la fois les lanskenets et les François, qui avoyent passé le retranchement; et puis le duc Danville[3] qui, voyant Mignonville, renforcé de la compagnie du duc de Montpensier[4], remeslé pour la troisiesme fois par toute la fleur de la cavallerie liguée, et que, nonobstant l'opiniastreté des royaux, le gros de la cavalerie ennemie enfonsoit le destroit, il se jette à pied à la teste des Suisses, prend flanc de ce chemin creux que nous avons dit à droite, et de l'autre main de quelque harquebuserie, qui avoit filé dans le marais, ayant quitté le retranchement, la pluspart ne pensans qu'à se sauver. Ces Suisses ne furent pas plustost logez que la cavalerie ennemie, qui avoit forcé le destroit, vint baiser leurs picques, mais ils les trouvent si fermes que, ayant veu les plus eschauffez de leur

1. Louis d'Amours était attaché à la maison du roi de Navarre. Ce fut lui qui, à la bataille de Coutras (1587), entonna le fameux chant de victoire des réformés. Après l'abjuration du roi, il exerça les fonctions de pasteur à Châtellerault et mourut avant 1616.

2. François de Chastillon, fils aîné de l'amiral Coligny, plusieurs fois nommé par d'Aubigné. Il ne faut pas confondre ce seigneur avec le gentilhomme normand nommé par d'Aubigné dans le chapitre précédent.

3. Charles de Montmorency, s. de Méru, troisième fils du connétable Anne de Montmorency, portait le titre de Damville depuis que, par suite de la mort de François de Montmorency, son frère aîné, Henri de Montmorency, gouverneur du Languedoc, avait pris le titre de duc de Montmorency. Charles ne devint duc qu'en 1610, mais d'Aubigné lui donne ici ce titre par anticipation.

4. L'édition de 1620 nomme ici le prince de Conti.

main droitte enfonsez dans le marais, le chemin creux où la pluspart de ceux qui avoyent quité le retranchement s'estoyent raliez à Chastillon et qui faisoyent beau feu sur eux, le roi qui prenoit sa salade pour leur venir donner en flanc; j'y adjousterai que, voyans aussi quelques volées de coulevrines tirées du chasteau d'Arques qui faisoyent plus de bruit que l'effect, tout cela donna envie à cette cavalerie de se ralier en esloignant le marais. Mais, reconnoissant que ceste pause estoit à la merci des mousquetades, ils la voulurent faire un peu plus loin, quand l'espouvantement qui vient de telles incertitudes leur fit repasser le destroit qui estoit entre la trenchée et le marais. Le duc de Mayenne, ne pouvant faire prendre le combat à ses autres gros, pource que l'espace que nous avons marqué ci-dessus regorgeoit de la grande foule qui l'emplissoit en se retirant encor, le roi envoya Montigni avec trois compagnies pour augmenter le désordre et en mesme temps fit branler Chastillon avec l'infanterie qui estoit près de lui. Ceux-là se présentèrent de si bonne grâce vers le retranchement que ceux qui le gardoyent l'abandonnèrent. Les lanskenets, se tenans pour coulpables du trait que nous avons dit, changèrent la retraite en fuite, jusques à laisser derrière deux drapeaux. Le roi avoit envoyé quérir deux canons. Il en fit donner trois volées dans les Suisses liguez, et cela sur la fin de la journée, où les deux parties, faisans perte presque esgale, y laissèrent trente gentilshommes et quelques cinquante hommes de pied. De plus, le comte de Roussi[1], du costé du roi, y mou-

---

1. Josias de la Rochefoucauld, comte de Roussy.

rut, et celui de Belin[1] demeura prisonnier de l'autre.

Le lendemain, le roi, averti qu'on vouloit attaquer Dieppe par le costé du Poslet[2], y alla faire ses retranchemens ; et le duc de Mayenne, ayant passé le petit ruisseau, voulut taster Arques par le costeau qui est vers Dieppe. Mais ceux du chasteau ne se sentans point estonnez des premières volées, le roi parut à veue de l'armée et lui donna tant de jalousie qu'elle n'osa rien entreprendre de malaisé. Là se passèrent quelques escarmouches, en l'une desquelles le roi, qui estoit logé avantageusement, esguara de soi un gros de cavalerie en beau gibier des liguez, qui ne faillirent pas d'envoyer à ces avanturez une forte troupe pour les chastier ou faire rentrer en leur avantage. Ces royaux avoyent caché dans leur ventre deux coulevrines. Comme donc les liguez estoyent prests de faire la charge, les autres se fendent, leur laissent la volée de leurs pièces de fort près. Le coup donna aux chevaux attelez un coup d'esperon ; et les pièces firent cent pas au galop. D'ailleurs, la nouveauté de voir des pièces de batterie à une escarmouche fit faire (comme fait tout estonnement) une pause, sur laquelle s'avancèrent à la main droite un gros de royaux pour soustenir le premier, et au valon de l'autre main de l'infanterie armée de hayes. Cela fut cause de la retraite des pièces et de la fin de ce qui se fit en ce jour.

Le roi craignoit tousjours le costé du Poslet, où sa trenchée, pour le peu de terre qu'il y a, n'avoit seu monter jusques à quatre pieds. Chastillon entreprit la

1. François de Faudoas, dit d'Averton, s. de Belin et de Sérillac, maréchal de camp.
2. Le faubourg du Pollet.

deffence. Le duc fit par deux jours attaquer d'escarmouches pour reconnoistre ce retrenchement. Mais, ayant admiré l'opiniastreté de ses ennemis, ausquels les siens ne pouvoyent faire passer leur sillon, il vid, la seconde journée, surgir les navires anglois, qui amenoyent quatre mille hommes[1]. Et puis, ayant seu au logis que le comte de Soissons, le duc de Longueville et le mareschal d'Aumont s'estoyent joints vers Gisors[2], il prit le chemin de Picardie, envoyant aux Parisiens quatorze enseignes de gens de pied, et deux drapeaux de cavalerie qu'il avoit pris à Gournai et autres petites places, hormis quatre qu'ils avoyent gagnés à la trenchée[3]. Le roi, ayant laissé le plus pesant de son armée à Dieppe, reprit sur les erres du duc Gamaches[4] et puis revint festoyer ses Anglois.

Là arriva pour chose notable que, comme il estoit au presche, et près de lui les chefs de son secours, d'O et ceux qui l'assistoyent en telles choses se mutinèrent de quoi le roi faisoit faire le presche à son logis; esmeurent à leurs passions le duc de Montpensier, et puis le corps des Suisses, qui vindrent blesser et outrager ceux qui arrivoyent des derniers. Et puis, estans entrez sanglans dans l'assemblée, demandoyent justice. Au lieu de quoi ce prince part à demi-presche les larmes aux yeux avec sa troupe, qui, bien qu'elle

1. L'escadre anglaise, commandée par lord Stafford, entra le 23 septembre 1589 dans le port de Dieppe.

2. Gisors (Eure).

3. Mayenne adressa en même temps aux habitants de Paris, à la date du 23 septembre 1589, une lettre dans laquelle il s'attribuait une victoire complète (copie, f. fr., vol. 3996, f. 125).

4. Gamaches (Somme). — Prise de la ville par Henri IV, commencement d'octobre 1589 (De Thou, liv. XCVII).

fust lors la plus forte, alla achever ses dévotions dehors la ville dans un champ. Parmi les murmures qui s'eschaufèrent lors, les réformez entendirent les premiers reproches des promesses secrettes faites à Sainct-Clou[1].

L'effect[2] d'Arques peut avoir esté déduict autrement, mais je n'ai peu rien changer au rapport de ce grand roi, lequel, quelques jours après mon arrivée en son armée, me conduisit par la main en tous les endroits remarquables pour les combats, bien que lors il n'y eust aucune délibération d'escrire ceste histoire[3].

1. L'assemblée de Saint-Cloud, dans laquelle Henri IV avait été reconnu roi, avait eu lieu le 4 août.
2. L'alinéa suivant manque à l'édition de 1620.
3. Les combats livrés autour d'Arques durèrent du 16 au 28 septembre 1589. D'Aubigné, malgré ses prétentions à l'exactitude, les raconte confusément. Voici la chronologie exacte de ces combats d'après la correspondance du Béarnais et quelques documents originaux : 8 sept., le duc de Mayenne arrive auprès d'Arques; 13 sept., il campe devant Dieppe; 16 sept., il attaque le faubourg du Pollet; 20 et 21 sept., il attaque les retranchements de l'armée royale, surprend la maladrerie et est enfin repoussé; 23 sept., entrée d'une escadre anglaise dans le port de Dieppe; 24 sept., Mayenne déloge à la faveur de la nuit; 26 sept., il revient camper dans les villages entre Dieppe et Arques; 29 sept., arrivée des Écossais; 2 oct., arrivée des Anglais; 6 oct., Mayenne bat en retraite et prend le chemin de la Picardie. — Les documents sur les combats livrés autour d'Arques sont très abondants. Nous citerons seulement les pièces conservées dans les vol. 2751 (f. 32), 4003 (f. 256), 4019 (f. 40), 15591 (pièce 21), 20153 (f. 423), du fonds français, vol. 745 (f. 63, 66, 74, 79) de la coll. Moreau.

Chapitre III[1].

Prise de Sainct-Germain et de Villebois.

Nous aurons bien tost à faire partir le duc d'Espernon pour la Provence. Il nous faut faire deux pas en arrière pour nettoyer son gouvernement et dire[2] que, sur les changemens que nous verrons ci-après apportez par la mort du roi, il pressa pour venir en Angoumois[3], où il trouva la Ligue possédant deux assez bonnes places et autres bicoques qui devoyent céder, comme elles firent, à l'exemple de celles-là. Ayant donc fait accommoder neuf pièces de batterie, joint quelques forces des réformez, comme le régiment de Neuvi[4], à celles qu'il avoit d'ordinaire, il s'achemine à Sainct-Germain[5], qu'ils appellent en ce pays-là la Puta. C'est une vieille place assez bonne, de laquelle la muraille et les tours n'estans pas disposées à la moderne, sont pourtant bonnes de matière et d'espaisseur. Là-dedans commandoit Piedferrat[6], avec ce qu'il

1. Le chap. III du liv. III du t. III forme, dans l'édition de 1620, le chap. XI du liv. II du t. III.
2. Var. de l'édit. de 1620 : « ... et dira qu'après le roi Henri troisiesme mort, *il pressa...* »
3. Jean-Louis de Nogaret, duc d'Épernon, avait quitté l'armée royale aussitôt après la mort de Henri III, encore incertain du parti à prendre, et s'était rendu à Angoulême (De Thou, liv. XCVII). Le roi fit ordonnancer en sa faveur une somme de 300,000 écus pour faire la guerre dans l'ouest (État daté du 16 octobre 1589; f. fr., vol. 4558, f. 38).
4. François de Mellet, s. de Neuvic, capitaine protestant, mort au siège de Villebois. Voyez p. 168.
5. Saint-Germain-de-Confolens (Charente).
6. Henri IV, dans une lettre au duc d'Épernon, datée du 21 no-

avoit voulu y mettre de son régiment. Il receut les assiégeans d'assez bonne grâce d'entrée. Sobole[1] y fut tué. Mais dès le commencement de la première batterie l'estonnement s'y mit; Piedferrat capitula sur la foi de Goas[2]. On leur porta les articles signez du nom du duc à la vie et au bagage sauf; on leur donna pour leur conduite les compagnies de Sobole et de Cadillan. La première des deux, bien tost suivie de l'autre, se jetta sur ce peuple désarmé, et mirent tout ce qui estoit là en pieces, horsmis un soldat qu'une femme sauva; il y avoit vingt gentilshommes de ce troupeau[3].

Villebois[4] fut attaquée au partir de là, où commandoit le second de la maison d'Aubeterre[5], nommé Sainct-Sibard, et après luy Maumont[6] accompagné de quelques gentilshommes de ses parens. Les neuf pièces logées en batterie se jouèrent à un esperon devant la porte, auquel elles firent bresche. Cadillan avec ses

---

vembre 1589, le nomme Puy-Ferrier et se réjouit de la défaite de ce capitaine (*Lettres de Henri IV*, t. III, p. 83).

1. Les Sobole étaient deux frères. L'aîné commandait une compagnie de chevau-légers et fut tué à la prise de Saint-Germain. Ce fut sa compagnie qui, malgré les ordres du duc d'Épernon, massacra tous les prisonniers après la prise de la ville (Girard, *Vie du duc d'Épernon*, t. I, p. 340). Le second des Sobole servait dans le pays messin.

2. Le capitaine Gohas commandait une compagnie de cent chevau-légers (Girard, *Vie du duc d'Épernon*, t. II, p. 13).

3. La prise de Saint-Germain par le duc d'Épernon est racontée avec détails par Girard, *Vie du duc d'Épernon*, t. I, p. 339.

4. Villebois-la-Valette (Charente).

5. Le vicomte d'Aubeterre, s. de Saint-Sibard, chef de la Ligue en Angoumois. A l'arrivée du duc d'Épernon, d'Aubeterre engagea avec lui une curieuse correspondance dont une partie est conservée en copie dans le vol. 20153 du fonds français.

6. Le s. de Maumont, lieutenant du vicomte d'Aubeterre, fut tué peu après.

chevaux-légers, commandé de mettre pied à terre, y fut tué d'un coup de pierre; et le lendemain, d'une harquebusade, Neuvi, maistre de camp. L'artillerie n'ayant efleuré que le haut des tours, les discours de la noblesse du païs attirèrent le jeune Aubeterre avec toutes asseurances, pour sortir et non pour rentrer. Et puis on se servit de ce jeune homme pour faire faire un mesme pas de clerc à Maumont. Ces deux contraints d'asseurer par escrit ou autrement la garnison qu'il y avoit capitulation faite, ce qui n'estoit point, ils receurent des gens du duc, premièrement de connoissance, et puis d'autres. Par ce moyen tout estant pris, on laissa aller les plus misérables pour en prendre vingt-sept des plus apparens[1]. Le capitaine La Faiole de Sainct-Jean d'Angeli, le premier, grand massacreur, et à qui la corde ayant rompu par deux fois, la vie fut refusée à la requeste des plus apparens de l'armée; opérant en cela, comme en la mort de Maumont poignardé, la mémoire de l'entreprise d'Angoulesme, en laquelle ils avoyent trempé. Apprènent ici les jeunes capitaines la dernière leçon d'un siège, asçavoir la capitulation que nous avons dit à celui de Lusignan, n'estre pas la moindre marque d'un homme digne de commander.

Encor voulons-nous vous monstrer en quel estat le duc d'Espernon trouvera le voisinage de la Provence à son arrivée; et à cela nous avons peu de chose à dire pour la brièveté du temps qu'empoigne le terme

---

1. Le château de Villebois était défendu par le s. de Maumont. Les défenseurs du château furent pendus. Le château, acquis peu après par le duc d'Épernon, porta le nom de la Valette et fut le siège d'un duché-pairie érigé en faveur du duc d'Épernon (Girard, *Vie du duc d'Épernon*, t. I, p. 341).

de ce livre et les incertitudes où estoyent les pays
esloignez des deux promptes mutations que vous voyez
en un an et demi. Vous saurez donc seulement comme
Lesdiguières, délibérant de courtiser Grenoble, avoit
basti un fort, nommé Bausancier[1], à une lieuë de cette
ville, tirant du costé des montagnes, et cela auparavant la conjonction des deux rois. Et depuis sur le
poinct de ce changement il avoit fait fortifier Mom-
bonnaut[2], de l'autre costé, sur le chemin de Chamberi.

D'autre costé ceux de Grenoble estoyent contraints
de fortifier pour faciliter leur trafic et intelligence.
C'est pourquoi ils avoyent mis garnison au chasteau
de Moiran[3], que Lesdiguières attaqua, batit de trois
pièces; emporté d'assaut, toute la garnison tuée sans
rémission, quoy qu'elle fust grosse pour un chasteau
et qu'il y eut des enfans d'assez honneste famille de
Grenoble. Et cette action, qui fut l'onziesme d'octobre
1589, apporta de l'espouvantement. Cette place fut
acrue et gardée d'une bonne troupe; et encores on la
doubla de la Roche-Cornillon[4] où la garnison fut mise
au mois suivant.

Et pource que cela estoit sur le point des affaires
de Vienne dont nous avons touché, l'armée ayant
quelque peu augmenté son canon, passa en Vivarets,
où elle assiégea, batit et prit Coindrieu[5] pour des-
tourner de Vienne le marquis de Sainct-Sorlin.

1. Bosancy ou Bosancieux, fort construit par Lesdiguières au
pont de Claix, canton de Vif (Isère) (Roman, *Actes et corresp. de
Lesdiguières*, t. I, p. 93).
2. Montbonnot-Saint-Martin (Isère); Chambéry (Savoie).
3. Moirans (Isère).
4. Cornillon-en-Trièves (Isère).
5. Siège et prise de Condrieu (Rhône) par l'armée protestante,
22 novembre 1589 (*Mémoires d'Eustache Piemond*, p. 253).

Chapitre IV.

Prise des fauxbourgs de Paris[1] et de Vandosme.

Cependant le duc de Mayenne tastoit le poux aux villes de Picardie, où il s'avançoit pour favoriser l'accident de la Fère[2]. C'estoit que le marquis de Magnelai[3], y commandant, avoit envie de se donner avec la ville au roi. Le vi-sénéschal de Montélimar, descouplé sur le premier soupçon, prattiqua la pluspart des gens de guerre, et puis, par l'aide d'un prestre qui confessoit le marquis, le tua, donna la place à la Ligue, pour récompense de quoi il en fut fait comte et gouverneur, tant qu'il la put garder[4].

Le roi prit un autre dessein pour oster la joye des Parisiens et la mauvaise réputation où ils tenoyent ses affaires, selon les escrits qui en couroyent de tous costez. Il s'achemine vers Paris[5], ne mettant point la Seine entre ses ennemis et lui jusques à Meulan[6]. Et puis

---

1. De Thou et d'Aubigné, dans la rédaction du récit du premier siège de Paris, se sont inspirés d'une pièce du temps réimprimée dans les *Mémoires de la Ligue*, t. IV, p. 47.

2. La Fère (Aisne).

3. Florimond de Halwin, marquis de Meignelay.

4. Prise de la Fère par le marquis de Meignelay, 18 octobre 1589. Ce paragraphe est tellement obscur qu'il en est incompréhensible. Voici le fait. La ville de la Fère, en Vermandois, était gouvernée par Antoine d'Estrées. Michel de Gouy d'Arsy s'y créa des intelligences, et le marquis de Meignelay, le 16 octobre, surprit la ville (De Thou, liv. XCVII).

5. On conserve dans le f. fr., vol. 2751, f. 8, un fragment de chronique sur ce premier siège de Paris par Henri IV et les événements dont la ville avait été le théâtre depuis la mort de Henri III.

6. Meulan (Seine-et-Oise), Vaugirard et Montrouge (Seine). — Arrivée des troupes du roi dans ces villes, 31 octobre 1589 (De Thou, liv. XCVII).

reprenant les logis de Vaugirard et Monrouge, il divisa dès le soir son armée en quatre : donnant au mareschal de Biron ses Anglois, douze cents François et autant de Suisses, pour attaquer entre Sainct-Victor[1] et Sainct-Marceau ; au mareschal d'Aumont deux régimens de Suisses et quinze cens François, pour descendre du fauxbourg Sainct-Jacques jusques aux Chartreux ; à Chastillon sept régimens françois, pour donner au fauxbourg Sainct-Germain ; à La Nouë trois régiments, quelques lanskenets et quatre cents gentilshommes, pied à terre, pour un dessein qu'il avoit d'entrer en l'eau sous la Tour de Nesle et gagner par là le quai des Augustins. Marigni aussi avoit charge de faire en mesme temps joüer quelques pétards à la porte Sainct-Germain, où marchoyent six pièces, et, derrière chascune, d'autres bandes. Toutes ces troupes donnèrent si gayement à la pointe du jour que, sur l'estonnement, les premiers entrez par la rue des Marais, les Parisiens firent place à tout le reste. La Nouë se mit à l'eau, mais pensant passer avec moins de peine au pied de la tour que s'il eust pris le large, il trouva au contraire que là seulement estoit la profondeur. Le mal fut qu'il voulut marcher le premier au lieu de jetter devant lui quatre ou cinq soldats desbandez, fautes avenues à plusieurs grands hommes de ce temps. Ce vieux capitaine tombe dans l'eau, faut à se noyer ; les siens le retirent avec peine et se mettent avec lui à couvert des harquebusades. Du costé de Sainct-Germain aussi tost que le fauxbourg fut gagné, le pétard appliqué à la porte joüa ; quelques

---

1. Attaque des faubourgs Saint-Victor et Saint-Marceau par le maréchal de Biron, 1ᵉʳ novembre 1589.

barricades faites à la haste en empeschèrent l'effect. Les attaquans, encores qu'il fust jour, s'y opiniastrèrent jusques à passer les bras dans le pertuis pour repousser les bois qui estoyent contre la porte, mais, ne le pouvant faire et le peuple y accourant, il se falut retirer.

Il arriva que le Piémontois Sainct-Sévrin, duquel nous avons parlé à l'autre livre[1], s'estoit, en haine de ce que nous avons touché, donné au duc de Mayenne, qui, sachant plus de nouvelles du monde, avoit facilement creu l'estrange raport. Mais les Seize, quoi qu'ils prissent plaisir aux contes qu'en faisoyent les courtisans qui l'avoyent nommé le poulin farouche, ne peurent pourtant digérer une si difficile créance, le voyant vieux, hideux de nature, balafré, et en ces considérations l'avoyent pris pour un Zopyre[2]; ce qui fut cause qu'ils ne lui voulurent donner aucune porte à garder, mais seulement l'abbaye Sainct-Germain où avec moins de danger il pouvoit monstrer son affection au parti auquel il avoit fait la guerre rudement. Cettui-ci, ayant veu tous les fauxbourgs saisis et les six canons qu'il avoit empeschez de passer, se résolut de percer dans la confusion, et, sur le pillage où il voyoit les réformez acharnez, il sort à la teste de trois cents hommes. Les siens bien serrez donnent pour gagner la porte Sainct-Germain. Chastillon, qui n'avoit autour de lui qu'une vingtaine des siens, lui barre la rue.

---

1. Voyez ci-dessus, liv. XII, chap. XVI.

2. *Zopyre.* — On connaît l'histoire de ce grand seigneur perse, racontée par Hérodote. Pour procurer à son maître Darius la conquête de Babylone, qu'il assiégeait, il se coupa le nez et les oreilles, et, ainsi mutilé, alla se présenter aux assiégés comme victime de la cruauté du roi. Ceux-ci finirent par lui confier le commandement de leurs troupes, ce qui lui permit de livrer la ville aux Perses.

Sainct-Sévrin vint aux mains, est tué. Les siens effrayez par sa mort se deffendent mal et en eschapa fort peu[1]; mesmement[2] pource que la porte barriquée comme nous avons dit lui put estre ouverte.

Le duc de Mayenne arriva dans Paris le soir de cette journée[3]; ce qui fit croire au roi qu'il auroit le lendemain les forces de la Ligue sur les bras et quelque signalé combat. Cela fit qu'ayant avisé sa retraite et laissé sur la place de cinq à six cents morts, il emporte onze drapeaux des compagnies qui logeoyent aux faux-bourgs, emmène dix pièces, que grosses que moyennes; et puis il print place de bataille en la plaine de Monrouge où il demeure deux heures et demie, faisant cependant filer le bagage de l'armée, n'oubliant rien pour monstrer qu'il demandoit la bataille. Mais le duc de Mayenne, excusable de cela pour n'avoir amené que les troupes légères à cause de la diligence, laissa aller en paix l'armée royale fondre sur Estampes[4], reprise par lui facilement, et où il avoit laissé Clermont[5] de Lodève avec garnison pour le chasteau seulement et une troupe de cavallerie. Tout cela se rendit à la première sommation.

De là la Beausse fut enfilée; toutes les bicoques renduës à veuë de canon et toutes laissées sans garnison, hormis Genville[6] où fut logé Marroles avec

1. Prise des faubourgs de Paris par l'armée royale, 1ᵉʳ nov. 1589.
2. La fin de l'alinéa manque à l'édition de 1620.
3. Arrivée du duc de Mayenne à Paris, 2 novembre 1589.
4. Siège d'Étampes (Seine-et-Oise) par l'armée du roi, 5 novembre 1589 (De Thou, liv. XCVII). — Prise de la ville, 7 novembre (*Mémoires de la Ligue*, t. IV, p. 75).
5. Alexandre de Castelnau, comte de Clermont-Lodève.
6. Janville (Eure-et-Loir). — L'armée royale y arriva le 11 novembre 1589 (*Mémoires de la Ligue*, t. IV, p. 77).

charge d'y fortifier[1]. Le roi, arrivé à Chasteaudun[2], envoye sommer Vandosme[3], où commandoit Maillé Bénéhart[4], gentilhomme merveilleusement haï pour avoir ruiné le Vandosmois, fait mourir de sang froid quelques serviteurs du roi, duquel il avoit tousjours esté fort violent ennemi dès qu'il n'estoit que son seigneur. Vandosme à son exemple renvioit la passion liguée, que l'on appeloit le zèle, sur toutes les villes d'alentour. Là parut la différence qu'il y a entre la mutinerie et la valeur; car ce peuple séditieux et eschaufé perdit le cœur dès le commencement d'une batterie[5] à deux tours au-dessous du chasteau et peu de volées de moyennes, qui jouoyent en courtine à main droite de la ville. Quelques soldats de la trenchée, voyans que le parapet ne faisoit pas grande fumée, s'offrirent à aller voir quel il y faisoit. Et pourtant, ayans planté une eschelle où les défenses estoyent rompues, reconnurent l'effroi du dedans, et, ayans tiré promesse d'estre suivis, s'y jettent. Les Anglois ne furent paresseux à les contrefaire. Et ainsi ville et chasteau furent emportez à bon marché[6]; le pillage

1. Claude de Marolles, père de l'abbé de Marolles.
2. Arrivée de l'armée du roi à Châteaudun (Eure-et-Loir) avant le 14 novembre 1589 (*Mémoires de la Ligue*, t. IV, p. 77).
3. Siège de Vendôme (Loir-et-Cher) par l'armée royale, 14 novembre 1589 (*Mémoires de la Ligue*, t. IV, p. 78).
4. Jacques de Maillé-Benchart avait été nommé gouverneur de Vendôme par le roi de Navarre, possesseur du duché de Vendôme, avant la mort de Henri III.
5. Ces escarmouches eurent lieu le 16 novembre 1589 (*Mémoires de la Ligue*, t. IV, p. 78).
6. Prise de Vendôme par l'armée du roi, 20 novembre 1589 (Ledru, *Notice sur Boisdauphin*, dans la *Revue du Maine*, t. II et III).

grand où les Anglois, ravageans en troupe, dévalisèrent plusieurs François, qui, selon leur coustume, faisoyent leur cas à part.

    Le roi fit trancher la teste à Maillé Bénéhart et pendre le cordelier Chessé[1], auquel l'éloquence employée contre ce prince donna la mort. Et depuis arriva en mesme lieu que deux des Seize, prisonniers de guerre du voyage des fauxbourgs, ayans composé de leur rançon, elle envoyée et conduite par des tambours de Paris, ces deux plusieurs fois veus et entretenus du roi, la nouvelle estant venuë qu'on avoit pendu deux bourgeois de Paris, personnes d'estime pour estre politiques, le mareschal de Biron vint annoncer au roi qu'il n'avoit plus de serviteurs en lui ni aux principaux de son conseil si les deux Parisiens n'estoyent promptement pendus. Ce prince eut à contre cœur telle dureté de courage, et vouloit passer plus doucement. Mais le mareschal redouble, en jurant qu'en affaires d'un estat si troublé que le leur, les préceptes de ses ministres qui vouloyent rendre le bien pour le mal, ne valoyent rien. Enfin le mareschal l'emporta, et, sur l'exécution commandée à Richelieu[2], qui faisoit estroite profession d'amitié avec l'un des deux, duquel il avoit receu à Paris secours et à propos, et pourtant ceux-ci ne séjournans, leurs chevaux bridez, que pour n'avoir pas pris congé et assez remercié le grand prévost, il ouït leurs honnestetez, et puis commença les siennes par les protestations de son amitié, suivit par la probité et fermeté que les Parisiens avoyent tousjours monstrée

---

    1. Robert Chessé, cordelier, violent ligueur. Voyez le portrait de ce personnage dans de Thou (liv. XCVII).
    2. François du Plessis de Richelieu, grand prévôt de l'hôtel.

à leurs actions ; il vient de là au mespris de la mort, laquelle il leur déclare, et, s'escusant sur la rudesse de sa charge, les fait aller au gibet ; tout cela à la veuë des tambours qui les estoyent venus quérir, et qui remportèrent leur rançon. Cet exemple fit mettre de l'eau dans le vin des Seize et modéra leurs rigueurs.

Chapitre V.

Prise du Mans et autres places ; du Bois de Vincenne, Pontoise et autres.

Un ambassadeur de Venise[1], le premier venu à la reconnoissance de Henri IV, estoit arrivé à Tours. Le roi y fit une course[2], tant pour le recevoir que pour donner courage à la cour de Parlement et faire une reconnoissance de la grande fidélité qu'ils avoyent tesmoigné en quittant pour son service leur patrie et leurs maisons. Il leur ordonna de travailler au procès de l'assassinat du roi selon la requeste que, par le conseil de la mareschalle de Rets[3], lui avoit présenté la roine Blanche[4] quelques jours auparavant[5].

Comme on pensoit le roi attaché à Tours, il se va

1. Jean Mocenigo, ambassadeur de Venise. M. Italo Raulich vient de publier, sous le titre de *la Contesa fra Sisto V et Venezia per Henri IV di Francia,* une étude sur les négociations ouvertes entre Henri IV et Venise après la mort de Henri III, à la suite desquelles la république reconnut le nouveau roi.
2. Le roi arrive à Tours, 21 novembre 1589 (*Journal de L'Estoile*).
3. Claude-Catherine de Clermont, morte le 25 février 1603.
4. Louise de Vaudémont, femme de Henri III. On sait que l'on appelait *reine Blanche* les veuves des rois de France, parce qu'elles portaient dans leur veuvage une guimpe et un voile blancs.
5. La reine Louise de Vaudémont, après avoir pris l'avis de

jetter d'une course[1] dans les fauxbourgs du Mans[2], où en mesme temps s'acheminoit le comte de Brissac; lequel, voyant son dessein rompu, en se retirant donna sur les reistres de Dammartin[3], en enleva le logis, où il demeura sur la place quelques cinquante Lorrains.

Bois-Dauphin[4] avoit dedans le Mans de quatorze à quinze cents harquebusiers, hors ceux de la ville. Dès les premiers coups de canons parut combien vaut une muraille sans rempart et un fossé de vieux temps. Tous les gens de guerre demandèrent capitulation qui fut bien tost accordée[5]; et Lansac[6], qui vouloit ou

---

quatre docteurs de Sorbonne, qui l'autorisèrent à écrire au roi, bien qu'il fût hérétique (avis du 10 août 1589, copie, f. fr., vol. 3977, f. 188), adressa, de Chenonceaux, à Henri IV une lettre pour demander justice de la mort de Henri III (copie datée du 6 sept. 1589, f. fr., vol. 3640, f. 1. Il en existe d'autres copies). Le roi lui répondit le 9 novembre (*Lettres de Henri IV*, t. III, f. 75). La lettre de la reine est imprimée (*Ibid.*) sous la date du 16 septembre.

1. Le roi quitta Tours pour se mettre en campagne le 25 novembre 1589.
2. Siège du Mans (Sarthe) par les troupes de Henri IV, 27 novembre 1589 (De Thou, liv. XCVII).
3. François de Dammartin, baron de Dammartin, colonel de reitres souvent nommé dans les *Lettres de Charles III,* duc de Lorraine, publiées par M. Lepage (Nancy, 1864). On conserve dans le fonds français, vol. 3977, f. 204, une copie de l'acte d'engagement du régiment de 1,500 reitres commandé par ce capitaine au profit du roi. Cet acte est daté du 14 août 1589 et de Senlis.
4. Urbain de Laval, s. de Boisdauphin, maréchal de France et gouverneur d'Anjou en 1597, mort le 27 mars 1629. L'abbé Ledru a consacré à ce personnage, en 1878, dans la *Revue historique et archéologique du Maine,* t. II et III, une savante notice biographique.
5. Prise du Mans par Henri IV, 2 décembre 1589 (De Thou, liv. XCVII). Voyez les *Mémoires de la Ligue* (t. IV, p. 83). On conserve dans le fonds français, vol. 3977, f. 357, une copie de l'acte de capitulation.
6. Guy de Saint-Gelais, s. de Lansac.

monstroit plus d'opiniastreté, se donna au service du roi. L'effroi du Mans fut exemple à Sablé, Chasteau-Gontier, Mayenne et Laval[1], où le roi séjourna quelques jours pour donner ordre à plusieurs affaires que ses diligences avoyent laissé en croupe, notamment à celles de Bretagne, pour lesquelles il fit venir le prince de Dombes[2] qui, peu de jours auparavant, en avoit eu la commission.

Ayant pourveu un peu à la haste à cette province, il court impatiemment à son armée, qui lors, sous la charge du mareschal de Biron, avoit attaqué Alençon[3]. Le duc de Mayenne, ayant redoublé le siège que nous avons touché en passant, l'avoit emporté par capitulation. A ce voyage, les commissaires de l'artillerie, à cause des mauvais chemins, eurent quelquesfois la peine de faire cheminer demie lieuë l'artillerie sur des clies[4]. Le roi fut merveilleusement bien servi de ces commissaires, notamment de La Faiole; car, lors que La Gau[5], qui commandoit dans Alençon, vid le peuple affectionné au roi, il se retira dans le chasteau avec trois cents hommes qu'il avoit. Et le roi, ayant commandé une grande diligence et une batterie de nuit, s'il se pouvoit, La Faiole porta une lanterne qui ne

---

1. Sablé (Sarthe), Château-Gontier, Mayenne et Laval (Mayenne). — Arrivée du roi à Laval, 9 décembre 1589 (*Mémoires de la Ligue*, t. IV, p. 83). De Laval, Henri IV se rendit à Mayenne (*ibid.*, p. 84).

2. Henri de Bourbon, prince de Dombes, gouverneur de Bretagne.

3. Siège d'Alençon (Orne) par René de Saint-Denis de Hertré, capitaine de l'armée de Biron, 15 décembre 1589.

4. *Clie,* claie, char sans roues.

5. Lago, capitaine ligueur. On trouve dans Monluc et dans Brantôme deux capitaines de ce nom, mais ils appartenaient au parti réformé.

luisoit que d'un costé au pied de la tour, où touche une chaussée qui retient l'eau, et rompit à coups de canon cette chaussée, si bien qu'au poinct du jour le fossé estant à sec, La Gau se rendit[1]. Cela fut agréable au chef de l'armée, tant pour la diligence que pour l'espargne des poudres, dont il estoit mal garni.

De là on court à Falaise[2], meilleur qu'Alençon. L'estonnement fut tel parmi les soldats, et parut tellement par ceux qui se jettoyent des murailles en bas que le comte de Brissac fut contraint de se rendre à discrétion. Par là Caen eut ses coudées plus larges. Et est à noter qu'en sept semaines d'hyver une armée, avec un pesant attirail, fit cent cinquante lieues, ne faisant guères de logis sans quelque espèce de siège, estant tout rempli par les liguez qui ne faisoyent point difficulté de quitter à veuë d'armée des places indignes de renom et de la peine de mon lecteur.

Avant vous dire la besongne du duc de Mayenne durant ces exploits, nous suivrons le roi jusques à Honfleur[3], à la prise de laquelle la plus grande difficulté fut par les navires qui venoyent, à tour, garnir les fossez de salves de canons et de mousquets, et par là défendoyent la place, et par mesme moyen faisoyent du meurtre dans les logemens. Cela retarda la prise pour la résolution que le roi prit de retourner au cœur de la France, remédier à ce que le duc de Mayenne avoit fait.

1. Alençon se rendit à l'armée du roi le 16 décembre 1589 (*Mémoires de la Ligue*, t. IV, p. 85). Le château capitula le 24.
2. Le siège de Falaise commença le 1ᵉʳ janvier 1590. Voyez le récit détaillé de de Thou (liv. XCVII). La ville capitula avant le 7 du mois.
3. Le siège de Honfleur commença le 14 janvier 1590.

Premièrement il avoit assiégé le Bois de Vincennes, place grande pour chasteau, composée du plus grand fossé et du mur le plus avantageux qui se puisse voir ; cela en carré est flanqué de huit tours ou plustost huit donjons assises aux quatre coins et aux quatre milieux, le tout selon l'ancienne fortification. Mais ceste grosserie demandoit une grande dépense de poudres et boulets ; le duc de Mayenne, pour espargner ceste chère marchandise, mesnagea et emporta les assiégez par leurs incommoditez.

Ayant donc reçeu le Bois de Vincennes par capitulation, il assiège Pontoise[1], de laquelle nous avons descrit la foiblesse ci-devant, et ayant pris les mesmes erres de batterie qu'avoit fait le roi, dernier mort, les assiégez se rendirent à composition bien gardée[2]. De là le duc se retire à Paris, où, avec le conseil des Seize, il employa la fin de l'année aux négotiations d'Espagne, à engager les principales villes et sur tout les Parlemens, ausquels il faisoit prononcer des arrests en termes indignes contre le roi et contre les plus grands du royaume qui suivoyent son parti, jusques à dégrader de noblesse tout ce qui n'estoit de l'Union. Paris emplissoit la France de livres exécrables[3], et ne trouvant pas à dire choses horribles en la vie de celui qui régnoit, ils déchiroyent la mémoire du défunct en termes si licentieux qu'ils prenoyent leur part de la haine dont ils diffamoyent son nom. Entre telle sorte

---

1. Pontoise était défendu par Pierre de Mornay, s. de Buy, frère de du Plessis-Mornay.
2. Siège et prise de Pontoise par Mayenne, commencement de janvier 1590.
3. Les *Mémoires de la Ligue* (t. IV) reproduisent plusieurs de ces pamphlets.

de livrets, il y en eut plusieurs qui apposèrent leur nom; Lanai[1] entre ceux-là. Le plus scandaleux de tous, pource qu'il estoit disert en sa mesdisance, fut *Le Catholique anglois*[2], qui spécifia les impuretez, qui ne sont que trop puantes, dites généralement. Par telle voix les ligueurs engageoyent les liguez de porter tout à la défense, n'ayant rien oublié aux offenses.

Le roi, ayant sçeu en Normandie que le duc de Mayenne, dès les mois de janvier, avoit assiégé Mulan[3], tourne la teste à son armée, et arrive à la mi-février à Maigné[4], près de Mante, fait par son approche lever le siège[5], pour de là entreprendre celui de Dreux, sur son chemin, diverti pour oster Nonancourt[6], où commandoit Fonsalmois. Ceste bicoque incommodant l'armée pour les vivres, la contraignit à toutes les cérémonies d'un siège, avec la perte de Mignonville, gentil mareschal de camp; tout y passa à la miséricorde du soldat. Sur ce poinct, le roi marche droit à Dreux pour l'assiéger[7], après y avoir essayé une entre-

1. Mathieu de Launay, ancien chanoine de Soissons, partisan acharné de la Ligue, théologien, pamphlétaire fanatique, mort dans les Pays-Bas vers 1608.

2. *Premier et second advertissement des catholiques anglois aux François catholiques et à la noblesse qui suit à présent le roy de Navarre*, Paris, Bichon, 1590, in-8° (par Louis Dorléans, avocat général du parlement de la Ligue).

3. Siège de Meulan (Seine-et-Oise) par le duc de Mayenne, 9 janvier 1590.

4. Magny (Seine-et-Oise). — L'armée du roi parut à la vue de Meulan le 13 février 1590.

5. Le duc de Mayenne leva le siège de Meulan le 27 février 1590.

6. Nonancourt (Eure) avait été pris par le roi le 1er février 1590. Henri IV y revint le 12 mars pour passer le gué sur l'Eure.

7. L'armée royale entama le siège de Dreux le 28 février 1590. Voyez une pièce du temps sur le siège de Dreux, f. fr., vol. 3632, f. 36.

prise rompue par un moyen plus remarquable qu'il ne semble ; c'est qu'il y a peu d'accez à ceste ville que par une longue rue de fauxbourg ou en brisant trente petites murailles ou hayes de jardins, ne se pouvant faire ni l'un ni l'autre secrettement.

Chapitre VI.

Bataille d'Ivri[1].

Dreux ne fut pas plustost commencé d'assiéger que le roi fut averti comment le duc de Mayenne, ayant reçeu douze cens lances du Pays-Bas et six mille mousquetaires, choisis par le duc de Parme pour la fleur des siens, tout cela amené au duc par le comte d'Aiguemont[2], il se résolut à lever le siège de Dreux[3]. Ce premier avertissement, suivi bien tost d'un avis de Mante que l'armée avoit passé sur le pont de la ville, et puis ceste armée estant avancée jusques à Danmartin[4], le roi dit à ses capitaines qu'il ne faisoit point de difficulté de quitter un siège pour donner une bataille, leur communiqua un projet de son ordre, auquel tout

1. Victoire d'Ivry (Eure) remportée par Henri IV sur le duc de Mayenne, 14 mars 1590.
2. Philippe, comte d'Egmond, prince de Gavre, chevalier de la Toison d'or, gouverneur de la province d'Artois, dévoué au parti espagnol, tué à l'âge de trente-deux ans sans laisser de postérité de sa femme Marie de Horn. On conserve dans le fonds français, vol. 20153, f. 439, une copie de l'acte de commission donnée au comte d'Egmond par le duc de Parme pour venir en France au secours de la Ligue, en date du 30 décembre 1589.
3. L'armée royale leva le siège de Dreux le 12 mars 1590. Voyez une relation contenue dans les *Mémoires de la Ligue* (t. IV, p. 237).
4. Arrivée de l'armée du duc de Mayenne à Dammartin (Seine-et-Marne), 10 mars 1590 (De Thou, liv. XCVIII).

son conseil n'apporta aucun changement. Il le fit donc observer dès la sortie du logis, en donna instruction et copie à son mareschal de camp général, qui estoit le baron de Biron, et à son sergent de bataille, qui estoit Vic-Sarret[1]. Son premier logis fut à Nonancourt[2]. Le lendemain il marche à Sainct-André[3], sur l'avis qu'il eut que le duc estoit logé à Lori[4], ayant passé le village de Sainct-André pour laisser faire son logis. Il sceut par ses coureurs que l'armée ennemie paroissoit, il prend place et se met en estat de bataille.

D'autre costé le duc de Mayenne, plus fort d'un tiers et demi, principalement en cavalerie, ayant fait sentir à ses compagnons leur avantage, marche droit au roi. Puis, ayant recogneu un petit village entre les deux armées, et jugé qu'il seroit avantageux à qui s'en saisiroit, il fit avancer sa cavalerie légère pour favoriser Chastignerai[5], auquel il commanda de s'y loger avec six ou sept cens harquebusiers, espérant y en jetter d'avantage. Mais, avant que ceux-là eussent loisir de s'accommoder, le roi, qui avoit pris mesme dessein, y fait donner Chasteauneuf[6], et le jeune Chambrai[7], et

1. Dominique de Vic, dit *le capitaine Sarred*, né en 1551, enseigne et capitaine des gardes sous Henri III, successivement gouverneur de Calais et d'Amiens sous Henri IV et vice-amiral de France. Voyez p. 201.

2. Arrivée du roi à Nonancourt (Eure), 12 mars 1590. Voyez les *Mémoires de la Ligue* (t. IV, p. 237).

3. L'armée royale campa à Saint-André en face des ennemis, 13 mars 1590.

4. Saint-André, Lorey (Eure).

5. Jean de Vivonne, s. de la Châteigneraye.

6. Guy de Rieux, seigneur de Chasteauneuf et vicomte de Douges, successivement gouverneur de Brest et lieutenant de roi en Bretagne, capitaine d'ordonnance.

7. Louis de Pierre-Buffière, seigneur de Chambret, Beaumont

quelques-uns de ses gardes qui eurent bien tost délogé les premiers, et ausquels la cavalerie légère servit bien pour se raprocher de l'armée. Cela amena quelques froides escarmouches et de peu d'effect. Le mareschal de Biron ayant jetté l'œil sur les armées, jugea qu'il n'y auroit point de bataille pour ce jour, et s'en alla aider à son fils pour le logis important, qui fut à Foucarville[1], où l'armée royale prit son assiete. L'autre campa vis à vis en quelques meschans hameaux, les deux chefs ayant donné mesme ordre et mesmes rendévous pour le lendemain matin.

Presque toute la nuict, le roi, apréhendant cette bataille, fut en prières, lesquelles il faisoit lui-mesmes, et envoyoit ceux qui n'y vouloyent pas assister faire leurs pasques, ou, selon les cérémonies de l'autre église, à leurs dévotions. Montigni, La Curée[2] et autres de telle humeur prirent goust aux prières du roi, et le premier de ces deux lui dit gayement : « Sire, ayons demain à vostre teste ce ministre qui nous charma à la journée de Coutras, et l'armée de la Ligue à Arques, nous désirons d'ouir sa prière à la veuë des ennemis. »

Le lendemain, les deux armées furent rendues au champ de bataille, et, entre dix et onze, en estat de combat. Le roi faisant en effect l'office de sergent de bataille, l'ordre des uns et des autres presque pareil. L'armée de la Ligue un peu plus tenaillée, car des deux pointes, comme plus espaisses, estoyent plus avancées,

et Marillac, gouverneur de Figeac, colonel de gens de pied en 1592 (*Lettres de Henri IV*, p. 705).

1. Foucrainville (Eure).
2. Gilbert Filhet, s. de la Curée, capitaine protestant, un des plus fidèles serviteurs de Henri IV. Il a laissé des *Mémoires* qui ont été publiés chez Didot en 1821 par M. de Valori.

et[1] aussi ayant plus d'hommes arrangez en bataille ; la ligne courbe estoit plus capable que le droit fil.

La royale estoit de cinq escadrons de front et d'un arrière, qui estoit la troupe de réserve commandée par le mareschal de Biron. Le mareschal d'Aumont faisoit la corne gauche, ayant à chascun de ses estriers un régiment françois. Le second de ceste main estoit mené par le duc de Montpensier ayant au costé gauche quatre cents lanskenets. A droite un régiment de Suisses avec un de françois, partagé en deux moitiez, qui les flanquoyent et garnissoyent. Après suivoit la cavalerie légère un peu avancée en deux troupes peu distinctes ; à leur teste le comte d'Auvergne et Givri[2]. Ceux-là sans infanterie, mais il avoyent à leur gauche trois canons et deux coulevrines. En suivant, prit place le baron de Biron, mareschal de camp, avec huit cents hommes de pied choisis, et fort peu de cavalerie ; cettui-là, presqu'autant avancé que les chevaux-légers. Ceste main estoit fermée par le gros du roi ; de tous les autres nul ne passoit deux cents chevaux. Cettui-ci estoit de cinq cents ; le premier rang composé de princes et grands seigneurs, renforcé de nouveau par les compagnies du prince de Conti et Duplessis-Mornai. Entre le mareschal de Biron et le roi estoyent les trois régimens de Brigneux, Vignolles et Sainct-Jean ; celui des gardes à la gauche ; au soustien de ceux-là les Suisses ; à gauche Glaris et les Grisons ; à droite Soleurre et Baltazar[3]. Le reste de son infanterie fran-

1. La fin de l'alinéa manque à l'édit. de 1620.
2. Anne d'Anglure, s. de Givry.
3. Glaris et Soleure, cantons suisses. — Balthazar Grissac, capitaine suisse.

çoise avoit à son aile quelques Reistres que je n'ai pas
voulu conter pour un escadron, pource qu'estans peu
forts ils s'assujettissoyent au besoin des plus proches.

Sur le poinct d'aller au combat, le roi, averti qu'il
lui arrivoit deux cents chevaux amenez par Humières
et Mouy[1], ne fut pas d'avis de les attendre, pour ne
laisser pas refroidir la gayeté de cœur qu'il connoissoit aux compagnons contre l'opinion du mareschal
de Biron, qui remonstroit avec grandes raisons combien une petite troupe porte grand asseurance à ceux
qui s'estoyent résolus de combatre à moins.

Le duc de Mayenne avoit fourni autant de gros qu'il
en faloit afronter. Je voudrois bien vous pouvoir dire
les chefs des bataillons. Rosne[2] commandoit celui de
la droite du général; la confusion des mémoires m'empesche d'asseurer les autres trois. Ce de quoi tous
sont convenus est que le duc de Mayenne eut ce principal soin de fournir la corne gauche, où lui affrontoit
le roi à sa droite, des meilleures bandes qu'il eust en
son armée, comme des ducs de Nemours et d'Aumale,
au commencement en ordre pour combatre séparez,
mais depuis, selon leur désir, aprochez et joints à la
sienne de treize cents lances du Pays-Bas, commandées par le comte d'Aiguemont. A son aile gauche il
avoit quatre cent cinquante carrabins, qui sont harquebusiers à cheval, armez d'autre façon que les
nostres et meilleurs, car ce sont presque tous hommes
de commandement choisis. Et ainsi ce qui devoit aller

1. Charles d'Humières, lieutenant de roi en Picardie. — Isaac
de Vaudray, s. de Mouy.

2. Chrétien de Savigny, s. de Rosne, mort au service des Espagnols en 1596.

au combat avec le duc estoit de deux mille deux cents chevaux. Encor n'oublierai-je pas qu'à la teste des Walons y avoit un moine en habits sacerdotaux qui portoit une grande croix en forme qu'ils appellent de Sainct-André, de laquelle il faisoit de grands signes que toute l'armée voyoit, ayant promis à ses compatriotes de maudire tellement les hérétiques, comme il disoit, qu'il les feroit rendre sans combat. Et fit cette contenance jusques à la charge, où il jetta la croix par terre pour se sauver.

Ainsi les deux armées s'afrontroyent bien différentes en nombre; car celle du roi en tout ne se vid point passer deux mille chevaux et six mille cinq cents hommes de pied; l'autre passoit cinq mille chevaux et huit mille hommes de pied, pareille en artillerie. Entre Rosne et son général estoyent les régimens des Suisses, et derrière les carrabins; à l'autre main de Rosne le vieil régiment des lanskenets, ausquels il avoit sa principale confiance, commandez de prendre la place des chevaux-légers quand ils iroyent à la charge; plus avant, tirant vers la gauche, estoyent les Reistres, assistez du bataillon des Walons, et l'artillerie, commise entre leurs mains.

Le roi, voyant combien le duc de Mayenne avançoit peu ses enfans perdus, jugea à cette marque qu'il estoit résolu de n'aller point chercher le combat, mais de l'attendre en son assiette. D'autre part, lui qui trouvoit la sienne désavantageuse, fut bien content de faire un peu changer de front à son armée sous couleur de la démarche, pour attaquer; et par là partagea à son profit la faveur du vent et du soleil. Adonc, ayant laissé reserrer par une courte pause ce que le changement pouvoit avoir désordonné, il envoya commander au grand maistre La Guiche[1] de faire hauts les bras. Cela se fit de neuf canonnades qui, pour estre de près et pource que l'armée liguée paroit beau jeu sur la descente d'un costeau, il y eut du dommage à bon escient. L'artillerie du duc ayant rendu la boule avec moins d'effet, d'une part et d'autre tout commença de branler.

La cavalerie légère que nous avons remarquée à la main droite du duc, ce qui ne se void guères en charge de chevaux-légers, amena à la staphe[2] le gros des lanskenets, qui estoit la meilleure de leur infanterie. Le mareschal d'Aumont, à qui le moumon se présentoit, fait les deux tiers du chemin, prit sa charge à gauche de mesme temps, et avec moins de trois cents chevaux rompt et mène battant un gros de plus de cinq cents jusques à l'eurée d'un bois, où il arresta sa troupe qui n'avoit comme point changé d'ordre, ni pour la meslée de la charge, ni pour une grande escoupéterie d'un costé des lanskenets, qu'il avoit buë de la longueur de deux piques. Il ramena sa troupe en corne à celle du roi, comme il avoit esté concerté auparavant pour voir ce qui se présenteroit. De l'autre costé, guères loin du duc, où estoyent les Reistres, servis du régiment des Walons, la cavalerie légère du roi fit sa charge à costé de l'artillerie, et fut rudement receue et rompue ; à quoi les Walons prindrent bonne part, quand le mareschal de Biron les prit en eschine, puis mesla sur leur retour, où il

1. Philibert de la Guiche, grand maître de l'artillerie.
2. Staphe, *staffa*, étrier : au figuré, au point de départ, rapidement.

fut blessé. De son accident la cavalerie légère receut quelque espouvantement qui s'estendoit en ceste partie de l'armée, quand le duc de Montpensier alla au combat, au second gros de l'armée, comme la meslée en estoit douteuse.

Le duc de Mayenne, ayant veu qu'il estoit temps, démarcha vers le roi assez froidement pour le commencement. En cet endroit, les derniers qui ont escrit donnent au roi une harangue[1], à laquelle il ne pensa jamais; et puis lui font faire une prière, en laquelle ils n'ont pas observé le langage de Canaan qui estoit lors en la bouche de ce prince. Car ils le font parler à Dieu par vous, ce qui lors lui estoit grandement ridicule, ayant appris de s'adresser à un dieu comme à un père. Je laisse ces choses pour me contenter de ce qui en est. C'est qu'après avoir veu toutes choses stables selon son commandement, enfin, pour démesler toutes ces fusées, le roi, qui auparavant avoit fait faire la prière aux bataillons qui l'avoyent désirée, la commanda au ministre d'Amours et, avant prendre sa salade, accompagna d'un visage riant ces paroles : « Mes compagnons, Dieu est pour nous, voici ses ennemis et les nostres, voici vostre roi. A eux, si vos cornettes vous manquent, ralliez-vous à mon panache blanc, vous le trouverez au chemin de la victoire et de l'honneur. »

Au mesme temps, le duc avoit fait ouvrir le passage à ses carrabins, et marchant à mesure d'eux, fait boire un salve de quatre cents coups à l'escadron du roi, qui, ayant avalé cette dragée, donne dans une forest de lances, fournit aux deux escadrons qui l'armoyent.

---

1. La prétendue harangue du roi à ses troupes est imprimée dans de Thou.

Dès les premiers coups parut ce que pouvoit la qualité sur la quantité. Ceux qui estoyent près du roi se pressèrent pour soustenir son choc. Ce prince remarqua tels des siens sur qui trois lances rompirent, ce qu'il paya d'honneur. Fonslebon, d'un coup de pistolet, defonsa la cervelle au comte d'Aiguemont, louable pour son courage, s'il ne l'eust employé contre ceux qui vangeoyent la mort de son père[1], et si, l'oyant nommer, il n'eust défendu de parler d'un traistre à son roi[2].

Les premiers rangs des liguez estans fort endommagez, et le derrière, ne sentant point de dommage, empescha les premiers de quitter le jeu et de se démesler si tost qu'ils eussent voulu. En fin dans demi quart d'heure les royaux percent tout, et ceste grosse nuée s'évanouissant, parut un escadron de trois cornettes de Walons qui venoyent tous frais sur le roi, qui n'avoit peu ralier que vingt gentilshommes. Bien à propos se joignirent le comte d'Auvergne, La Trimoüille[3], Givri et autres au mareschal d'Aumont, qui avec lui rompirent les Walons sans grande résistance, pource qu'ils voyoyent tous esbranlés. Pour mesme raison les régimens de gens de pied gagnèrent la place de ceux qui les afrontoyent sans contraste ; car jusqueslà ils n'avoyent fait joüer que l'harquebuserie. Le mareschal de Biron, avec deux cents hommes de

---

1. Le comte d'Egmond avait été supplicié à Bruxelles le 5 juin 1568. Voyez le beau récit de d'Aubigné, t. III, p. 258.
2. Presque tous les historiens racontent que le jeune comte d'Egmond, tant il était dévoué à Philippe II, avait défendu qu'on prononçât devant lui le nom de son père, décapité à Bruxelles.
3. Claude de la Trémoille, duc de Thouars, né en 1566, mort le 25 octobre 1604.

réserve, n'avoit point combatu. Mais, démarchant à propos et ayant par ses contenances empesché les raliemens, s'avance à un des bataillons des Suisses, faisant faire de mesmes aux troupes de Picardie, ausquelles il avoit fait prendre place à sa gauche. D'autre costé, quelques régimens estans ramenez vers eux, leur bonne mine et divers respects qu'on portoit à leur nation leur fit faire capitulation de la vie, tant pour eux que pour les François qui s'estoyent jettez dans leurs rangs; et cela retint le roi quelque temps avant se mettre à la poursuite de ses ennemis. Mais lors, ayant mis le comte d'Auvergne devant soi, et près sa personne ce qu'il put ralier, il prend le galop gaillard.

La desroute des liguez se fit en deux principales troupes. Le duc de Mayenne print le chemin d'Yvri, où l'embarrassement de son bagage fit tuer et noyer plusieurs des siens, si bien qu'il fut contraint à faire quelque ferme, et là prit des prisonniers de ceux qui le pressoyent, entre autres des gardes du roi. L'autre troupe de retraite, où estoyent le duc de Nemours, Bassompierre, Rosne et Tavanes[1], gagnèrent la plene vers Chartres. Le roi, tant pour fuir l'embarrassement d'un costé que de l'autre, le mauvais gué d'Yvri, prit le destour d'Asnet, et de là, ayant donné jusques aux portes de Mante, se vint loger à Rosni[2].

La perte de la Ligue à cette bataille[3] fut de huit

1. Charles-Emmanuel, duc de Nemours, frère utérin du duc de Mayenne. — Christophe de Bassompierre. — Guillaume de Saulx, comte de Tavannes.

2. Anet (Eure-et-Loir), Rosny (Seine-et-Oise). Le roi coucha à Rosny le soir de la bataille d'Ivry.

3. Le récit que d'Aubigné nous donne de la bataille d'Ivry (14 mars 1590) se recommande par son exactitude en même temps que par son mérite littéraire. L'auteur a utilisé, ainsi que de Thou

cents hommes de cheval de diverses nations et de dix-huit cents hommes de pied. Le comte d'Aiguemont, que quelques-uns appelloyent duc, et celui de Brunswich[1] en furent les principaux. De gentilshommes françois, il ne s'en perdit de notables que Chastaignerais. Pour prisonniers, demeurèrent le comte d'Emprist[2], Aleman, Bois-Dauphin, Cigongne[3], pris par Rosni[4], depuis duc de Sulli, et trois maistres de camp. Pour drapeaux, la cornette blanche, la générale des Espagnols, celle du colonel des Reistres, seize autres de cavalerie, quatre-vingts enseignes de gens de pied, en comptant celles que les Suisses rendirent par leur capitulation[5]. Des royaux moururent vingt gentils-

(liv. XCVIII), une pièce du temps réimprimée dans les *Mémoires de la Ligue* (t. IV, p. 235). Il existe beaucoup d'autres documents sur ce combat célèbre. Nous citerons seulement les pièces contenues dans le f. fr., vol. 15591, dans la coll. Moreau, vol. 745, dans la coll. Dupuy, vol. 317, et enfin une lettre de Biron à du Haillan, qui contient un autre récit de la bataille (f. fr., vol. 2945, f. 87). Voyez aussi les mémoires de Guillaume de Saulx-Tavannes, de de Thou, la *Chronologie novenaire* de Palma Cayet, les pièces justificatives du *Journal de L'Estoile* (t. I du règne de Henri IV, édit. Lenglet-Dufresnoy), le catalogue des imprimés de la Bibliothèque nationale (t. I, p. 362) et le récit officiel adressé par Henri IV aux officiers du royaume (*Lettres de Henri IV*, t. III, p. 162). Enfin, M. le vicomte d'Estaintot, dans une étude remarquable, *la Ligue en Normandie*, in-8°, 1862, à laquelle nous avons emprunté des dates et des faits précis, a publié (p. 102), d'après les registres secrets du parlement de Caen, une belle lettre de Henri IV, écrite le soir même de la bataille d'Ivry, sur les événements de la journée.

1. Éric, bâtard d'un duc de Brunswick.
2. Le comte d'Ostfrise, capitaine des reitres.
3. Charles de Beausoncle, s. de Cigongne.
4. Maximilien de Béthune, baron et marquis de Rosny, puis duc de Sully. C'est la première fois que d'Aubigné nomme ce grand ministre.
5. La capitulation accordée par le roi aux Suisses de la Ligue est imprimée dans les *Mémoires de la Ligue,* t. IV, p. 159.

hommes, entre ceux-là Tich Chomberg, le marquis de Nesle, Clermont d'Antragues, Longaunai, aagé de soixante-dix ans, Fequieres et Crenai[1], force seigneurs de bonne maison blessez.

Le duc de Mayenne, passant dans Mante, fit courir le bruit de la mort du roi au combat et la perte égale, horsmis du champ et du bagage. Sur quoi je vous donne le bon mot de Rosne, qui dit à son chef d'armée à la première rencontre : « Et bien, vous estiez tous les jours à nous dire que vous souhaitiez une armée sans bagage, vous avez de quoi vous resjouir. »

Le principal profit de ceste victoire fut le gain de Mante et de Vernon[2], tous deux ponts de Seine, et la rivière devenue royale de Meulan jusques à Rouan. Les prescheurs travaillèrent si bien à cet effroi que peu de villes sentirent l'estonnement, et les parlemens liguez firent les plus braves édits qu'ils peurent à l'ignominie du roi et de ceux qui le suivoyent. Lui passa quinze jours à Mante[3], où il fit quelques chevaliers de l'Acolade, et, donnant ordre à ses affaires[4], eut nouvelles d'un autre moindre et non moins heureuse journée gaignée le mesme jour en Auvergne par

1. Théodoric de Schomberg, commandant des reitres. — Guy de Laval, marquis de Nesle. — Charles de Balsac de Clermont d'Antragues. — Le s. de Longuaunay, gentilhomme normand. — De Pas de Feuquières. — Crenai, cornette du duc de Montpensier.

2. Vernon (Eure).

3. Henri IV quitta Mantes le 28 mars 1590 et se rendit à Chevreuse le 29.

4. La campagne du roi pendant les semaines qui s'écoulèrent depuis la bataille d'Ivry jusqu'au siège de Paris est racontée dans quelques relations contemporaines qui se trouvent : les deux premières dans le vol. 15591, pièces 28 et 30 ; la troisième à la suite du *Journal de L'Estoile,* 1741, règne de Henri IV, t. IV, p. 452.

les siens sur Randan[1]. Nous en toucherons en visitant les Méridionaux.

Chapitre VII.

Première partie du siège de Paris.

Après le séjournement, le roi, ayant quelque promesse d'intelligence sur Sens en Bourgongne, s'y achemina et mesme s'engagea au siège[2]. Mais, la trouvant mieux équippée de toutes choses que l'on ne l'avoit averti et bien asseuré que ceux de Paris, sur les confiances qu'ils prenoyent des choses esloignées, n'avoyent point fait de magasins[3], comme il avoit osté le reproche du siège de Dreux par une bataille, il paya ainsi le levement du siège de Sens par un plus grand et plus honorable : c'estoit celui de Paris ; lequel il commença par les prises de Melun[4], Corbeil[5], Lagni[6] et autres passages qu'il remplit de garnisons. C'estoit chose contre toute apparence et qui n'avoit jamais esté estimée de ceux qui cognoissent Paris,

---

1. Jean-Louis de la Rochefoucauld, comte de Randan, gouverneur d'Auvergne pour la Ligue, tué à Issoire en 1590. Les *Mémoires de la Ligue* contiennent (t. IV, p. 37 et suiv.) une série de pièces sur le s. de Randan en Auvergne.

2. Entreprise du roi sur la ville de Sens (Yonne), 22 avril 1590 (De Thou, liv. XCVIII).

3. On trouve dans les *Mémoires de la Ligue* (t. IV, p. 260) une curieuse relation du temps sur l'état de Paris après la bataille d'Ivry.

4. Siège de Melun par l'armée royale, 6 avril 1590. La ville fut prise le 11 avril.

5. Siège de Corbeil par les troupes du roi, 29 mars 1590. Prise de la ville, 1er avril.

6. Prise de Lagny (Seine-et-Marne) par Henri IV, 2 avril 1590.

qu'une telle ville tant peuplée pût subsister un mois, ayant les veines de ses rivières tranchées par tous les endroits. Ce furent les maximes sur lesquelles le roi attacqua le Pont-Charanton[1] le 25 d'avril. Ce pont, estant quitté à veue, fut garni et fortifié comme il se pouvoit. Et de là se présenta devant la ville avec quatorze mille hommes de pied et deux mille cinq cents chevaux[2].

Dedans commandoit le duc de Nemours avec huit mille estrangers et un peuple qui pouvoit sortir en nombre de cinquante mille hommes couverts de belles armes, le tiers de cela soldats, et tous animez par les harangues de leurs prescheurs, par les brefs du pape et par la décision de leur doute passée en Sorbonne[3], le dix-septième jour de mai, par les escrits et par les confessions qui, soubs l'authorité du pape et des docteurs françois, mettoyent à néant l'absolue puissance des rois et le devoir du nom françois. On donna au duc de Nemours, pour son conseil principal, le légat du pape[4], l'ambassadeur d'Es-

1. Prise du pont de Charenton par le roi, 25 avril 1590. Cette date est confirmée par un récit du temps publié dans les *Mémoires de la Ligue*, t. IV, p. 281, et par le *Journal de L'Estoile*.
2. Le 7 mai 1590, Henri IV occupa les coteaux du nord de Paris depuis la porte Saint-Antoine jusqu'à la porte Montmartre (*Journal de L'Estoile*). Le 13 du même mois, il s'empara des faubourgs et resserra la ville (*Lettres de Henri IV*, t. III, p. 194).
3. La décision de la Sorbonne, relative à la soumission des Français au roi hérétique Henri IV, fut rendue le 7 mai 1590, et non le 17. Elle est imprimée dans les *Mém. de la Ligue*, t. IV, p. 264.
4. Le cardinal Henri Cajetan, légat extraordinaire, était entré officiellement à Paris le 21 janvier 1590 ; mais il était à Paris quelques jours auparavant, ainsi que le constate une curieuse lettre non signée du 19 janvier (f. fr., vol. 3980, f. 257). Un exemplaire de ses pouvoirs, en latin et en français, est conservé dans

pagne[1], l'archevesque de Lyon[2], les évesques de Paris[3], Plaisance[4], Renes[5], Senlis[6] et Ast, qui estoit Panigarola[7], deux jésuites, dont l'un estoit Bellarmin[8]. Ce conseil avoit pour émissaires et habiles instrumens Geincestre, Feu-Ardent, Peletier, le Petit-Feuillant, Christi et Garnier[9]. Tous ceux-là, bien munis de vivres pour eux, possédoyent les chaires, par les chaires les oreilles et les cœurs des Parisiens, en prenant garde surtout que les couvens fussent bien munitionnez, de peur qu'ils ne preschassent pas bien la tolérance[10] de la faim s'ils la sentoyent.

le f. fr., vol. 3961, f. 267. M. Henri de l'Espinois a publié, dans la *Revue des Questions historiques* (oct. 1881), un savant article sur la mission du cardinal Cajetan à Paris.

1. Bernardino de Mendoça, successivement grand capitaine, diplomate habile et grand écrivain, représenta Philippe II en France pendant la durée de la Ligue. Toute sa correspondance avec le roi d'Espagne est conservée aux Archives nationales, K 1558 et suiv.

2. Pierre IV d'Espinac, 1573-9 janvier 1599.

3. Pierre V, cardinal de Gondi, 14 décembre 1569-1598.

4. Philippe de Sega, cardinal, évêque de Plaisance, nonce du pape.

5. Aimar Hennequin, décembre 1573-13 janvier 1596.

6. Guillaume IV Rose, 6 mai 1584-10 mars 1602.

7. François Panigarola, évêque d'Asti, italien et ligueur, mort en 1594. Il a écrit pour le duc de Savoie un récit des affaires de France sous la Ligue, qui est conservé en copie du temps dans le f. fr., vol. 4743, f. 89.

8. Robert Bellarmin, jésuite, puis cardinal, né à Montepulciano en Toscane, mort en 1621.

9. Jean Lincestre ou Guincestre, curé de Saint-Gervais. — Feuardent, cordelier. — Jacques Pelletier, curé de Saint-Jacques-la-Boucherie. — Le Père Bernard, feuillant, appelé le Petit feuillant, ancien prédicateur de Henri III. — Christin Florat, de Nice, un des prédicateurs de la Ligue. — Pierre Garnier, autre prédicateur.

10. *Tolérance,* l'endurance.

Il y avoit une autre sorte de garnison qui fomentoit merveilleusement les résolutions de ce peuple, c'estoyent les dames; entre celles-là la duchesse de Montpensier[1], desquelles l'exemple et les paroles opéroyent dans les défits[2]. Les espions, qui remarquoyent et faisoyent punir ceux à qui il eschapoit quelque clause, ou de la ruine publique, ou de ce que l'on devoit au roi, ne furent pas pièces inutiles à l'endurcissement. Mais surtout fut efficacieux le soin qu'eurent les Seize de donner leur treize portes en garde, ou aux estrangers, ou à ceux qui estoyent engagez par delà l'espoir du pardon. Leur soin encore fut que ceux-là eussent de quoi vivre pour contraindre le reste à mourir de faim. Le Clerc estoit du rang de ces désespérez, pour ce que nous avons dit. On lui mit la Bastille entre les mains. Ce soin de donner les clefs de la ville et des vies à la ceinture de telles gens fut le dernier restrinctif par lequel on vit, en deux mois et demi, les richesses des Parisiens prodiguées pour du pain, les thrésors de la couronne, les reliques tant estimées et adorées par ce peuple, les joyaux, bagues et pendans d'oreilles et tout ce qu'ils avoyent en délices fondu et réduit en monnoye, les rentes de l'hostel de ville avec la foi publique mise à néant, les hospitaux pleins de charongnes des morts de faim, les rues bordées de languissans et pavées d'anatomies, les lieux qu'ils tenoyent pour sacrez changez en estables, les chiens et les chevaux faire des querelles à qui les mangeroit, quelques enfants dévorez, le Louvre

1. Catherine-Marie de Lorraine, fille du duc François de Guise, duchesse de Montpensier, morte le 6 mai 1596.
2. Il y a peut-être ici une allusion galante pour l'explication de laquelle nous renvoyons à la note 2 de la page 74.

devenu boucherie des lanskenets et la grand sale un gibet.

Les exploits de ce siège furent fort peu hasardeux; car, après quelques légères escarmouches vers Monfaucon[1], l'armée s'alla attacher à Saint-Denis, d'où les Parisiens espéroyent plus de résistance qu'il n'y en eut, car les assiégez ne laissèrent pas former les approches sans parlementer. L'armée fut dix jours à gagner quelques terriers qu'on tenoit pour la force de la place. Et lors le roi leur donna capitulation qui fut trouvée trop belle par les gens de guerre, parmi lesquels les trop favorables conditions de ceux qui se rendent sont réputées à deshonneur. Ils eurent donc l'article le moins permis en tels affaires, qui est d'enmener les pièces sur roues et mesme deux gros canons, et, avant sortir pour rembourser telle courtoisie, ils empoisonnèrent avec segle et autre artifice les puits et en remplirent la pluspart de corps morts[2].

Quand les Parisiens virent les chevaux achevez, que les farines d'avoines avoyent fait crever premièrement les jambes et puis le ventre à trente mille personnes, qu'on se batoit pour le partage des charongnes et des orties et des choses plus horribles que nous avons touchées au commencement de ce siège, ils s'en vindrent en foule au Palais, demandèrent la paix au conseil, qui les renvoya pour la première fois avec quelque promesse d'ordre. Ils y revindrent pour la seconde, où on leur monstra des préparatifs. A la troisième, ils donnèrent un coup d'espée au capitaine

1. Montfaucon, Saint-Denis (Seine). Escarmouches près de ces villes, 19 juin 1590 (*Mémoires de la Ligue*, t. IV, p. 274), le 12 juin, d'après de Thou (liv. XCIX).

2. Prise de Saint-Denis par le roi, 5 juillet 1590.

Gois¹, qui les haranguoit. Sur quoi le chevalier d'Aumale, arrivé avec forces, les enferme dans le Palais et en fait pendre deux.

Le conseil ainsi pressé voulut feindre un traité avec le roi pour amuser le peuple. Et furent députez pour ceste conférence l'archevesque de Lyon et l'évesque de Paris, qui demandèrent un congé au légat pour n'estre excommuniez d'avoir parlé à un hérétique; ce congé ottroyé après une longue et solemnelle consultation; le lieu assigné à Saint-Anthoine, qui est hors la ville. Là se trouvèrent Bellarmin et Panigarole, préparez pour tenir des propos notables à ceux qui n'estoyent pas de la conférence non plus qu'eux². Ce grand docteur disant que l'affliction où estoit Paris estoit une marque de la vraye Église, quelqu'un lui dit : « Je vous tire par une de vos robes pour vous faire souvenir qu'en vostre traité de l'Église militante, entre vos quinze marques de l'Église, vous y avez logé la prospérité. » Ce discours s'estendoit quand les conférens rompirent de tout point sur la qualité de roi, laquelle ils vouloyent attribuer au prisonnier de Maillezais³ et nullement au roi, auquel le traité s'adressoit.

Les nécessitez de ce siège attachoyent tellement ceux qui estoyent dedans, qu'en un si long espace il ne se passa sortie digne de l'histoire; si bien que, sur la pusillanimité que les assiégez tesmoignoyent, et

1. Le capitaine Gois ou Le Gois, bourgeois de Paris, capitaine de quartier.
2. On conserve dans le f. fr., vol. 15591, pièce 32, une relation de la conférence de ces deux prélats avec le roi et des événements qui l'ont suivie.
3. Le cardinal Charles de Bourbon, dit Charles X, roi de la Ligue.

pour obvier aux vivres qui, à force d'argent, se jettoyent toutes les nuictz en la ville, fut résolu de saisir tous les fauxbourgs en une mesme heure, qui fut à minuit[1]. Le roi voulut estre au bout de la galerie de Monmartre pour voir brusler l'amorce de toutes les parts de ceste grande ville ; ce qui fut un tableau non commun. Car ceste rondeur de la ville, quand Chastillon eut commencé vers Saint-Marceau, fut esprise de bluettes de feu ; toutesfois peu au regard de tant de gens qui se devoyent retirer en combatans et les courtines qui devoyent faire feu pour les favoriser. Nulle partie n'opiniastra plus que l'autre, et furent toutes les portes bloquées en une heure de temps, horsmis celle de Saint-Antoine, qui n'avoit rien de couvert pour le logement et n'avoit rien plus proche que l'abbaye, où ceux de la ville, ayans résolus de donner, perdirent leur dessein à moitié du chemin.

Paris fut donc bouclé de près, et ordonné Fervaques[2] pour commander à la courtille et fauxbourg Saint-Martin ; au fauxbourg Saint-Denis, le baron de Biron ; à Monmartre, Saint-Luc ; au fauxbourg Saint-Honoré et aux Tuileries, le régiment des gardes, commandé par Crillon ; à Saint-Germain et Saint-Michel, le mareschal d'Aumont ; à Saint-Jaques, trois régimens de Gascogne, commandez par le baron de Salignac[3], recognoissant Chastillon, qui estendoit les forces de Languedoc à garder Saint-Marceau et Saint-Victor ; si bien que les portes de Paris n'estoyent point

---

1. Prise des faubourgs de Paris, 27 juillet 1590 (*Mémoires de la Ligue*, t. IV, p. 291), 25 juillet, d'après de Thou (liv. XCIX).
2. Guillaume de Hautemer, s. de Fervaques.
3. Jean de Gontaut-Biron, baron de Salignac.

assiégez chacune de douze ou treize cents hommes, qui pouvoyent estre chargez [par] chasque corps de vingt mille hommes, sans secours de demi-heure et plus.

Le premier accident qui incommoda l'armée du roi fut la peste, esmeue en partie par les puits empoisonnez, comme aussi pour la grande multitude des vieillars, femmes et enfans, desquels les assiégez se deschargeoyent dans l'armée par le moyen de leur cognoissance et pour leurs commoditez. Le roi, sollicité et conseillé par quelques principaux capitaines de repousser ce pauvre peuple à mousquetades, ne put digérer ceste inhumanité. Il me souvient qu'ayant retiré en une partie de mon logis quatre femmes et dix-huit petis enfans beaux et plaisans, comme enfans de Paris, au retour d'une cavalcade, nous trouvasmes tout mort et quatre corps incognus qui servoyent de porte au logis. Tous les matins nous avions de tels huissiers à monceaux.

Durant ce siège, quelques chevaux-légers de Vic[1], gouverneur de Saint-Denis[2], lui amenèrent un courrier de Rome portant la mort du pape Sixte[3], qui n'estoit plus ennemi du roi. Et, pource que ces lettres

---

1. Dominique de Vic, dit le capitaine Sarred, seigneur d'Ermenonville, avait servi de sergent de bataille à la bataille d'Ivry (voyez p. 183) et obtenu du roi, en récompense de ses services, le droit de porter sur son écusson une fleur de lys d'or. Il mourut le 14 août 1610 (L'Estoile, *Journal du règne de Henri IV*, 1741, t. I, p. 101, note de Lenglet-Dufresnoy).

2. De Vic n'était pas encore gouverneur de Saint-Denis. Il n'obtint cette charge que dans les derniers jours de l'année, par suite de la démission de Lavardin.

3. Mort de Sixte-Quint, 28 août 1590. On conserve dans le f. fr., vol. 4019, f. 19, une curieuse relation de la mort de ce pape, que d'Aubigné semble avoir connue.

estoyent en chifre double et très difficile[1], il les falut mettre entre les mains de Chorrin, qui démesloit tout ce qui arrestoit les autres, et de son temps n'a eu son semblable en ceste perfection. On fut très marri de lui avoir mis ceste besongne entre les mains; pource que toute l'armée fut abruvée qu'à la mort de ce pape estoit arrivé presque chose pareille que l'on conte d'Alexandre sixième et autres, qui avoyent fait marché avec le diable pour la durée de leur règne. Mais en cettui-ci y avoit de particulier que le diable, accommodé en prote-notaire pour rompre le débat, où lui et Sixte estoyent sur deux années de terme, lui fit souvenir que, parmi tant de morts, desquels le pape s'estoit délecté, ayant à cœur de faire mourir un jeune enfant de quatorze ans, la justice remonstra que la loi ne leur permettoit pas de le faire mourir avant seize, et lors Sixte répliqua qu'il lui en donnoit deux des siens; ces deux, dit l'huissier d'enfer, sont sur mes parties et faut venir.

Je ne garentis ce conte que sur le constant bruit, sur le raport de Chorrin et la confirmation de plusieurs qui estoyent à Rome lors. Mais je prends sur ma foi, appuyée de ma veue, celui duquel ce chapitre sera fermé : c'est que, le roi estant allé à Chaliot[2] pour festiner dix de ses privez en la première maison royale, où il avoit logé estant roi, un jour, le plus serein qui eust esté veu de long temps, quelques sei-

---

[1]. On conserve parmi les manuscrits de la Bibliothèque nationale trois recueils de lettres de Rome et surtout d'Espagne interceptées et déchiffrées, vol. 3982 et 16061 du fonds français et 33 des Vc de Colbert, toutes relatives aux événements de la Ligue.

[2]. Chaillot, près Paris.

gneurs dormans à deux heures après midi dans l'abbaye où logeoit le roi et dans un corps de logis à l'entour duquel six cents Suisses de la garde avoyent pendus leurs corselets, un coup de tonnerre seul, sans nuée et sans vent, vint donner à la fenestre de la chambre bien close. Les deux qui estoyent sur le lict furent frapez par le tuyau des parties honteuses de devant et le foudre sortit par celui de derrière. La Passe, qui se promenoit comme pour les garder, eut le mesme coup et en eschapa. Les autres deux furent trouvez morts. Soit dit à la crainte des hommes et à la gloire de Dieu, et pour seul trait remarquable où on ait veu des scandales de l'arrière Vénus sous le sceptre de ce roi. Depuis[1] la première exaction de cet œuvre a esté trouvée une remonstrance au roi du stile de l'archevesque de Lyon, qui exprime ce que j'avois laissé couler en la déduction de cet accident, comme la chambre du grand escuyer et autres particularitez.

Chapitre VIII.

Seconde partie et lèvement du siège.

Desjà par plusieurs fois le duc de Mayenne avoit requis et solicité le secours du Parmesan[2]. Le conseil et le parlement de Paris lui avoyent dépesché[3] un homme du petit Saint-Anthoine, employant à cela le lieu du traité comme il parut par les lettres qui furent

1. La fin du chapitre manque à l'édit. de 1620.
2. Alexandre Farnèse, duc de Parme, lieutenant du roi d'Espagne dans les Pays-Bas.
3. Les Parisiens écrivirent au duc de Mayenne, le 5 août 1590, pour l'engager à venir à leur secours (De Thou, liv. XCIX).

prises avec le messager, par lequel aussi le roi aprit que Balagni[1] et Saint-Paul[2] alloyent joindre l'armée estrangère. Et là-dessus fit une grande courvée sans les pouvoir rencontrer.

Le duc de Mayenne, ayant ajousté à ses forces ordinaires l'amas de ses amis et ce qu'il put tirer des garnisons, alla joindre l'armée espagnole à Vereins[3], et puis, lui servant d'avant-garde, se vint loger aux fauxbourgs de Meaux. Ceste conjonction faite au 28 d'aoust[4], le roi voulut les aller taster à ce logis et mesme forcer ce qui avoit passé l'eau, si la commodité se présentoit. Mais il trouva que les vieux lanskenets avoyent empli un chemin creux au devant de leur logis, et outre faisoyent la bienvenue au roi, en gagnant et opiniastrant tous les plus légers avantages, si bien qu'il firent lascher le pied aux plus avancez. En se retirant on laissa la cavalerie légère à une lieue de Meaux, et Givri[5] qui la commandoit, ayant charge de tenir en cervelle l'ennemi et le roi bien averti. Et, pour ces logis, il en pouvoit user comme desjoints de l'armée.

Le duc de Parme voulut pousser ses voisins et fit

1. Jean de Monluc, s. de Balagny, fils naturel de Jean de Monluc, évêque de Valence, capitaine ligueur. Nous retrouverons ce personnage.
2. Antoine de Montbeton, dit le s. de Saint-Paul, maréchal de France de par le duc de Mayenne, pilla cruellement plus qu'il ne gouverna la Champagne pendant la durée de la Ligue (Déclaration dirigée contre lui par le duc de Nevers le 7 novembre 1590; copie, f. fr., vol. 3979, f. 160). On conserve dans ce même recueil et dans les suivants plusieurs mandements de ce personnage.
3. Vaires (Seine-et-Marne).
4. Arrivée du prince de Parme à Meaux, 22 août 1590.
5. René d'Anglure, s. de Givry.

donner au poinct du jour toute sa cavalerie légère, ses carabins et tous ses harquebusiers à cheval, à un petit village, où estoit logé La Curée qui, leur ayant fait place, non sans donner coup d'espée, alla joindre Givri et fermer la porte d'un hameau duquel les murailles estoyent bonnes pour un jardin. Il falut combatre à la barrière, mais les royaux, voyans toutes les bandes qui environnoyent le village, prindrent parti de le quitter. Encores ne le peurent-ils faire avec telle diligence que Givri, assisté d'Arambure et de vingt des siens ne meslassent les plus eschauffez pour donner loisir à tous les compagnons de prendre place de bataille au premier champ. Ceux-ci, qui avoyent fait la charge, n'eurent pas plustost percé le village qu'ils eurent bien besoin que La Curée et ses compagnons prinssent le combat contre une troupe qui, ayant suivi la muraille par dehors, les enfermoit. Ceste fusée démeslée avec beaucoup de péril, on ne douta plus du secours de Paris, mais bien des moyens de s'y opposer.

Sur cela il y eut grand contraste d'avis auprès du roi entre ses capitaines principaux. Cela vaut bien la peine d'estre déduit. La Noue vouloit que l'armée, sans déloger, se servant des avantages des rivières et forests, desquelles elle estoit close, gardast tousjours le logis de Claye[1] sans aller chercher la bataille plus loin, et là, donnant au temps que l'armée estrangère se seroit engagée dans le passage d'une rivière ou d'une des forests, il adjoustoit qu'à la journée du passage l'armée du roi ne pouvoit estre si longue à mettre

1. Claye (Seine-et-Marne).

ensemble que l'autre à ramasser son désordre ; que pour le moins il y auroit ceste commodité de la combatre hors de retranchemens, où il estoit malaisé de les surprendre pour la résolution qu'ils ont de ne combattre point.

Le maréchal de Biron contredisoit par trois principales raisons : la première estoit la réputation, qui donne l'âme du courage à une armée, lorsqu'on va cercher son ennemi au plus loin; que la bonne opinion des soldats donne surtout le branle aux victoires. Pour la seconde raison, il s'opposa à ce qui avoit esté dit de s'avantager sur les ennemis par leur confusion ; qu'il ne se faloit point tromper jusques-là que d'espérer en quelques incommoditez de lieux que ce soit, que les soldats françois s'avantagent par l'ordre sur les Espagnols. La troisième raison fut le mouvement que pourroit apporter à une bataille une sortie de vingt mille Parisiens, ayant devant soi sept ou huict mille estrangers.

Sur ces différens, arriva le vicomte de Turenne avec trois cents maistres et trois mille harquebusiers de Gascongne. Cettui-là se rangea à l'avis de La Noue, respondant avec sa troupe de ce qui pouroit sortir de Paris. Après ces débats, le roi, inclinant ou aux raisons ou aux violences du maréchal, fit avant jour quitter les fauxbourgs en fort bonne ordre et fut le rendé-vous de toute l'armée pour le mecredi vingt-neufiesme[1] du mois à la plaine de Bondi[2]. Le lendemain, La Noue eut commandement de retirer la cavalerie légère de Claye. Le duc de Parme y succéda le

1. Henri IV retira ses troupes des faubourgs le 31 août 1590.
2. Bondy (Seine).

mesme jour, et, le dernier du mois, envoya saisir le logis de Cheles[1], mais les mareschaux de camp du roi, y ayans mis leur coissinet et mieux soustenus que les estrangers, les poussèrent jusques au passage du marais, dont nous parlerons. Le duc vint fondre aux fauxbourgs de Lagni[2], estendant le logis de son armée à la pente d'un grand costau couvert du costé que le roi pouvoit venir de deux marais de plus d'apparence que de difficulté, mesmement en la grande sécheresse que portoit la saison[3].

A Cheles, se trouva l'armée du roi forte et accreue de toutes parts, comme y ayant sept mille salades françoises, en ce compte cinq mille gentilshommes et six princes, de mille à douze cents Reistres ou Lorrains, dix-huit mille hommes de pied, parmi ceux-là six mille Suisses bien esprouvez. Cette armée se présenta en bataille[4] à la veue de l'autre et presque à la canonnade. Le duc de Parme, l'ayant reconnue du costau que nous avons dit et la jugeant deux fois plus forte que le duc de Mayenne ne lui avoit faite, lui reprocha qu'il lui avoit fait le loup plus petit qu'il n'estoit. Il estoit arrivé qu'un trompette du roi lui ayant dit que son maistre n'esquivoit point les batailles, l'Italien avoit respondu qu'il estoit venu apprendre aux despens du

---

1. Chelles (Seine-et-Marne).
2. Siège de Lagny par le prince de Parme, commencement de septembre 1590.
3. Les documents du temps sur le siège de Paris sont très abondants. Ils sont énumérés et critiqués avec sagacité par M. l'abbé Dufour dans le *Bulletin de la Société de l'Histoire de Paris*, t. II, p. 1 et suiv.
4. La rencontre des troupes du roi et de celles du duc de Parme eut lieu le 1er septembre 1590.

roi qu'il esquiveroit celle-là, et que celui qui l'y contraindroit en sauroit plus que lui. Sur d'autres propos encor lui estant eschapé de dire qu'il secourroit Paris et prendroit une ville sous la moustache du roi, la veue de l'armée lui fit appréhender la difficulté de tenir sa promesse. Il n'avoit que quinze mille hommes de pied, mais bons, et trois mille cinq cents chevaux tels quels, hormis les François. Sa confiance estoit au régiment des Espagnols qu'on appelloit les *Mutinados*, et entr'eux par excellence l'escadron; sa seconde espérance estoit les vieux lanskenets. Avec cela il se retranche avantageusement selon sa coustume, enfermant un coin de la croupe pour n'estre pas commandé; et tout d'une main fit les approches de Lagni[1], où commandoit La Fin avec cinq ou six cents hommes de pied.

Ceste première journée commença par légères escarmouches, et pource qu'il y avoit encor quelque cavalerie entre le marais et l'armée royale, le roi fit marcher là et retourner les ennemis par le passage, y laissant en garde Roulet avec soissante salades, soustenu de La Boissière-Brunet avec autant, et la compagnie de Chastillon qui estoit de quatre vingt. Roulet ayant fort peu demeuré là, qu'il n'eust sur les bras deux cents cinquante salades. Celui qui les menoit n'avoit point d'habillement de teste, et vint passer entre Roulet et quelques gentilshommes de la cornette blanche qui s'estoyent desrobez pour cette occasion. Il se fit faire place à coups d'espée jusques au troisiesme rang, et, voyant que les siens abbayoyent les

---

1. Prise de Lagny par le duc de Mayenne, 7 septembre 1590 (Palma Cayet).

premiers, il repasse pour les aller quérir et renfonce pour la seconde fois; et ne pouvant faire mieux, se démesla blessé légèrement. Je suis marri de ne vous pouvoir donner son nom.

Le roi, ayant logé Parabère et quelques compagnies qu'il adjousta aux siennes dans un petit chasteau au milieu du marais, sous la caution de ce bon corps de garde, estendit son infanterie dans le costau de derrière; s'en retourne à Cheles. Un couple de jours se passèrent, non en escarmouches, mais en carrabineries, au bout desquelles le roi se résolut de jetter les régimens de Sainct-Jean de Ligoure et de Buffes dedans Lagni, leur donnant pour escorte le mareschal d'Aumont. Pour cet effect, ce prince fut de bon matin à cheval, n'ayant que le mareschal de Biron et un autre[1] pour reconnoistre les distances et le chemin du secours. En passant l'eau ils virent la fumée de la batterie, et pour chose notable contoyent les amorses sans ouyr un seul coup, quoi qu'il ne fit aucune haleine de vent et qu'il n'y eust qu'une lieue de prairie ou quelquesfois les harquebusades s'entendent de trois. Là-dessus le roi et le mareschal entrent en grands contrastes. Le mareschal vouloit que l'armée marchast par derrière le costau où les retranchemens estoyent moindres, et attaquast l'Espagnole par le chemin de Meaux. Le tiers disoit que ce qu'on jettoit dans Lagni estoit ce qu'il faloit pour perdre et non pour secourir, et vouloit que toute l'armée passast et prit place de bataille sur le costeau de Lagni, si bien que la teste de l'infanterie fust à deux cents pas de la contr'escarpe pour en tirer

---

1. D'Aubigné lui-même.

par files les rafraîchissemens d'un combat opiniastré dans la ville, laquelle en tout cas forcée se remporteroit encores.

A tous les deux, le roi respondoit que ce seroit ouvrir le passage au duc de Parme pour gagner Paris. Le tiers se deffendoit, disant que cela estoit bon pour le chemin de Meaux, mais non pas pour le chemin de Gournai[1], pource qu'à l'un, l'armée eust monstré l'eschine, et à l'autre le costé. Le roi suivit son premier dessein et, ayant fait partir le secours, s'en retourna et se fit voir sur la pente du costau, où quelques canonnades donnèrent dans son armée.

Le duc de Parme mit sa cavallerie en bataille en dix troupes, fort peu d'infanterie au bord du marais sec, le plus proche de son camp; fait en trois heures sa bresche avec neuf canons, jette son pont sur Marne pour menacer la ville de tous costez. Et, ayant fait passer peu de troupes, donne l'assaut, duquel la première pointe fut repoussée. Il avint là-dessus que les deux régimens qui faisoyent six cents hommes, estans bien conduits par le mareschal d'Aumont, se trouvèrent à poinct du premier effort pour remplacer ceux qui l'avoyent soustenu. Les Espagnols qui avoyent rafraichi auparavant, voyans ce changement qui se faisoit en foule et non par file, comme il se devoit, ne pardonnèrent pas ce défaut, et donnans ferme, bien soustenus, emportèrent la bresche et la ville, d'où la pluspart se sauvèrent, tant pour la commodité des aubarées[2] que pource que le mareschal d'Aumont paroissoit encores.

1. Gournay (Seine-et-Oise).
2. *Aubarée,* lieu planté d'aubiers (saules).

Le roi, ayant receu ce desplaisir à sa veue et voyant que l'armée estrangère pouvoit passer et gagner Paris, choisissant le costé de la rivière qu'elle voudroit, assembla les chefs, parmi lesquels, hormis fort peu, il trouva ou estonnement ou malice, et que, de ceux-mesmes qui avoyent intérest à l'honneur de l'armée, estoit engendrée cette épidémie de frayeur, de laquelle nous avons parlé ci-devant. Ceux-là en haine de la religion avoyent rempli l'armée de faux bruits et de mescontentemens; mais qui estoit plus que les artifices, les bourses espuisées et les desdaigneuses responses que d'O faisoit à ceux qui demandoyent secours, combatirent pour le duc de Parme. Il n'y avoit que deux jours que le roi, ayant manqué de pain à son logis, s'en alla cercher à disner chez ce financier, où il trouva une table de trois plats, friandement fournie et entourée de la cabale du feu roi. La compagnie qui fit place aux survenans, prit la nécessité pour un affront.

Sur toutes ces misères, ce prince aima mieux voir une retraite[1] qu'une desbandade, et prit parti vers la rivière d'Oise, et son quartier à Creil[2], où la presse en arrivant passa la bonne grâce d'une retraite. Là encor survindrent les mescontentemens du mareschal de Biron pour l'abbaye de Marmoutier, qu'il lui falut

---

1. Le roi écrivit, le 7 septembre 1590, à tous les gouverneurs des provinces pour leur annoncer la levée du siège de Paris (De Thou, liv. XCIX). Plusieurs lettres du roi, datées du 5 septembre et des jours suivants, expliquent ses mouvements stratégiques (*Lettres de Henri IV,* t. III, p. 245 et suiv.).

2. Creil (Oise). — Le roi était dans cette ville le 18 septembre 1590.

oster et en faire présent au grand escuyer. Le mareschal, nonobstant ces menées, voyant la plus grand part de la noblesse quitter l'armée, et ceux du conseil se prendre au prince affligé de ses nécescitez, eut honte de le quitter, prit toute l'infanterie et en assiégea Clermont[1] en Beauvoisin, et mesmes voulut faire servir le despit des mauvais accidens à y faire donner les compagnons plus courageusement. Il s'acommoda de quelques maisons percées pour gabions, comme aussi il fit tirer quelques volées sans couverture. A peu de bresche les assiégez composèrent et se rendirent à honneste capitulation bien gardée.

Cependant le duc de Parme perce le passage de Paris, et, pour ouvrir quelque chemin aux vivres, assiégea Corbeil[2].

Chapitre IX.

Prise et reprise de Corbeil, avec autres exploits.

Rigaut[3], maistre de camp, commandoit dedans Corbeil, et y avoit son régiment. Ceux qui ont veu quelle pièce est cette ville trouveront estrange que, la muraille devers les vignes estant toute en bresche, et le haut de ces vignes faites en croissant, qui void la ville par tout, les soldats ayent pu repousser des assauts et quelques escalades, comme aussi d'avoir arresté

---

1. Une lettre de Henri IV, datée de Clermont (Oise) et du 22 septembre 1590, permet de fixer à cette date le siège de cette ville par les troupes du roi (*Lettres de Henri IV*, t. III, p. 256).

2. Siège de Corbeil par le prince de Parme, 24 septembre 1590.

3. Rigaud, capitaine provençal, et La Grange, gentilhomme du voisinage, commandaient à Corbeil (De Thou, liv. XCIX).

cette armée fraîche, glorieuse d'avoir gagné la campagne et conduite par un si bon chef, l'espace de trois semaines, au bout desquelles, ceux de Paris ayans contribué à la batterie, l'assaut se donna par deux grandes et principales bresches, la moindre estant de plus de six vingts pas avec l'escalade par les desbris que le canon avoit fait. Avant qu'on donnast à eux, Rigaut et les siens furent presque tous tuez à coups de canon, et le reste, qui n'avoit plus de piques entières, fut emporté et mis en pièces. Le peuple de la ville, partisans de la Ligue, au moins en désirs et en paroles, passa par la mesme rigueur. Les petits enfans qu'on jetta, quelques-uns avec leurs berceaux, furent encores trouvez sur le pavé; à la reprise de laquelle nous parlerons. Plus de soissante que vieillars, que femmes, qu'enfans furent menez sur le pont, despouillez et précipitez non seulement de sens froid, mais avec quelque risée, et pour plaisir. A ce siège moururent de sept à huict cents hommes des assiégeans, et parmi eux le marquis de Ranti.

Le roi, portant fort durement la perte de Rigaut, plus que celle de Corbeil[1], ne laissa pas de fournir à Melun, où il sembloit que le paquet s'adressast. Il y dépescha Givri avec trois cents chevaux-légers, et Parabère avec ce qu'il avoit d'arquebusiers à cheval. Cette troupe passa entre Estampes et Chartres, et, ayant fait rencontre à une lieue de là de quelques deux cents fantassins estrangers, ils furent chargez sans reconnoistre et mis en pièces jusques à un. Melun ainsi garni emplissoit jour et nuict l'armée de desseins, de

---

1. Prise de Corbeil par les Espagnols, 16 octobre 1590 (De Thou, liv. XCIX).

courses et de charges, et quelquesfois sur des avertissemens que les François de mesme parti envoyoyent à Givri, ayans plusieurs haines contre les Espagnols, et notamment pour le fait de Corbeil. Ce qui empescha plusieurs effects fut que les Espagnols n'alloyent point à la guerre à moins de six à sept cents chevaux. Une nuict, Parabère, accompagné de Chanterac, lieutenant de Givri, ayant fait dessein d'aller enlever quelques compagnies au cœur de l'armée, trouva, à sept ou huict cents pas du lieu où ils pensoyent faire jouer le pétard, un gros de lanciers qui alloyent à la guerre. Ce gros ne donna autre loisir à Parabère que de choisir un petit halier, où il ne pouvoit couvrir que la moitié des siens. La charge estant sonnée et prise, ce qui estoit le premier prest tire et porte par terre les plus avancez. En mesme temps cette cavalerie tourne bride, est meslée par Chanterac qui les congne vivement, jusques à un plus gros amas. De là, Chanterac, ramené, trouva que pendant cet exercice Parabère avoit gagné le bord d'un ruisseau, lequel fut si bien mesnagé que, toute l'armée estant en armes, cinq ou six cornettes, qui eurent charge de couper chemin à la porte de Melun, ne peurent les empescher d'y rentrer.

Le duc de Parme, ayant laissé dans Corbeil six cens lanskenets et quatre cents François, fit tourner teste à son armée vers la frontière[1], soit qu'il la trouvast affoiblie, soit qu'il seust la royale reprendre vigueur,

---

1. La campagne du duc de Parme en France, en 1590, a été l'objet de plusieurs relations intéressantes. Nous citerons celles qui ont été reproduites dans les *Mémoires de la Ligue,* t. IV, p. 324 et 326, et dans les pièces justificatives du *Journal de L'Estoile,* 1741, règne de Henri IV, t. IV, p. 389, 400 et 441.

où fust appellé par les affaires du Pays-Bas. Il ne fut pas si tost à une journée de Corbeil que Marivaut, lieutenant de roi en la province[1], Trigni son frère, maistre de camp, La Grange-le-Roi, gouverneur de Melun, chascun de ceux-là bastissoit un dessein pour reprendre Corbeil. Et Parabère en avoit fait reconnoistre un autre par le capitaine Autiège : c'estoit par les bresches, que la garnison remparoit comme elle pouvoit. Givri y pensoit aussi, mais, ses espions lui ayant appris le jour et l'heure que le duc de Mayenne devoit repaistre chez un gentilhomme, en allant à Coulombiers[2], en Brie, trouver, accompagné de cent chevaux, le duc de Parme, tous les capitaines que j'ai nommez entrèrent en conseil, et Givri, amoureux de son dessein comme les autres, alléguoit la perte de l'occasion, joint aussi qu'il eust bien voulu l'Espagnol plus loin avant que lui battre la queue d'un tel affront. Mais Parabère l'emporta sur le poinct de la lune que nous appellons des entreprises, et c'est après le dernier quartier; encor y eut-il dispute à choisir les desseins. En fin il fut résolu qu'on donneroit à celui de Parabère et de Marivaut; et de plus Parabère, craignant qu'une des entreprises nuisît à l'autre, et la sienne, qui estoit des bresches, n'estant point subjette à la lune, il se résolut à l'entreprise de Trigni. En

1. Claude de l'Isle, s. de Marivaux, était le frère de Jean de l'Isle-Marivaux, du parti de Henri III, qui avait été tué en duel sous les murs de Paris par Claude de Maroles, du parti de la Ligue, le jour même de la mort de Henri III. Voyez ci-dessus, p. 89. Claude de Marivaux appartenait au parti de Henri IV. Il s'était distingué à la bataille d'Ivry et fut fait chevalier des ordres du roi en 1595.

2. Coulommiers (Seine-et-Marne).

marchant pour l'exécution, ils receurent lettres du roi qui les conjuroit d'employer leur esprit et courage à la reprise de Corbeil.

Ce coup d'esperon les hasta de planter quatorze eschelles de front l'onzième de novembre, vers Sainct-Martin[1]. Parabère et Arambure, que Givri avoit laissé mettre pied à terre, à peine donnèrent à la droite. Tous les deux furent blessez, le premier au bras droit et un peu à la teste, puis renversé d'une mousquetade en la cuirasse et d'un coup de pique. En mesme temps Trigni, trouvant des gens qui s'estonnèrent, entra et donna moyen à ceux de la droite, remontez, d'entrer. Tout fut tué à la veue des corps que nous avons remarquez par les rues.

Au retour de Corbeil, ceux que nous avons dit, avertis d'un convoi de vivres qu'un nommé Champois, gouverneur de Nemours[2], menoit à Paris, l'allèrent rencontrer au pont de Ville-Roi, qu'ils trouvèrent barriquadé, mais, ayans fait mettre pied à terre à leur harquebuserie, l'emportèrent et firent dommage aux Parisiens.

D'autre costé, le roi avoit fait partir La Noue, qu'il avoit conduit jusques à Compiègne, pensant avec quatre-vingts salades et cent vingts harquebusiers le jetter ou dans Corbeil ou dans Melun. Puis, ayant rallié les preneurs de Corbeil et ce qu'il put des provinces plus proches, il se mit aux trousses des ducs et commença à les voir le treiziesme du mois, où il empoigna sur la retraite quarante Espagnols, moitié piquiers, moitié mousquetaires. Le roi donna à eux

1. Saint-Martin (Seine-et-Oise).
2. Nemours (Seine-et-Marne).

avec six-vingts chevaux. Ils se deffendirent si opiniastrement qu'il fallut que cinquante gentilshommes missent pied à terre pour les rompre[1].

Douze jours après, le roi, avancé à la Fère[2], en Tretenois, partit le lendemain avec cent cinquante hommes, tant mousquetaires qu'arquebusiers à cheval, arriva sur le passage de la rivière d'Ayne à Pont-Travers[3], et, après avoir agacé l'avant-garde et jetté pour sa retraite quelques harquebusiers dans un village nommé Longeval[4], le duc de Parme fit tourner à lui sa cavalerie[5]. Lors les coureurs du roi se virent fort engagez. Lui se présentant pour les desmesler, tout à poinct y arrivèrent le baron de Biron premièrement, en mesme temps Ornano, Givri et Parabère avec leurs troupes, pour sauver le premier, qui, par une bonne et rude charge, attira toutes les forces sur lui. Son cheval estant tué entre ses jambes, il joue de l'espée à pied. Bien à propos, le duc de Parme soupçonna toute l'armée estre derrière, en un bois d'où il voyoit filer quelques troupes, et se contenta de monstrer qu'il s'en alloit sans fuir. Encores le baron, remonté, retourna presser Georges Baste[6] qui faisoit la retraite, et, lui ayant escorné une partie de sa troupe, impor-

---

1. Une lettre de Henri IV, datée du 15 novembre 1590, fait mention de la prise de Corbeil par le s. de Givry (*Lettres de Henri IV*, t. III, p. 298).

2. La Fère en Tardenois (Aisne).

3. Pontavert (Aisne).

4. Longueval (Aisne).

5. Le prince de Parme rencontra l'armée du roi le 26 novembre 1590.

6. Georges Basta était à la tête des lanciers (De Thou, liv. XCIX).

tuna tellement le reste qu'il y demeura quelque quantité de bagage. Ce fut l'adieu de l'armée estrangère qui se perdit de veue à l'arbre de Guise[1]. Là commença le duc de Nevers à se joindre au service du roi, après plusieurs grandes consultations de Sorbonnistes pour savoir si en bonne conscience il pouvoit servir le roi, estant de contraire religion[2].

Paris, estant hors de son extrémité, commença un langage nouveau, à prendre en haine les Espagnols[3], comme les ayant essayez. Les royaux secrets qui estoyent en la ville osèrent penser et dire pour le parti qu'ils affectoyent[4]. Les bien avisez aprirent là deux leçons; l'une, combien dangereuse est l'extrémité des peuples qui tirent leur secours des estrangers; et l'autre, combien dure est la condition des chefs qui servent les peuples en se cuidant servir d'eux. Le roi, devisant là-dessus en son cabinet, se souvint de l'assemblée de la Rochelle, et non sans aigreur.

Le bruit courut que le roi avoit chassé ceux qu'il n'avoit fait que conduire. Cette réputation lui donna une grande quantité de villes et chasteaux. Le mareschal de Biron, de la reddition de Clermont, avoit

1. Arrivée de l'armée espagnole à l'arbre de Guise, 29 nov. 1590.
2. Le duc de Nevers reçut le gouvernement de Champagne et le commandement de l'armée royale dans cette province. On conserve dans le f. fr., vol. 3452, f. 43, un premier état de ses capitaines daté du 13 octobre 1590, et, dans le vol. 4717, f. 59, un second état daté du 7 mars 1591. Manquant d'argent, il vendit sa vaisselle pour payer les Suisses du régiment de Soleure (état daté de nov. 1590; f. fr., vol. 4718, f. 134).
3. On trouve dans les *Mémoires de la Ligue*, t. V, p. 76, la reproduction d'une pièce du temps qui reflète ces nouvelles impressions.
4. *Affectoient*, affectionnaient.

emporté en Normandie Caudebec et Harfleur par la présentation du siège seulement. Là le mareschal eut le commandement du roi, qui faisoit semblant d'aller à Tours, de couler en Beausse, pour de longue traite venir investir Chartres, d'où le siège avoit esté résolu. Là aussi fut commandé Chastillon de s'acheminer, comme il venoit de Berri faire lever le siège d'Aubigni[1], que La Chastre[2] pressoit. Ce lèvement de siège ne lui cousta qu'une présentation en bon ordre et quelque escarmouche de peu d'instruction.

Chapitre X.

Prise de Chartres, de Corbie et Noyon; entreprise de Sainct-Denis.

Parabère, convié à une entreprise sur Chartres, trouva le fauxbourg si bien barricadé qu'il se falut contenter de l'avoir emporté; car il y fut tellement blessé, et de ses meilleurs hommes tuez, qu'il falut démordre et attendre les troupes pour investir Chartres assiégée[3], où commandoit La Bourdezière[4]. Elle fut premièrement attaquée par les mesmes endroits que l'amiral avoit choisis[5] : une bresche légère faite au coin

---

1. Aubigny-Ville (Cher). — Levée du siège par La Châtre, fin août 1591 (De Thou, liv. CI).
2. Claude de la Chastre, maréchal de France.
3. Siège de Chartres par le maréchal de Biron, 9 février 1591 (De Thou, liv. CI).
4. Georges Babou de la Bourdaizière et Louis du Val du Pescherai commandaient dans Chartres (De Thou, liv. CI).
5. Siège de Chartres en 1568 par l'amiral Coligny. Voyez l'*Histoire universelle*, t. II, p. 283.

devers l'eau. Le premier assaut donné, en ne pensant que reconnoistre la bresche; le second, donné exprès, après avoir augmenté la ruine de mille canonnades. Tout cela estant vigoureusement repoussé, et le siège ayant duré neuf semaines, on se repentit de l'avoir commencé. Et Chiverni[1], lors rapellé en son estat, estoit accusé d'avoir sollicité les chefs du conseil à ce siège pour l'intérêt de ses maisons, et quelques-uns, plus malicieux, l'accusoyent d'amourettes. Tant y a que, sur les repentailles, bien à propos vint Chastillon au conseil, sur[2] le poinct qu'à la sollicitation de d'O et autres gagnez par lui, la résolution de lever le siège estoit prise. Ce capitaine, qui ne trouvoit jamais rien difficile, s'obligea de l'emporter en six jours. Sur cette promesse, quoi que le roi la teint douteuse[3], il se rafermit. Chastillon donc, ayant veu la fabrique des galeries, en prépara une pour la nuit. Et, pource que au dernier assaut il estoit demeuré plusieurs corps dans la bresche, il fit demander pour une pareille permission de les retirer. Ce qu'ayant obtenu de Bourdezière en souvenance de mesme courtoisie, il fit laisser un corps sur le bord du fossé, comme par nonchalance, pour servir de marque à la nuict, voire au piquet, recognu pour la galerie. L'ayant donc plantée la nuict et portée baiser le rempart, il la voulut relever jusques au hault. Mais, après un grand combat d'artifices de feu principalement, son escuyer Le Montet et

1. Hurault de Cheverny, chancelier de France, était alors gouverneur de Chartres.
2. Le passage suivant, jusqu'à *Quelques-uns ont voulu...*, ne se trouve pas dans l'édit. de 1620.
3. Le roi était arrivé sous les murs de Chartres le 19 février 1591.

La Garde de Bloys, qui servoit d'ingénieur, voyant brusler le haut de la galerie, se contentèrent de percer dans le bas du rempart; et par là les assiégez, se voyans aux mains, parlementèrent à huict journées pour attendre le secours[1]. Quelques-uns ont voulu qu'il y ait eu une condition secrette[2], par laquelle le roi fust obligé d'y remettre Sourdis[3], qui avoit perdu la mesme ville. Et de cela fut encores accusé Chiverni et[4] l'amour de la gouvernante[5]. Cette prise cousta au roi mille ou douze cents hommes et huict maistres de camp, desquels le roi sentit la perte, comme de ceux qui digéroyent les plus difficiles morceaux[6].

Le duc de Mayenne n'avoit garde de secourir Chartres. Ses forces n'estans pas en estat d'acoster l'armée royale, il se contenta d'assiéger Chasteau-Tierri[7], comme par diversion. Le fils du secrétaire Pinart[8] rendit ce chasteau plus par faute

---

1. Prise de Chartres par le roi, 10 avril 1591.
2. Il y eut bien une condition secrète, mais ce ne fut pas celle dont d'Aubigné croit relever le secret. Les assiégés s'étaient réservé huit jours pour attendre le secours du duc de Mayenne. Le duc de Mayenne n'ayant pas paru, Henri IV, le 18 avril, prit possession de la ville.
3. François d'Escoubleau, s. de Sourdis, ancien gouverneur de Chartres.
4. La fin de la phrase manque à l'édit. de 1620.
5. Voyez à ce sujet la note 3 de la page 51 de ce volume.
6. Entrée à Chartres des troupes du roi, 19 avril 1591 (De Thou, liv. CI). Voyez une relation du siège dans les *Mémoires de la Ligue* (t. IV, p. 347 et suiv.).
7. Siège de Château-Thierry (Aisne) par le duc de Mayenne, avant le 11 avril 1591, d'après une lettre de Henri IV datée de ce jour (*Lettres de Henri IV*, t. III, p. 372).
8. Claude Pinart, ancien secrétaire d'État, disgracié par Henri III en 1588, gouverneur de Château-Thierry. Son fils, Claude Pinart,

de magasins que pour les efforts qu'il endurast[1].

Toutes ces choses nous mènent jusques au dix-neufiesme d'avril, que le roi, ayant fait son entrée à Chartres, et puis ayant pris Houdan[2] et laissé quelques garnisons dans les bicocques du païs, sur les sollicitations du duc de Longueville, entreprit le siège de Noyon[3]. Et le duc de Mayenne, sentant l'importance des affaires de Picardie, en approcha ses forces.

Avant entamer ce siège, nous avons à dire que le roi avoit pris goust à la Picardie par deux accidents : l'un, parce que la ville de Sainct-Quentin, mesnagée par les meilleurs François qui avoyent crédit en elle et particulièrement sur la haine des actions espagnoles esprouvez à leur prise, s'estoit remise en l'obéissance du roi[4]. L'autre accident fut la prise de Corbie[5], qui, pour estre une des marques de la félicité de ce prince et y avoir de quoi apprendre, veut estre déduite plus particulièrement.

C'est que Humières, lieutenant du roi en la partie où est Corbie, avoit un dessein dessus affecté par lui,

vicomte de Comblisy, marquis de Louvois, seigneur de Cramailles, capitaine de cinquante hommes, gouverneur de Château-Thierry, avait épousé en 1586 Françoise de la Marck de Maulevrier.

1. Prise de Château-Thierry par le duc de Mayenne, 16 avril 1591 (acte de capitulation de cette date; copie; f. fr., vol. 3980, f. 202 et 204). Le vicomte de Comblisy fut soupçonné de trahison à la suite de la prise de la ville. On conserve, dans le recueil cité plus haut (f. 318), une pièce du temps qui présente l'apologie du gouverneur.

2. Houdan (Seine-et-Oise).

3. Siège de Noyon par l'armée royale, 27 juillet 1591 (*Lettres de Henri IV*, t. III, p. 443).

4. Prise de Saint-Quentin (Aisne) par l'armée du roi, commencement de décembre 1590.

5. Corbie (Somme).

reconnu par La Boissière[1]. Ce dessein communiqué au roi, il leur donna pour curateur Parabère, lequel ayans fait serment de croire, ils acheminèrent leurs forces pour l'exécution[2]. La première difficulté qu'ils trouvèrent fut qu'en entrant dans le pays, dans lequel Corbie est fort avancé, l'ordre qu'on y avoit establi fut tel que les troupes, qui ne cheminoyent que de nuit, n'approchoyent aucune paroisse sans tocsin ni aucun lieu où il y eust canon sans quelque volée, et Péronne tira ce qu'elle avoit. Les entrepreneurs, se voyans ainsi descouvers, voulurent remettre. Parabère les empescha, disant : « Posé le cas qu'on sache que c'est Corbie où nous allons, on ne sait pas par où nous la voulons entamer. » Cette crainte redoubloit à l'aprocher, non par faute de courage, mais pour l'amour qu'ils portoyent à leur entreprise. L'opiniastreté de Parabère fut encor plus nécessaire, quand à la veue des murailles on les voyoit garnies de brandons et artifices de feu, et on oyoit le cri des paysans, avertissans de ce qui aprochoit, combien et par où. Le gentilhomme qui conduisoit les eschelles fut ramené à son chemin qu'il avoit quitté, ou par feinte ou par estonnement. Les premiers arrivent dans un petit fauxbourg, où les harquebusades de la courtine en tuèrent quelqu'un. Nonobstant Autièges et Vaucelles entrent dans l'eau glacée et portent leur pétard à la grille d'un canal qui entroit dans la ville, appliquent ce pétard, le font jouer et emportent un croison. Autièges, suivi de six, entre, Vaucelles le second. Le gouverneur

1. Christophe de Lannoy, s. de la Boissière, frère utérin de la dame d'Humières.
2. Siège de Corbie par l'armée royale, 10 décembre 1590.

de la ville, nommé Belle-Fourrière[1], avec un gros et force flambeaux accourut au bruit du pétard. Un des six, nommé Sivord, porte d'une harquebusade le gouverneur par terre. A sa cheute ceux qui l'accompagnoyent prirent la fuite. Cependant Parabère, qui savoit bien comment les coups de pétards sont incertains aux grilles, fait, par un Suisse qui portoit une eschelle, avaler un autre croison, donne lui trentiesme et se fait mener à la place. Or, le corps de garde au pied duquel estoit la grille s'enfuit au bruit du pétard; ce qui donna moyen à Boissière de planter des eschelles et entrer par le portail. Ainsi fut acquis Corbie au roi, qui d'une grande traite s'y trouva le lendemain[2].

Pour revenir de Noyon, l'armée n'y fut pas plustost engagée que les Picards, liguez à diverses troupes et sans intelligence des uns avec les autres, essayèrent d'y entrer, pource que la garnison estoit foible, mais à toutes les fois ils trouvèrent la cavalerie du roi en tel devoir qu'ils furent tousjours repoussez et batus. A ce jeu se perdirent près de cinquante gentilshommes. Les assiégez, à la veue d'une bresche auprès de la porte, et sachans leur secours batu, se rendirent la mesche esteinte et sans drapeaux[3].

Cependant le duc de Mayenne fit deux entreprises,

---

1. Pons de Bellefourrière, chevalier de l'Ordre, avait été gentilhomme de la chambre de Henri III et guidon de la compagnie de gendarmes du marquis d'Elbeuf.

2. Corbie fut prise après un jour de siège, le 10 décembre 1590 (De Thou, liv. XCIX).

3. Prise de Noyon par l'armée royale, 17 août 1591. On conserve dans le f. fr., vol. 3618, f. 99, une copie de l'acte de capitulation. Le roi y entra le 19 août (*Lettres de Henri IV*, t. III, p. 466). Les *Mémoires de la Ligue* (t. IV, p. 617) contiennent une relation du temps qui raconte le siège et la prise de Noyon.

l'une sur Houdan, où estoyent demeurez les Suisses, l'autre sur Mantes. Tout cela n'ayant pas succédé, il fit mine de changer la faute de Mante en siège. Mais, la besongne de Noyon estant faite, il falut se retirer vers Ham[1], où le roi le poursuivit, cerchant toutes occasions de combat.

Lors il prit résolution d'attaquer quelque bonne pièce. Et, pource que la Normandie ne tenoit guères qu'à Rouan, le paquet s'adressa là. L'envie et l'espérance, reprise par la prise de Louviers[2], qui fut emportée de jour par quelques gens qui saisirent le corps de garde, et bien suivis de cavalerie, gagnèrent les rues et la ville par un grand heur. Le roi, se doutant que cette pièce attireroit tous les nerfs de la Ligue, y voulut employer les siens et y appeler à soi tout ce que les provinces y peurent envoyer selon leur estat. Et c'est le moyen qui nous fera ouyr, durant les approches de ce siège, les heureux succès de ceux qui en diverses parts du royaume combattoyent sous les auspices de ce prince, comme vous verrez après vous avoir dit que les Estats de Holande voulurent librement contribuer à ce coup de partie, envoyans en l'armée et à leur despens près de trois mil hommes, moitié piques et moitié mousquets, sous la conduite du comte Philippes de Nassau; dès lors l'ordre des Holandois à la

1. Ham (Somme) fut pris par le duc de Mayenne vers le 9 août 1591 (*Lettres de Henri IV*, t. III, p. 466).
2. Une lettre de Henri IV, datée du 6 juin 1591, permet de fixer à cette même date la prise de Louviers (Eure) par le maréchal de Biron (*Lettres de Henri IV*, t. III, p. 391). Les *Mémoires de Gilbert de la Curée*, que nous avons déjà cités, contiennent un récit particulièrement détaillé de la prise de Louviers. Voyez aussi d'Estaintot, *la Ligue en Normandie*, p. 180.

guerre estant fort estimé. De plus, le roi pratiqua quelque renfort d'infanterie angloise, à laquelle le comte d'Essex[1] vint commander. Et pour l'amour de lui, qui estoit lors en grand crédit, plusieurs gentilshommes volontaires firent le voyage. L'équipage fut de vingt-quatre canons de grosse batterie, bien servie de compagnies nouvelles et de pionniers.

Ce fut à l'entrée de ce siège que se fit l'entreprise des Parisiens sur Sainct-Denis[2], conduite par le chevalier d'Aumale. Deux eschelles furent posées dans le coin, où un ravelin touchoit à la muraille. Le fossé du ravelin rempli d'hommes, le chevalier, qui se mit à la teste des siens, passe sur la glace, et, le troisiesme janvier 1591, fut si bien conduit que sans aucun combat de main il estoit parvenu entre l'Espée royale et l'abbaye Sainct-Denis. Les siens entrans desjà dans les maisons, où ils tuoyent et pilloyent, sa première rencontre fut de Vic, gouverneur. S'estant jetté en rue avec ses domestiques, l'enfonça, aussi tost assisté de plusieurs gentilshommes qui alloyent trouver le roi, de Magezi, qui y fut tué, et de l'Isle-Doriou. Ceux-ci[3] estant montez à cheval à l'alarme, il avint que les premiers entrez, voulans avertir qu'ils avoyent de la cavalerie sur les bras, crièrent : « Cavalerie ! », qui fut cause que les liguez, qui avoyent desjà ouvert la porte, crians qu'on demandoit la cavalerie, la firent entrer, ce qui

1. Robert Devereux, comte d'Essex, né le 10 novembre 1567, favori de la reine Élisabeth, qui avait conçu pour lui une passion sénile, exécuté à Londres le 25 février 1601.

2. Entreprise des ligueurs sur Saint-Denis, 2 janvier 1591 (*Lettres de Henri IV*, t. III, p. 324). Voyez de Thou (liv. CI).

3. La suite de l'alinéa, jusqu'à *Le chevalier tenant ferme...*, manque à l'édit. de 1620.

fut cause d'un grand embarras et de plus de meurtre. Le chevalier, tenant ferme et peu soustenu, fut estendu sur le pavé. Ce fut aux entrepreneurs à sauter les murailles. Cela donna aux Parisiens, qui aimoyent le changement, de quoi oser d'avantage.

A quoi s'ajousta la mort du roi prétendu de la Ligue, que nous appellons Charles, cardinal de Bourbon[1], lequel estoit mort de maladie en Poictou. C'est par où nous commencerons à dire des choses esloignées.

Chapitre XI.

Guerre de Poictou; deffaite du vicomte de la Guerche; autres combats; le duc de Guise sauvé.

Dès que le roi Henri III fut mort, ceux de Poictiers s'accommodèrent de Mirebeau, de Chauvigni, de Monmorillon, de Dissai, Montreuil, Bouni, Airon[2] et plusieurs petits chasteaux au haut Poictou; et au bas, de la Seguinière, de la Boucherie, de la Grenache, la Grève[3] et autres places mobiles, et desquelles les changemens et désordres sont difficiles à mettre en ordre. Nous dirons pour cette fois que La Boulaye,

---

1. Charles, cardinal de Bourbon, le Charles X de la Ligue, mourut à Maillezais, le 9 mai 1590, d'une maladie de vessie. Le procès-verbal de l'autopsie de son corps par Me Guillaume Lusson est conservé en copie du temps dans les vol. 2751, f. 37, et 4019, f. 46, du fonds français. Ses obsèques furent célébrées le 22 mai 1590 (récit tiré du cérémonial de la Chambre des comptes; f. fr., vol. 4317, f. 292).

2. Mirebeau, Chauvigny, Montmorillon, Dissay, Montreuil, Bonnes, Ayron (Vienne).

3. La Séguinière (Maine-et-Loire), la Boucherie, la Garnache, la Grève (Vienne).

lieutenant du roi au bas Poictou, ayant mis ensemble les régimens de Royan et de Jarrie[1], quelques trois cents chevaux et autant d'harquebusiers à cheval, se résolut de soulager la contr'escarpe de Fontenai et fit prendre la Grève par une eschelle posée à l'obscurité. Mais, ne pouvant avoir si bon marché de la Boucherie, que les forces du roi de Navarre avoyent assiégée et faillie deux fois, il se résolut d'y mener ses canons et, sur l'asseurance de les pouvoir conduire, de quoi il se trompa pour les chemins, fit investir la place. Puis, lui estant à la Roche-Surion[2], eut nouvelles en mesme temps que son canon ne pouvoit venir et que le duc de Mercœur avoit fait passer l'eau à trois régimens pour le secours. Sur la doute où le mit ce moumon, il se résolut d'essayer les basse-cours *a escala vista*, comme on dit, et avoir la gloire d'aller au combat sans désassiéger. Le mareschal de camp[3] de ces troupes, s'estant fait enlever par des soldats au haut de la muraille et de là s'estant jetté au bas, accompagné d'un gentilhomme seulement, au commencement donna heureusement aux basse-cours[4], mesla ceux qui se retiroyent au chasteau et entra dedans avec eux.

Cette place prise, La Boulaye marche avec ses forces vers le païs de Rets[5], au-devant des régimens. Il

1. Royan, la Jarrie (Charente-Inférieure).
2. La Roche-sur-Yon (Vendée).
3. D'Aubigné lui-même.
4. Ce membre de phrase, jusqu'à ces mots : *donna heurcusement...*, manque à l'édit. de 1620.
5. Le pays de Retz occupait la partie du diocèse de Nantes située au midi de la Loire et dont Machecoul (Loire-Inférieure) était la ville principale.

arriva que Laverdin et le marquis de Belle-Isle, qui avoyent quitté la Ligue depuis deux jours, envoyèrent offrir de se joindre pour aller charger les forces de Bretagne. La noblesse de Poictou, qui venoit de recevoir plusieurs excez de ces bandes, refusa le meslange[1], tant pour la mémoire du passé que pour la crainte de l'avenir. Laverdin et le marquis allèrent agacer et essayer d'estonner ces troupes logées à Migron[2]. Mais ils vindrent au-devant d'eux, leur présentèrent une escarmouche auprès du logis, et les nouveaux royaux les ayans trouvez fermes s'en retournèrent. Le lendemain, La Boulaye marchant droit à eux pour ne les marchander point, au nom de huguenots les soldats s'estonnèrent; ce que les capitaines ne pouvans guérir, ce fut à qui sauteroit dans les bateaux, et quelque nombre furent noyez.

Un second voyage de là à quelque temps mit le bas Poictou plus au large des liguez en ostant de diverses façons les garnisons de la Louisière, la Séguinière et Roche-Servière[3]. En tout cela il n'y eut rien digne d'estre escrit qu'un seul poinct. C'est que, La Boulaye ayant envoyé investir la Séguinière, où il y avoit cent cinquante, que chevaux-légers que gens de pied, et qui défendoyent, outre le chasteau, un temple du bourg, il y eut peine et perte d'hommes à travailler entre les deux places. Mais ceux du chasteau, où il y avoit septante-cinq chevaux-légers, ayans veu le canon arrivé, firent un trou dans le fossé; et sur la nuict traittoyent avec le capitaine Cæsar, qui estoit en garde

---

1. Dans l'édit. de 1620, on lit *le message*.
2. Migron (Charente-Inférieure).
3. La Limousinière (Loire-Inférieure), Rocheservière (Vendée).

de ce costé, à ce qu'il les laissast sortir pour une somme d'argent. Mais le mareschal de camp, qui muguetoit la place et tastoit avec une picque les fossez pour la batterie du lendemain, ouyt quelques paroles de ce discours. Cæsar feint avoir envoyé pour le prier d'y venir. Lui, pour estre à l'achèvement du marché sans faire soupçonner les composeurs, prit un mousquet et se fit mettre en faction par Cæsar, et ne voulut pas qu'il leur promist aucune seureté hors son corps de garde. Le capitaine Belon, qui commandoit là-dedans, s'en contenta pource que, suivant la promesse, il pouvoit gagner les vignes. Mais le mareschal de camp les avoit heureusement emplies d'infanterie et le derrière de cavalerie, qui mit en pièces tout ce qui estoit sorti. Et le chef qui commandoit là se jetta dans le trou et avec péril emporta et prit ce qui n'estoit point sorti, desquels trente furent pendus le lendemain. La Boulaye, ayant envie de s'aprocher de Nantes, sçeut pour nouvelles que le duc de Mercœur avoit receu de trois à quatre mille Espagnols, ausquels il avoit donné pour leur seureté permission de fortifier Blavet[1], bon havre et bonne rade s'il y en a en France. Nous en parlerons aux affaires de Bretagne quand la bataille de Cran[2] nous y appellera.

Pour ne retourner au Poictou trop souvent, nous avons avec quelque temps entre deux la défaite du vicomte de la Guerche. L'occasion en fut telle. Salerñe[3], gouverneur de Loches, avoit surpris la Guerche[4],

---

1. Blavet (Morbihan). Cette ville reçut le nom de Port-Louis lors de sa reconstruction, sous Louis XIII.
2. Siège de Craon (Mayenne), 14 avril 1592 (De Thou, liv. CIII).
3. Arnault de Sallerm, capitaine gascon.
4. La Guerche-sur-Creuse (Indre-et-Loire).

passage sur la Creuse. Le vicomte, à qui le duc de Mercœur avoit presté huict cents Espagnols, et avoit outre cela les régimens du jeune Fonslebon et de Puimorin et quelques gens de pied de Curzai[1], fut prompt d'assiéger sa maison. Abin[2], gouverneur de la Marche, ayant averti Préaux[3], gouverneur de Chastelleraut, mit promptement quelques forces ensemble pour venir lever le siège. Le vicomte ne l'attend pas et marcha pour passer la rivière de Vienne au port de Senon[4], où il y avoit gué pour la cavalerie et batteaux pour les gens de pied.

Comme il fut entre la tour d'Oiré et le passage, le baron de la Rochepozai, qui menoit les coureurs de son père et s'estoit mis à leurs trousses, les pressa de[5] manière qu'ils furent contrains d'essayer la rivière à l'Isle et non à Senon. Préaux cependant avoit marché le long de la rivière, où il trouva quelques Espagnols dans les batteaux et du bagage dans le gué. A la veue de ces gens, quelques volontaires de Chastelleraut, sans ordre et sans commandement, gagnent des avantages d'où ils tiroyent sur le passage. Briandière et Messelière, avec soixante salades, s'estoyent bien avancez pour donner, comme il falloit, sur les doigts à ces eschauffez. Mais quelqu'un d'eux, qui eut l'œil à la croupière, vid que ceux qui les devoyent soustenir estoyent à l'eau. Il les fallut contrefaire. Le vicomte estoit desjà dans un batteau, qui pour estre surchargé

1. Curzay, seigneurie de la Vienne.
2. Louis Chasteignier, s. d'Abain, né en 1535, conseiller d'État, lieutenant du roi en Poitou, mort le 29 septembre 1595.
3. Hector de Préau.
4. Cenon (Vienne).
5. La fin de la phrase manque à l'édit. de 1620.

se deschargea dans l'eau ; et là furent noyez plusieurs gentilshommes de marque. A bin arrivant, la confusion fut plus grande. Ceux qui se rasseurèrent pour chercher le retour du gué passèrent, les autres périrent. En tout il y demeura cent cinquante gentilshommes et huict cents hommes de pied[1].

Quelque temps après, et vers la fin du terme de ce livre, de l'autre costé du Poictou, Malicorne employa les mesmes régimens pour oster à Poictiers quelques bicoques qui l'environnoyent. Montreuil, assez bon chasteau, fut la principale besongne de cette petite armée. Il fut battu de quatre canons, qui firent leur bresche au pied de la grosse tour assez mal à propos ; car elle se trouva flanquée d'une galerie, où il y avoit deux fauconnaux, et la grosse tour acabloit dans le fossé ce qui eust pu se présenter. Mais, pis que cela, il resta du rocher dix-huict pieds, où il falloit des eschelles. Malicorne, par le conseil de Parabère, délibéra de faire une reconnoissance de bresche contre le jugement de quelque capitaine[2], prévoyant qu'elle se changeroit en assaut, ce qui arriva. Car les capitaines, à l'envie d'un qui se nommoit Dimanche, qui y fut tué, passèrent le fossé, demandèrent des eschelles qu'on leur porta. Au bout de ces eschelles ils demeurent sur un relez, entre le rempart et la ruine, qui estoit large et qu'il ne faloit laisser ainsi. Mais les assiégez avoyent bien fait une plus grande faute : c'est qu'ils avoyent donné telle espaisseur au parapet, fait de nouveau, qu'il s'en faloit quatre pieds que les fers des

1. Défaite et mort du vicomte de la Guerche, 5 février 1592 (De Thou, liv. CIII).
2. Ce capitaine est d'Aubigné.

piques le peussent passer. Le capitaine[1], qui avoit dissuadé la reconnoissance et empesché les siens de donner, ayant remarqué cela, attendit que les pièces de la galerie, qui avoient tué quelques-uns, eussent renvoyé les assaillans. Et lors cettui-ci découpla les siens, ayant instruit un sergent, nommé Le Fresne, de prendre haleine au rond de la tour, au plus près qu'il se pourroit, pource que les pierres n'y tomboyent pas si justement; et puis, dès qu'il verroit trois des siens sur l'espace, où les piques ne pouvoyent toucher, se jetter, comme il fit. Et cela bien suivi emporta la place, où La Pierrière et La Taupane, qui y commandoyent, furent pendus avec vingt-deux soldats; ce qui se sauva estoit fort peu.

Il y eut de plus un grand dessein pour sauver Chauvigni[2]; mais tout se passa en mines. Les royaux encor assiégèrent Monmorillon, où ils avoyent pressé les compagnies de Puimorin de se retirer, lesquelles, encores qu'elles eussent pris leur logis à la haste, ne laissèrent pas de faire jouer le canon. Mais la place, qui ne valoit rien, fut attaquée à demie-bresche et sur un commencement de parlement; si bien qu'il y eut de la tuerie et Puimorin pris[3].

Les liguez eurent quelque revanche à Masseuil[4], où le capitaine La Pomme, lieutenant d'avance, et trente hommes furent pendus et tuez. Sur la retraitte de Malicorne aussi, ils présentèrent le siège devant Bélac[5];

1. D'Aubigné.
2. Entreprise sur Chauvigny, mai 1591.
3. Siège et prise de Montmorillon, fin mai 1591 (De Thou, liv. CI).
4. Mazeuil (Vienne).
5. Bellac (Haute-Vienne). — Siège de la ville par les ligueurs, 12 mai 1591 (De Thou, liv. CI).

mais, Abin y ayant jetté son fils[1] avec quelque noblesse et les harquebusiers du capitaine Bertigni, il falut démordre.

Les royaux ne firent pas ainsi à Mirebeau[2], où avant bresche raisonnable ils donnèrent en vain un premier assaut, où fut blessé Chastelier. Sainct-Luc estant arrivé et ayant fait faire nouvelle batterie, le second assaut fut accompagné d'une escalade. Par elle, Choupes ayant gagné la courtine, ceux de la bresche quittèrent et gagnèrent le chasteau, où, voyans la contr'escarpe percée, se rendirent à capitulation d'armes et bagage, observée entièrement[3].

Voilà les exercices de Poictou descrits légèrement pour fuir le reproche de m'attacher trop expressément aux choses qui ont passé devant mes yeux. Il y a eu plusieurs rencontres le cul sur la selle auprès de Clisson[4], èsquelles Courbejolière, gentilhomme du païs, s'estoit rendu redoutable aux garnisons voisines et ennemies. Et le respect de son courage fut cause qu'à quatre lieues de Nantes, on l'a souffert deux ans faire la guerre en sa maison, qu'un coup de canon pouvoit percer à travers et dix la razer. De tels petits accidens j'en choisirai un pour la mort de Champdenier et de Saveille. Ceux-ci, en une repeue de village, accompagnez de douze ou quinze hommes armez, vindrent

1. Jean Chasteignier du Bernai, fils de Louis Chasteignier, s. d'Abain.
2. Une lettre de Henri IV, datée de Mantes et du 14 juillet 1591, permet de fixer à cette date le siège de Mirebeau (Vienne) par le prince de Conti (*Lettres de Henri IV*, t. III, p. 435).
3. Prise de Mirebeau, vers le 26 juillet 1591 (*Lettres de Henri IV*, t. III, p. 445).
4. Clisson (Loire-Inférieure).

aux mains avec Courtrie et huict ou neuf autres liguez; les uns armez, comme estans en course, les autres en pourpoint, comme passans pays. Ce combat, bien que de peu de gens, dura demi-quart d'heure, et se fit à plusieurs reprises avec le meurtre du tiers de ceux qui combatirent. Ces deux gentilshommes de grande marque demeurèrent maistres du champ et vainqueurs aux despens de leur vie; car la place fut à eux, mais ils moururent bien tost après.

J'achèverai ce chapitre par une joyeuse nouvelle aux liguez parmi plusieurs mauvaises qui les accabloyent. C'est que le jeune duc de Guise, que de Blois on avoit envoyé au chasteau de Tours entre les mains du capitaine Rouvrai, estant gardé fort soigneusement, et en ce lieu plus fort pour prison que pour faire la guerre, bien averti et servi du dehors, trouva moyen d'amuser Rouvrai et ses gens au jeu en la chambre de dessous la sienne, et de la plus haute fenestre du chasteau par des cordes nouées dévala jusqu'à l'eau, cela à deux heures après midi, à la veue de plusieurs qui crioyent de dessus le pont : « Le Guisard se sauve. » Il trouva au bas un petit bateau, au bord deux chevaux. Avec l'aide de cela, il gagna la Chastre, qui avec une bonne troupe l'attendoit auprès de Marmoutier[1].

Chapitre XII.

Blocus de Poictiers.

Poictiers, par les choses que nous avons dites, sui-

[1]. Évasion de Charles de Lorraine, duc de Guise, 15 août 1591. On trouve, dans les *Archives curieuses* de Cimber et Danjou, la réimpression d'une relation contemporaine de cet événement (t. XIII, p. 291).

voit les mesmes leçons de Paris, et plusieurs du dedans ouvrirent, les uns à la Trimouille, les autres à Sainct-Gelais, diverses entreprises contre leur ville. En ces jours, Sainct-Gelais estant mort[1], regretté de ceux qui le connoissoyent, comme vrai noble, vrai vaillant, bon partisan et bon ami, Parabère, lieutenant de roi, eut en ses mains les mesmes desseins, et encor un particulier que, dès Chartres, il avoit communiqué au roi. Or, la principale difficulté d'exécuter Poictiers estoit en ce qu'on ne pouvoit amasser à deux traites de la ville les troupes nécessaires à combatre un si grand peuple, sans qu'elles fussent descouvertes. Pour un remède à cela fut dextrement avisé d'y faire ou plustost contrefaire un siège de blocus[2]. Car, encor que le voisinage les tinst sur leurs gardes, ils seroyent bientost las de les maintenir telles qu'ils les faisoyent aux avertissemens.

Au commencement de juin, Malicorne, ayant mis ensemble les régimens de la Troche, la Forest, la Courbe, Nesde, quatre compagnies de gens d'armes, six de chevaux-légers, huict d'harquebusiers à cheval, fit de cela deux logis, l'un à Jonai pour le général et l'autre à Chasseneuil[3]. Le dixiesme, le comte de Brissac se résolut à venir aux mains avec ses assiégeans, poussé à cela par les huées, reproches et menaces de ce peuple qui, les voyans revenir de la guerre sans avoir fait coup, disoyent qu'ils n'estoyent bons qu'à gaster les bleds. Mais sur tout ils se monstrèrent fort

1. Guy de Saint-Gelais, s. de Lansac.
2. Siège de Poitiers par les troupes du roi, vers le 26 juillet 1591 (*Lettres de Henri IV,* t. III, p. 445).
3. Jaulnay, Chasseneuil (Vienne).

insolens trois jours devant le combat qui se présente.

Le comte estoit sorti avec deux cents bons chevaux, trois cents harquebusiers à cheval et de huict à neuf cents fantassins, sans ceux de la ville, qui estoyent sortis encor autant pour les soustenir. Estant donc allé pour lever le logis le plus avancé, il arriva au poinct que toutes les troupes faisoyent une monstre générale. Il n'y eut aucun des capitaines qui fust d'avis de prendre cette occasion; il fallut boire les hontes du peuple. Ce dixiesme d'aoust, ceux de Poictiers ayant dès avant le jour arcelé les gardes des royaux et avec eux joué aux barres, jusques à ce qu'il fist clair, La Nouraiz, lieutenant de Boisgiraut, commandant la garde, fit monter à cheval et leur monstra l'ennemi en nombre et en ordre pour demander le combat, retenans pourtant leur infanterie un peu arrière pour pouvoir se retirer à la faveur du costau. Aunac, avec sa compagnie, passa l'eau des Ances[1], et, ayant couru jusques vers Chasseneuil pour chercher une occasion, s'en retourne prendre place, ayant desjà à ses trousses Espane avec ses chevaux-légers. Genouillé, mareschal de camp, qui aussi en visitant ses gardes avoit veu le moumon qu'on présentoit et ouï comment ils demandoyent bataille. Estant de retour à Parabère, qui commandoit le premier quartier, et lui ayant fait joindre les troupes qui furent les premières prestes, cela marcha pour le combat vers le pont, duquel ceux de Mortagne, après estre passez, avoyent jetté plusieurs madriers en l'eau. Et puis le comte, voyant la difficulté de aller à la charge à lui par l'eau, qui estoit fort

---

1. La rivière d'Auzance.

creuse, et par le pont, qui estoit rompu, commanda à Aunac de tenir ferme sur l'endroit du passage avec quarante chèvaux. Lui avec six-vingts prend place pour le soustien et fait filer à sa droite autant d'harquebusiers, qui de haut en bas donnoyent à plomb sur le pont et sur le gué.

La chaleur de combatre fait mespriser tout cela. Espane, ayant eu commandement, passe dans l'eau, accompagné du lieutenant de Boisgiraut, boit premièrement le salve d'harquebuserie, qui lui tue ou met hors de combat quelques-uns des siens. En mesme temps, Parabère fait passer Burosse par-dessus le pont et bien à propos; car Espane, outre les quarante, receut une rude charge du comte, qui lui met une douzaine des plus mauvais garçons sur la place, et parmi ceux-là Espane, abbatu de plusieurs coups, dont il mourut. Les harquebusiers du comte, qui de leur tertre voyoyent accourir les troupes, n'eurent pas plustost veu Burosse sur le pont, qu'ils gagnèrent le costau, et Burosse, ayant veu leur retraite, alla porter le bout de l'harquebouze à l'estomach de ceux qui deffendoyent le passage. Lui et son sergent, nommé Fonteniou, jouèrent de la pertuisane au plus espaix des plus avancez avec une si hazardeuse résolution qu'ils se firent faire place. Et ainsi, ayant fait quitter le bout du pont, Parabère jetta deux cents harquebusiers qu'il avoit à son estrier gauche sur le pont, fit donner La Troche, qui les commandoit, sur les pas de Burosse, et lui, avec sa compagnie de gens d'armes et trois de chevaux-légers, alla au combat dedans un champ de bled, où le comte avoit ramassé les siens pour les recevoir. La Troche, arrivé aussi tost que la cavalerie, favorisa la meslée opiniastrée par le comte de Brissac, lequel fut porté par terre de trois coups d'espée et plusieurs hommes de marque versez auprès de lui. Le baron de Saincte-Gemme, n'ayant encor que seize ans, le remonta sur son cheval, duquel il prit la queue pour se faire emporter cinquante pas, et puis se jette du ventre dans le bled; car, les meilleurs hommes de Poictiers estans hors de combat, le reste fut poussé jusques dans les fauxbourgs, où une grande foule d'harquebuserie de liguez arresta les poursuivans. Il demeura sur le champ du combat vingt-six morts, et Briandière, mareschal de camp du comte, Messelière, son lieutenant, Chemousseau, Roussière, Fredonnière, Le Bois, Chevalerie, Bois-David, La Coudraye, Frosson et plusieurs autres gentilshommes de moins de marque prisonniers, la pluspart blessez et dont près de la moitié moururent. Des royaux se perdirent Espanes, à qui l'honneur de cette journée appartenoit, trois chevaux-légers et deux soldats de pied.

Premier que de serrer Poictiers par blocus, Malicorne fut prié par Abin et La Boulaye d'assiéger le Fou[1], d'où ils estoyent importunez. Ceux de Poictiers, y ayant mis de leurs meilleurs hommes, sous les capitaines Cursai, Badorit et La Taille. Ceux-ci, ayans leur confiance aux plates-formes que ce chasteau a naturellement par quelques endroits, ne se virent pas plustost approchez par le haut qu'ils capitulèrent à la vie seulement.

De là, l'armée se veint partager en trois corps, sous titre de blocus : l'un à Ausance, l'autre à Croutelles,

1. Lavoux (Vienne).

l'autre à l'abbaye de Nuaillé[1]. Ces blocus, estans trop peu et trop loin, n'empeschoyent point ceux de Poictiers de voir souvent Sainct-Jean, le fauxbourg de Niort et Fontenai, et chercher diverses occasions de combats entre les quartiers dont je n'amasserai que les deux principaux ; l'un est d'une trouppe de vingt chevaux de la ville, lesquels alloyent courir pour prendre des Rochelois. Il avint qu'ils trouvèrent en leur chemin à une lieue de Poictiers Genouillé avec dix gens d'armes de Parabère et vingt chevaux-légers de Boisgiraut. Les vingt prirent la charge aux trente et là soutindrent bien opiniastrément ; mais, estans enfoncez comme il faloit, enfin, sous la perte de cinq ou six tuez ou prisonniers, le reste gagna la ville, et quelques-uns les bois de Montreuil.

Au blocus de Nuaillé commandoit Abin, assisté de Mortemar. Ces deux volurent aller prendre Parabère, commandant à celui de Croutelle, pour ensemble aller aux Ances tenir conseil du général. Ceux-là donc, fortifiez encor du mareschal de camp, qui leur avoit mené cent chevaux sur la doute du passage, virent sortir de la porte de la trenchée force cavalerie, qui faisoit autant de front que le chemin grand et large leur permettoit ; et une foule d'infanterie à leur main droite emplissoit les vignes du costau vers l'estang. Les royaux esquivèrent à la droite pour ne manquer à l'assignation, promettans à ceux de Poictiers de les voir de plus près au retour ; à quoi ils ne faillirent pas. Car sur le soir, ceux de Poictiers estans sortis plus avant et plus gaillards qu'au matin, outrepassèrent la rencontre des trois

---

1. La rivière d'Auzance, Croutelle, Nuaillé (Vienne).

chemins de Croutelle, de Lusignan et de Sausai[1]; et leurs coureurs, les ayans receus d'un quart de lieue, les amenèrent jusques à la commodité de leur troupe. Et puis, s'estans avancez de chasque part près de cent chevaux, ceux de la ville furent assez difficiles à estre remis au chemin; mais, comme leurs capitaines eurent crié : « Gagnons nos harquebusiers, » ils vinrent faire une pause auprès de la chapelle; là, vivement chargez par Abin et par son fils qui avoyent chacun vingt chevaux. Une troupe d'harquebusiers de la ville ne leur fit pas grand mal, pource qu'à la veue de la première charge elle avoit repassé les chemins. Et ainsi, la cavalerie estant congnée vivement jusques à cent pas de la porte, Abin et son fils, qui se retiroyent les derniers, eurent leurs deux chevaux tuez d'un mesme coup de canon. De là en avant, cette grande ville, ne se fiant pas en ses gens de guerre, leur donna diverses occasions de s'eslongner d'eux. Et le comte de Brissac, qui n'y estoit plus qu'à contre-cœur, fut à son contentement mandé par le duc de Mayenne, pour, comme nous disons ailleurs, estre gouverneur de Paris au lieu du comte de Belin.

Nous ajousterons trois entreprises : deux faites par le comte de Brissac sur Maillezais; la première par intelligence, descouverte par les soupçons du gouverneur[2]; l'autre par escalade du costé du marais. Celle-là faillie, pource que Favrière, qui la menoit, trouva plus de difficultez à entrer dans la forest qu'il n'avoit estimé. L'entrepreneur de la troisième, qui estoit sur Touars,

1. Lusignan, Sauxais (Vienne).
2. D'Aubigné.

fut Comberonde, qui devoit faire filer ses hommes par la chaussée qui est au-dessus du pont, pour se joindre à quelques intelligences, qui estans descouverts furent pendus comme ceux de Maillezais. Le lendemain, Pui du Fou et son frère amenèrent vers la porte du Frou les troupes de l'entreprise, et, en passant leur desplaisir de la faute par une longue et assez chaude escarmouche, firent tuer sept des leurs qu'ils ne peurent emporter, blesser plus de trente, et Comberonde entre ceux-là.

Chapitre XIII.

Levée d'estrangers et de deniers; estat de Paris.

En mesme temps, les deux partis négotient chez les estrangers; le vicomte de Turenne en Allemagne[1] pour le roi. Le prince d'Anhalt estant fait chef d'une levée[2], elle fut preste en peu de temps, et se trouva à Maubert-Fontaine[3] sur les commencemens du siège de Rouen[4].

Le prince de Parme, pressé de violens commande-

---

[1]. La mission du vicomte de Turenne est exposée dans une lettre de commission donnée par le roi à ce seigneur, en date d'octobre 1590, et publiée dans *Life of Egerton,* in-fol., 1812, p. 29.

[2]. Turenne passa un marché avec le prince Christian d'Anhalt (24 avril 1591), aux termes duquel le prince allemand s'engageait à lever 2,200 reîtres (copie; coll. Moreau, vol. 725, f. 13). D'Anhalt se mit à la tête de cette armée le 11 août 1591 (De Thou, liv. CI).

[3]. Maubert-Fontaine (Ardennes).

[4]. On conserve, dans les vol. 3977, 3980 et 4685 du fonds français, un certain nombre d'actes d'engagement de capitaines allemands avec le roi ou avec le duc de Nevers.

mens d'Espagne, marcha sur les pas des Allemans, et eussent esté à Rouen avant le siège sans les traverses que receut lors le duc de Mayenne en son parti. Et c'est de quoi il faut, avant passer outre, instruire nostre lecteur. On exigea quelqu'argent dans Paris pour la levée d'Italie, qui desjà estoit en Lorraine, conduite par le neveu du pape nouveau, Grégoire XIV[1], appellé le comte de Mont-Marsian[2], comme aussi pour le voyage d'Espagne que fit le président Janin[3], et cela plus à la sollicitation des Seize que du duc de Mayenne. Telles levées faisoyent murmurer dans Paris contre leurs sénateurs. Les édicts qui sortoyent de leur boutique, diffamatoires contre le roi, offensoyent tous ceux qui sentoyent le François. La hardiesse du parlement de Tours, d'avoir bruslé la bulle du pape[4] par arrest publiquement et de la main du bourreau, et le mesme arrest bruslé à Paris[5], tout cela diminua au front du

1. Nicolas Sfondrate, cardinal de Crémone, élu pape le 5 décembre 1590. Les princes et capitaines ligueurs, aussitôt après son avènement, lui adressèrent une lettre d'obédience collective, en date du 6 avril 1591, qui est conservée dans le fonds français, vol. 4019, f. 84.
2. Hercule Sfondrate, général des troupes du pape pour la Ligue, en mars 1591, duc de Monte-Marciano, le 12 mai suivant (De Thou, liv. CI).
3. Pierre Jeannin, président au parlement de Dijon, envoyé en Espagne par le duc de Mayenne, sur la fin d'avril 1591, servit plus tard avec fidélité Henri IV. Il mourut le 31 octobre 1622. Jeannin a laissé des mémoires qui ont été réimprimés dans les grandes collections sur l'histoire de France.
4. L'arrêt du parlement de Tours contre les bulles du pape fut rendu le 5 août 1591. — Cette pièce est imprimée dans les *Mémoires de la Ligue* (t. IV, p. 367 et suiv.).
5. L'arrêt du parlement de Paris condamnant au feu l'arrêt de Tours fut rendu le 8 août 1891 et mis à exécution le 18 suivant.

peuple une nuée de respect qui se mettoit au-devant de leurs calamitez. Les deux tiers de Paris commencèrent à chucheter en l'oreille, à admirer, à louer et puis à s'esjouir des prospéritez du roi, comme recevans insensiblement l'espoir de leur délivrance. Par tels moyens, les places royales qui estoyent autour de Paris s'enrichissoyent et appauvrissoyent le peuple en se laissans dérober du pain à grand pris d'argent. Le fort de Gournai[1], basti de nouveau par La Noue et gardé par lui, fut seul qui ne sentit point la corruption. Les nécessitez que nous avons déduites se joignoyent aux pensées du peuple.

Là dessus commencent les Estats[2], la splendeur desquels, comparée à celle des autres qui avoyent porté ce nom, en fit perdre la révérence. Mais ce qui les rendit du tout mesprisables furent divers escrits semez contre, et, entre eux, la plus excellente satyre qui ait paru de nostre temps, portant pour titre *le Catholicon d'Espagne*[3]; ce livre composé par un aumosnier du cardinal de Bourbon, homme de peu d'appa-

---

1. Gournay-sur-Marne (Seine-et-Oise).
2. L'ouverture des états de la Ligue n'eut lieu que le 26 janvier 1593, mais d'Aubigné veut sans doute faire allusion ici aux nombreux retards qui retardèrent cette ouverture du 15 juillet 1589 au 26 janvier 1593. M. Aug. Bernard, dans la préface des *Procès-verbaux des états généraux de 1593*, a énuméré ces retards successifs.
3. La première pièce de la *Satyre Ménippée* porte le titre de : *la Vertu du Catholicon d'Espagne* et fut imprimée à Tours, en 1593, chez Jamet Mettayer. C'est un mince fascicule de 15 feuillets fort rare. Quelque temps après, mais toujours en 1593, on ajouta au *Catholicon* un *Abrégé des estats de la Ligue* et bientôt après plusieurs autres pièces. L'ensemble de ces pièces constitue la *Satyre Ménippée*, qui porte la date de 1593, mais qui ne parut qu'en 1594, attendu qu'elle fait allusion à des faits de cette année.

rence et de nom[1] ; Rapin[2], à qui on l'avoit attribué, y contribua quelques vers seulement.

Le traité[3] du président Janin eut pour sujet principal l'élection d'un roi auquel celui d'Espagne asseuroit sa fille en mariage. Le duc de Mayenne se voyoit par là frustré de toute espérance, mais elle demeuroit pour le fils aisné de Lorraine, le duc de Guise ou celui de Nemours, entré en grand crédit dedans ce parti par les menées du duc de Savoye, qui lui avoit gagné les suffrages d'Italie, mais plus particulièrement pour le voir maistre de Lyon, que les labeurs des jésuites et la corruption de Maugiron, gouverneur[4], avoyent mis entre ses mains. Le duc de Guise recommandable par l'excellente mémoire du père, le peuple désirant de le voir succéder en effect à la royauté qu'ils avoyent attribuée en leurs cœurs à leur incomparable chef. Le fils de Lorraine ne manquoit pas de gens qui le représentoyent chef de tous les prétendans et desjà grand prince et souverain[5]. Les Seize, bien fournis de pen-

1. Pierre le Roy, aumônier du jeune cardinal de Bourbon.
2. Nicolas Rapin, poète latin et français, né à Fontenay-le-Comte, en Vendée, mort à Poitiers le 16 février 1608.
3. Le président Jeannin n'a jamais écrit de traité sur cette question, mais il a composé, en faveur des droits de l'infante d'Espagne, une lettre dont il est parlé dans les *Procès-verbaux des états généraux de 1593* (p. 391), par M. Bernard. Cette lettre, datée du 4 mars 1593, fut adressée, au nom du duc de Mayenne et des états de la Ligue, aux seigneurs catholiques du parti de Henri IV. Elle est imprimée dans le recueil ci-dessus, p. 73.
4. Ce membre de phrase, depuis *et la corruption*, est marqué à l'*Errata* comme devant être effacé. — Il s'agit ici de Timoléon de Maugiron, fils de Laurent de Maugiron, lieutenant de roi intérimaire en Dauphiné en 1588, gouverneur de Vienne en 1589, tué en 1622.
5. Le 19 janvier 1592, le duc de Mayenne nomma le jeune duc

sions d'Espagne, avoyent leurs voix toutes prestes pour qui leur maistre ordonneroit, commençoyent à sentir la haine du duc de Mayenne, quand un grand scandale arriva. Il avoyent mis en prison Brigart[1], procureur de la maison de ville, pour avoir, comme ils disoyent selon l'étymologie de son nom, brigué pour le roi dans Paris. Cet homme, par la faveur de ceux qui le devoyent juger et qui, satisfaisans à la crainte et à la conscience, aimèrent mieux ne le juger point, fut délivré de prison fort secrettement. Les Seize accusent promptement le président Brisson[2] et les conseillers L'Archer[3] et Tardif[4] d'avoir favorisé l'escapade, esmeus à croire cela pour avoir veu en ces personnages quelque modestie[5], dangereuse pièce parmi les soulèvemens. Les jésuites, Pigenal[6], curé[7], Sainct-Gervais et ses

de Guise gouverneur des provinces de Guyenne, de Berry, d'Anjou, de Touraine et du Maine (copie; f. fr., vol. 3981, f. 31). Mais le jeune duc ne put prendre possession de son gouvernement. Mayenne lui donna alors, le 3 mars suivant, les provinces de Champagne et de Brie (copie; f. fr., vol. 3981, f. 125).

1. Brigard, nommé procureur de l'hôtel de ville de Paris par le duc de Guise à l'époque des barricades. Le fait que raconte ici d'Aubigné est tiré du *Journal de L'Estoile*, sous la date du 24 octobre 1591.

2. Le complot des Seize contre Barnabé Brisson, premier président, fut organisé le 8 novembre 1591.

3. Claude Larcher, magistrat, un des plus anciens conseillers de la grand'chambre du parlement de Paris, presque septuagénaire, était détesté des ligueurs parce qu'il avait conseillé, ainsi que son fils, un accord avec le roi de Navarre (note de Lenglet-Dufresnoy dans le *Journal de L'Estoile*).

4. Jean Tardif du Ru, conseiller au Châtelet, fut arrêté par Hamilton, curé de Saint-Côme.

5. *Modestie*, modération.

6. François Pigenat, docteur de Sorbonne, curé de Saint-Nicolas-des-Champs.

7. Lisez *Crucé*, un des Seize, capitaine en l'université de Paris.

compagnons jettent de l'huile sur ce feu, et à la mi-novembre[1] font courir les zélez au logis de ces trois, les prennent, les traînent au Grand Chastelet. Et quoi que plusieurs refusassent d'exécuter ce président, pour estre un des joyaux de la France, et aussi que ses graves propos, ses menaces et sa magnanimité ne pouvoit, estant condamné, oublier le juge; bien encor que les propos des autres, sur le mespris de la mort, effrayassent les bourreaux, ils furent contraints d'estrangler ces trois en une chambre close[2], et le lendemain les Seize les firent pendre à Sainct-Jean en Grève, attachans sur leurs espaules quelques infâmes escriteaux.

Le duc de Mayenne estoit lors à la frontière pour l'avancement du secours. On lui escrit que les Seize avoyent fait ce coup pour preuve de leur authorité et que leurs émissaires grommeloyent parmi les Parisiens qu'ils en feroyent autant aux princes s'ils n'alloyent droit en besongne. Ce duc, voyant le péril où estoit son authorité, y employe le sien, mesprise quelques avis contraires à sa résolution, s'en court à Paris, et, ayant reconfirmé ses affidez et ceux que la mémoire des trois sénateurs faisoit souspirer, il fait prendre par des soldats Louchart, Hémeline, Anroux et Émounot[3]; ceux-là[4], hormis Louchart, plustost exé-

1. Les conjurés se mirent en armes dans la nuit du 14 au 15 novembre 1591.
2. Brisson fut étranglé le 16 novembre dans une des salles du Petit-Châtelet (*Journal de L'Estoile*).
3. Louchard, commissaire au Châtelet, Nicolas Ameline, avocat de la compagnie des Seize, Barthélemy Auroux, banquier, Jean Émonot, procureur, furent arrêtés par Louis de l'Hôpital Vitry, sur l'ordre du duc de Mayenne, dans la nuit du 4 au 5 déc. 1591.
4. Le texte porte : ... et Émounot, *avec le bourreau qui avoit*

cuteurs qu'auteurs du méfait, et, ayant tasté la voix du peuple, les fait pendre publiquement[1]. Et puis, voyant que le grand peuple qui avoit couru à la sédition se tenoit pour condamné, et par là quelque danger d'émotion, il fit publier, le dixiesme décembre, un édit d'abolition[2].

Le roi, de son costé, fit aussi publier deux édicts, l'un pour restablir ceux de pacification, et notamment le dernier du roi défunct[3]; l'autre pour maintenir la religion catholique, apostolique et romaine, et les privilèges de l'Église gallicane[4].

Outre ce que nous avons dit, la Cour de parlement séant à Tours, et après elle celle de Chalon[5], prononcèrent derechef contre tous les actes du cardinal Cajetan, depuis le premier de mars, et contre les excom-

---

exécuté, ceux-là... Mais l'*Errata* contient cette rectification : « Effacez ces mots, car le bourreau ne fut exécuté qu'après la reddition de Paris. » Cette rectification est confirmée par le *Journal de L'Estoile*.

1. Les quatre prisonniers furent pendus le même jour, 4 décembre 1591.

2. L'édit d'abolition publié par le duc de Mayenne, le 10 décembre 1591, est imprimé dans les *Mémoires de la Ligue* (t. V, p. 72 et suiv.).

3. L'édit de pacification donné à Mantes en 1591 et publié à Châlons, le 24 juillet, est imprimé dans les *Mémoires de la Ligue* (t. IV, p. 358 et suiv.).

4. Les lettres patentes du roi, touchant la religion catholique, datées de Mantes et du 4 juillet 1591, furent publiées à Châlons, le 24 juillet suivant. — Elles sont imprimées dans les *Mémoires de la Ligue* (t. IV, p. 36 et suiv.).

5. L'arrêt du parlement de Châlons contre les bulles du pape fut rendu le 10 juin 1591 (De Thou, liv. CI). Il est imprimé avec l'arrêt du parlement de Tours dans les *Mémoires de la Ligue* (t. IV, p. 369).

munications faites par Marcelin Landriano[1], soi-disant nonce du pape, comme abusives, scandaleuses, séditieuses, pleines d'impostures et faites contre les saincts décrets et privilèges que nous avons alléguez, etc. Ces Cours ordonnèrent que ces bulles et toutes les procédures faites en vertu d'icelles seroyent bruslées par le bourreau, comme nous avons dit, ordonnèrent de plus sur l'absolution des excommuniez, et que Landriano, prétendu nonce, entré clandestinement dans le royaume sans permission et congé du roi, seroit pris au corps, et dix mille livres de récompense à celui qui le pourroit représenter à justice, cependant ajourné à trois briefs jours, défense de le retirer sur peine de la vie, et à tous ecclésiastiques de ne rien publier de sa part sur peine d'estre punis comme criminels de lèze-majesté. De plus, furent déclarez les cardinaux estans à Rome criminels de lèze-majesté et décheus du possessoire de tous les bénéfices qu'ils tenoyent dans le royaume. Le parlement de Tours ajousta ceste clause à son arrest : « A déclaré et déclare Grégoire, soi-disant pape, XIV du nom, ennemi de la paix, de l'union de l'Église, du roi et de son Estat, adhérant à la conjuration d'Espagne et coulpable du très cruel, très inhumain et très détestable parricide commis en la personne de Henri III, de très heureuse mémoire, très catholique et très chrestien. » J'ai mis ces choses à deux fois, pource qu'outre la première déclaration qu'en fit la Cour, elle y travailla depuis avec poids et plus solemnellement. Toutes ces pièces sont rebrûlées

---

1. Marcelin Landriano, référendaire de la cour de Rome, nonce du pape.

à Paris[1], où nous laissons tous ces ducs, et entr'autres celui de Nemours, qui n'y demeura guères à solliciter la peau de l'ours qui n'estoit pas mort. Bien tost après, commença le siège de Rouen comme nous dirons.

Chapitre XIV.

Approches de Rouen et autres événemens.

Pour les approches de Rouen, le roi fit marcher trente-deux régimens françois[2], mais tellement harassez et dissipez qu'ils ne faisoyent guères que quatre mille hommes, six mille Suisses, presqu'autant d'Anglois[3]. A lui se joignit le vicomte de Turenne, avec l'armée du prince d'Anhalt, composée de sept mille chevaux et autant de lanskenets. Peu de jours après, il receut les deux régiments qui venoyent du Pays-Bas, desquels nous avons parlé. Il se rendit auprès de Sa Majesté de cinq à six mille gentilshommes, menez par les princes et grands du royaume, que la guerre particulière de leur province n'obligeoit point. De plus, les Estats y envoyèrent une armée navale, la

---

1. Deux arrêts de la Cour de parlement de Paris, condamnant les arrêts de Tours et de Châlons, furent publiés, l'un le 24 septembre, l'autre le 22 décembre 1591. Ce dernier est imprimé dans les *Mémoires de la Ligue* (t. IV, p. 371 et suiv.).

2. Le maréchal de Biron avait pris Gournay sous Rouen, le 29 septembre 1591, et établi son campement à la faveur de ce poste. Le 11 novembre, il investit la ville de Rouen.

3. Les troupes anglaises, commandées par Robert Devereux, comte d'Essex, arrivèrent à Boulogne le 31 octobre 1591 (De Thou, liv. CII). Le 10 novembre, Henri d'Orléans, duc de Longueville, vint les recevoir à Caen (*Mémoires de la Ligue*, t. V, p. 106). On conserve dans la coll. Moreau (vol. 723, f. 49) un journal des opérations des troupes anglaises pendant la durée du siège de Rouen.

pluspart Holandois, qui estoit de quarante-cinq vaisseaux garnis de trois mil hommes; si bien qu'avec quelque reste des vieux reistres et lanskenets, l'armée du roi estoit de trente-cinq mille hommes pour le moins.

Le roi prit son logis à Dernetal[1], gardant auprès de soi les Suisses, et aux villages les plus proches vers le chemin du Pont de l'Arche ses vieux lanskenets et les régiments qu'il vouloit employer aux trenchées. Les autres lanskenets et autres bandes de gens de pied furent estendus depuis le Mont-aux-Malades, vers la rivière. Les efforts des assiégez s'adressèrent au commencement sur ceux-là, et les malmenoyent, quand les deux régimens des Pays-Bas arrivèrent, ausquels les autres firent place de bon cœur, pource qu'ayans trouvé à leur abord les assiégez dehors, ils les meslèrent et congnèrent dedans le fonds du fossé de la ville, sans à cela ni à la retraite perdre leur ordre; et cela fit ceux de Rouen fort sages. De ce costé-là, à la plaine qui tire vers Dieppe, toutes les paroisses furent emplies de cavalerie jusques à trois lieues et plus. Les Anglois et le régiment des gardes garnissoyent le bord de la petite rivière qui va de Dernetal à la ville; et au delà de la Seine estoit logée toute la cavalerie et quelque infanterie de Normandie, où commandoit le comte de Soissons. Le baron de Biron, mareschal de camp, se logea au plus près de Saincte-Catherine, qui fut où le labeur de l'armée s'employa.

Vilars[2], qui commandoit la ville, receut cinq cents

1. Darnetal (Seine-Inférieure). Le roi arriva devant Rouen le 24 novembre 1591.
2. André de Villars-Brancas, gouverneur du Havre, lieutenant

chevaux et le fils aisné du duc de Mayenne et en peu de jours douze cents hommes nouveaux, que la ville arma de mousquets pour la pluspart. Il se fit voir le premier jour du siège[1] avec tout cela et deux mille autres harquebusiers de la ville monstrans force gayetez de cœur. Mais l'ordre que tenoit l'armée ne lui permit aucun essai. Il s'employa donc à parachever la nouvelle fortification faite au-devant du fort Saincte-Catherine, qui estoit d'un front de terre de dix-huict pieds, flanquée pour le mousquet seulement de la courtine, de deux ravelins sans espaule, sans retraite, sans orillon[2], sans embrasure moyenne ni basse, et au-devant un fossé qui n'avoit pas trente pieds en œuvre et seulement sept pieds de profond dans le ject.

L'infanterie françoise commença les tranchées contre ce que nous venons de peindre. Les lanskenets entroyent en garde derrière eux. Mais, peu de jours après le commencement, Roger Willems ayant offert ses Anglois pour tenir leur partie, ils y furent receus de bon cœur. Ces tranchées gagnèrent pays en fort peu de temps. Sur le bord du costau, de main gauche en regardant la ville, on les fit estroittes avec trois ridotes[3] trop chiches en tout sens, favorisez à main droite d'une haye de quatorze canons, et de deux autres logis d'artillerie à gauche, là où le costau s'eslargit. Là il y avoit

---

du gouverneur de Rouen, arriva avec son armée, le 7 octobre 1591 (De Thou, liv. CII).

1. Commencement du siège de Rouen par l'armée du roi, 11 novembre 1591 (De Thou, liv. CII).
2. *Orillon*, avances aux côtés d'un bastion.
3. *Ridotte*, redoute, de l'italien *ridotto*.

six canons en deux lieux si esloignez que le commissaire La Faiole ne voulut jamais emplir ses gabions et ne laissa pas d'en faire de beaux coups.

La tranchée estant arrivée à la cheute de la contrescarpe, le roi, la voyant trop droite et trop eslevée, eut envie de la gagner par une forme d'assaut, pource que ceux qui estoyent logez derrière son parapet faisoyent plus de meurtre que la courtine. Or, d'autant qu'il entroit en garde lui-mesme de quatre nuicts, une avec trois cents seigneurs ou gentilshommes, la pluspart de la cornette blanche, il mesla autant d'harquebusiers parmi cela ; fait préparer des gabions pour garder ce qu'ils auroyent gagné, et à minuict il donne une forme d'assaut. Les gardes de la contrescarpe ne peurent souffrir l'haleine d'une troupe de telle estoffe et avec peu de perte filèrent par les deux costez des costaux.

Le roi, s'estant logé, fait place aux Anglois, et, la nuict d'après, ceulx de la ville, sachans que le roi avoit fait lui-mesme le coup, envieux de cette gloire, viennent par les deux costez où ils s'estoyent retirez. Vilars, ayant fait brusler l'amorse par quelque sergent, y donne avec quatre cents hommes armez et bien favorisez de la courtine, où mille mousquets faisoyent beau feu, si bien que les Anglois, ne pouvant s'eslever sur le parapet pour jouer de la picque, battus du bas et du haut et enfoncez par les costez, laschèrent le pied ; les autres s'y logent. Deux nuicts après, qui estoit la garde du roi, Roger Willems le vint prier que ses Anglois tinssent compagnie à la noblesse pour regagner ce qu'ils avoyent perdu. Lui le premier et ses compagnons se jettèrent si follement par l'embouchure du fossé qui regarde vers Dernetal que le logis de la contr'escarpe fut fait sans grand danger. Quatre jours après, il fallut percer tout pour gagner le fossé; le mareschal de Biron prit la charge du milieu; celle du coin de gauche fut donnée à un autre[1], qui dans deux heures alla joindre le baron par le fonds du fossé. Ceux de la ville, se voyans un peu plus pressez, prestèrent nouveau serment contre le roi par les entremises de Bauquemare[2] et de La Londe[3], cettui-ci maire de la ville et l'autre premier président, qui se sentoit irréconciliable au roi par lettres et interceptes[4] escrites contre lui.

La batterie des vingt canons et une mine entamèrent le ravelin de main droite aux assiégez. Il s'y donna un assaut fort froid et où quelques particuliers firent assez bien, le gros rien du tout; car ils ne peurent forcer un retranchement dans la ruine, auquel il ne pouvoit ranger que quinze hommes. Les plus grosses grenades qui se soyent guères veues furent employés à cet assaut.

Deux jours après, Vilars, blessé à une jambe, parut suivi de trois cents salades dans la planure qui va à Dernetal, et en mesme temps dix-huict cents[5] harquebusiers enfilent le ruisseau et deslogèrent les premières

1. D'Aubigné lui-même.
2. Le s. de Bauquemare du Mesnil, président du parlement de Rouen.
3. Antoine de Bigars de la Londe, gentilhomme normand du parti de la Ligue, député en 1588 aux états de Blois, capitaine du fort Sainte-Catherine en 1589 de par le duc de Mayenne, bailli de Rouen en 1590 et lieutenant du duc de Guise en 1591. Il a laissé des mémoires qui sont encore inédits (Estaintot, *la Ligue en Normandie*, p. 144, note).
4. *Interceptes*, pièces interceptées.
5. L'édition de 1620 porte 180 arquebusiers.

gardes de leur chemin. Le roi, estant lors aux aproches et entendant les mousquetades et le cri d'alarme par l'armée, s'en court sur le costau, et, ne voyant pour soustenir la sortie que quatre-vingts Anglois, moitié piquiers, et Grillon, qui du régiment des gardes n'avoit pu ralier que seize hommes; parmi cela il remarque le mareschal de Biron, son fils et deux autres. Ce prince, n'ayant avec soi que Roger Willems et moi, descend à cheval ce grand costau, que les gens de pied avoyent peine à passer. Quand il fut au bas, il pousse son cheval à grand force sur un bardeau ou bastardeau fait à travers la rivière pour retenir l'eau. Cet excellent cheval, que du ventre que des pieds, passe le roi delà. Nous, ne l'osans suivre, destournasmes de cent pas, où nous vismes traverser un valet. Ici, je me nomme, pour donner gloire à mon maistre aux despens d'un des plus vaillans hommes du monde et aux miens. Le roi donc, septiesme, arreste ses Anglois qui vouloyent attaquer et qui pour braver jettoyent leurs chapeaux en l'air; et, quand ce fust à tirer, n'approchèrent point la crosse de demi-pied du menton, ne blessèrent aucun de cette cavalerie immobile de quatre-vingt pas et qui ne démarcha jamais vers les sept. Le baron de Biron alla porter un coup de pistolet au premier rang, et Barrodrie, qui le suivoit, approchant de plus près, tua le cheval d'un chef de son coup. Les harquebusiers de la ville s'avancèrent plus que leur cavallerie, ce qui fit courir le roi de ce costé-là. Grillon, venant à eux, receut une harquebusade qui lui cassoit le bras. Avec cela, estant renforcé de quelque centaine des siens, il fit tourner visage à tout ce qui estoit sorti.

CHAPITRE XV.

Seconde partie du siège de Rouen[1] *et combat d'Aumale.*

Desjà le duc de Parme avoit joint les forces françoises et italiennes[2]. Le roi, en ayant seu les nouvelles, prit toute sa cavallerie, assavoir trois mille salades françoises et autant de reistres qu'il fit trier au prince d'Anhalt, se contentant ainsi de la moitié, afin que l'autre peust harasser l'armée à son rang; et, ne trouvant point douteux le combat de cette partie à toute la cavallerie ennemie, pourveu qu'il la peust attirer d'entre les bataillons, ayant donc de cette cavallerie approché de Folleville[3], où l'armée passoit, il jetta à sa main droite le grand escuyer avec quarante gentilshommes de marque et encor devant lui Arambure avec quinze chevaux-légers. Laverdin, jaloux de cela, demanda permission au roi de tirer troupe de sa cornette blanche pour se jetter à gauche, lui estant permis jusqu'à vingt. Il n'eut pas fait une lieue qu'il vid tout à la fois à l'aisle d'un bois cent ou six-vingts Espagnols qui se reposoyent sous un poirier, qu'ils avoyent environné de leurs piques. Deux de sa troupe qui estoyent plus avancez, ayans veu en mesme temps

1. La fin du titre manque à l'édit. de 1620.
2. On conserve dans le f. fr. (vol. 3981, f. 23) l'état détaillé de l'armée du duc de Parme, dressé à Nesle, le 16 janvier 1592. Les *Mémoires de la Ligue* (t. V, p. 40 et 63) reproduisent deux lettres du duc de Parme à Philippe II qui racontent la marche de l'armée espagnole jusqu'à son arrivée à Rouen. Le duc ne se mit en campagne que le 6 février 1592 (autre relation sur la marche des Espagnols; f. fr., vol. 15591, pièce 52).
3. Folleville (Eure).

la compagnie du jeune La Chastre[1] et une autre, qui estoyent en garde à une rencontre de chemins, cependant que l'armée logeoit, ces deux courent à Laverdin, qui alloit au Poirier, et, lui ayant crié qu'elles n'estoyent pas meures, lui montrent sa charge plus raisonnable aux gens de cheval que nous avons dit. Laverdin, qui avoit fait avertir et avancer le roi à veue, pria ses compagnons de le laisser approcher pour reconnoistre, mais c'estoit pour prendre la charge soixante pas devant la troupe, qui le trouva abbatu sous son cheval mort et les espées qui lui cherchoyent le deffaut du hausse-col. Le combat se fit sur lui. Les vingt firent quitter le jeu à cinquante ou soixante. L'ambassadeur d'Angleterre Edmont[2] se déroba du roi pour taster ceste meslée et en fut repris par lui. Pour tout cela, il ne sortit de l'armée un seul homme de cheval, et les six mille chevaux ayans couché à Breteuil, joints au reste, s'en vont à Buchi[3].

De là il y eut autre cavalcade, conduite par le duc de Nevers, qui, ayant appris le logement de l'armée, fit monter le roi à cheval et mena ses gens mesler dans une bourgade, au bord de laquelle Chicot se trouva en teste au comte de Chaligni[4], prince de Lorraine. L'un et l'autre chargèrent à bon escient. Le comte demeure prisonnier, après avoir donné un coup d'espée à son preneur, duquel il mourut. Cet homme, bouffon quand

1. Louis de la Chastre, fils du maréchal de camp de ce nom. Il fut fait prisonnier au mois de mai 1592.
2. L'ambassadeur d'Angleterre en France en 1591 était le chevalier Henry Unton. Partie de sa correspondance est conservée dans le vol. 723 de la coll. Moreau.
3. Breteuil (Eure), Buchy (Seine-Inférieure).
4. Henri, comte de Chaligny, frère du duc de Mercœur.

il vouloit, avoit un continuel dessein de mourir ou tuer le duc de Mayenne, pour avoir esté battu de lui, et, en recerchant cette occasion, s'estoit fait tuer entre les jambes cinq chevaux en deux ans[1].

Le roi, estant venu loger à Aumale[2] et sachant par les prisonniers que l'armée y avoit son rendé-vous le lendemain, délibéra de retirer son gros à Neuchastel[3] et, avec quatre cents chevaux bien choisis, faire quelque chose de gaillard à la teste de l'armée. En marchant pour cet effet, il voulut que quarante de ses meilleurs capitaines de cavalerie choisissent chascun dix salades ; et lui, qui ne pensoit qu'en choisir trente de sa cornette blanche, ne put se démesler à moins de six-vingts. Cette bande gaillarde n'eut pas fait quatre lieues que ses coureurs descouvrent en beau temps et belle plaine l'armée, qui marchoit en un ordre excellent. Elle estoit en forme trapésite, composée de seize mille hommes de pied et de près de cinq mille chevaux ; elle avoit à sa teste et à chacun des angles de derrière une ouverture pour sortir au combat, celle de devant fermée par l'escadron, sur la confiance duquel le duc entreprenoit toutes choses ; les deux de derrière

1. Chicot, bouffon de Henri III, était de Gascogne. Blessé d'un coup d'épée à la tête à la prise du comte de Chaligny, il livra sans rançon son prisonnier au roi et mourut quelques jours après au Pont-de-l'Arche. On a imprimé sous son nom en 1593 un pamphlet qui porte le titre de *Paraboles du sieur Cicquot*.

2. Henri IV vint à Aumale (Seine-Inférieure) le 3 février 1592. Voyez une lettre du roi de cette date (*Lettres de Henri IV*, t. III, p. 561).

3. Neufchâtel (Seine-Inférieure). — Le roi arriva dans la ville le 6 février 1592 (*Lettres de Henri IV*, t. V, p. 563). On trouve dans les *Mémoires de la Ligue* (t. V, p. 100) une relation, écrite dans le sens ligueur, de la première moitié du siège de Rouen.

estoyent remplies des premières troupes de cavalerie qui devoyent aller à la charge; les deux lates[1] clos d'une file de chariots et près d'eux les régimens de pied par ordre. Hors de cela, la cavallerie légère et les carrabins faisoyent des ailes les mieux composées qu'on ait jamais veu. Le duc, dans le milieu de tout cela, dans un petit chariot descouvert, des pantoufles dans les pieds, ne changea point de posture pour ce que vous entendrez.

La troupe royale eut le beau jour pour désavantage, pource que ceux qui estoyent desbandez en virent aisément les costez et le derrière et la jugèrent à ce qu'elle estoit; ceux-là estoyent Vitri, le baron de la Chastre et les plus galands des François. Le roi, voyant qu'il ne pouvoit cacher sa paucité[2] ni mordre sur l'ordre que nous avons dit, après quelques coups de pislolets donnez par Chanlivaut[3] et Marivaut avec leurs dixaines, fut d'avis de choisir entre ses choisis six-vingts et envoyer le reste passer la chaussée. Les chevaux-légers des Espagnols quittèrent alors l'ombre de leurs chariots et voulurent avoir l'honneur de cette poursuite, qui fit grand bien aux royaux, car les François, qui y eussent apporté moins de discrétion, les eussent perdus. Les six-vingtz estant poussez jusques au bord de la descente, le roi, se confiant que Laverdin, comme il disoit, auroit laissé le bord du marais vers la terre ferme, garni de cinq cents harquebusiers à cheval, fit sur ce bord mine de combat. Mais il n'y avoit que quatre-vingts harquebusiers, que leur chef

1. *Late*, côté, *latus*.
2. *Paucité*, petit nombre, *paucitas*.
3. René Vioust de Chanlivault.

fit monter au haut de la croupe, estant lors toute la cavallerie du duc affrontée aux six-vingts chevaux, et ne pouvoit reculer que dans les picques de l'armée ; tout cela arresté par des respects sans raison. Les passelipans de Laverdin, comme on les appelloit, se mirent devant leur cavallerie pour tirer harquebusades à un quarré de lances le plus avancé. Cinquante chevaux marchèrent pour les retirer, mais deux jeunes capitaines qui les menoyent firent comme les cinquante chevaux, ainsi que quelques-uns avoyent crié. La cavalerie estrangère, honteuse d'avoir tant marchandé, prit la charge à tout, passèrent sur le ventre à ces drôles, horsmis ceux qui empoignèrent la queue des chevaux et se firent traîner jusques au premier rideau.

En mesme temps, le duc envoya deux capitaines avec leurs troupes descouvrir les deux coins du costau, et, ayant appris qu'il n'y avoit rien, poussa tout ce qu'il pouvoit. Dans la pente y avoit quatre rideaux, à chascun desquels cette bande choisie se rallia. Le roi ne leur commanda que des fausses charges, mais il eust falu à cela le consentement des Espagnols. Au plus bas du terrier, le roi, pensant à faire retirer sur la chaussée quelque troupe devant lui, receut une harquebusade dans sa ceinture et lors s'escria : « Charge à tout, » à quoi il fut bien obéy. Givri, servant de capitaine à plusieurs capitaines, escuma la teste des premiers ennemis, leur porta la pointe de l'espée dans la moustache, enfilant tout le premier rang, et puis, poussé dedans par la charge qui se fit à bon escient et porté par terre, lui et son cheval blessez, se desmesle entre les jambes des chevaux. Laverdin blessé à l'entrée de la chaussée, les plus opiniastres, qui ne la voulurent pas enfiler sans donner encores un coup d'espée, furent contraints à coups de lance d'en prendre le chemin. Arambure, voyant quelqu'un[1] de ses amis poussé de deux lanciers au bas de la chaussée et ne la pouvant regagner à l'endroit où il estoit, rallie Moraise, le lieutenant du grand escuyer et celui de Laverdin. Avec ces quatre, il fait quitter l'embouchure de la chaussée, quoique desjà on y eust fait jetter à pied plusieurs carrabins, qui apuyèrent deux coups dans son estomac. Et puis, ayant donné loisir à son ami de regagner le passage, il fit à bon escient Horace le borgne[2]. Il se retire le dernier, ayant à tous coups l'espée dans les dents des plus pressants; il trouve une barrière abandonnée par les harquebusiers, il les rappelle en vain; il se jette à terre et la ferme, et l'escuyer de Laverdin qui lui sauvoit quelques coups lui est tué sur les espaules. A cent pas de là, il fait de mesme au petit pont le plus près de la ville; après cela, il fut rafraîchi par Chanlivaut, qui fit une petite charge, mais bien utile. Ceux d'Aumale, qui estoyent au chasteau, coururent au gué pour le monstrer et favoriser le passage de leur maistre. Le chemin creux et les pionniers firent grand bien à plusieurs; aussi qu'à la première plaine le grand escuyer, Montigni[3], Torigni et Mongommeri, plus esloigné, avec leurs compagnies entières, présentèrent le collet aux premiers poursuivans. Le roi ne perdit à tout cela que soixante hommes, pas un grand, mais tous vaillans[4].

1. D'Aubigné.
2. Horatius Coclès.
3. François de la Grange de Montigny.
4. Combat livré sous les murs d'Aumale, victoire du duc de

C'estoit au poinct de la penderie de Paris, dont nous avons parlé et pour laquelle le duc de Mayenne avoit esté contraint d'y faire une course. Le duc de Parme, ne voulant rien faire sans lui et ayant quelques compagnies à recevoir, fit semblant de passer la Somme pour s'en retourner. Le roi se met sur ses pas, et, allant pour coucher à Blangi, trouva en son chemin plus de deux cents hommes morts; c'estoit le régiment de Potrincour, auquel Givri venoit de passer sur le ventre.

Le lendemain, le roi, avec deux mille chevaux, arriva à veue du Pont de Remi[1], au passage duquel il cuidoit monstrer aux Espagnols qu'il falloit pousser plus chaudement à Aumale; mais un grand logement d'Espagnols et de Suisses dans la vallée de main gauche et à la droite un gros de quatre mille chevaux, qui fit ferme sur le costau, tout cela fit qu'après une bonne et ferme escarmouche, pour couvrir les reconnoisseurs, il falut retourner à Blangi[2] et de là à Claires[3], où l'on sceut deux nouvelles : la première, que les ducs, estans joints et ayans mis ordre à quelques villes de Picardie qui méditoyent leur révolte, s'en venoyent présenter la bataille au roi, et cela fut une joyeuse

Parme, 5 février 1592. Le roi y courut les plus grands dangers et faillit être fait prisonnier. On conserve à la Bibliothèque nationale (L b, 35, n° 410) un curieux récit du temps, écrit dans le sens ligueur, sur ce combat, et dans le f. fr., vol. 20624, f. 111, et 4019, f. 165, du même fonds, deux autres relations de ce combat, dont l'une est la lettre d'un témoin.

1. Pont-Rémy (Somme). — Le roi arriva devant le Pont-de-Rémy le 7 mars 1592 (*Lettres de Henri IV*, t. III, p. 577).

2. Blangy (Seine-Inférieure). — Le roi y arriva avant le 9 mars 1592 (*Lettres de Henri IV*, t. III, p. 577).

3. Clères (Seine-Inférieure).

nouvelle; mais l'autre ne fut pas de ce goust : car, comme les princes et chefs de l'armée, après avoir tenu conseil pour l'ordre de la bataille, se promenoyent pour voir quelques chariots artificiels, dont ils vouloyent armer leurs cornes, un courrier leur vint dire que Vilars, ayant fait avant jour filer au fort Saincte-Catherine deux mille cinq cents fantassins, à la teste desquels il avoit fait mettre pied à terre à trois cents maistres, avoit fait sa sortie[1] par le costau devers Dernetal, et, faisant trotter ses hommes jusques à un corps de garde de lanskenets, qui gardoyent le parc des poudres, là ils reprirent la forme qu'ils avoyent présentée avant sortir. Trente gentilshommes et à leur teste le sergent-major, chascun une picque au poing, firent premièrement quitter la place des lanskenets, qui abandonnent l'artillerie; et puis, prenans à droite, ils avoyent marché à la tranchée, l'enfilans par derrière, estans demeurez cent de leurs gentilshommes et quatre cents harquebusiers à leur gauche, pour respondre de ce qui, à la haste, pourroit sortir de Dernetal. Tout ce qui estoit dans les tranchées avoit pris l'effroi et la fuite, horsmis les deux frères Piles[2], qui, n'ayans point encor de barbe, prindrent la résolution de la mort plus tost que de quitter leur devoir. Eux, ayans rallié quinze ou seize hommes, la pluspart de commandement, se firent assommer en un monceau;

1. Sortie de Villars, gouverneur de Rouen, contre les troupes royales, 26 février 1592.
2. Les deux frères Clermont de Piles étaient fils d'Armand de Clermont, baron de Piles en Périgord, un des héros de la guerre civile sous le règne de Charles IX, et de Jeanne de Durfort. L'aîné servait depuis 1586 dans les troupes du roi de Navarre (Haag).

plusieurs fois sommez de se rendre à promesse de la vie, ce qu'ils refusèrent de si bonne grâce que, parmi la multitude qui les accabloit, force honnestes gens ont tesmoigné y avoir mis la main à regret. Les assiégez, qui avoyent disposé tout ce qu'il faloit pour durant le combat emmener le canon, mirent à couvert cinq pièces et retournoyent au reste, quand le mareschal de Biron, à la teste de quatre mille Suisses et quelques François ralliez à leurs ailes, commença de paroistre. La troupe que nous avons dit, qui estoit en garde de ce costé pour ceux de la ville, donne l'avertissement partout, fait sa retraite de bonne grâce jusques à la fin, que les François desbandez leur firent gagner le fossé.

Le roi, fort contristé de cette nouvelle, ne le fut pas moins, ayant appris que d'O et autres de sa faction avoyent esmeu le cardinal de Bourbon[1], qui estoit demeuré au siège, à empescher que les enfans de Piles et ceux qui estoyent morts avec eux fussent enterrez dans le quartier du roi ni en pas un cemitière des quartiers de l'armée; à quoi il fallut obéyr pour le quartier du roi; mais les bandes réformées qui estoyent aux prochaines bourgades, vers le Pont de l'Arche, firent enterrer les morts, horsmis les deux Piles, qui furent embausmez pour emporter.

Au premier de l'an, y eut une intelligence dans la ville par un La Fontaine[2], qui devoit saisir une porte

1. Charles de Bourbon, cardinal de Vendôme, puis de Bourbon, quatrième fils du premier prince de Condé, né en 1562, archevêque de Rouen à la mort de son grand-oncle, mort à Saint-Germain-des-Prés le 30 juillet 1594.
2. La Fontaine, sergent de la compagnie du capitaine Saint-Saturnin, vouloit livrer au roi la porte Cauchoise.

en faveur du duc de Longueville. Un Mauclerc[1] de la ville, ayant feint estre de la partie, décela tout, et le roi, qui avoit amené la nuict cinq cents gentilshommes, eut l'aller pour le venir ; les intelligens furent pendus[2]. Deux jours après se fit une sortie par la porte Sainct-Ouen, qui emporta un drapeau du duc de Longueville.

En tels exercices se continuoit le siège jusques au vingtiesme de mars, que l'armée étrangère fit quitter Neuchastel en présentant la batterie vers l'abbaye des Nonnains ; et puis, ayant composé à la vie des assiégez, vint loger à Franqueville[3], et, le vingt et uniesme, le duc de Guise, menant l'avant-garde, fit paroistre sa cavallerie légère à deux lieues de Dernetal, où le vicomte de Turenne fit la bienvenue et perdre ceste journée au duc de Parme, l'amusant au commencement par escarmouches. Le duc, ne voulant pas employer son temps à cela, mit au large plusieurs troupes pour voir les costez et le derrière et apprendre s'il avoit l'armée entière sur les bras ou une partie seulement[4]. Mais il ne put obtenir cela pource que le vicomte faisoit autant de fronts de sa cavallerie que l'autre séparoit de troupes. Durant ces traits de capitaine, que le duc de Parme admira, le mareschal de Biron avoit changé le logis de l'armée, de Darnetal à Bans[5], et le

1. Mauclerc, avocat au parlement.
2. Les *intelligens,* c'est-à-dire ceux qui avaient été d'intelligence avec La Fontaine, furent conduits au supplice le 4 janvier 1592.
3. Franqueville (Somme).
4. Le duc de Parme arriva au secours de Rouen le 20 avril 1592.
5. Le roi leva le siège de Rouen le 20 avril 1592, à la nouvelle de l'approche du duc de Parme, et transporta le camp à Boos (Seine-Inférieure), dans une position favorable où il attendit les ligueurs.

roi, ayant passé au péril de la vie, vint aider au mareschal à faire le placement et chois des avantages, surtout pour l'assiette de l'artillerie. Le duc, ayant bien reconnu ces choses, se contenta d'avoir deslogé le roi[1], passa par dans Rouen et fit couler son armée à Caudebec[2], place si mauvaise qu'elle ne put attendre aucun effort et où il receut quelques vivres, une partie par la faveur du Ponteau-de-Mer[3], rendue à la Ligue par le gouverneur[4].

Chapitre XVI.

De ce qui se passa après le siège de Rouen; plusieurs[5] et diverses sortes de combats, qui contraignent le duc de Parme à sa retraitte; prise d'Espernay.

Les Hollandois receurent leur congé du roi, après l'avoir servi en plusieurs exploits excellemment, tant contre les sorties des assiégez qu'autres occasions. Les Estats les avoyent aussi demandez, pour les affaires que vous verrez.

Le roi, ayant rafraîchi son armée entre Louviers et le Pont de l'Arche[6], comme il se pouvoit en un pays ruiné, et ayant recueilli dans sept jours trois mille

---

1. On conserve dans le f. fr., vol. 15591, pièces 50, 53 et 54, trois relations de la campagne du duc de Parme sous les murs de Rouen.
2. Caudebec (Seine-Inférieure). — La ville fut assiégée par le duc de Parme le 23 avril 1592 et prise le lendemain.
3. Pont-Audemer (Eure).
4. Voyez dans de Thou (liv. CII et CIII) de nombreux détails sur le siège de Rouen. Les *Mémoires de la Ligue* (t. V, p. 100 et suiv.) contiennent une relation du siège.
5. La fin du titre manque à l'édit. de 1620.
6. Louviers, Pont-de-l'Arche (Eure).

salades françoises, marcha vers Yvetot[1], où il trouve l'avant-garde de l'armée commandée par les Lorrains. Une troupe d'estradiots, ayans rencontré la cavalerie légère, ne se fit point prier de porter l'alarme au logis du duc de Guise. L'avant-garde fut prompte à monter à cheval et puis aussi prompte à se retirer à une lieue et demie du logis du Parmesan, ayans engagé les chevaux-légers à la retraite. Ceux-là, chargez par deux endroits, ne rendirent point de combat; mais, ayans laissé quelques quatre-vingts hommes sur la place, abandonnèrent le bagage, qui se retiroit sous leur faveur, qui ne fut pas petite incommodité à l'armée, et sur le soir quatre compagnies furent chargées en logeant.

 Le duc de Parme, pour mettre à couvert toutes ses retraites et ceux qui avoyent pris logis à son ombre et ne pouvoyent estre enclos dans son retrenchement, fit un logement de deux mille Espagnols ou Walons dans un grand bois assis sur un costau au pied duquel estoit le plus commode chemin pour aller tant à l'armée qu'à Caudebec. Le roi y fait donner le baron de Biron, qui avec cinq cents chevaux soustenoit l'infanterie, pour enfoncer. Comme elle print un destour à droite, par lequel le costau, précipiteux plus bas, est plaine, les gardes du bois, pour monstrer quelque gayeté de cœur, envoyèrent à l'escarmouche. La Trimouille, assisté du jeune La Noue et de soixante chevaux, se présenta, et les escarmoucheurs se retirèrent. L'infanterie marche droit au bois, duquel aussitost on emporta les drapeaux par le derrière; si bien qu'il n'y eut guères que ceux de l'escarmouche qui, en prenant

---

1. Arrivée de l'armée royale à Yvetot (Seine-Inférieure), 30 avril 1592 (De Thou, liv. CIII).

quelque haleine à l'entrée du couvent, fissent mine de résistance [1].

A tous ces passetemps se perdoit quantité d'hommes et presque tousjours tout le bagage, et cela continua dès le premier de mai jusqu'au dixième [2], que le roi, voulant voir de plus près le campement du duc, fit attaquer ce qui estoit logé hors les trenchées, sur le haut; en quoi les François avoyent du désavantage, comme les plus difficiles à mettre au parc. L'armée royale commença dès le poinct du jour à lever les logis [3], et, dans neuf heures, les liguez en perdirent trois, au dernier desquels demeura sur la place plus de huict cents hommes; et le duc de Parme, s'avançant pour relever la confusion des siens, receut une mousquetade dans le bras, laquelle lui dura jusques à la mort. Enfin, harassé sans relâche, son armée sans vivre, et appellé par les nouvelles de son pays, il eut recours à ses ingénieux et à un grand amas de bateaux pour faire un pont à travers un bras de mer si tempestueux et si large que le roi ni son conseil ne le pouvoyent estimer faisable. Et de tant plus lui fut utile cette machine, faite en la soirée et au rais de la lune et preste pour la minuict, que le bagage commença à passer et les gens de guerre au point du jour [4].

1. Combats entre l'armée royale et l'armée espagnole autour d'Yvetot, 30 avril, 1er et 2 mai 1592. On conserve dans la coll. Moreau, vol. 745, f. 223, une relation de ces rencontres.

2. Les *Mémoires de la Ligue* (t. V, p. 145 et 147) contiennent deux récits de la campagne de Henri IV pendant cette période, et le vol. 15591 du f. fr., pièces 55 et 56, deux relations sur la même campagne.

3. L'armée du roi présenta la bataille aux Espagnols le 3 mai 1592.

4. Défaite du duc de Parme par Henri IV autour d'Yvetot, 14 mai 1592.

Le roi, ne pensant qu'à encourager les siens, pour enfoncer les retrenchemens, à soleil levant, fut bien esbay qu'il n'avoit plus d'hostes. Et le chemin que prenoit le duc de Parme vers Paris estant droit et facile[1], au contraire celui que le roi eust peu prendre pour la poursuite courbé et très mauvais, il ne s'eschaufa point à suivre, receut Caudebec, que les harquebusiers à cheval quittèrent, sans oublier de rompre le pont, laisser dériver les bateaux à la marée, qui les monta vers Rouen. Et le roi, congédiant sur ce point les plus incommodez de son armée, fit acheminer son reste, sous la charge du mareschal de Biron, principalement pour empescher que le Parmesan, ne se voyant point suivi, ne fist pour la bonne bouche présent de quelque place à son parti. Mais ses diligences, estans grandes pour les causes que nous avons touchées, furent encores pressées par ce qu'il apprit à Paris, où, ayant tasté le poux des diverses factions, espérances et désirs, il dit à Rosne : « Vostre peuple a rabbatu de sa fureur, le reste tient à peu, et dans peu de temps ils n'auront que faire de nous. »

Il y avoit desjà longtemps que le roi avoit pris en amour Gabrielle d'Estrée[2], nom qui ne sera pas de peu d'importance aux affaires. Il desroba quelques journées, comme il avoit desjà fait durant le siège de Rouen, pour la visiter à Trie et en quelque autre lieu. Et cependant le mareschal se trouva le long de la Marne

1. Retraite du duc de Parme, 22 mai 1592.
2. Henri IV était au château de Cœuvres (Aisne), chez Antoine d'Estrées, le 10 novembre 1590, lorsqu'il vit pour la première fois Gabrielle d'Estrées (*Lettres de Henri IV*, t. III, p. 297). Sur la première entrevue de d'Aubigné avec elle, voyez les *Mémoires de d'Aubigné*, édit. Charpentier, p. 93.

avancé jusques à Espernai[1], que, ne voyant rien mieux à faire, il assiégea[2]. Et le roi s'y rendit assez tost pour se trouver à cheval quand deux cents hommes du régiment de Burlote[3], que le duc de Mayenne avoit impétrez pour se jetter dans la ville, se trouvèrent à la pointe du jour près le logis du roi, descendans un costau à cent cinquante pas des murailles. Ce prince donc, n'ayant que vingt chevaux au commencement et rencontré fortuitement par ce qui alloit et venoit, charge le secours et le met en pièces. La courtine tirant sur lui et les siens mousquetades et coups de canon, d'un desquels la balle, ayant fait un bond, donne dans le corps du mareschal de Biron, et tua ce capitaine[4], d'un esprit aigu, d'un courage tousjours présent, prompt, libéral, colère et diligent ; ce qu'il estoit encores à l'aage de soixante-cinq ans, ayant veu sept batailles, en six desquelles il avoit commandement. Au spectacle du secours deffait, Espernai se rendit[5] et quelque bicoque tout d'un temps. Le duc de Parme gagna la frontière sans rien exécuter. Le roi se vint promener par ses places autour de Paris, pour y entretenir ses intelligences et croistre les hardiesses de ceux qui parloyent pour lui. Les Seize entretenoyent leurs

1. Siège d'Épernay (Marne) par les troupes du roi, 25 juillet 1592 (*Lettres de Henri IV*, t. III, p. 651).
2. On conserve dans le fonds français (vol. 4718, f. 26) quelques notes sur les préparatifs du siège d'Épernay.
3. Claude La Bourlotte, colonel de gens de pied de la Ligue.
4. Mort du maréchal de Biron, 26 juillet 1592. On conserve dans la coll. Moreau, vol. 745, f. 163, un récit de la mort du maréchal de Biron.
5. Prise d'Épernay par les troupes royales, 9 août 1592. L'acte de capitulation portant cette date est conservé en copie dans le fonds français, vol. 3982, f. 13.

gens d'espérance qui sentoit la vanité, comme, le duc de Parme estant mort[1], ils parloyent d'avoir son fils[2] sous la tutelle du duc de Ferie[3], et puis vouloyent demander l'archiduc Ernest[4], frère de l'empereur Rodolphe. Vitri fut un des premiers qui tourna ces choses en risée, l'ayant appris à La Chastre, son oncle.

Or, il nous faut laisser toutes affaires de paroles, pour voir, sans ordre et sans disposition, puis qu'il ne se peut autrement, comment tous les membres de la France recevoyent la fièvre de leur cœur, comme n'y ayant province en laquelle on ne fust aux mains. Si en quelques endroits, à mon grand regret, vous me sentez pauvre de mémoires, n'en accusez ni ma paresse ni mon espargne, mais ceux qui se trouvent offensez y remédient pour la troisième[5] impression.

Chapitre XVII[6].

De Sainct-Michel, Pontorson et Énay en Berry.

Un petit coin de Bretagne et de Normandie nous

---

1. Mort d'Alexandre Farnèse, duc de Parme, 2 décembre 1592.
2. Ranucio Farnèse, fils d'Alexandre, duc de Parme, et de Marie de Portugal, né en 1569, avait failli dans sa jeunesse être la victime des colères impitoyables de Sixte-Quint. Il mourut en 1622.
3. Laurent Suarez de Figueroa de Cordoue, duc de Feria, ambassadeur d'Espagne.
4. L'archiduc Ernest, frère de l'empereur Rodolphe II, né en 1559, prince des Pays-Bas, épousa en 1598, en quittant le chapeau de cardinal, la princesse Isabelle-Claire-Eugénie, fille de Philippe II, et mourut en 1624.
5. L'édition de 1620 porte *seconde impression* ; celle de 1626 porte *pour la une r'impression* ; mais la faute est corrigée à l'Errata et le texte établi comme nous le publions.
6. Le chapitre suivant manque à l'édit. de 1620.

demande la main. Les deux frères de Montgommeri[1], asçavoir Lorges et celui qui en porte le nom aujourd'hui, laissèrent l'armée du roi vers le Pont de l'Arche et, avec environ deux cents que chevaux-légers qu'harquebusiers à cheval, s'en vindrent pour faire la guerre en leur pays, où, d'abordée, ils prirent par escalade une petite ville, nommée Saincte-Janine[2], là où, ayant pris la commodité du rafraîchissement et de l'aproche à quelques desseins, ils essayèrent celui du Mont-Sainct-Michel[3] par une surprise de jour avec l'ordre qui suit.

Il faisoit premièrement marcher Des Fossez, qui depuis a esté sergent-major à Mets, armé sous le jupon et le pistolet à l'arçon, accompagnant deux damoiselles, desquelles l'une estoit le jeune Corbouson[4], et l'autre Ravardière, tous deux sans barbe, le premier monté sur une haquenée et l'autre en croupe derrière un nommé La Suze. Cela estoit suivi de deux filles de village, qui estoyent un Escossois, nommé Treille, et l'autre le jeune Vilaines de Mirbalais. Parmi cela estoyent quatre paysans habillez en pescheurs, tout cela garni de pistolets et de poignards.

Cest esquipage arriva à la porte de la Trève en une brouée fort espaisse. Trois corps de garde qui estoyent à cette porte furent presque tous quittez pour aller

---

1. Jacques, comte de Lorges et de Mongonmery, l'aîné, mort en 1609. — Gabriel de Lorges de Mongonmery, plus tard gouverneur de Pontoise, mort en 1635.
2. Saint-James (Manche).
3. Le Mont-Saint-Michel (Manche) était commandé par Jacques de Louvat-Boisusé.
4. Courbouson, un des Mongonmery, probablement le fils de Jacques de Mongonmery, s. de Courbouson.

voir ce train, et le capitaine demande au gentilhomme qui estoyent ces damoiselles et qui les menoit. Desfossez respond, le chappeau à la main, que c'estoit mademoiselle de Sainct-Auviers près Donfront[1] qui venoit prier madame de Viques de lui vouloir donner retraitte dans la ville à cause des courses continuelles que faisoyent les huguenots de Jemmes[2].

Cependant les deux filles à pied entroyent à la porte. La première estoit L'Escossois, à laquelle un capitaine, lui voyant trop bonne mine, prend le menton en demandant où va cette putain. Treille tire son poignard de son fourreau de toile et respond d'un coup dans le cœur. Ce fut le signal pour tous, qui jouèrent des mains, si bien qu'il y eut aussi tost quinze ou seize hommes morts ou blessez. Le reste gagna un corps de garde qui, joint au rocher, barrent une porte sur eux. Huict des entreprenants s'amusent à les forcer ou arrester. Les deux damoiselles gaignent la seconde et troisiesme porte pour attendre Lorges venant à toute bride à travers la grève.

Quelque vingtaine de la ville, ayant crié qu'il n'y avoit que des damoiselles, les attaquèrent. Les deux qui avoyent pris quelques armes des morts congnèrent le tout cent pas dans la ville pour retourner à leur portail. Un des habitans, se souvenant qu'il faloit abattre la herse et y courant, fut pressé par Ravardière, qui lui fit quitter une pertuisane, et puis courut à son compagnon pour remédier au rasteau. Pour ce faire, ayant trouvé une meschante eschelle,

---

1. Domfront (Orne).
2. Saint-James (Manche).

il l'aplique dessous, et aussi tost elle arresta la cheute.

Ils eurent incontinent sur les bras quelques quarante habitans que les deux se résolurent de mesler, et puis, le jeune Mongommeri et un autre estans arrivez sur ce poinct, les quatre poursuivirent ceste troupe jusques dans la porte du chasteau. Cependant Lorges arriva, qui se fit maistre de la ville, fit jouer quelques pétards au chasteau que, huict jours entiers, il tint comme assiégé.

Viques[1], lieutenant de roi en ce quartier, et qui avoit là dedans femme, enfans et trésor, se résolut de hasarder tout au recouvrement de la place; s'en aproche avec mille hommes, et, pource qu'il n'y avoit nul accès au haut de cette roche que par la ville ou en se faisant guinder par des cordages, il donna à une tour bastie exprès pour deffendre l'endroit du guindage, laquelle abandonnée laschement par ceux qui en avoyent la garde, Vicques se fit monter des premiers et fut suivi de tous les siens deux à deux.

Le tout ne fut pas plus tost ramassé dans le chasteau qu'ils donnent la teste baissée dans la ville, où Lorges n'avoit daigné se retrancher devant la porte que d'une barricade sèche, qu'il fallut quitter par les coups de pierre du rocher. Les royaux n'estoyent pas en tout deux cents hommes, leur ayant manqué quelques gentilshommes et gens de guerre du pays, qui disoyent pour leurs raisons ne vouloir point aider à loger Genève si près d'eux. Le combat dura dans la rue jusques à une heure de nuit, et en fin tout fut

1. Dominique de la Moricière, s. de Vicques, dit de l'Isle-Manière, un des plus ardents ligueurs de Rouen.

meslé si furieusement qu'après cent des conquérants tuez sur la place, Lorges et les principaux se retirèrent dans un portail, où ils capitulèrent[1] à demeurer prisonniers de guerre.

Lorges fut mené au chasteau et traité honorablement par de Viques. Mais les quatre, qui avoyent esté vestus en femme, furent receus rudement et envoyez à Tombelaine[2] entre les mains de Matan[3], avec délibération de faire leurs procès et de les faire pendre en leurs habits, comme ayans violé l'ordre de la guerre, de quoi les advis furent différents entre les capitaines et la justice qu'on y appela.

Ce fut bien pis quand les prisonniers subornèrent quatre soldats de la garnison de Tombelaine pour prendre la forteresse. Un cinquiesme qu'ils vouloyent gagner descouvrit l'entreprise. Matan, s'estant renforcé, fit pendre les quatre soldats et mit les autres en des cachots.

Viques voulut gaigner à son parti Ravardière sur le grand péril qu'il lui fit paroistre. Mais de là il le print en haine mortelle pour avoir respondu ainsi : « Je serois un monstre en nature si je pouvois estre de la

---

1. Coup de main manqué de Mongonmery sur le Mont-Saint-Michel, 30 septembre 1591 (Floquet, *Histoire du parlement de Normandie*, t. III, p. 590). Le récit de ce coup de main n'est donné que par d'Aubigné. Il est tellement romanesque qu'un historien (Delalande, *Histoire des guerres de religion dans la Manche*, p. 294) l'a presque révoqué en doute.

2. Tombelaine, château fort dans le Cotentin, tomba entre les mains du roi le 10 novembre 1592 (Delalande, *Guerres civiles du Cotentin*).

3. Anthoine de Mathan, capitaine normand du parti du roi, nommé gouverneur de Tombelaine en novembre 1592 (Estaintot, *la Ligue en Normandie*, p. 269).

Ligue infidelle estant huguenot. » Et, de ce pas, Viques le fit examiner par ceux qui avoyent fait le procès des quatre. En fin, après avoir esté jugé, les prières des dames, la recongnoissance de quelque parentage avec ceux de Lorges et, plus que tout cela, les prisonniers que fit le jeune Mongommeri, qui s'estoit sauvé, tirèrent tous les prisonniers à diverses conditions.

Peu de temps après ces choses, Florimond[1], qui estoit gouverneur de la ville et chasteau de Pontorson[2], esmeu de crainte ou de conscience, se voulant donner au parti du roi, et, pour ce faire, ayant besoin d'aide du mesme parti, traitta avec Sainct-Quentin[3], auquel il donna la ville à garder avec deux cents hommes et sa compagnie de chevaux-légers, lui se contentant du chasteau.

Les deux, fortifiez des gens de Lorges, qui estoit prisonnier, furent assiégez dans quatre jours par Viques, bien receus par Sainct-Quentin, qui leur disputa du dehors qui se pouvoit. Presque aussi tost que le siège, Torigni et Canisi[4] le firent lever de leur aproche seulement.

Les gouverneurs de la ville et du chasteau ne purent long temps exercer leurs fonctions sans se faire ennemis. Sur quoi Florimond, ne trouvant autre moyen de se vanger, traitta pour se remettre de l'Union, de quoi

1. Le s. de Fleurimont, gentilhomme normand, capitaine de Pontorson au nom de la Ligue.
2. Pontorson (Manche).
3. Le s. de Saint-Quentin, gentilhomme normand du parti du roi, tué à Pontorson peu de jours après (Estaintot, *la Ligue en Normandie*, p. 121).
4. Le s. de Thorigny était le fils du maréchal de Matignon. — Carbonel de Canisy, gentilhomme du parti du roi.

fut adverti Sainct-Quentin par la rencontre de Chasteauneuf[1], gouverneur de Bretagne, qu'il rencontra estant allé à la guerre; et cet advertissement bien certain ne donnoit que deux jours pour travailler.

Sainct-Quentin trouve à Pontorson la vieille comtesse de Montgommeri[2], qui, avec passeport de Viques, estoit venue emprunter de lui, comme recerchant sa fille, quelque argent pour la rançon de Lorges.

Florimond envoya visiter la comtesse par sa femme et s'excuser de ne pouvoir lui faire la révérence pour son différent avec Sainct-Quentin, duquel il avoit grandes plaintes à lui faire; la dame se convia d'aller le trouver au chasteau l'après-disnée.

Sainct-Quentin ne perdit pas cette occasion et fit conduire quatre damoiselles qu'elle avoit par les deux prisonniers de Tombelaine qu'elle avoit amenez, et deux autres avec elle, n'ayant que l'espée et un baston à la main; tout cela receu dans le chasteau se promenoit diversement.

Ils n'y eurent pas esté demi-heure qu'on vint dire à Florimond que Sainct-Quentin estoit à la porte accompagné du capitaine La Coudraye. La dame se convia à l'empescher d'entrer et le remmener; mais Florimond dit qu'on lui offrist la porte, et la dame s'avança comme pour l'empescher d'entrer, mais c'estoit pour sortir avec ses dames, comme elle fit, parmi trente soldats rangez en deux hayes.

Les deux ennemis se saluants, l'entrepreneur laisse tomber son chappeau pour signal, auquel tout mit

---

1. Guy de Rieux, s. de Châteauneuf.
2. Élisabeth de la Touche, fille et héritière de Louis de la Touche, s. des Roches-Tranchelion, en Bretagne.

l'espée à la main. Les six, surprenans les soldats, qui n'avoyent ni l'espée à la main ni loisir de coucher la mesche, en mettent vingt-deux sur la place. Leurs bastons leur servirent contre les seconds attaquez pour parer quelque coup d'espée. Huict se sauvent avec Florimond blessé à la cuisse dans le chasteau et lèvent le pont. Sainct-Quentin, persé à jour de deux coups d'espée, en mourut en deux jours.

La garnison de la ville ne laissa pas de planter le pétard au petit chasteau et de l'emporter.

Ravardière, blessé aussi, dépesche en diligence à Montgommeri, qui estoit à huict lieues de là, lui promettant Pontorson s'il faisoit diligence, et de fait, ne sortant point du chasteau, il prattiqua si bien qu'il lui mit la place entre les mains.

A six sepmaines de là, Viques convia le duc de Mercœur au second siège de Pontorson[1]. Les assiégez, dès le commencement, firent une si grande sortie qu'ils menèrent battant l'infanterie de Bretagne, et, comme Viques s'opiniastroit pour les rallier, il fut tué[2]; et le duc, qui ne fondoit son dessein que sur cet instrument, non sans perte laissa Pontorson en liberté.

Le cinquiesme jour de l'année d'après, estant allé à la guerre vers Dol[3] avec cinquante salades et trente arquebusiers, le marquis de Chaussin[4], frère du duc,

1. Siège de Pontorson par le duc de Mercœur, septembre 1592.
2. Dominique de la Moricière, s. de Vicques, trahi par le s. de la Coudraye, tomba dans une embuscade, le 14 septembre 1592, et fut assassiné (Le Hardy, *Hist. du prot. en Normandie*, p. 385).
3. Dol (Ille-et-Vilaine).
4. François de Lorraine, marquis de Chausseins, capitaine ligueur, frère cadet du duc de Mercœur, fils de Nicolas de Lor-

le vint rencontrer avec autant de salades et deux cents arquebusiers, desquels il garnit un chemin creux des deux costez; et lui se mit en bataille derrière cet avantage. Mais l'autre, sans marchander, persa tout et les mena battant jusqu'au fauxbourg. Et là un de la ville, qui estoit demeuré meslé, donna un coup d'espée à Lorges, qui estoit sans tacettes[1], et d'un coup dans le flanc le porta roide par terre.

Sur la cognoissance de cela, le marquis de Chaussin, renforcé de tout ce qui estoit dans la ville, chargea si résoluement qu'il fit quitter à Montgommeri le corps de son frère et se résoudre à la retraite, laquelle il commanda à Ravardière, qui la fit à pied, pource que son cheval lui fut tué.

Cela fit encore mesler, et Brou[2], mareschal de camp de l'armée, y fut tué de la main de Montgommeri. A cette recharge furent tuez trois capitaines, et ceux de la retraitte ramenèrent d'entre les hayes un cent de prisonniers, lesquels tous, pour ravoir le corps de Lorge, furent au lendemain remis en liberté.

De mesme temps, en Berri, Enval chassa du chasteau d'Énay[3] ceux qu'il y sentoit affectionnés au roi, et, peu de jours après, Du Thyer[4], s'estant comme fait prendre

raine, comte de Vaudémont, et frère de la reine Louise de Lorraine, femme de Henri III.

1. *Tassette*, partie de l'armure depuis la ceinture jusqu'aux genoux.

2. Jean de Brou, s. de Cossesseville, ancien gouverneur de Domfront.

3. Ainay-le-Château, sur les frontières du Bourbonnais, aujourd'hui dans le département de l'Allier, fut pris et repris plusieurs fois par les ligueurs et par les royalistes. Voyez Raynal, *Hist. du Berry*, t. IV, p. 187 et 217.

4. Le capitaine du Thier, fils naturel du secrétaire d'État du

prisonnier et usant de la familiarité qu'il avoit avec le gouverneur et les habitans, en rallia trois à son dessein, qu'il fit jetter dans un portail de la ville ; et lui, avec des téméritez qui sentent le roman, fit tant au chasteau, sautant à la gorge du gouverneur, suivi de peu, et puis assisté de Chaseron, qui avoit monté à cheval à grand regret, sur les folies peu apparentes qu'il lui avoit proposées. Enfin il se rendit maistre de tout. Je n'ai osé en escrire les extravagantes particularitez que d'autres en ont fait imprimer.

Chapitre XVIII.

Commencement du voyage du duc d'Espernon; divers combats au milieu de la France.

N'estant oisive aucune partie de la France, avant toucher aux bordures, nous ramasserons par le milieu ce que les capitaines nous ont voulu donner ; et, pource que nous sortons de Normandie, en attendant que nous mettions le Maine avec la bataille de Craon[1], nous avons à dire que tous ces pays avoyent autant de chasteaux, autant de frontières. Vers Bellaime et Danfront[2], les prestres esmouvoyent la populace, ayans fait succéder aux Gautiers[3] une canaille de lipans[4],

Thier, originaire du Tonnerrois (Fauvelet du Toc, *Hist. des secrétaires d'État,* p. 95).

1. Voyez le chapitre suivant.
2. Belléme et Domfront (Orne).
3. Les Gautiers étaient des paysans normands qui s'étaient soulevés vers 1587 sous prétexte de se défendre contre les pillards qui ravageaient la province. Ils furent défaits par le duc de Montpensier le 22 avril 1589. D'Aubigné a déjà parlé d'eux dans le livre précédent, chap. xix.
4. Les Lipans formaient une des bandes échappées à la ruine

desquels je ne pense pas devoir recueillir les brigandages.

La Tourenne et la Soulongne estoyent incommodées par des gens de guerre et surtout par la garnison de Selles[1] en Berri, qui ne put pas estre assiégée au temps de ce livre. Montigni, gouverneur de Blois, avec quelques deux mille hommes de pied et trois cents chevaux, enleva ce qui estoit de sa portée, entr'autres le Bour-Dieu[2], où il fit porter un pétard par dedans l'eau, et, par une escalade de l'autre costé, prit la place et fit pendre celui qui la gardoit. La Chastre, Montigni s'estant retiré, prit quelques petites bicoques, jusques à ce qu'il fût arrivé à Aubigni[3], ce que nous avons dit.

Mais la Ligue avoit plus de force en Auvergne sous Randan[4], qui, après avoir fait rendre quelques chasteaux sans nom, se prit au meilleur.

L'Auvergne et le Querci estans contigus, nous achèverons ce chapitre de ce qui se passa à Villemeur[5], pour à quoi venir faut premièrement savoir que, dès le printemps de l'année que nous courons, ceux de Toulouse voulurent accompagner leurs violens arrests d'effects de guerre qui respondissent à leurs paroles. Ils espuisent donc leurs moyens pour mettre

des Gautiers qui, par leurs pillages, terrorisaient les environs d'Alençon.
1. Selles-sur-Cher (Loir-et-Cher).
2. Bourg-Dieu, aujourd'hui Déols, en Berry.
3. Aubigny-Ville (Cher).
4. Jean-Louis de la Rochefoucauld, comte de Randan, gouverneur d'Auvergne, avait, par lettres du 5 août 1589, exhorté les villes de sa province à embrasser la Ligue (De Thou, liv. XCVII).
5. Villemur, sur le Tarn (Haute-Garonne).

entre les mains du second fils de Joyeuse[1] une armée de deux mille cinq cents hommes de pied françois, deux cents lanskenets, de six à sept cents lances et cinq pièces de batterie. Cette armée, ayant fait ses magazins à Rabastins et à Castelsarrasin[2], vint pour despouiller Montauban des petites places qui la nourrissoyent. Elle prit sans résistance Mombequin, Mombertier et Mombeton[3], laissa en garnison gens de cheval et de pied qui pouvoyent conter ce qui sortoit de la ville, et puis elle attaqua la Berte[4], où on trouva des opiniastres qui débattirent les jardins, les hayes, le fonds du fossé et qui encor repoussèrent les plus hastifs des ruines de la bresche. Par cela, ayans mérité une capitulation, elle fut faite à la vie sauve et entièrement faussée, car presque tout ce qui sortit fut esgorgé.

Joieuse ayant encor fait quitter le fort Sainct-Maurice[5], ceux de Thoulouse le pressèrent d'assiéger Villemeur[6], place très mauvaise et d'assiette et d'étoffe, comme estant commandée à la mousquetade et ayant en plusieurs lieux ses parapets de torchis. Cela fut au

---

1. Antoine Scipion de Joyeuse, fils de Guillaume, vicomte de Joyeuse, et frère d'Anne de Joyeuse, qui fut tué à la bataille de Coutras.
2. Rabastens-sur-Tarn (Tarn), Castel-Sarrasin (Tarn-et-Garonne).
3. Monbéqui, Montbartier, Monbeton (Tarn-et-Garonne). — Prise de ces places par le duc de Joyeuse vers le 22 juin 1592 (*Hist. du Languedoc*, t. V, p. 457).
4. Prise des Barthes (Tarn-et-Garonne) par le duc de Joyeuse, juin 1592.
5. Prise de Saint-Maurice (Tarn-et-Garonne) par Joyeuse, juin 1592.
6. Premier siège de Villemur par Joyeuse, 22 juin 1592 (*Mémoires de la Ligue*, t. V, p. 157).

temps que le duc d'Espernon, appelé en Provence[1] sur la mort de son aisné[2], prit son chemin vers Montauban. Et, pource qu'à son approche une partie des bicocques qui gourmandoyent cette ville lui firent place, il lui fut permis de passer au travers à plusieurs relaiz. Cette confiance entre gens de diverse religion convia Joieuse à lever son premier siège, où s'estoit enfermé Reniers[3], et depuis entré Pédoue[4] avec cinquante hommes.

Le duc d'Espernon, après, reprit Moissac[5] par capitulation, ayant deux canons de Montauban. Au sortir de ce siège, les Thoulousans font une grande traitte avec leur cavallerie et harquebuserie à cheval et viennent fondre sur les régimens du baron de Matha[6] et de Bonouvrier[7], qu'ils mirent en pièces, et pour-

1. Une lettre de Henri IV, datée du 7 mai 1592, fait mention du prochain envoi du duc d'Épernon en Provence (*Lettres de Henri IV*, t. III, p. 630). Le duc partit d'Angoulême le 5 juin 1592 (Girard, *Vie du duc d'Épernon*, t. II, p. 16).

2. Bernard de Nogaret, marquis de la Valette, amiral de France, né en 1553, tué au siège de Roquebrune (Alpes-Maritimes) en janvier 1592.

3. Latour-Reniès, l'un des chefs des protestants du Midi, gouverneur de Villemur.

4. Le capitaine Pedoue, gentilhomme du parti du roi, désigné avec éloges dans une pièce du temps réimprimée dans les *Mémoires de la Ligue*, t. V, p. 157.

5. Meauzac, et non pas Moissac (Tarn-et-Garonne). Prise de Meauzac par le duc d'Épernon vers le 18 juin 1592 (De Thou). Cette rectification est confirmée par les historiens du temps. Voyez notamment les *Mémoires de Gaches*, p. 430, et la pièce réimprimée dans les *Mémoires de la Ligue*, t. V, p. 158.

6. Le baron de Mata et le capitaine Bonouvrier commandaient chacun un régiment de gens de pied (Girard, *Vie du duc d'Épernon*, p. 13).

7. Ce nom ne se trouve pas dans l'édit. de 1620.

suivoyent leur pointe pour enlever les deux canons de Montauban, qu'ils eussent eus[1] sans quarante soldats de la ville menez par Le Breuil, qui se résolurent, et, poussez dans les chemins creux, feignoyent de mettre le feu à leur canon, qui n'estoit pas chargé. Et ainsi attendirent quelque cavallerie qui parut fortuitement[2].

Nous lairrons le duc d'Espernon, espérant le rencontrer aux affaires de Provence, pour voir comment Joieuse, ayant remis ensemble son armée, vint à bon escient assiéger Villemeur[3], où estoyent le baron de Mausac, Chambret et La Chesne[4]. Resniers y conduisit depuis d'Aime[5] et Pédoue, et, passant sur le ventre d'un corps de garde, renforça de soixante hommes la garnison, outre[6] quelque peu d'hommes que les capitaines Calvet et La Magdelaine y firent entrer de nuict. De là à deux jours, comme la batterie qui estoit de huict canons et deux coulevrines eut commencé, Thémines[7], lieutenant du roi en Querci, se trouve au point du jour à veue de la batterie avec trois cents hommes,

---

1. Var. de l'édit. de 1620 : « ... *eussent eus, sans quelque cavalerie qui parut fortuitement.* »

2. Ces escarmouches eurent lieu le 19 juillet 1592 (*Mémoires de la Ligue*, t. V, p. 159).

3. Le duc de Joyeuse assiégea une seconde fois Villemur le 10 septembre 1592.

4. Guyon Bar, baron de Meauzac, gouverneur de Villemur (*Mémoires de Gaches,* p. 432). — Les s. de Cambert et de la Chaise, capitaines du parti du roi.

5. Thomas de Durfort, s. de Deyme.

6. La fin de la phrase manque à l'édit. de 1620.

7. Pons de Lauzières de Thémines entra avec ses troupes dans Villemur le 19 septembre 1592 (De Thou, liv. CIII). Voyez l'*Hist. du Languedoc* (t. V, p. 459).

moitié cuirasses moitié harquebusiers. Il avoit amené force goujats, ausquels, chacun sachant ce qu'il avoit en charge, il fit donner les chevaux pour les emmener à Montauban; et puis, mettant ses hommes armez moitié devant moitié derrière, ils donnent entre deux corps de garde, à chascun desquels ils présentent un front de si bonne grâce qu'ils leur firent place; et lui entra si à propos que, le lendemain 20 septembre, il se donne un assaut général, où les assaillans, ayans tasté cent cinquante hommes armez, se contentèrent de l'essai. Et, sur leur retraite, Thémines[1] fait sortie et par la bresche et par la porte. Le bruit qu'il fit faire à quatre trompettes qu'il avoit amenées fut pris pour celui d'un secours. L'escart tomba sur un régiment de Thoulouse arrivé tout fraîchement[2], à quoi ceux de la ville perdirent force enfans de bonne maison. Le siège se convertissoit en lenteur, durant laquelle le mareschal de Montmoranci[3] envoye Lèques et Chambaut[4] avec de quatre à cinq cents hommes pour commencer à faire corps, pour le secours de Villemeur. Ceux-là, sachans que Joieuse avoit receu nouvelles forces de Rouargue et d'Albigeois, ne s'avancèrent point plus avant que Bellegarde, où ils retranchèrent leur logis. Joyeuse voulut se dépestrer de ces forces avant qu'elles eussent joint Messillac[5], qui amenoit sept ou huit cents

1. Thémines entra à Villemur dans la nuit du 29 septembre 1592 (*Mémoires de Gaches*, p. 433).
2. Le *régiment de Toulouse* était un corps d'armée que la ville de Toulouse avait levé à ses frais et envoyé au secours de Joyeuse sous les murs de Villemur. Voyez les *Mémoires de Gaches*, p. 433.
3. Henri de Montmorency était gouverneur de Languedoc.
4. Antoine de Pleyx de Lecques. — Jacques de Chambaud.
5. Raymond Chapt de Rastignac, s. de Messillac, chevalier de l'Ordre et gouverneur de la Haute-Auvergne.

Auvergnacs. Il les va donc attaquer au logis et d'abordée emporte les premières barricades ; mais ces gens, estans ralliez, combattent à pied et à cheval, meslent à coups d'espée, font resauter la barrière, suivent leur pointe quatre cents pas et laissent cent hommes sur le pavé ; et, sans que Aunoux[1] fît la retraite, les attaquans se mettoyent en déroute. Ceux-ci, pour monstrer qu'ils avoyent défait le premier secours, avec force cris d'alaigresse chantent leur victoire à ceux de Villemeur et mesmes allument des feux de joye ; mais les assiégez se moquèrent d'eux.

Toutes les troupes du secours arrivées à Montauban, ils se résolvent à marcher vers l'armée, lors mesmes qu'une partie de la cavallerie s'estoit esloignée pour donner sur la queue de Messillac. Ils partagent ainsi : que Messillac, avec ses troupes et quelques harquebusiers des Sévennes qu'on lui donna, s'en iroit droit au retranchement pour le forcer ; que Chambaut, avec la pluspart de la cavallerie, iroit attaquer tout ce qu'il trouveroit à cheval, et que Lèques, avec le reste, fourniroit aux occasions.

Ce fut le 19 d'octobre[2] que Messillac, poussant devant soi les régimens de Glousel et de Montoison[3], donne au premier retranchement des liguez, où il n'y avoit que deux cents hommes au commencement, mais ceux-là furent renforcez de quatre cents autres, de façon qu'il y eut plus d'une heure de combat. Et puis,

---

1. Jean de Saint-Jean de Thurin, s. d'Aunoux, lieut[t] de Joyeuse.
2. Le 20 octobre 1592, suivant de Thou (liv. CIII). L'*Hist. du Languedoc* (t. V, p. 459) confirme la date de d'Aubigné.
3. Clausel est appelé Cluzel dans les *Mémoires de Gaches*, p. 435. — Montoison commandait un régiment de gens de pied. Tous deux étaient royalistes.

ce retranchement forcé, ils suivent leur poincte jusques à un autre, où les harquebusiers de la courtine défavorisoyent les liguez en quelque façon. Chambaut et Lèques estans aux mains par tout, Thémines baille ses enfans perdus à Pédoue et sort à cheval. Puis Joyeuse, se voyant venir la charge à dos, ne voulut point combatre avec ce désavantage, et, aux harquebusades des assiégez, il change de camp et, s'esloignant aux Condomnes[1], où estoit son artillerie, quelque cavallerie des siens, ayant pris sa desmarche pour fuite, la prennent et donnent l'espouvantement à toute l'infanterie, de telle façon que ce fut à qui gagneroit la rivière. La foule fut si grande sur le pont de bateaux qu'elle l'enfonce, si bien que, n'ayans plus espoir qu'à la nage, il s'en perdit grand nombre dans l'eau. De ce nombre en fin fut Joyeuse, qui sauta du chantier dans le Tar et s'y noya[2]. Ceux de Montauban, qui savoyent le gué, le prirent pour aller poursuivre les premiers passez. Le meurtre fut de trois mille hommes, et le nombre des prisonniers ne fut que de quarante-trois. L'artillerie et vingt-deux enseignes furent menées à Montauban. On dit, chose estrange, qu'à tout ce jeu ne se perdit que dix royaux, et encor quatre de ceux-là tuez par faute de marque. Au siège de Villemeur, où il fut tiré deux mille deux cents coups de canon, ne se perdit que dix-sept des assiégez[3].

1. Condomines (Tarn).
2. Mort du duc de Joyeuse, 20 octobre 1592 (De Thou, liv. CIII).
3. On trouve dans les *Mémoires de la Ligue* (t. V, p. 157 et suiv.) une série de pièces sur la défaite du duc de Joyeuse devant Villemur. Voyez aussi une lettre de Montmorency au roi racontant la défaite et la mort de Joyeuse (Lettre du 25 oct. 1592; copie, f. fr., vol. 15591, pièce 59) et une relation contenue dans

Chapitre XIX.

Exploicts en Champagne ; siège et bataille de Craon.

Vignoles[1] estant gouverneur d'Espernai, on lui donna dix compagnies de gens de pied et cent chevaux entretenus, pource que sa place estoit foible et ses ennemis forts et gaillards. Son premier exploit fut sur la compagnie de gens d'armes de Sainct-Paul[2], mareschal de la Ligue, et sur ses gardes, qui estans sur le poinct de loger au bourg de Lonnoi, Vignoles, qui batoit la campagne pour chercher l'occasion, ayant pris langue d'eux, fait donner cinquante carrabins par un bout de la bourgade, et lui entreprend l'autre, trouve les ennemis encores à cheval, irrésolus de loger ou de passer outre. Le combat fut dans les rues ; quelque peu furent tuez à l'abord ; l'enseigne de Sainct-Paul et quarante de ses compagnons pris ; cela fut en octobre 1592.

Et l'année d'après, au mois d'avril, Sainct-Paul, pour se rendre maistre de la rivière de Marne, qui lui estoit disputée par Châlons et Espernai, choisit l'isle de

---

la coll. Dupuy, vol. 744, f. 115. Voyez aussi dans l'*Hist. du Languedoc* (t. V, Preuves) une savante dissertation sur le même sujet.

1. Benjamin de Vignolles, s. de Vignolles, capitaine gascon, avait été laissé par le roi pour commander à Épernay après la prise de la ville, 9 août 1592 (Herelle, *la Réforme et la Ligue en Champagne*, t. II, p. 449).

2. Saint-Paul, maréchal de la Ligue, dont nous avons déjà parlé, gouvernait alors despotiquement la Champagne. Sur l'administration de ce capitaine, voyez Henri, *la Réforme et la Ligue en Champagne*, p. 331.

Mareuil[1], en laquelle, assisté de mille hommes, moitié lanskenets moitié françois, et d'un bon ingénieux, il fit une place régulière de cinq bastions de terre très bien liée, fascinée et gasonnée, et à laquelle il ne falut autres fossez que le courant de la rivière. Il mit dedans Viliers-Sainct-Paul[2], son jeune frère, qui commandoit dans Espernai lors que le roi la prit. Cettui-ci, se voyant establi avec une forte garnison, voulut visiter celle de son voisin, qui lors estoit en estat d'accepter une bonne partie. De cent salades qu'il avoit, en prit vingt-cinq pour coureurs qu'il voulut mener lui-mesme, laissant le reste au capitaine Marlet, homme d'expérience. Villiers donc, ayant laissé sa troupe en bataille entre deux rideaux, et pourtant en lieu assez éminent, s'avance deux cents pas et vint à la ville demander le coup d'espée. Sans le faire morfondre, Vignoles lui envoye le vicomte de Vanteuil, qui le chargea si vertement que Viliers, estant jetté sur sa troupe, y apporte grande confusion. Avec les trente salades, qui premières s'estoyent jointes à lui, ne permit pas aux autres de se rasseurer, et de sa charge emporta le combat bien enfoncé et bien poursuivi jusques dans les barrières de la retraite. Viliers demeura pris et mourut de ses blessures[3] ; trente-quatre demeurèrent

1. Mareuil-sur-Ay (Marne) avait été pris par le duc de Nevers sur les ligueurs le 19 juillet 1591 (Acte de capitulation de cette date; f. fr., vol. 3980, f. 325). Mareuil fut repris par le maréchal de Saint-Paul vers le 15 novembre 1592 (Herelle, t. II, p. 455).

2. Villiers de Saint-Paul, le capitaine qui avait si mal défendu la ville d'Épernay contre le roi.

3. Villiers de Saint-Paul, qui commandait à Mareuil, fut tué dans un combat contre les troupes de Vignolles à la fin de février 1593 (Herelle, *la Réforme et la Ligue en Champagne*, t. II, p. 489).

sur la place et bien autant de prisonniers. Marlet, qui se sauva, succéda au gouvernement de Mareuil; la prise et reprise duquel sont du livre suivant.

Nous sautons en Bretagne, contraints à cela par le temps et une notable occasion qui nous y appelle pour dire comment, l'an 1591, le duc de Mercœur, ayant receu les Espagnols, accommodé Blavet[1] et nettoyé le pays qu'il possédoit de quelques bicocques de peu de nom, passa l'hyver à préparer une armée pour faire des sièges au printemps de 1592. Mais, au lieu de conquérir, il seut nouvelles que le prince de Dombes[2], envoyé pour commander en son pays, avoit appelé à soi toutes les forces que le roi avoit en Bretagne, augmentées de mille Anglois, conduits par le sergent-major d'Oynfils[3], et de six cents lanskenets, avec lesquels il avoit près de quatre mille hommes. Dès le mois de mars, tout cela s'aprocha de Craon[4], où commandoit Le Plessis de Cosme avec quatre cents estrangers et quelques deux cents habitans, ses partisans. L'armée, au commencement d'avril, l'engagea au siège, dont les approches furent assez difficiles, pource que les assiégez opiniastrèrent les dehors. Nonobstant, les

---

1. Blavet, petit port à l'embouchure de la rivière de Hennebon. La prise de Blavet, où les ligueurs commirent d'atroces violences, est racontée par le chanoine Moreau (*Hist. de Bretagne pendant la Ligue*, 1857, p. 115).

2. Henri de Bourbon, prince de Dombes, devint duc de Montpensier par suite de la mort de son père, le 2 juin 1592. Aussi d'Aubigné, dans le cours de ce chapitre, l'appelle indifféremment prince de Dombes ou duc de Montpensier.

3. L'état des troupes anglaises publié par M. de Barthélemy (voyez plus bas p. 294, note 1) porte les noms de trois capitaines du nom de Voingfield. Lisez *Wingfield*.

4. Craon (Mayenne).

François et les estrangers travaillans à l'envie, la ville fut enceinte dans le quatorzième d'avril de toutes parts, horsmis du costé du chasteau, que l'artillerie rendit difficile, et fit demeurer libre ce costé. Le prince de Dombes laissa entre son logis et la ville la rivière, gardant ce costé pour le logement du prince de Conti[1], espérant d'oster aux assiégez les dehors devers le chasteau, où ils se promenoyent assez loin. Oynfils, soustenu de trente salades que Brezai[2] commandoit, mena deux cents harquebusiers pour réformer les promenades devers le chasteau. Il poussa devant lui deux sergens, avec chacun quinze hommes, l'un au secours de l'autre. Le Plessis de Cosme les ramena l'un et l'autre battans, jusques à ce que Oynfils et Bresai repoussèrent les sortis vers leur contrescarpe; mais estans rafraîchis par ceux du dedans, tout fut remené battant, et ne s'en fut guères sauvé sans le capitaine Oif[3], Anglois, qui, ayant veu ce désordre à travers la rivière, vint passer à un petit moulin au-dessous de la ville et de là enfila la contrescarpe pour se jetter entre les contrescarpes et Le Plessis de Cosme. Cette résolution démesla l'affaire, auquel les assiégeans laissèrent trente morts.

Le lendemain, le prince de Conti vint prendre sa part du siège, accompagné du duc d'Anville, Roche-

1. Arrivée du prince de Conti au siège de Craon, 25 avril 1592 (De Thou, liv. CIII).

2. Probablement Antoine de Brénezay, s. de Boisbriand, sénéchal de Nantes, député de Nantes aux États qui se réunirent à Vannes le 21 mars 1593.

3. Dans la liste publiée par M. de Barthélemy (voyez p. 294, note 1), il n'est point de capitaine dont le nom se rapproche de *Oif*.

pot, Picheri et Rambouillet[1], blessé dès son arrivée, et ayant pour mareschaux d'armée Raquan[2] et Ronsard. Tout cela estant joint, Craon estoit assiégé de sept mille cinq cents hommes, dont il y avoit huit cents chevaux. L'armée jusques en mai ne fit que parfaire les approches avec quelques légères escarmouches qui ne valent pas le raconter.

Nous avons dit que le duc de Mercœur fut destourné de ses entreprises par la nouvelle de l'armée et du siège de Craon. Ce fut là où il achemina ses forces, qui estoyent de trois mille Espagnols et environ autant de François. Avec cela il temporisa cinq jours à quatre, à trois et à deux lieues de l'armée, et, la nuict d'entre le jeudi et le vendredi, marcha pour estre au poinct du jour à bouche de Seurre pour passer une petite rivière qui est là; et pourtant attaquèrent un moulin avec deux pièces de campagne. Là dedans estoit le capitaine Canto, gascon, qui opiniastra si bien que le duc de Montpensier eut loisir de s'y présenter et faire changer l'attaque en une escarmouche, l'eau entre deux; et à cela la journée se passa. Le soir, les chefs de l'armée résolurent de passer tout au quartier du prince de Conti et, au point du jour, prendre place de bataille en un champ reconnu auparavant. Pour cet effect on fit toute la nuict des ponts à la merci de la courtine, si bien qu'au point du jour la ville demeura d'un de ses costez en liberté.

Les assiégez, ayans sentis le délogement, l'approche

---

1. Charles de Montmorency-Damville. — Antoine Silly de la Rochepot. — Pierre Donadieu de Pichery. — Nicolas d'Angennes de Rambouillet.

2. Claude de Beuil de Racan, maréchal de camp.

des leurs et le mauvais champ de bataille qu'on choisissoit, se meslent dans la retraite de l'armée, enlèvent des logis qui n'estoyent pas encores abandonnez, et furent cinq heures glorieusement aux mains avec les gens de pied qu'il avoit falu laisser entre le passage de l'armée et leur contrescarpe. Ce fut encor un désavantage pour les royaux, qu'à ce passage, à la veue des citadins, ils contèrent et rapportèrent à leur duc, homme pour homme, tout ce qui avoit passé.

Et ainsi, le samedi à neuf heures, toutes les forces des princes furent mises en ordre au champ de bataille, choisi avec tant de jugement que les harquebusades de la ville tuèrent sous la cornette blanche quelques hommes et chevaux.

Le duc de Mercœur ne fut en son ordre que sur les onze heures. Le commencement de la noise fut qu'il fit donner des harquebusiers aux hayes, desquelles les royaux s'estoyent avantagez comme les premiers arrivez. Et de fait on leur faisoit place sans l'arrivée de trois cents Anglois et deux cents lanskenets escortez de la compagnie de Liscouet[1]. Cela eschauffa une escarmouche de cinq heures, où les uns et les autres rafraîchissoyent de quatre cents hommes à la fois, chaque rafraîchissement soustenu et conduit par une bande de cavallerie. A ce jeu fut blessé Picheri. Le meurtre y fut grand, et l'eust esté davantage sans l'incommodité des chemins qui empescha le canon de jouer d'une et d'autre part. Sur les trois heures après midi, les Espagnols s'aperceurent que les munitions

---

1. Le s. du Liscoet, gentilhomme bas-breton, capitaine de gens de pied du parti du roi.

et sur tout les bales manquoyent à leurs ennemis, et quelques soldats avoyent mis leurs boutons en besongne. Ce fut une des principales causes qui fit penser les royaux à lascher le pied ; ce qu'estant délibéré, Hinder, qui conduisoit le régiment de Norris[1], avisa le duc de Montpensier d'une croupe qui estoit à la main droite du champ de bataille, que l'ennemi pourroit saisir sur la retraite et l'incommoder fort en y jettant des mousquetaires, aux pieds desquels faudroit passer pour n'y avoir autre chemin ; le conseil receu avec risée par quelque jeune mareschal de camp et un prince non expérimenté. Les Espagnols pressèrent qu'on emplist ce costau aussi tost qu'ils virent démarcher en arrière. A l'abri de ce logement, la cavallerie de l'ennemi contraignit ce qui restoit aux escarmouches de se serrer près du gros. Entre les incommoditez de la retraite, est à noter que les dix canons des princes n'avoyent équipage que pour trois et qu'il les faloit desgager par relais ; et, pour mesme nécessité, falut enterrer les balles dans le champ de bataille. La veue de cela commença l'estonnement. Les mareschaux de camp firent une faute notable, laissans tout ce qu'ils tiroyent des régimens pour rafraîchir l'escarmouche sans les ramener à leurs drapeaux, si bien qu'ils demeurèrent abandonnez à la conduite de chacun cent hommes et qui n'estoyent pas des meil-

---

1. Grégoire Hinder, capitaine anglais, lieutenant de Norris, commandait une compagnie de 67 soldats. — Henri de Norris, frère cadet du baron de Norris, général en chef de l'armée anglaise, commandait une compagnie de 135 soldats (État des compagnies anglaises publié dans *Documents inédits sur la Ligue en Bretagne*, par M. de Barthélemy, p. 149).

leurs; et ne demeura en estat de combatre que les Anglois et lanskenets et ce qu'avoit L'Estang.

Ce fut sur les trois heures et demie que la cornette blanche commença de quitter le champ de bataille, et avec elle le prince de Conti, Danville et Rochepot. Et mesmes les mareschaux de camp laissèrent l'honneur de la retraite au duc de Montpensier, qui eut aussi tost sur les bras six-vingts chevaux qui donnèrent à la compagnie des chevaux-légers que menoit Trefumel; l'emportent, le chef mort. A la veue de quoi trois autres, qui devoyent armer la queue du prince, prirent l'escart. A leur exemple, tous les régimens desgarnis, comme nous avons dit, sautent les hayes, ne demeurans auprès du duc de Montpensier que les Anglois et lanskenets. Le régiment de L'Estang et les gardes où commandoit le capitaine Baston, tuez des premiers, sur le poinct que, la teste du duc de Montpensier chargée, il vid ce qui estoit devant lui, sa cornette par terre, et Doron, qui la portoit, pris, il envoye prier le prince de Conti d'une halte. A ce mot, Danville, Rochepot et Racan revindrent au champ de bataille, et le trouvèrent en tel estat que si peu de gens de pied qui restoyent n'avoyent plus de quoi tirer. Le duc de Mercœur présente deux cents chevaux bien serrez qui avoyent à leur main droitte six cents Espagnols et quatre cents François à la gauche. Le prince de Conti avoit fait aussi avancer sa cornette blanche. Tout cela ensemble fit une assez bonne charge, mais opiniastrée comme celles qu'on fait pour la retraite. A la faveur d'elle, les gens de pied cherchent leur avantage; la cornette blanche portée par terre, Racan pris, le régiment de L'Estang renversé, lui sauvé par le marquis d'Asserat[1]. De là ce fut à sauve qui peut. Les princes furent emmenez, celui de Conti à Chasteau-Gontié[2]. Le duc de Montpensier retourne à Laval, et mesmes rallia quelques Anglois et lanskenets qu'il laissa à Vitré[3], ayant perdu quelque neuf cents des uns et des autres. Pour les François, il ne s'en perdit pas deux cents, tant pour avoir quitté le jeu de bonne heure que pour avoir connu les avantages du pays ; ce que firent bien aussi les Anglois, mais en gens de guerre et en se ralians. De la cavalerie, une mare où plusieurs s'embourbèrent fut cause qu'il s'en perdit en cette journée environ quatre-vingts[4]. Les Espagnols, principaux instrumens de cette victoire, arrachèrent les prisonniers françois d'entre les mains de plusieurs pour les tuer, par le commandement de dom Jouan[5]. Et ainsi demeura le duc de Mercœur victorieux et maistre de la campagne et de dix canons[6].

Chapitre XX.

Esbranslement et estats de Paris ; prise de Dreux.

A Paris, les Estats commençoyent tous les jours, et

1. Jean de Rieux, marquis d'Asserac.
2. Château-Gontier (Mayenne).
3. Vitré (Ille-et-Vilaine).
4. Combat de Craon. Victoire du duc de Mercœur, 24 mai 1592 (De Thou, liv. CIII). En souvenir de cette victoire, le duc de Mercœur éleva une chapelle au monastère des Dominicains de Nantes, et le pape, par un bref du 8 juin suivant, attacha diverses indulgences à cette chapelle. Ce bref est conservé dans le f. fr., vol. 18704, pièce 8 (orig.).
5. Dom Juan d'Aquila.
6. La bataille de Craon est racontée avec beaucoup de détails

ne commençoyent point[1]. Les brefs du nouveau pape Clément[2] estoyent receus avec desdain. On ne parloit plus en crainte par les rues. On oyoit à tous coups dire que les huguenots, qu'on parloit d'exterminer, croissoyent et se fortifioyent à veue d'œuil. Dans le parlement de la Ligue, on propose de demander la paix. Les principaux de Paris demandent et obtiennent une assemblée de ville au commencement de novembre[3]. On y propose ouvertement d'envoyer traiter avec le roi pour la paix; quelques-uns voulurent taster si, en rejetant ce nom de roi, on le trouveroit aussi odieux que de coustume; mais il fut hardiment répliqué que celui qu'on leur avoit donné pour roi, assavoir le cardinal de Bourbon, estoit mort et que le roi de Navarre devoit estre pour le moins son héritier, la préférence de l'oncle au neveu estant vuidée.

Le duc de Mayenne, averti d'un si nouveau style, s'en court à la maison de ville et, maschant les menaces avec les raisons[4], estonna au commencement ceux qui

par le chroniqueur Moreau (*Hist. de Bretagne pendant la Ligue*, 1857, p. 136).

1. Les États de la Ligue, fixés d'abord au 15 juillet 1589, puis au 3 février, au 20 mars, au 30 avril 1590, au 20 janvier 1591, au 20 octobre, au 20 décembre 1592, au 17, au 25 janvier 1593, ne se réunirent que le 26 janvier. Voyez la préface des *États généraux de 1593*, par M. Bernard.

2. Hippolyte Aldobrandini, Florentin, né en 1536, élu pape sous le nom de Clément VIII le 30 janvier 1592, sacré le 2 février suivant.

3. L'assemblée générale dont parle d'Aubigné fut tenue en la maison de ville de Paris le 6 novembre 1592 (*Mémoires de la Ligue*, t. V, p. 175).

4. La déclaration du duc de Mayenne relative à la réunion des catholiques de France, du mois de décembre 1592, est imprimée dans les *Mémoires de la Ligue* (t. V, p. 266 et suiv.). Voyez encore

avoyent ainsi parlé. Mais le corps de ville, reprenant courage, délibéra et résolut à la barbe du duc d'envoyer vers le roi pour traiter liberté de commerce par toutes les villes du royaume. Ce mot de roi, proféré à tous coups sans queue[1], donna premièrement mauvaise opinion aux chefs de ce parti, et y eut peine dès lors à empescher Vitri de faire sa paix. Ce traicté résolu, il n'y eut pas faute d'opinions pour mettre en doute la manière d'escrire au roi. Lors la liberté creut à mespriser la difficulté de la religion. Le curé Sainct-Eustache[2] prescha ardiment pour traiter avec pleine qualité de roi et esmeut ses paroissiens, qui se contoyent au nombre de seize mille, portans armes; si bien que dans Paris, hormis devant les principaux, on se demandoit : « Es-tu de la Ligue ? es-tu royal ? »

Toutes ces choses furent cause que le duc de Mayenne et les principaux du parti, qui pour donner quelque forme à leurs Estats avoyent différé jusques à leurs séances, furent contraints de les commencer avec l'année 1593, ce qui aiguisa les esprits et les plumes à dire contre et pour. Contre, on les accomparoit aux Estats de Troye[3] en Champagne, qui furent assemblez

sa réponse aux partisans du roi de Navarre, janvier 1593 (*Ibid.*, p. 291 et suiv.).

1. C'est-à-dire sans ajouter *de Navarre*.

2. René Benoît, Angevin, curé de Saint-Eustache, mort en 1608. Il avait été confesseur de Marie Stuart, qu'il accompagna en Écosse après la mort de François II. Voyez sur lui une longue notice dans les *Lettres de Henri IV* (t. III, p. 798).

3. Le traité de Troyes (21 mai 1420), entre le roi d'Angleterre et le duc de Bourgogne, avait pour objet d'enlever la couronne de France au dauphin, plus tard Charles VII. Ce traité est analysé dans la savante *Histoire de Charles VII*, par M. de Beaucourt, t. I, p. 323. D'Aubigné a emprunté ce rapprochement historique à la *Satyre Ménippée*.

exprès pour oster la couronne à Charles VII, qui en estoit le vrai et légitime héritier. On adjoustoit qu'ils estoyent composez de trois sortes de personnes que Lucain dépeint en ces termes : desquels la maison est polue, qui craignent les loix en la paix, qui avec le fer se défendent de la faim. Estats où il n'y avoit point de princes du sang, d'officiers de la couronne, de chancelier et mareschaux de France; point de présidens des cours souveraines, de procureurs et advocats du roi; peu ou point de noblesse; que ce qu'il y avoit d'apparent estoit un légat italien[1], homme d'un prince estranger qui renversoit tout l'ecclésiastique et, n'ayant guères là que des prestres desbauchez, leur donnoit les leçons d'Espagne, secondé par le cardinal Pelvé[2]. On y voyoit encores les ducs de Férie[3] et Mandosse[4], agissans ouvertement pour l'Espagne,

1. Philippe Séga, évêque de Plaisance. Une copie de ses pouvoirs, datée seulement de 1592, est conservée en copie du temps dans le f. fr., vol. 4019, f. 192. Le procès-verbal de son entrée et de sa réception aux États, le 26 janvier 1593, est conservé dans le f. fr., vol. 4325, f. 68.

2. Nicolas de Saint-Praxède, cardinal de Pellevé, archevêque de Reims, premier pair de France, mort le 26 mars 1594.

3. Laurent Suarez de Figueroa de Cordova, duc de Feria, ambassadeur de Philippe II auprès de la Ligue. L'instruction du roi d'Espagne à cet ambassadeur, en date du 25 janvier 1592, a été traduite et publiée par M. Gachard dans *Lettres de Philippe II à ses filles*, p. 74. La procuration ou lettre de commission de ce prince à ce seigneur, du 24 octobre 1592, est conservée en copie dans le f. fr., vol. 3982, f. 83. Le discours du duc de Feria aux États fut prononcé le 2 avril 1593 et est imprimé dans les *Mémoires de la Ligue*, t. V, p. 323.

4. Don Inigo de Mendoça, agent du roi d'Espagne auprès de la Ligue. Il prononça, le 29 mai 1593, aux États de la Ligue, en faveur des droits prétendus de l'infante d'Espagne, un discours

portans à tous coups de remettre la France entre ses mains, reprochant pour le passé que les troubles du royaume coustoyent à leur maistre deux millions, promettans à l'avenir d'entretenir une armée en France; et, outre, que leur roi offroit l'Infante[1] en mariage à celui qui seroit esleu[2]. Et puis ils maintenoyent, par certains discours de l'extraction du roi Philippes, que la succession de France lui appartenoit[3]. Ceux-là, prenans droit sur tels discours, disoyent que ni les personnes ni les matières n'estoyent convenables pour des légitimes Estats.

Pour lesquels on disoit au contraire que la comparaison des Estats de Troye monstroit les anciens droits qu'on avoit sur les rois, et sur lesquels je n'ai pas esté d'avis de m'estendre, non plus que sur le droit de l'In-

latin qui est imprimé dans les *Procès-verbaux des états généraux de 1593*, par M. A. Bernard, p. 704.

1. Isabelle-Claire-Eugénie d'Autriche, née en 1566, fille de Philippe II et d'Élisabeth de Valois, était la nièce de Henri III. La candidature de cette princesse à la couronne de France fut proposée officiellement aux États pour la première fois par le cardinal de Plaisance le 28 mai 1593 (f. fr., vol. 3997, f. 21).

2. Philippe II offrait aux États de la Ligue l'archiduc Ernest d'Autriche, frère de l'empereur Rodolphe, alors gouverneur des Pays-Bas. La proposition fut portée aux États par les ministres d'Espagne le 13 juin 1593 (f. fr., vol. 3997, f. 36). Le 21 juin, le duc de Feria proposa l'infante en mariage au prince français qui serait élu roi par les États (ibid., f. 28). Cette proposition devait profiter au jeune duc de Guise, le plus populaire de tous les prétendants.

3. D'Aubigné commet ici une erreur. Ce n'est pas pour lui que Philippe II revendiquait la couronne de France, mais pour sa fille, l'infante d'Espagne. Le duc de Feria prononça aux États, sur le thème des droits prétendus de cette princesse, un discours qui est imprimé dans les *Procès-verbaux des états généraux de 1593,* par M. A. Bernard, p. 124.

fante pour bons respects. Ils faisoient force que la principale cause de la déposition des rois devoit estre l'hérésie, et pourtant qu'à tels jugemens on ne devoit pas refuser la porte au légat, y tenant la place de celui à qui telle matière appartient proprement. Et là-dessus on n'oublioit pas les raisons ni les exemples par lesquels on maintient l'authorité des papes sur les rois et royaumes de la chrestienté. Quant aux Espagnols ausquels on y donnoit entrée, que, le dedans du royaume estant corrompu, il avoit falu chercher le remède au dehors et opposer le protecteur de l'Église au destructeur; et, quant aux officiers du roi, qu'on demandoit en telle convocation, ils maintenoyent que par les anciennes coustumes tous ceux qui estoyent attachez et obligez aux personnes des rois estoyent exclus des Estats. Et ainsi ils vouloyent et devoyent estre libres et défendre des rois iniques l'Estat, la couronne et la royauté.

Cela[1] produisit une déclaration du roi[2] contre les Estats et en mesme temps une des princes qui estoyent auprès de lui[3]. L'une et l'autre, après avoir déclarée illégitime la vocation, remettoyent les différens de l'Église à un concile, et que, pour aviser aux manières de le tenir, ils faisoyent ouverture d'une conférence qui fut acceptée entre catholiques et commencée à

1. Var. de l'édit. de 1620 : « ... *royauté*. Là-dessus vint *une déclaration*. »
2. La déclaration du roi, du 29 janvier 1593, contre le manifeste du duc de Mayenne, du 27 janvier, est imprimée dans les *Mémoires de la Ligue* (t. V, p. 278 et suiv.).
3. La déclaration des princes partisans du roi, datée de Chartres et du 27 janvier 1593, est imprimée dans les *Mémoires de la Ligue* (t. V, p. 288 et suiv.).

Suraine[1] près Paris. Le fruict en fut que ceux qui y assistèrent rapportèrent au roi tant de maladies et de confusions parmi les liguez qu'eux tous cherchoyent en particulier, sinon en général, quelque couverture pour se rendre au roi, et partant qu'une messe parferoit cela de tout poinct.

Il vint nouveau bref[2] du pape au cardinal de Plaisance, par lequel il estoit chargé en termes exprès de se trouver aux Estats, à l'élection d'un roi en France. Alors vint la nouvelle que le duc de Parme estoit mort[3] à Arras. Mais elle fit deux divers effects à Paris : l'un, que la Ligue ne voyoit plus après ce duc capitaine capable de venir affronter un prince tant redouté que le roi, et savoir exploiter ses desseins avec moindres forces contre plus grandes, et qui estoyent coustumières de vaincre celles qui les excédoyent. A la vérité, il n'y avoit pour lors capitaine en l'Europe qui sceut prendre ses mesures comme cettui-là. Cette mort apprit encores à plusieurs à blasmer et hayr le roi d'Espagne et sa domination par les particularitez qu'on en disoit. Et d'ailleurs il sembla que le duc de Mayenne eust repris nouvelle vigueur, ayant perdu un rival qui

1. La conférence de Suresnes, entre les députés du roi et les députés de la Ligue, s'ouvrit le 29 avril 1593 et se clôtura le 17 mai. Un grand nombre de pièces relatives à cette conférence a été publié par M. Bernard dans *Procès-verbaux des états généraux de 1593*, p. 432 et suiv. On en trouve d'autres, dont plusieurs très importantes, dans les vol. du f. fr. 3984, 4897, 15893; V° de Colbert, vol. 10, et ailleurs.

2. Clément VIII avait adressé, le 15 avril 1592, à Philippe Séga, cardinal de Plaisance, un bref dépouillant Henri IV du droit de succession au trône de France (*Mém. de la Ligue*, t. V, p. 176, note).

3. Mort du duc de Parme à Arras, 3 décembre 1592. Sur les circonstances de sa mort, voyez le chap. xxx de ce livre.

lui ostoit son lustre; et encor cette haine d'Espagne et l'espérance tranchée au dehors apprit aux Parisiens qu'il falloit se reconcilier à ce duc, ce qui se fit en apparence et pour un temps[1].

Au retour de Suraine, le roi, plus importuné de son changement de religion que de coustume, pour tromper ses desplaisirs s'en alla assiéger Dreux[2]. Le fauxbourg estant quelque peu deffendu, la ville fit peu de résistance et la garnison du chasteau s'opiniastra sur la confiance d'une des plus grosses tours de France. Un mineur anglois entreprit de la faire sauter, et de fait on lui fit chemin avec des mantelets couverts de fer blanc. Le pied gagné, il fait son entrée à une espaisseur de dix-huict pieds, et, ayant conté neuf, il fait trois fours en distance proportionnée et triangulaire, laisse en chacun un quintal et demi de poudre et non plus, se retire en seellant avec ciment, et puis fait jouer, emporte le tiers de la tour et les hommes qui estoyent en cette partie. Le reste se sauve dans les fenestres, crie miséricorde et l'obtient. Et ainsi quatre quintaux de poudre firent plus que par la batterie n'eussent fait vingt mille coups de canon[3]. De cette tour, appelée la tour Grise, receut une mousquetade à la bouche le duc de Montpensier[4].

1. Les *Mémoires de la Ligue,* t. V, p. 189, contiennent une pièce sur l'état des affaires de la Ligue après la mort du duc de Parme.
2. Siège de Dreux par l'armée du roi, 8 juin 1593 (De Thou, liv. CVII). Les incidents du siège sont racontés dans une lettre du 26 juin 1593 (Copie du temps; f. fr., vol. 3646, f. 133).
3. D'Aubigné oublie de mentionner la prise de la ville de Dreux, qui tomba entre les mains du roi, après des combats acharnés, le 8 juillet 1593 (Lettre du temps; f. fr., vol. 3984, f. 131).
4. Le duc de Montpensier fut blessé le 29 juin 1593.

Chapitre XXI.

Suite du voyage du duc d'Espernon en Provence.

En reprenant le passage du duc d'Espernon à Montauban, nous disons plus expressément comment la deffaite de quelque compagnie de Bonouvrier, mareschal de camp, et du régiment entier de Masta fut causée, pource que Sainct-Maigrin, commandant en l'armée du duc d'Espernon, cependant qu'il estoit allé voir sa mère[1] à la Valette, permit à Bonouvrier d'aider à Thémines pour assiéger le chasteau de la Cour[2], près Monteils. Et Bonouvrier ayant rafraîchi deux autres régimens du sien et de celui de Masta, ne firent aucune garde, se reposans sur les grandes conférences qui estoyent entre les chefs des armées. L'Isle-Ménac, estant logé sur le chemin et y posant des sentinelles, prit un espion par lequel il aprit et avertit Masta, comme aussi Masta Sainct-Maigrin, que le duc de Joyeuse venoit d'arriver à Monteils avec huict cents harquebusiers et quatre cents chevaux. Cet avis mesprisé par les chefs, le duc de Joyeuse, ne marchant que pour retirer le capitaine qui commandoit dans le chasteau de la Cour, fut averti au poinct du jour par Bourniquet[3], qui menoit la teste, comment il n'y avoit

---

1. Jeanne de Saint-Lary, dame de la Valette, résidait au château de Caumont, dans le diocèse de Lombez (*Hist. du Languedoc,* t. V, p. 457).

2. La Court, près Monteils (Tarn-et-Garonne). — Prise du fort de la Court par le duc de Joyeuse, 8 juillet 1592 (*Hist. du Languedoc,* t. V, p. 458).

3. Louis-Roger de Comminges, vicomte de Bruniquel, lieutenant du duc de Joyeuse.

point de garde du costé du bois. Cette occasion bien prise et Bourniquet ayant commandement de donner, enfonce et emporte tout sans résistance, hormis dans le milieu du village qu'une harquebusade par une fenestre le tua. Ce qui se sauva, rallié à L'Isle-Ménac, gagna un bois auprès de Monbeton ; et le duc de Joyeuse emmena les deux pièces de campagne que ces régimens avoyent au siège, laissant trois cents morts sur la place. Thémines et Sainct-Maigrin, ralliez, poursuivirent leurs ennemis jusques dans les portes de Monteils, sauvèrent les deux canons de batterie, prirent quelques prisonniers. Cette défaite apporta un tel estonnement qu'il se retira plus de quinze cents hommes à l'ombre de Montauban, où il falut que le duc à son retour les allast cercher, et fit passer par les armes quelques capitaines pour donner terreur à ceux qui se desroboyent.

De là, sans tour ni attente, marcha l'armée jusques à la rivière du Rhosne[1], composée de quatre mille cinq cents hommes de pied, mille deux cents chevaux et trois cents harquebusiers à cheval. Le Bouchage[2], encor lors capussin sous le nom de Père Ange sur le partement, demanda de voir en privé le duc d'Espernon, le voulant desbaucher du service du roi, ce qu'il ne put.

La Provence donc, qui avoit perdu la Valette dès le

1. L'armée des ligueurs, avant de passer en Provence, assiégea et prit la Guépie (Tarn-et-Garonne), le 1ᵉʳ août 1592 (*Hist. du Languedoc*, t. V, p. 458).

2. Henri, comte du Bouchage, duc de Joyeuse, né en 1567, se fit capucin en 1587, à la mort de sa femme. Il reprit les armes après le combat de Villemur, et ne fit qu'en 1596 son accommodement avec Henri IV. Il mourut le 27 septembre 1608.

dixiesme du mois de février[1], comme il venoit de gagner le Montant[2] et travailloit à la batterie de Rochebonne[3], qu'il avoit assiégée, ayant, di-je, ce capitaine valeureux et plein de probité esté tué en cet endroit, une partie du pays receut de bon cœur le cadet[4] à la place de l'aisné, ayant eu sa commission au commencement de mars et estant parti le cinquiesme de juin de Xainctonge[5], après y avoir pris les places et mis l'ordre que nous avons dit.

Le parlement d'Aix, ayant esté chassé par les liguez, s'estoit retiré dans Manosque[6]; le duc y laissa deux régimens pour les garder et puis marcha à son premier exploict à Montauron[7], où s'estoyent logées dix-huict compagnies de gens de pied, qui, pour estre mal complètes, ne pouvoyent faire que sept ou huict cents hommes. Il y avoit quelques endroits où les maisons servoyent de murailles. Le duc, n'ayant qu'une coulevrine, fit ruine à ses maisons. Comme l'on y vouloit donner, les enfermez y jettèrent un amas de javelles gouildronnées, et ce feu leur donna quelque temps pour parlementer. Les assiégez promirent de se rendre à la vie sauve si dans le dimanche midi ils ne savoyent nouvelles du duc de Savoye; et, pour ostage de leur

1. D'Aubigné se trompe. Bernard de Nogaret, marquis de la Valette, fut tué au siège de Roquebrune, le 25 janvier 1592 (De Thou, liv. CIII).
2. Probablement Menton (Alpes-Maritimes).
3. Siège de Roquebrune (Alpes-Maritimes) par Bernard de Nogaret, marquis de la Valette, 25 janvier 1592 (De Thou, liv. CIII).
4. Le duc d'Épernon était le frère cadet de Bernard de la Valette.
5. Voyez le chap. XVIII.
6. Manosque (Basses-Alpes).
7. Montauroux (Var).

promesse, ils firent sortir deux hommes de commandement. Le duc de Savoye passa[1] dans le terme à une lieue de là avec six cents chevaux et trois mil hommes de pied ; mais, n'ayant osé leur donner secours, ces gens se rendirent[2]. Il en fut mis aux galères à Toulon de quatre à cinq cents ; quatorze capitaines pendus et un maistre de camp, desjà blessé, mourut de sa playe. Le bruit a esté que par elle-mesme on lui avoit donné le coup de la mort.

Le[3] duc mit son infanterie en garnison, se promena avec sa cavalerie par son gouvernement, prit force petites places qui furent quitées d'effroi ; et, ayant emprunté trois canons pour Fayance, elle se rendit à lui.

Sur la fin du mois de novembre, le duc assiégea Antibe[4]. L'armée fut receue avec une grande escarmouche où tous les avantages de l'aproche furent assez bien disputez. Mais, estans poussez vivement, on ne les vid plus dehors que de là à dix jours que, les tranchées estans arrivées au fossé, ils en enfilèrent un coin où Le Passage[5], faisant ferme, fut tué. Antibe, estant batue par trois endroits de huict pièces de

---

1. Le duc de Savoie entra en Provence en novembre 1592 (De Thou, liv. CIII).
2. Deux lettres, l'une du duc d'Épernon, du 15 septembre 1592, l'autre, sans signature, du 8 octobre, racontent les combats livrés par le duc d'Épernon autour de Montauroux et la prise de la ville (f. fr., orig., vol. 15575, f. 49 et 51).
3. Var. de l'édit. de 1620 : « ... *coup de la mort. Ce coup fait, le duc...* »
4. Antibes (Alpes-Maritimes). — D'Aubigné se trompe. Antibes fut assiégé le 31 juillet 1592 (De Thou, liv. CIII).
5. Le s. du Passage fut chargé par le roi, l'année suivante, de commander en Provence en l'absence du duc d'Épernon (*Lettres de Henri IV*, t. IV, p. 64).

canon, en fin composa et se rendit à honneste capitulation. De là il falut attaquer le chasteau, autrement appelé le fort, qui fut batu du costé de la place. Ce siège, tous les jours rafraîchi par une galère qui partoit de Nice et venoit à mesme heure pour oster les blessez, donner des hommes frais et porter autres nécessitez, ayant pour signal avec ceux de la ville une amorse sur une pièce tant de l'une que de l'autre part.

Après cinq cents coups de canon, les assiégez firent sortir un prestre et un caporal pour parlementer. Durant les discours, les soldats s'aprochèrent d'une fente que le canon avoit faite à la muraille et à laquelle il falloit sept pieds d'eschelle pour monter. Le gouverneur s'avança avec une robe fourrée et des pantoufles aux pieds pour menacer d'une gaule ceux qui aprochoyent trop. Bonouvrier, prévoyant le scandale et désireux de traiter fidèlement, mit l'espée à la main pour faire mieux que le gouverneur. Mais, ayant veu que les soldats estoyent commandez par un signal de donner au trou, il se retira. Et lors le gouverneur, leur voulant faire des remonstrances, fut pris au colet. Tout fut tué, hormis lui quatriesme, qui, mené au duc d'Espernon, quoi qu'il portast qualité de comte, fut menacé du gibet comme l'ayant mérité par sa lascheté. Dans cette place on trouva trente-deux pièces d'artillerie, entre celles-là quatorze coulevrines royales ou bastardes. Or, tout cela estant passé sans tirer ni mousquetade ni coup de canon, la galère de Nice, qui ne faillit pas de venir à son heure, estoit prise si on se fust avisé de lui rendre le signal que nous avons dit ci-dessus [1].

1. Prise d'Antibes, 7 août 1592 (De Thou, liv. CIII).

De là marcha l'armée devant Canes, qui se rendit à la veue du canon[1]. Et ainsi toutes choses alloyent très heureusement pour le service du roi, y ayant un grand effroi parmi les Provençaux liguez et une grande créance et bienvueillance des royaux, qui dura tant que l'armée, contente des contributions qui se levoyent sur le païs, fut contenue en devoir. Mais, les payemens manquans, les bandes eschapèrent à leur chef et se mirent à piller; dont avint que le peuple s'esmeut contre le duc. Et, pource qu'en ce temps il y avoit de grands mescontentemens entre lui et Lesdiguières, les Provençaux, exaltans la police du dernier, l'appèlent à leur secours, tournans l'eschine à l'autre, ce qui ne fut pas sans plainte du duc, reprochant son assistance et les hommes qu'il avoit prestez à Lesdiguières quand l'armée de Savoye estoit entrée en Daufiné, où, pour avoir trouvé les forces dehors, elle estoit preste de faire de grands progrès.

Il faudroit laisser à part ce que fit le duc d'Espernon jusques à ce point pour observer l'ordre des temps; mais, n'ayant plus à dire de ses actions que peu de chose avec le siège d'Aix, il vaudra mieux avoir la peine de reprendre les matières au terme du livre que de quitter nostre besongne si souvent.

Le siège d'Aix fut donc commencé le vingt-cinquiesme de juin 1593, avec multitudes d'escarmouches où les harquebusades estoyent à bon marché. Il est vrai que, la principale force de ceux du dedans estant des habitans et n'y ayant pas d'ordre à leurs rafraî-

---

1. Cette campagne est racontée dans deux lettres, l'une du 16 octobre 1592, l'autre du 5 février 1593, adressée au chancelier Sillery (f. fr., vol. 15575, f. 52 et 62).

chissemens, comme le duc d'Espernon en aportoit aux siens, assisté de vieux capitaines et sur tout de Bonouvrier, les assiégez n'avoyent pas eu du meilleur. D'ailleurs, la cavalerie légère des royaux, commandée de gens choisis, estoit si prompte à faire des charges que ceux de la ville le devindrent moins à sortir. Le 9 juillet, le chef de l'armée fut blessé d'une canonnade comme il jouoit avec quelques gentilshommes, desquels il y en eut deux tuez[1].

Pour tirer profit de son labeur, ce chef desseigna une citadelle sur le haut de la montagne qui commande la ville. Et les assiégez, voyans par là qu'ils n'avoyent à faire qu'à un siège de blocus, s'eschaufèrent à quelques sorties. Ils en firent une par l'hospital, où, ayant trouvé en garde Ars, qui lors s'apeloit Chastelier, ils donnent à lui à pied et à cheval, estans trois fois plus forts que lui, et de fait l'enfonsent et rompent; et prirent à ce combat le cadet d'Ars, qui se nommoit Seré, lequel y fut estropié d'un coup de pistolet. Ars, ayant trouvé son frère à dire au raliement, n'eut pas plustost rasseuré quinze des siens qu'il revint à la charge; et puis, assisté de quelques survenans, congna tout ce qui estoit sorti jusques dans le tapecul et en fit raporter son cadet. Le mesmes porta le faix de la pluspart des sorties, et, sur les reproches qui se faisoyent d'un parti à l'autre, lui et ses compagnons firent plusieurs défis, comme il avient souvent aux sièges de telle condition. Ceux de la ville, ayans logé deux coulevrines au haut du clocher de Nostre-Dame, en aportoyent de

---

1. L'un de ces gentilshommes se nommait Le Pouy et était guidon de la compagnie de gens d'armes du duc d'Épernon (Girard, *Hist. du duc d'Épernon*, 1736, t. II, p. 54).

grandes incommoditez à l'armée. Le duc d'Espernon leur manda par un trompette que, s'ils ne descendoyent ces deux pièces, il alloit faire verser le clocher à terre à coups de canon. Ceux de la ville portèrent tel respect à cet édifice que pour le sauver ils aimèrent mieux en quelque façon obéyr à leurs ennemis.

Comme ce siège tiroit en grande longueur, le duc avoit à sa dévotion des principaux de la Provence; mais les villes moins à lui se bandoyent contre ses desseins, tesmoing celui de Brignoles, que nous avons (mal avertis) coté ailleurs et sur quoi il faut changer et dire qu'un relais de muraille lui sauva la vie; j'en eusse bien désiré mémoires plus particuliers. Tant y a que, les diverses solicitations de cette province ayans émeu les jalousies de la cour, demandé plusieurs fois, comme nous avons dit, que le roi fist avancer Lesdiguières en Provence, le duc de Guise, réconcilié et qui avoit obtenu le gouvernement, s'y achemina; et ce changement d'un costé énerva tous les desseins du duc d'Espernon, soit qu'ils fussent pour le roi ou qu'ils fussent pour lui. Les armes de Lesdiguières, qui eussent fait besoin ailleurs, estoyent détenues par des commandements douteux et mesmes quelquefois différents, et ainsi furent un temps de peu d'utilité. Cela fit parer beau jeu au duc de Savoye, qui ne perdit pas le temps; car par là il fit les progrès en Provence et s'avantagea des places qu'il faudra, comme vous verrez, puis après reconquérir sur lui. Cependant, le duc d'Espernon s'estant retiré de devant d'Aix avec telle diligence que sa cavalerie passa partie de la Durance à nage, la ville voulut traitter immédiatement avec le roi et composa avec lui à son premier voyage de Lion[1]. Et Lesdiguières, avant s'en retourner de Provence, aprocha ses forces d'Aix pour faire quiter la forteresse, qu'il rasa à la requeste et au contentement du païs. Telles disgrâces, bien que tout se racommodast après, renvoyèrent en Xainctonge le duc d'Espernon, qui[2], trouvant quelque différence entre les commandements qu'il disoit avoir du roi et ce que en monstra Lesdiguières par escrit au connestable, le duc, le sachant, dit qu'il ne pensoit pas que le roi sceust jouer de tels esteufs[3].

Chapitre XXII.

Reprise des exploits de Lesdiguières pour nettoyer au terme du chapitre précédent; prise[4] de Grenoble.

Vous voyez ailleurs les progrez du duc de Nemours[5] en Lionnois et Forest. Il s'esloigna jusqu'à Vici[6] en Auvergne, qu'il attaqua au mois de septembre 1590. Et, ayant trouvé là une garnison opiniastre qui ne se rendit pas pour néant, et d'ailleurs, ayant à craindre les mesmes forces qui avoyent defait Randan[7], il employa toutes les villes du Dauphiné pour en estre

---

1. Fin août 1593.
2. La fin du chapitre manque à l'édit. de 1620.
3. *Esteuf,* balle de paume, au figuré, *double jeu.*
4. La fin du titre manque à l'édit. de 1620.
5. Henri de Savoie, marquis de Saint-Sorlin, fils du duc de Nemours, dont nous avons raconté les aventures galantes dans *Jacques de Savoie et Mlle de Rohan,* était devenu duc de Nemours en 1585.
6. Vichy (Allier).
7. Le comte de Randan avait été vaincu et tué dans un combat près d'Issoire le 14 mars 1590.

fortifié. Entre les autres, Grenoble lui envoya ce qu'elle avoit de meilleurs hommes. Ce fut le temps que prit Lesdiguières pour entreprendre sur ce Parlement, qu'il muguetoit il y avoit si long temps. Il se servit donc de celui qui commandoit à Cornillon[1], auquel il fit couler de cinq à six cents harquebusiers. Avec cela, au commencement d'octobre, il fit donner une escalade de dix eschelles bien fournies au fauxbourg Sainct-Laurens, et de huict à celui de La Perrière; fauxbourg qu'on gardoit comme estant de meilleure assiette que la ville[2].

Ces deux pièces prises, il fut habile à succéder avec les autres forces et neuf canons qui marchoyent à son cul. A leur arrivée, il bat la tour du Pont et la prend de haute lute, et ne lui falut autre baterie pour la ville que l'espouvantement qui s'y mit. Les prestres et quelques-uns du Parlement eurent beau remonstrer que la mort de Mombrun[3] et les bravades qu'ils avoyent mandées à Lesdiguières, jusques à menacer de le pendre, s'ils le tenoyent, ne leur pouvoit faire espérer que les représailles d'une grande cruauté. Mais cela mesmes qu'ils disoyent, pour rafermir les cœurs, servit à les espouvanter. Ils se rendirent donc avec promesse d'un meilleur traittement, qui leur fut bien observé[4].

---

1. Cornillon-en-Trièves (Isère).
2. Second siège de Grenoble par Lesdiguières, novembre 1590. — 24 novembre, il s'empare du faubourg Saint-Laurent. — 22 décembre, capitulation de la ville (*Correspondance de Lesdiguières*, t. I, p. 143, note).
3. Charles du Puy, seigneur de Montbrun, capitaine protestant, avait été supplicié, à Grenoble, le 12 août 1575.
4. Le traité, d'après lequel Grenoble rentrait sous l'obéissance du roi, fut conclu le 22 décembre 1590.

Lesdiguières dépescha au roi, estant lors à Sainct-Denis, un sien secrétaire, nommé Sainct-Julien[1], tant pour porter la nouvelle de la prise d'un Parlement que pour en demander le gouvernement. Le roi estoit en la chambre de son conseil, devisant avec le comte de Soissons, Givri et quelques autres[2], et toutesfois prestant l'oreille à ce qui s'y faisoit. Le maréchal de Biron ayant fait lire les dépesches et fait entendre la demande de Lesdiguières, d'O se leva en fureur, de quoi un réformé osoit demander un gouvernement de telle estofe. Ses partisans ne faillirent pas à le seconder et à jetter au loin telles prétentions. Le mareschal, qui eust esté d'autre opinion, fit un grand discours à Sainct-Julien, premièrement des grandes obligations que le roi et le royaume avoyent à son maistre, et du désir de reconnoistre ses mérites ; mais il exposa la conséquence de mettre un Parlement entre les mains d'un réformé. Tout cela avec un discours fidèle, et comme s'il eust esté de l'opinion du plus de voix. Le petit secrétaire fit une révérence et s'en va. Et, comme nous considérions le roi pensif et triste là-dessus, Sainct-Julien vint frapper à la porte, et estant admis dict : « Messieurs, vostre résolution inespérée m'a fait oublier un mot : c'est qu'il vous plaise, puis que vos prudences ont refusé Grenoble à mon maistre, aviser aussi aux moyens de le lui oster. » Cela dict,

1. Florent Renard ou Reynard, secrétaire de Lesdiguières, trésorier général de Savoie et de Bresse en 1593, receveur général du marquisat de Saluces, premier président de la chambre des comptes de Dauphiné en 1599, devint aussi seigneur de Saint-Julien, d'Avançon, de Saint-Firmin, de la Frette, etc. (*Mémoires de Piémond*, p. 596).

2. D'Aubigné entre autres.

et s'estant retiré de bonne grâce, le mareschal, d'un visage plus gay, reprit le propos, disant : « Le petit homme vous dit vrai, et faut y aviser. » Il jetta de ce coup une œillade au roi, qui lui rendit un ris de contentement, et avant partir de là l'avis fut de despescher les lettres du gouvernement qu'emporta Sainct-Julien.

Il falut mettre au large Grenoble[1], et s'employer, au commencement de 1591, à assiéger le chasteau des Eschelles[2], où le duc de Savoye avoit mis garnison. La batterie estant demie faicte, la place se rendit à la mi-mars[3].

Dès le commencement d'avril suivant, les forces de Savoye, commandées par le comte Martinangue, composées de quatre mil hommes de pied et huict cents chevaux, s'avancèrent en Daufiné. Lesdiguières, avec les forces de La Valette[4], et soustenu de lui-mesmes, donna dans le principal logis à Esparron de Palières[5], et sur l'effroi du logis attaqué mena battant toutes les forces jusques à Rians[6]. Et retournant à Esparron

1. Les royalistes, commandés par Lesdiguières, s'emparèrent définitivement de Grenoble le 1er mars 1591.
2. Les Échelles (Savoie).
3. D'Aubigné se trompe. Lesdiguières assiégea les Échelles le 1er mars 1591. Le 3, la garnison savoisienne évacua la ville, et, le 4, le château fut pris par l'armée royale (*Mémoires de Piémond*, p. 279).
4. Lesdiguières joignit les troupes de La Valette à Vinon (Var), le 13 avril 1591 (De Thou, liv. CII).
5. Esparron de Pallières (Var). — Défaite des Savoyards à Esparron par Lesdiguières et La Valette, 15 avril 1591. On trouve dans les *Mémoires de la Ligue*, t. IV, p. 354, une relation de ce fait d'armes.
6. Siège et prise de Rians (Var) par Lesdiguières, 15 et 16 avril 1591.

eut à discrétion tout ce qui estoit retranché, désarma deux mil cinq cents hommes de pied, quatre cent cinquante gens d'armes ou chevaux légers; et en tout l'afaire en fit mourir plus de huict cents, n'ayant perdu à ce jeu que vingt soldats, et parmi eux le jeune Buonx[1], et quelque centaine de blessez.

Le duc de Savoye se préparoit pour sa revanche à emporter le chasteau d'Essilles[2], anciene morte-paye de la frontière de Piémont. Lesdiguières s'en aprocha, n'estant pas bien asseuré de celui qui la gardoit, et, la tenant en considération par sa présence, il vint un jour à la veuë de Suse[3], ayant bien disposé ses gens pour le recevoir, s'il estoit poussé. La garnison de Suse, lors enflée de trois régimens que Sonas[4] commandoit, et de huict cornettes de cavalerie qui reconnoissoyent Chasteauneuf d'Urfé[5], sortit et amena d'une fuite volontaire tout ce qui estoit au-devant de Lesdiguières prendre les deux costez du chef, qui alors prit la charge et r'emmena tout batant jusques à la contr'escarpe. Les deux chefs se sauvèrent à

1. Antoine de Pontevez, s. de Buons, chevalier de Malte, gouverneur de Grasse, envoyé en Provence après la mort de Bernard de Nogaret, marquis de La Valette (*Lettres de Henri IV*, t. III, p. 579).

2. Exiles (Haute-Savoie), château fort pris par Lesdiguières après le 14 septembre 1590 (*Correspondance de Lesdiguières*, t. I, p. 139).

3. Suze-la-Rousse (Drôme).

4. Donat Gerbais, s. de Sonas, capitaine dauphinois au service de Savoie, tué en 1602 à l'entreprise de Genève (*Correspondance de Lesdiguières*, t. I, p. 589).

5. Peut-être faut-il lire *Chasteauneuf et d'Urfé*. — Claude de Baronnat, seigneur de Chasteauneuf-de-l'Albenc. — Jacques II d'Urfé, marquis d'Urfé et de Beaugé.

toute bride, mais les autres furent presque tous pris et tuez. Le lieu où se fit la charge s'appelle Chalace[1], et l'importance que le changement du gouverneur au chasteau d'Essilles, lequel peut-estre n'eust pas esté aisé sans cette bourrasque, rendit la place asseurée pour le service du roi. Le duc de Savoye estoit en personne en Provence. Cependant le connestable La Valette, lors vivant, et d'Ornane[2] estoyent au Viquerat de Tarascon[3] avec le canon, pour reprendre quelques places. Lesdiguières, ne se pouvant joindre à eux parce que le duc de Savoye estoit entre deux, fait sortir le canon de Cisteron[4], assiège, bat et prend la ville de Lus[5], qui incommodoit fort Cisteron.

Dignes en Provence estoit près d'estre assiégée, quand l'armée de Savoye entra en Daufiné, composée d'Espagnols, Milanois et Neapolitains, sous la conduite d'Olivaro[6], chastelain de Milan, et de Savoisiens et Piémontois, sous dom Amédée de Savoye. Ces bandes, faisans de sept à huict mille hommes, n'espéroyent pas moins que de marcher au cœur de la France pour relever la Ligue. Les officiers du roi, de nouveau retournez à Grenoble, estoyent sur le poinct de quit-

1. Chalasse (Savoie). — Cette petite bataille se livra en juillet 1591 (De Thou, liv. CII).
2. Alphonse d'Ornano, lieutenant général de Dauphiné.
3. Viguerat de Tarascon (Bouches-du-Rhône).
4. Sisteron (Basses-Alpes).
5. Luz (Basses-Alpes). — Prise de la ville par Lesdiguières, 2 septembre 1591 (De Thou, liv. CII).
6. Henri de Guzman, comte d'Olivarès, maître d'hôtel de Philippe II, plus tard vice-roi de Sicile et de Naples. On conserve dans le f. fr., vol. 3979, f. 115 et suiv., un résumé de chancellerie de plusieurs lettres de Philippe II au comte d'Olivarès, écrites à la fin de 1590 et relatives aux affaires de France.

ter, quand Lesdiguières y acourut, et, ayant ramassé tout ce qu'il put de forces, se fit porter en litière à veuë d'ennemi; puis, ayant reconnu les logemens, avantages et désavantages, se campe à une lieuë, et le lendemain, à huit heures du matin, trouva toute cette armée en bataille et en bon estat. Il ne fit au commencement paroistre qu'un régiment, qui lui servit d'enfans perdus, pour oster le logis aux Espagnols, nécessaire à sa corne gauche; le fait attaquer de façon que l'Espagnol lui fit place. Et lors, ayant moyen de faire prendre à tous les siens l'ordre projetté dès le soir, incontinent qu'il eut opposé quatre escadrons aux quatre des ennemis, il fait faire une charge à l'infanterie, qui fit beau feu et peu d'effect. La cavalerie des Savoyars se pressant comme à mettre tout en un, le marquis de Trevic[1] soustint deux charges, et à la troisiesme, que fit Lesdiguières en personne, tout fut rompu[2], et la victoire poursuivie jusques à Mommelian[3], le marquis mort sur la place. Cependant Galéotte de Belle-Joyeuse[4] ramassa la pluspart de l'infanterie et la retrancha dans le viel chasteau d'Avalon[5]. Lesdiguières, ayant tourné là, les assiégea, attaqua et contraignit de se rendre à discrétion l'infanterie royale, en tua de sept à huict cents et achevoit le reste sans la venue du chef. Le butin fut grand, la perte de dix-huict cents hommes, et encor que la cavalerie eust

1. Le marquis de Trevico, capitaine savoyard.
2. Combat de Pontcharra. Victoire de Lesdiguières, 18 septembre 1591.
3. Montmélian (Savoie).
4. Galeoto, comte de Belgioso, chef des troupes romaines et milanaises.
5. Le château d'Avalon (Savoie).

sauvé plusieurs drapeaux des gens de pied, il en fut envoyé vingt-trois au roi, qui les fit loger à Sainct-Denis[1].

Pour fruict de cette deffaite, on alla assiéger et batre en Provence Barcelone aux terres neufves du comté de Nice, qui fut rendue à la fin d'octobre[2]. Et dans la fin de novembre, la dernière fois que Lesdiguières se joignit à La Valette, ils assiégèrent et prirent par capitulation la ville de Digne[3], qui est évesché. Le duc de Savoye, ayant voulu cercher quelque revanche, assiégea le Puech[4], mais ces forces conjointes firent quitter le siège. Voilà la fin de 1591.

Au commencement de l'autre année, le gouverneur ayant esté tué, les liguez se réveillèrent en Provence. Le païs demanda Lesdiguières la première fois, et, sans confondre ce qu'il a falu avancer ci-dessus, ce chef désiré s'y achemina en mai; assiégea d'abordée la ville de Baine[5], qui donna quelque peine, mais se rendit, et puis à son exemple Sainct-Paul sur Durance, Bauduen, Aups, Baujaux, Cotignac, Peiroles, Jonques et Ginasservis[6]. Quelques Espagnols amassez à Nice

1. Combat d'Avalon. Victoire de Lesdiguières, 20 septembre 1591. Deux relations du temps, réimprimées dans les *Mémoires de la Ligue* (t. IV, p. 627 et 775), racontent les combats de Pontcharra et d'Avallon. Enfin une lettre du 27 septembre 1591 (f. fr., vol. 3644, f. 79) contient une autre relation de ces combats.

2. Lesdiguières assiégea Barcelonnette (Hautes-Alpes) le 14 octobre 1591, et s'en rendit maitre le 21 octobre suivant (De Thou, liv. CII).

3. Prise de Digne (Basses-Alpes) par La Valette, 23 octobre 1591.

4. Le Puy de Sainte-Réparade, dit Le Puech (Basses-Alpes).

5. Siège et prise de Beynes (Basses-Alpes) par Lesdiguières, 13 mai 1592 (De Thou, liv. CIII). La Valette avait déjà assiégé cette ville, sans la prendre, le 20 novembre 1591 (ibid., liv. CII).

6. Saint-Paul (Bouches-du-Rhône), Bauduen, Aups, Baujols,

s'estans avancez, et couverts de la rivière du Var, les royaux la passèrent à son embouchure dans la mer Méditerranée, et les menèrent batant jusques au lieu d'où ils estoyent partis. Deux places se firent batre, assavoir : Mui[1], assiégée le dix-huictiesme de juin et rendue le vingt-cinquiesme, sur le poinct de l'assaut, et la Cadière[2], presque de mesme façon. A l'ombre de celles-là, qui estoyent bonnes, furent réduites le Castelet, la Ciotat, Céreste et Cassis[3].

Cependant le duc de Nemours, sur les erres de ce que nous disions ailleurs, avoit assiégé et pris Sainct-Marcelin[4] et depuis les Eschelles[5]. Il fallut à la semonce d'Ornane, bientost après mareschal, que Lesdiguières y accourust. Ils l'assiègent ensemble et emportent par la mesme capitulation qu'il avoit esté rendu à la fin d'aoust.

Vous voyez ailleurs comment Vienne[6] revint en la puissance du roi. Nous adjoustons seulement que Lesdiguières ayant batu et pris pour la seconde fois les Eschelles, et que la garnison sortant avec vie et bague

Cotignac (Var), Peyrolles, Jonques (Bouches-du-Rhône), Ginasservis (Var). — Prise de ces villes par Lesdiguières, peu après le 13 mai 1592.

1. Muy (Var). — Lesdiguières l'assiégea le 18 juin 1592 et s'en rendit maître le 26.

2. Prise de la Cadière (Var) par Lesdiguières, 4 juillet 1592.

3. Le Castellet (Var), la Ciotat (Bouches-du-Rhône), Céreste (Basses-Alpes), Cassis (Bouches-du-Rhône). — Lesdiguières s'empara de ces places le 4 juillet 1592.

4. Prise de Saint-Marcellin (Isère) par le duc de Nemours, juillet 1592 (De Thou, liv. CIII).

5. Prise des Échelles (Savoie) par les ligueurs, 4 août 1592.

6. Les ligueurs s'étaient emparés de Vienne en juillet 1592 (De Thou, liv. CIII). La ville ne fut reprise par les royalistes qu'en avril 1595 (ibid., liv. CIII).

sauve, le gouverneur[1] fit charger tous les compagnons des poudres du magasin; dont avint qu'estans au chemin de la Grote une mesche ayant foiré dans la pochette d'un, soit par ami ou ennemi, le feu se prit par tout, et toute cette troupe fut estropiée, et pourtant conduite vers la Grote jusques à ce que l'escorte trouva l'avant-garde du duc de Savoye, qui marchoit au secours de la place prise. Lesdiguières averti eut loisir d'y arriver, cependant que ses bandes prenoyent le large et leur avantages à l'abri des Roches[2]. Lesdiguières fit faire quelque charge, et en fit une où il fut abatu sous son cheval. Les avantages des Savoyars ayants empesché un plus grand combat, l'infanterie gagna la Grote. Mais[3] pource que cela appartient à la M D XCV, nous le reprendrons à propos, reprenant le combat qui s'y passa.

Chapitre XXIII.

Déclin de la Ligue.

Tant d'avantage et d'esclat du grand parti ligué n'ayant peu respondre à ce qu'il faisoit attendre, il est raisonnable de cotter quelques degrez et causes de son déclin; en quoi, se trouvant des questions personnelles, il faudra un peu se laisser la bride et poser quelque jugement.

1. Aubert de Corbeau, s. de Saint-Franc et de Vaulserre, capitaine d'une compagnie de gens d'armes au service de Savoie.
2. Les Roches (Isère).
3. Var. de l'édit. de 1620 : « ... *La Grote,* et depuis ne se fit rien en Dauphiné jusques au passage en Piémont, que nous jetons au livre suivant pour n'en faire point à deux fois. »

Je mets donc la première différence avantageuse aux royaux en la qualité et au titre de leur parti. Ce mot de *roi*, qu'on respondoit au *qui vive?* sentant quelque chose de plus impérieux que celui de l'Union, mesmement aux François qui ont ce tiltre autant en amour que les Romains l'avoyent en horreur.

Je viens après aux personnes des deux chefs, que nous avons apris par essai estre d'autre considération que le vulgaire n'estimeroit. La teste d'un chef en pèse plusieurs miliers, comme il a paru aux qualitez des deux capitaines contraires, desquels les armées ont esprouvé l'avantage et l'incommodité.

Le duc de Mayenne avoit une probité humaine, une facilité et libéralité qui le rendoit très agréable aux siens; c'estoit un esprit judicieux, et qui se servoit de ses expériences, qui mesuroit tout à la raison, un courage plus ferme que gaillard, et en tout se pouvoit dire capitaine excellent.

Le roi avoit toutes ces choses, horsmis la libéralité. Mais, en la place de cette pièce, sa qualité arboroit des espérances de l'avenir, qui faisoyent avaler les duretez du present. Mais il avoit par-dessus le duc de Mayene une promptitude et vivacité miraculeuse, et par de là le commun. Nous l'avons veu mille fois en sa vie faire des responses à propos, sans ouïr ce que le requérant vouloit proposer[1] et aller au-devant des demandes sans se tromper. Le duc de Mayene estoit incommodé d'une grande masse de corps qui ne pouvoit supporter ni les armes ni les courvées. L'autre, ayant mis tous les siens sur les dents, faisoit cercher

---

1. La fin de la phrase manque à l'édit. de 1620.

des chiens et des chevaux pour commencer une chasse, et, quand les chevaux n'en pouvoyent plus, forçoit une sandrille¹ à pied. Le premier faisoit part de cette pesanteur et de ses maladies à son armée, n'entreprenant qu'au prix que sa personne pouvoit supporter. L'autre faisoit part aux siens de sa gayeté, et ses capitaines le contrefaisoyent par complaisance et par émulation.

Les deux sens externes, principaux officiers des actions, estoyent merveilleux en ce prince : premièrement la veue, laquelle, mariée avec l'expérience, jugeoit de loin, non seulement les quantitez des troupes, mais aussi les qualitez, et, à leur mouvement, s'ils bransloyent ou marchoyent résolus; et c'est sur quoi il a exécuté à propos. Mais l'ouïe estoit monstrueuse, par laquelle il apprenoit des nouvelles d'autrui et de soi-mesme, parmi les bruits confus de sa chambre, et mesmes en entretenant autrui. Un seul petit conte vous en donnera un exemple pour tous.

Le roi estant couché à la Grenache², en une grande chambre royale, et son lict, outre les rideaux ordinaires, bardé d'un tour de lict de grosse bure, Frontenac³ et moi à l'autre coin de la chambre, en un lict qui estoit fait de mesme, comme nous drapions nostre maistre, ayant les lèvres sur son oreille et mesnageant ma voix, lui respondoit souvent : Que dis-tu? Le roi repartit : « Sourd que vous estes, n'entendez-vous

---

1. *Cendrille*, mésange (Fabre, *Glossaire du Poitou*).
2. La Garnache (Vendée).
3. François de Buade, s. de Frontenac, écuyer du roi de Navarre, ancien gouverneur de Marans.

pas qu'il dit que je veux faire plusieurs gendres de ma sœur ? » Nous en fusmes quittes pour dire qu'il dormist, et que nous en avions bien d'autres à dire à ses despens.

Il avoit une maxime qu'il a le premier dite et pratiquée avec heureux succès ; c'est qu'il se faloit bien garder de croire que l'ennemi eust mis ordre à ce qu'il devoit, et qu'un bon capitaine devoit essayer les deffauts en les tastant.

Il n'y a respect qui doive empescher encores ce poinct. Je faisois importuner le duc de Mayenne pour me donner quelques défauts de son armée, à colorer le fait d'Arques, à fin que je ne fusse point contraint de l'escrire en miracle. Au commencement, il me renvoya aux mémoires d'un petit aumosnier ; mais ne s'y trouvant rien pour parer, il dit à la fin à ceux qui le pressoyent : « Qu'ils dient que c'est la vertu de la vieille phalange huguenotte, et de gens qui, de père en fils, sont apprivoisez à la mort. »

Mais, si le fer bien mis en besongne a la première gloire de la décadence d'un parti et de l'élévation de l'autre à l'entière victoire et à l'establissement de la paix, le second honneur est aux plumes bien taillées, qui ont mené les esprits aux pensées, aux connoissances, aux affections partisanes, et en fin aux choix qui ont enflé ou diminué les partis, soit en nombre soit en ardeur.

La France, comme estant venue au période de son éloquence, desployant plusieurs discours dans les chaires et par les escrits, estoit agitée des raisons contraires. Les liguez, plus avantagez par les sermons des prescheurs, comme possédans les suggestes des grandes villes, et puis ayans l'acte de Blois[1], sur lequel ils paratragedioyent[2] à plein fonds, ils avoyent encores la grande secte des jésuites toute entière pour eux, comme servans au grand dessein. Ces esprits, choisis comme l'on sçait, se servirent de l'horreur de l'acte que nous avons dit, eslevèrent pour un temps la pluspart des courages de la France à un haut degré de vengeances, qui sentoyent le juste et le glorieux.

Leurs escrits n'ont pas été si heureux que leurs concions[3] : entre ceux-là un des plus remarquables a esté le *Catholique anglois*[4], duquel nous avons parlé. Les violentes déclamations contre la personne de Henri III firent force, tant que cette personne dura. Mais, le changement en un autre roi ayant diminué l'horreur de Blois, par sa justice les blasphèmes contre Henri IV ne faisoyent que couler contre un nom qui monstroit au jour la virginité de sa foi, et auquel on ne pouvoit reprocher aucune imperfection que nature n'avouast, et puis, une victoire n'attendant pas l'autre, les nouvelles en rendoyent ridicules les déclamations. Les résolutions des docteurs de Sorbonne, par lesquelles la Faculté ordonne que le peuple est délivré du serment de fidélité[5] et peut faire la guerre à son roi; les fulminations contre les refformez, ausquels il n'estoit pas permis de faire par force et par deffense

1. L'assassinat du duc de Guise et de son frère le cardinal de Guise.
2. *Paratragédier*, mot de l'invention de d'Aubigné.
3. *Concio, conciones*, discours.
4. Voyez le chap. XIII de ce livre.
5. L'arrêt de la Sorbonne qui délie le peuple français du serment de fidélité au roi est du mois de février 1593 (De Thou, liv. CV).

ce qu'on donnoit à ceux-ci par offense et par gayeté de cœur : tout cela sentit l'iniquité au prix que la nécessité faisoit penser au juste.

Ce qui donna encores plus mauvais lustre aux invectives des chaires contre le roi Henri quatriesme, ce fut que les prescheurs plus violents ne se contentèrent pas de mettre bas leurs langues quand ils virent bas les armes qui les soustenoyent, mais tel[1] qui venoit de dire : « Il nous faut un Aod[2], » ou de prescher les meurtres des rois en tiltre de coups du ciel, ceux-là mesmes se mirent sur les louanges. Et, au lieu de dire « le Béarnois et le bastard, » ils le nommoyent « Restaurateur et noble présent du Ciel. » Cela mesmes en plusieurs lieux arrivé par corruption d'argent, comme à Poictiers, où Protaise[3], en mesme semaine et en mesme chaire, estonna ses auditeurs d'un infâme changement ; tout cela avant la messe du roi ; car puis après quelques jésuites approchèrent à la cour, et employans le tiers de leurs sermons en panégyrics et conversions de louanges à la personne du roi, le parti ligué vint du penchant au précipice, et fut réduit à rien.

1. D'après le *Catholicon*, d'Aubigné désigne ici le jésuite Jacques Commelet (*Satyre Ménippée*, 1752, t. II, p. 27).

2. Aod, israélite qui tua le roi Moab. Les prédicateurs de la Ligue désignaient Henri III et Henri IV sous le nom de Moab. Voyez la *Satyre Ménippée*, 1752, t. II, p. 27.

3. Jean Portais, ou Protaise, ou Porthaise, né à Gastines, aux environs de Laval, franciscain, supérieur de son ordre, théologal de Poitiers, un de ces fanatiques insensés qui prêchaient le plus haut le meurtre de Henri IV et qui le reconnurent avec le plus de platitude quand le triomphe de ce prince lui permit de disposer de la feuille des bénéfices. Protaise a écrit un certain nombre d'ouvrages de polémique. M. Charles Labitte, dans les *Prédicateurs de la Ligue*, chap. IV, § 2, a consacré une notice à Protaise.

Les effects de l'autre costé n'eurent pas tant d'esclat, ne pouvans les ministres prescher ni en lieux tant célèbres, ni à telles multitudes, au centiesme près ; et puis, pour la rigueur de leur discipline, qui ne leur permet extravaguer hors leur texte, leur défend mesmes les allégories, selon laquelle ils sont asprement censurez dès qu'ils eschappent hors les bornes de leur profession.

Plus libres et plus efficacieuses furent les plumes des réformez, parmi lesquels se trouva des esprits aiguisez et affinez entre leurs dures affaires. Ceux-là firent des merveilles, et estoient leus par délices, mesmes de leurs ennemis. De ce rang vous trouvez *l'Excellent et libre discours*[1], attribué au Faï, petit-fils du chancelier de l'Hospital. Parut encores *l'Anti-Sixte et la Fulminente*, pour les princes de Bourbon. Ces pièces délicatement et doctement traittées ont dessillé les yeux à plusieurs François et les ont amenez au service du roi. On[2] y peut adjouster *les Tragiques*[3], *le Passe-partout des Jésuites*[4], et autres tels livres d'autheurs inconus.

1. *L'Excellent et libre discours sur l'estat présent de la France,* par Michel Hurault, s. du Fay, a été réimprimé dans les *Mémoires de la Ligue* (t. III, p. 2) et dans les pièces justificatives de la *Satyre Ménippée,* édit. de 1752, t. III, p. 84. — Michel Hurault de l'Hospital, seigneur du Fay et du Bel-Esbat, secrétaire du roi de Navarre et gouverneur de Quillebœuf, où il mourut en 1592.

2. La fin de l'alinéa manque à l'édit. de 1620.

3. D'Aubigné a publié un poème sous le nom de *les Tragiques.* Mais la première édition est de 1616, et pour qu'il le mentionne sous la date de 1593, il faut supposer qu'il en courait des copies manuscrites.

4. *Le Passe-Partout des Jésuites* est l'œuvre du protestant César Dupleix, déguisé sous le nom du *Docteur de Palestine.* M. Lenient, qui analyse ce pamphlet (*la Satire en France,* 1866, p. 497), le place à l'année 1606.

De cette espèce encor estoyent les livrets, qui ont porté les titres qui s'ensuivent : *Le Contre advis à celui de l'avocat Bernard de Dijon*[1]*; Response à un conseil aux François de se rendre sous la protection du roi d'Espagne; L'Anti-Espagnol*[2]. Parurent encores plusieurs traitez adressez à la ville de Paris sur ses misères. Il y eut aussi quelques traittez de doctes jurisconsultes, sur la succession que prétendoit le cardinal de Bourbon appelé Charles dixiesme ; à quoi je joindrai les divers escrits, doctes, patétiques et puissans en raisons, lesquels a fourni à diverses occasions Simon Goulart[3], Senlisien, plume digne d'escrire l'histoire, si sa profession lui eust permis d'escrire sans juger. Mais la plus grande playe qu'ayent receu les liguez par leurs escrits a esté par le *Catholicon d'Espagne*, duquel nous avons parlé; le *Traité des ridicules non ridicule*, duquel nous toucherons ailleurs, convertit en blasmes les enfleures des prescheurs, en

---

1. *Contre-Avis de l'avocat Bernard de Dijon.* — Ce *Contre-Avis* a été rédigé pour justifier l'assassinat des Guises et pour établir le droit de Henri IV à la couronne, contre l'*Avis* séditieux de l'avocat Bernard. Il a été réimprimé dans le tome IV des *Mémoires de la Ligue*, p. 150.

2. *L'Anti-Espagnol.* — Il existe deux pamphlets du temps sous ce titre. L'un est attribué à l'avocat Antoine Arnaud. L'autre doit appartenir à Michel Hurault, s. du Fay, car il se trouve réimprimé dans le recueil des pamphlets de cet écrivain, *Quatre excellents discours sur l'estat présent de la France*, in-12, s. l., 1595. Les deux titres ne sont pas identiques. Tous deux sont cités par le P. Lelong (n° 19378 et n° 19232). Le dernier est réimprimé dans les *Mémoires de la Ligue*, t. IV, p. 230.

3. Simon Goulart, né à Senlis le 20 octobre 1543, ministre et théologien protestant, historien, traducteur, éditeur de plusieurs ouvrages, notamment de la première édition des *Mémoires de la Ligue*, mort à Genève le 3 février 1628.

risée les grincements de dents, mortel accident aux partis qui s'esmeuvent d'actions feintes, mesmes entre des nations volages et légères comme sont les François de leur nature ; et dites que, là où tels artifices et telles feintes ne sont point requises, les passions ne sont point feintes, mais prennent résolution sur un véritable fondement[1].

De là les bonnes villes commencèrent de mettre de l'eau dans leur vin. Sages par elles-mesmes, ils receurent en moquerie ce qu'ils avoyent pris au commencement en admiration, assavoir qu'on leur donneroit en brief un nouveau roi bien frisé, qui les mettroit au siècle d'or. Les partialitez desquelles nous avons parlé leur firent voir l'impossibilité d'establir un roi, bon ou mauvais, qui fust agréé de tous les partisans seulement. Cela n'estant point, ils jettèrent les yeux, tirez d'espérance, poussez de crainte, vers celui qui ne laissoit plus en doute ni son droit ni sa vertu.

Et, comme il n'y eut aucun des princes de la Ligue à qui il ne fust arrivé quelque desfaveur par les combats, le peuple, qui n'a rien de médiocre en sa bouche, exaggéroit leurs deffauts. En fin, la pluspart en vindrent là, que ceux qu'ils trouvoyent fort beaux pour princes ne l'estoyent pas assez pour rois, suivant ce que me dit un jour Michel Montagne[2], assavoir que les prétendans à la Couronne trouvent tous les esche-

---

1. Var. de l'édit. de 1620 : « ... *fondement*. Ce livre, attribué à plusieurs, sortit véritablement d'un petit aumônier du cardinal de Bourbon, derrière la petitesse duquel le nom est demeuré caché. *De là...* »

2. Michel de Montaigne, l'auteur des *Essais,* mort le 17 septembre 1592.

lons jusques au marchepied du throsne et petits et aisez, mais que le dernier ne se pouvoit franchir pour sa hauteur.

Les escrits doncques et les raisonnemens apprirent aux peuples ces différences notables. La Ligue estoit un parti asserré et enflé d'intérests et d'espérances particulières, et que, sur la difficulté de nommer un roi, on permettoit à plusieurs ce qui ne se pouvoit attribuer à un. On avoit par les mesmes écrits appris les droits d'un roi de Provence, d'un autre d'Austrasie, quelques vieilles leçons du duché de Bourgongne, mais de bien plus expresses pour celui de Bretagne, dont la duchesse de Mercœur[1] monstroit des tiltres estranges, et tels que le roi les a quelques fois approuvez par sa confession.

D'autre costé, plusieurs villes séditieuses prenans à plaisir d'exalter la condition des républiques et dès ce temps-là prendre la mesure de leur fonctions, ce qui fit peur aux personnes et aux grandes villes qui, à ce jeu, eussent perdu leurs authoritez, de cette crainte, ils jettèrent l'œil sur un prince tout accoustumé à vaincre, à régner et à pardonner.

Sur telles cognoissances Paris, voyant le cardinal mort[2], et que rien ne débattoit plus le tiltre, dépescha en présence du duc vers le roi, pour le trafic libre[3]. Et je cotte là le premier poinct du déclin, à quoi ce chapitre estoit voué.

1. Marie de Luxembourg, duchesse de Penthièvre et de Mercœur.
2. Charles, cardinal de Bourbon, était mort à Fontenay-le-Comte le 9 mai 1590.
3. Depuis le commencement de la guerre, Henri IV avait accordé à la ville de Paris diverses facilités pour son ravitaillement. La

Chapitre XXIV.

Du tiers parti et changement du roi.

Le roi entendant de tous costez nouvelles de victoire pour lui, de toutes ces bénédictions sur ses affaires en tira une pensée hors du commun. C'est qu'outre la crainte de conscience, il en avoit une perpétuelle : asçavoir que, par son changement de religion, s'estant rendu odieux à des gens de qui la valeur et la fidélité lui estoyent certaines, il vint aux nécessitez, où il faut des cœurs à preuve, et par ainsi il craignoit de tomber en affaires difficiles et ne s'y voir assisté que de gens qui n'aimoyent pas les difficultez, c'est pour user de ses propres termes, et enfin devenir la chouette d'Æsope[1]. Voilà la crainte qui se diminuoit par les prospéritez.

Il y avoit longtemps que par toute la France il couroit un bruit sans teste d'un tiers parti, duquel la première naissance fut entre les compagnons du vieux cabinet et serviteur du feu roi, qui avoyent changé, disoyent-ils, un maistre d'or en un de fer, lequel, pour les payer des labeurs intolérables de la guerre, pensoit leur avoir donné un restaurant en leur promet-

---

première ordonnance est du 1ᵉʳ octobre 1591 (copie; f. fr., vol. 3619, f. 34). La seconde ordonnance est du 20 octobre 1592 et est accompagnée d'un tableau des denrées dont l'entrée est autorisée par Corbeil (copie auth.; f. fr., vol. 4718, f. 97). La troisième, celle dont parle d'Aubigné, est du 2 août 1593 et est également accompagnée d'un tableau spécial (copie; f. fr., vol. 3984, f. 268).

1. *Devenir la chouette d'Ésope*, devenir un objet de moquerie.

tant une bataille. Cela, disoyent-ils, estoit bon pour les huguenots, gens désespérez, cousus en leur cuirasses comme tortues, ennemis de l'aise et du repos. Mais nous n'avons pas esté nourris ainsi, nous sommes eslevez dans les plaisirs et dans la splendeur. Quand le feu roi donnoit à un homme de bonne estoffe cinquante mille escus, il mesprisoit son présent, faisoit mille excuses, et en eslevant les services et la personne de celui à qui il faisoit du bien très haut par dessus le bienfait. Cettui-ci, au contraire, n'a point de honte de présenter cinquante escus à un seigneur de bonne maison; et encores dit qu'on ne fait pas son devoir; au partir de là ne nous tient pas ses promesses. Nous ne voyons que ministres, nous n'oyons que chants de pseaumes, des blasphèmes contre le pape, que les huguenots appellent à notre barbe l'antechrist. Ces dernières plaintes spécieuses donnoyent lustre aux premières plus véritables. Et, comme autres fois aux complaintes des Estats, on tournoit les clameurs que le peuple faisoit pour les exactions à les faire crier : « A l'huguenot ! » Ceux-ci, ennemis du hazard et du labeur, et plus encore de la dure chicheté du prince, s'ameutoyent sur l'intérests de la religion. Ils conjurent, ils se font pour chef le nouveau cardinal de Bourbon[1] et son frère le comte de Soissons[2] ; à eux s'attache Laverdin, las d'avoir tant esté à un parti; d'autres, à qui on faisoit tort pour quel-

---

1. Charles de Vendôme, cardinal de Bourbon, petit-neveu de Charles de Bourbon, roi des ligueurs, né en 1562, mort le 30 juillet 1594.

2. Charles de Bourbon, comte de Soissons, né le 3 novembre 1566, mort le 1er novembre 1612.

que gouvernement, comme le comte du Lude et plusieurs, desplorans les mignardises passées; d'O, ennuyé d'estre financier sans argent; parmi ceux-là quelques-uns qui prenoyent à bon escient le mescontentement de la religion.

Le roi n'avoit pas faute de réformez, qui se moquoyent de ce tiers parti, lequel ils croyoyent aussi peu que le troisiesme lieu, qui est le Purgatoire, et en parloyent au roi avec grand mespris. Mais comme les corps fiévreux sentent douleurs des moindres attouchemens, l'esprit du roi, malade de tant de symptosmes divers, prit à bon escient la fièvre et trembla de cette menace, disant à ses familiers que ce parti, quelque mal fait qu'il fust, en périssant feroit périr l'Estat.

On commença lors à pratiquer quelques ministres avaricieux et affamez, et outre ceux-là plusieurs personnages propres, pour oster au roi l'horreur qu'il avoit du siège de Rome, à quoi on se prit par tous les bons contes qu'on pût amasser, soit du pape, soit des cardinaux; tantost sur leurs splendeurs, leur bonne police, leurs aumosnes, leurs civilitez, et force plaisans discours parmi cela. Mais, pour oster et rendre moindre les différens des religions, s'employa premièrement Morlas[1], Béarnois, bastard du président Salettes[2], nourri des aumosnes de la roine de Navarre, et depuis eslevé aux escoles par l'église de Béarn.

1. Bernard Morlans, l'un des conseillers béarnais et des serviteurs du roi de Navarre, plusieurs fois cité dans les *Lettres de Henri IV*.

2. Jehan de Salettes, magistrat béarnais, protestant, avait été nommé par Jeanne d'Albret premier président du conseil de Béarn.

Cettui-là, ne pouvant accorder un courage fort ambitieux, un esprit hautain et sa naturelle pauvreté, cachoit son eslection de ministre pour se faire courtisan du cabinet. A lui s'adjoignit le ministre Rottan, Piémontois, profond théologien et philosophe subtil. Son entrée à la cour fut par la solicitation de quelques deniers qu'il avoit prestez ou plustost fait prester par autrui à Genève, pour les levées de Sansi. Ces deux premièrement, chascun à part et puis unis, se rencontrèrent au dessein d'entrer dans les affaires par la bresche qui se faisoit, donnent la main à du Perron[1], fils d'un ministre et médecin normand[2], natif de Genève, demeurant en la rue du Perron, dont il prenoit le nom, de qui le courage, l'esprit et l'impatience excédoyent ce que nous avons dit de Morlas. Ces trois ensemble concertent et proposent en l'oreille du roi ces maximes : Premièrement, que l'Église romaine estoit Eglise, et puis la plus ancienne, et de là l'Église sans queue, et de plus est l'Église de Christ en quelque manière et respect; que donc on pouvoit bien faire en elle son salut. Ils suivoyent que les premiers avoyent eu tort de faire section au lieu de correction.

Le roi, au commencement, résista vertement à Morlas, se douta de l'avarice de l'autre, et connoissoit le

---

1. Jacques Davy, dit du Perron, cardinal, diplomate, théologien, poète, orateur, né en 1556, mort en 1618. Ses œuvres ont été publiées par son neveu en 1622, 3 vol. in-fol. Il avait été envoyé à Rome avec le cardinal d'Ossat, en 1592, pour négocier l'absolution de Henri IV, ainsi que le prouve un avis venu de Rome, daté du 2 août 1592, sur le bon accueil que Clément VIII lui avait réservé (copie; f. fr., vol. 3993, f. 74).

2. Ce membre de phrase jusqu'à ces mots : *de qui le courage*, manque à l'édit. de 1620.

troisiesme pour révolté de sa religion. Mais les deux premiers favorablement traittez par d'O, et après par Sansi, et ainsi par les finances, font envie de les contrefaire à Salettes[1], gentil et subtil esprit, plus privé au cabinet qu'eux, et depuis au ministre de Serres[2], qui avoit dix mille escus à solliciter. La partie se renforça encores du baron de Salignac que Morlas avoit gagné au voyage d'Allemagne, l'aigrissant contre le vicomte de Turenne; et puis de Sponde[3], qui, pour preuve de sa conversion, trama une entreprise sur Bayonne et se démesla de ses compagnons, qui furent rouez. Tous ceux-ci faisoyent disputer Rottan et Morlas sur diverses thèses contre du Perron et devant le roi; et prévariquans, donnoyent lieu à cet esprit, monstrueux en savoir; si bien que cette éloquence facile et merveilleusement agréable s'estoit insinuée en la bonne grâce du roi dès le siège de Rouen[4], où il l'entretenoit à son chevet familièrement, tantost de vers françois, en quoi il ne cédoit à homme du siècle, puis après en bons contes, qu'il faisoit fort plaisamment. Sur ces entrées, chascun donnant occasion à son compagnon, ils mirent sur le bureau le changement de religion.

1. Henri de Salettes, fils du président Jehan de Salettes, chanoine de Lescar, puis évêque, aumônier de Henri IV, à la conversion duquel il aida avec du Perron (note communiquée par M. l'abbé Dubarat).

2. Jean de Serres, frère cadet de l'agronome Olivier de Serres, ministre et théologien calviniste, historiographe de Henri IV, auteur de plusieurs ouvrages sur l'histoire du xvie siècle que d'Aubigné a beaucoup utilisés. Il mourut à Genève le 31 mai 1598.

3. Henri de Sponde, érudit, né à Mauléon (Basses-Pyrénées) le 6 janvier 1568, mort le 18 mai 1643. Il abjura le calvinisme, se fit prêtre, et fut nommé évêque de Pamiers en 1626.

4. Voyez les chap. xiv et xv.

Voilà, d'une part, ce qui attendrit les fermetez du roi, qui vid en mesme temps près de soi tous les grands mutinez, son parti s'en aller en pièces, les liguez sur le point des Estats et de l'élection d'un roi, ses anciens serviteurs réformez contemptibles par la pauvreté, la pluspart esloignez de sa présence, après y avoir mangé jusques à la chemise, privez, non seulement des récompenses, mais des moyens de subsister et de toute espérance d'amendement, selon les mespris et menaces qu'ils avoyent ouyes de la bouche de d'O.

Cettui-ci, pour esbranler ou pour le moins taster les résolutions de son maistre, un jour auprès de Dreux, l'oyant souspirer en ses perplexitez, le vint accoster pour lui tenir ce langage en ces termes et que je n'ai point voulu adoucir :

« Sire, il ne faut plus tortignonner (et puis adjoutant un mot honteux et un jurement du nom de Dieu à sa façon[1]), vous avez dans huict jours un roi esleu en France, le parti des princes catholiques, le pape, le roi d'Espagne, l'empereur, le duc de Savoye et tout ce que vous aviez déjà d'ennemis sur les bras. Et vous faut soustenir tout cela avec vos misérables huguenots, si vous ne prenez une prompte et galante résolution d'ouyr une messe. Vous y estes obligé, non seulement par vostre conscience, car c'est enfin l'Église et la voye de salut, et vous voyez ce que vos ministres ont laissé aller devant vous, mais encor vous le devez par le serment que vous nous fistes à Sainct-Maur[2]. Que pouvons-nous espérer de vous si vous

---

1. Sully (*OEconomies royales*, chap. xi) constate la grossièreté de langage du comte d'O.
2. Le roi avait promis deux fois de se faire instruire des vérités

nous faussez vostre foi, et si vous nous voulez mettre tous à l'hospital ou à la mort, pour une opiniastreté sans fondement? Si vous estiez quelque prince fort dévotieux, je craindrois de vous tenir ce langage; mais vous vivez trop en bon compagnon, pour que nous vous soupçonnions de faire tout par conscience. Craignez-vous d'offenser les huguenots, qui sont toujours assez contens des rois, quand ils ont liberté de conscience, et qui, quand vous leur feriez du mal, vous mettront en leurs prières? Avisez à choisir, ou de complaire à vos prophètes de Gascongne et retourner courir le guildrou[1], en nous faisant jouer à sauve qui peut, ou à vaincre la Ligue, qui ne craint rien de vous tant que vostre conversion, pour estouffer le tiers parti à sa naissance et estre dans un mois roi absolu de toute la France, gagnant plus en une heure de messe que vous ne feriez en vingt batailles gagnées et en vingt ans de périls et de labeurs. » Le roi respond à cette harangue (que j'ai rapportée à son naturel, hors l'espargne des juremens) qu'il le remercioit et lui donneroit bientost contentement; cela dit en serrant la main.

En ces jours quelque gentilhomme[2], n'y ayant pour

de la religion catholique; la première fois à Saint-Cloud, le lendemain de la mort de Henri III. Son serment, daté du 4 août 1589, est reproduit dans les *Mémoires de la Ligue*, t. IV, p. 34. La seconde fois à Mantes (et non à Saint-Maur) en avril 1593, à l'assemblée des catholiques royaux tenue sous la présidence du roi pour élire les députés qui devaient assister aux conférences de Suresnes. Palma Cayet (*Chronologie novenaire*, édit. du Panthéon littéraire, p. 489) donne quelques détails sur cette réunion.

1. *Le guildrou, le guilledou*, expression familière encore usitée dans le sens de courir à l'aventure et sans espoir.
2. D'Aubigné lui-même.

tiers qu'un valet de chambre, tous deux réformez, jettent devant les yeux de cet esprit qui balançoit les bénédictions de Dieu, qu'il avoit receues, et les malédictions que l'ingratitude tireroit après soi ; qu'il lui valoit mieux estre roi d'un coin de la France en servant à Dieu et estre assisté de personnes d'amour et fidélité esprouvées, que de régner précairement, ayant sur sa teste les pieds et la domination du pape, qui commanderoit insolemment, comme ayant vaincu ; à un de ses costez les liguez réconciliez, se vantans de l'avoir amené par force ; et à l'autre, ceux qui ont triomphé, par inductions et menaces, de choses qui ne sont point ; les uns et les autres voulans partager le royaume, duquel ils ont conquis le roi. Quant au peuple qui sera sous les pieds, les révoltes que la crainte empesche seront-elles point fréquentes par mespris? « Je veux, disoit cettui-ci, que la voye de la vertu soit plus dure et plus longue, pour vous faire roi absolu ; mais l'autre qu'on vous monstre, ne peut jamais vous rendre souverain. Les craintes d'Italie et de Rome sont de vous voir affermi par vos victoires, sachans bien qu'un roi de France, qui auroit secoué le joug de Rome, qui pourroit employer l'inutile à la seurté, donner ce qui va aux moines pour les soldats, sans toucher à l'ecclésiastique, où il y a ce qu'ils appellent charge d'âmes. Tel prince, selon le calcul bien fait, pourroit entretenir trois armées de chascune cent mille hommes et cent canons, ses garnisons fournies, ses officiers bien payez, le tiers des tailles osté et un million d'or mis tous les ans en thrésor. Cette fable d'un tiers parti et la communication qu'ils ont depuis peu de jours avec les Parisiens et l'importunité qui de là et d'ici vous pressent plus que de coustume, tout cela ne vient que de leurs confusions et de la difficulté qu'ils ont à faire un roi. Car il n'y a pas un des prétendans qui ne face dire par ses émissaires que, s'il n'est nommé, il sera dès le lendemain vostre serviteur; et ainsi vous feriez la guerre au mari de l'infante, avec tous ses rivaux. Ils savent de plus que Paris n'a plus d'oreilles que pour ouir parler de vostre pitoyable bonté ni de bouche que pour demander pardon, horsmis ceux qui sont irréconciliables. Le clergé leur est en risée depuis qu'on a fait la monstre générale, qu'ils appellent la *Drôlerie* et de laquelle mesme ils font faire des tableaux[1] contre les défenses du légat. La vérité est bien qu'en déclarant le désir de se rendre à vous, ils y adjoustent la clause de vostre changement; mais c'est en disant : « S'il se pouvoit, » et n'espèrent point cela que sur les leçons qu'ils reçoivent d'ici. Le duc de Nemours[2] dit, il y a quelques jours, à un des Seize qu'il parloit du roi de Navarre : « Il n'y a plus que les sots qui ne voyent bien comment il faut oster cette queue, » et cela en sortant d'un conseil où on avoit estimé les conditions du fils aisné de Lorraine[3]. Vitri, en sortant du mesme con-

1. La pièce que d'Aubigné appelle *la Drôlerie de la Ligue* doit être l'*Histoire des singeries de la Ligue,* qui parut pour la première fois dans une des éditions de la *Satyre Ménippée* de 1593, in-12, ou *Tableau des singeries de la Ligue* dans les éditions postérieures à 1612.

2. Nemours avait été candidat à la couronne et avait essayé de s'entendre avec Mayenne à ce sujet, ainsi que le prouve une pièce imprimée dans les *Mémoires de la Ligue,* t. V, p. 183.

3. Le duc de Lorraine, pendant les États de la Ligue, avait envoyé Bassompierre à Paris avec un mémoire rédigé par Thierry Alix, s. de Véroncourt, président de la Chambre des comptes de

seil, en jurant et despitant la causerie : « Il vaut bien mieux, dit-il, servir le brave huguenot. » Cettui-là et La Chastre[1], son oncle, sont prests de tendre les mains. Fermez-vous, Sire, à voir les fruicts de leur confusion, l'élection d'un roi de paille, et, avec ceux qu'ils jetteront dans vostre parti, laissez amasser tout le venin dans une teste, pour en elle trencher tous vos ennemis; et employez le grand jugement que Dieu vous a donné à voir la différence qu'il y a d'estre roi par la victoire ou par la soumission. »

Les architectes de ce changement trouvèrent le roi y pancher moins que de coustume, et mesmes, recerchant d'eux la vérité des revenus ecclésiastiques pour avérer la proposition susdite, il falut pour dernière machine y employer deux moyens que je n'ai pas appris à la basse-cour. Le premier est que Salettes et Morlas, en se frottans les yeux et gémissans, persuadèrent trois réformez des plus authorisez que la messe du roi estoit toute résolue. Cela fit que chacun des trois, pour ne se rendre pas odieux en choses inutiles, laissa aller quelques propos qui sentoyent le consentement ou au moins les foibles oppositions. Un ministre courtisan lui donna pour texte favorable la response du prophète à Naman, qui, ayant ouy comment le roi de Syrie s'appuyoit sur ses espaules, pour aller au temple de ses dieux, respondit : « Va en paix ! »

Nancy, pour soutenir ses titres à la couronne de France comme gendre de Henri II. Ce mémoire n'a été imprimé qu'en 1855. Nancy, in-8° de 67 pages.

1. En vain, pour prévenir la défection de La Chastre, le duc de Mayenne, par acte du 18 juin 1593, venait de le nommer maréchal de France (copie; f. fr., vol. 3984, f. 64).

Mais le dernier instrument fit plus que tout, c'est la marquise de Monceaux[1], bientost après duchesse de Beaufort. Cette-ci, au commencement des amours du roi et d'elle, ne se confioit en serviteurs ni servantes qui ne fissent la cène et profession de réformez; elle preschoit sans cesse la fidélité de ces gens-là, déclamoit tous les jours contre les tyrannies, car c'estoit son terme, que le roi souffroit des catholiques qui le servoyent, exhortant ce prince à la persévérance en sa religion. Mais, quand l'espérance de venir à la royauté par le mariage fut fortifiée en l'esprit de cette dame[2] et qu'en lui-mesme on eust fait couler que tous les ministres ensemble ne pourroyent dissoudre le premier mariage[3], et que le pape seul estoit capable de fraper un si grand coup, alors elle eut les suasions puissantes de ceux qui, en changeant d'opinion, se vantent d'avoir espluché la première; et dès lors employa sa grande beauté et les heures commodes des jours et des nuicts pour favoriser ses discours sur le changement.

Lors commença le roi à promettre aux uns absolument, à descouvrir par ses émissaires avec les réformez, leur faire pitié jusques à ces termes : « Mes amis, priez Dieu pour moi; s'il faut que je me perde

---

1. Gabrielle d'Estrées, née en 1571, dame de Liancourt, marquise de Monceaux vers la fin de 1595, duchesse de Beaufort le 10 juillet 1597, morte le 10 avril 1599, laissant trois enfants du roi.

2. Sur les projets de Henri IV d'épouser Gabrielle d'Estrées, voyez les *Mémoires de Cheverny,* coll. Petitot, vol. 36, p. 382. Sully, dans les *OEconomies royales,* constate, comme d'Aubigné, que l'espoir d'obtenir le divorce du roi et celui de l'épouser ne fut pas étranger à l'ardeur catéchiste de la belle Gabrielle.

3. Le premier mariage est le mariage de Henri IV avec Marguerite de Valois.

pour vous, au moins vous ferai-je ce bien, que je ne souffrirai aucune forme d'instruction, pour ne faire point de playe à la religion, qui sera toute ma vie celle de mon âme et de mon cœur ; et ainsi je ferai voir à tout le monde que je n'ai esté persuadé par autre théologie que la nécessité de l'Estat. »

Et de faict, il se servit de la précipitation des siens et de l'impatience qu'ils lui donnoyent sur les nouvelles de Paris pour rompre un grand préparatif d'instruction qu'on lui dressoit. Et, ayant dépesché vers les principaux des réformez les remonstrances de ses nécessitez par escrit et par créance, des promesses de faire quelque chose de spécieux, par moyens non espérez, tant pour l'avancement de la religion que pour leur particulier, il alla à la messe à Sainct-Denis le vingt-uniesme juillet[1], avec tout l'apparat que le lieu et le temps permettoyent. Le cardinal de Bourbon et l'archevesque de Bourges[2], assistez de neuf évesques[3], y apportèrent toutes les cérémonies qu'ils purent aviser, comme de lui en tenir la porte fermée jusques à sa réquisition, faire tapisser les rues, desployer les ornemens et joyaux les plus précieux

---

1. D'Aubigné se trompe. Henri IV vint de Mantes à Saint-Denis le 22 juillet 1593, mais la cérémonie de l'abjuration n'eut lieu que le 25. Voyez les notes suivantes.

2. Renaud II de Beaune de Semblançay, archevêque de Bourges, 1580-1602.

3. Philippe du Bec, évêque de Nantes; Louis du Moulinet, évêque de Séez ; Claude Coquelet, évêque de Digne ; Henri d'Escoubleau de Sourdis, évêque de Maillezais; Nicolas de Thou, évêque de Chartres ; Claude d'Angennes de Rambouillet, évêque du Mans ; Charles Miron, évêque d'Angers ; René de Daillon du Lude, évêque de Bayeux ; Jacques Davy, cardinal du Perron, évêque d'Évreux.

qu'ils peurent recouvrer, faire marcher par bon ordre la noblesse qui l'acompagnoit et ses gardes de diverses nations, avec trompettes et tambours. En cet équipage le roi se vint mettre à genoux devant l'archevesque de Bourges, assis en une chaire somptueuse, et qui pour son aproche ne remua aucune partie de son corps, jusques à ce que le suppliant baisa et mit en ses mains un papier contenant les promesses qu'il faisoit à sa réception. Lors avec un grand bruit d'acclamations il fut mené baiser le grand autel, ayant à sa main droite l'archevesque, à sa gauche le cardinal. Cependant que l'évesque de Nantes[1] s'apprestoit pour dire la messe, l'archevesque de Bourges l'ouyt en confession; le cardinal lui fit baiser le livre, l'*agnus* et la paix. La messe achevée, le roi fut conduit avec grandes acclamations jusques à son logis[2].

Chapitre XXV.

Affaires[3] *de Lyon, Sedan, Stenay; siège et bataille de Beaumont; prise de Dun; attentat de Barrière; reddition de Meaux.*

A cette notable mutation on met en avant un traité

1. Philippe du Bec, évêque de Nantes, 6 septembre 1566-1594.
2. Il existe plusieurs relations des cérémonies de l'abjuration de Henri IV. Nous citerons les récits et les procès-verbaux contenus dans les *Mémoires de la Ligue*, t. V, dans les *Archives curieuses*, t. XIII, dans le *Bulletin de la Soc. de l'Hist. du Prot. français*, t. XII et XIII, dans les vol. 2751, 3984, 3977, 4019 et 15591 du fonds français.
3. L'édit. de 1620 porte seulement ces mots : *Affaires de Paris, Lyon et Sedan.*

de tresve générale[1], et en mesme temps la dépesche du duc de Nevers[2], et bientost après celle du marquis de Pisani[3] et de l'évesque de Paris[4], pour impétrer la bénédiction. Or, pour ce qu'un peu auparavant et durant ces choses la France n'avoit pas chommé, il nous faut ramasser les actions diverses qui s'estoyent présentées.

Il nous doit souvenir de la façon que Lyon refusa le duc de Mayenne et adjouster à cela que cette ville, faisant profession de grande haine contre le roi, le contraignit en quelque façon de leur donner pour gouverneur Maugiron, qui en peu de temps fit son conseil de Jésuites, attachant à soi par leur moyen tous ceux qui estoyent liguez en leur cœur et qui avoyent quelque authorité en la ville. Par ce moyen il la fit changer de parti, la faisant tomber entre les mains du duc de Nemours[5]. Et pour ce qu'à tout cela

1. La trêve générale entre le roi et la Ligue fut signée à la Villette le 31 juillet 1593. L'acte est imprimé dans les *Mémoires de la Ligue*, t. V, p. 397. Le 10 septembre suivant, le roi signa un traité interprétatif et confirmatif du premier qui est conservé dans le f. fr., vol. 3985, f. 231.

2. Louis de Gonzague, duc de Nevers, envoyé par le roi à Rome, y arriva le 27 octobre 1593.

3. Jean de Vivonne, marquis de Pisani, avait été ambassadeur à Rome sous le règne de Henri III. Il y fut renvoyé au mois d'octobre 1592 par Henri IV (*Lettres de Henri IV*, t. III, p. 674).

4. Pierre de Gondi, cardinal, évêque de Paris, 14 décembre 1569-1598. Son voyage à Rome le rendit définitivement suspect à la Ligue. Voyez une pièce du temps dans le f. fr., vol. 15591 (non paginé, pièce 58).

5. Le duc de Nemours entra à Lyon, sans coup férir, le 25 avril 1591 (*Mémoires de Piémond*, p. 280), et ne tarda pas à s'y rendre odieux. Voyez, dans les *Mémoires de la Ligue*, t. V, p. 438 et suiv., une série de pièces sur sa domination, dont une attribuée à l'historien Pierre Mathieu.

il n'y eut point de coups d'espée, nous y espargnerons les coups de plume; nous contentans d'adjouster que Maugiron, feignant avoir esté surpris au faict de Lyon, et s'estant desrobé à cette affaire, se retira à Vienne. Là, faisant faire monstre aux gens de guerre, il leur fit prester et presta lui-mesme serment nouveau de fidélité, et peu de jours après mit ès mains du mesme duc la ville de Vienne et ses deux chasteaux[1]; y ayant lors tresve entre les Lyonnois et le Dauphiné. Alors le duc de Nemours[2], ayant ramassé ce qu'il pût de forces en Lyonnois, Beaujolois et Forest, non sans assistance du duc de Savoie, attaqua Saint-Marcelin[3], et les Essiles[4], où commandoit Bélier[5]; et ces places n'estant point en estat de guerre se rendirent par composition.

Nous n'avons comme pas eu loisir de vous conter comment le vicomte de Turenne, en négociant la levée des reistres, mesnagea pour lui le mariage[6] de la duchesse de Bouillon, auquel elle entendit de très bon

1. Scipion de Maugiron, gouverneur de Vienne, livra la ville de Vienne, avec le château de Pipet et les forts de Sainte-Colombe et de la Bastide, au duc de Nemours le 9 juillet 1592 (*Mémoires de Piémond*, p. 297, note).

2. Le duc de Nemours avait obtenu, le 22 octobre 1590, du duc de Mayenne, des lettres de provision du gouvernement du Dauphiné (copie; f. fr., vol. 3642, f. 10).

3. Prise de Saint-Marcelin par le duc de Nemours, 17 juillet 1592 (*Mémoires de Piémond*, p. 298, note).

4. Voyez le chap. XXII.

5. François de Galles, s. du Bellier, colonel des légionnaires du Dauphiné, Lyonnais, Forez et Beaujolais, né en 1567, mort après 1626 (*Mémoires de Piémond*, p. 530).

6. Le consentement de Henri IV fut requis pour ce mariage, en vertu du testament de Guillaume-Robert de la Marck en faveur de la duchesse (*Lettres de Henri IV*, t. II, p. 359, note).

cœur. Car, bien qu'elle fust recherchée de plusieurs princes, comme nous avons dit, tous ceux-là la marchandoyent comme l'oiseau la proye, et méditoyent la ruine de ce que cettui-ci vouloit défendre à bon escient ; joint que le roi, qui vouloit donner aux Lorrains un obstacle et trouvant ce capitaine propre à cela, fit une course à Sedan[1], accompagné du duc de Montpensier, oncle de la pupille, et autres princes, pour authoriser le contract, passé le 15 octobre 1591, et accompli le 19 novembre après[2], aux conditions qu'il porteroit le nom de Bouillon.

Au lieu de vous conter les nopces, j'aime mieux vous dire qu'à la minuict de leur consommation, le duc de Bouillon, qui estoit hier vicomte de Turenne, averti que la garnison de Stenai[3] estoit accreue pour une entreprise sur Sedan, quitta le lict et les délices pour, à une heure que les ennemis n'eussent jamais attendue, aller surprendre Stenai avec fort peu de résistance. C'est une ville qui avoit cousté au roi Henri second deux cents mille escus à fortifier, et depuis négligée par les ducs de Lorraine. La guerre avoit donné envie de la remettre en estat ; sur le poinct de quoi on estoit, quand le duc de Bouillon prit envie de continuer l'ouvrage ; mesmes pour ce que Jamets[4],

---

1. Henri IV était le 23 septembre 1591 à Sedan et passa tout le mois d'octobre dans le duché de Bouillon ou aux environs (Itinéraire de Henri IV, dans *Lettres de Henri IV*, t. IX, p. 438). Le 20 octobre, par un acte daté de Sedan, il accorda à Turenne le commandement de l'armée royale opposée au duc de Lorraine (copie: f. fr., vol. 4680, f. 37).

2. Ces dates sont exactes.

3. Stenay (Meuse).

4. Le duc de Lorraine s'était emparé de Jametz (Meuse) le 18 juillet 1589.

après un long siège, s'estant rendu par capitulation, le seigneur de Sedan estoit la souris d'un pertuis. Pour donc lui affranchir les coudes se fit l'entreprise de Stenai, sans autre finesse que de faire porter quatre eschelles posées à quatre heures du matin, quoique les guides se fussent perdus un temps. Trois estans montez, la sentinelle les attaqua avec une hallebarde et les mit en peine. Une ronde y accourt, accompagnée de deux, ceux-là tuez. Huict montent, trouvent le corps de garde qui venoit à eux et le desfont. Dix-huict hommes ralliez surviennent et sont rompus par dix qui avoyent monté. Et lors les compagnies vindrent avec haches abatre le pont au duc, qui empescha les ralliemens[1].

Corna[2] fut establi en cette conqueste, qui ne demeura guères sans estre attaquée. Car, y ayant une armée preste pour assiéger la Fauche[3], bonne place frontière, le duc de Lorraine, sachant les imperfections de Stenai, tourna là son dessein et sa despence, avec telle diligence qu'elle fut investie[4] le cinquiesme jour après la prise. En mesme temps furent faits des retranchemens pour se parer des Sedanois ; et aussi-

1. Prise de Stenay par le duc de Bouillon, 19 novembre 1591 (Herelle, *la Réforme et la Ligue en Champagne*, t. II, p. 410). Presque tous les historiens ont fixé au 15 octobre la date de ce fait d'armes parce que, le contrat de mariage du duc de Bouillon étant du 15 oct. et la prise de Stenay du même soir que le mariage, ils ont supposé que le mariage avait immédiatement suivi le contrat.

2. Une lettre de Henri IV, du 30 mars 1592, fait mention du s. de Corna, auquel le roi venait de donner la charge de commandant dans la ville de Stenay (*Lettres de Henri IV*, t. III, p. 604).

3. La Fauche (Haute-Marne).

4. Le duc de Lorraine investit Stenay le 25 novembre 1591 (Herelle, t. II, p. 411).

tost les approches avec cavalliers; mais un, sur tous, qui pressoit le bastion de la ville et qu'il incommoda fort par son artillerie. D'autre costé, devers le fauxbourg, furent batus les moulins, que les assiégez furent contraints de quitter. En revanche de quoi ils firent une sortie de trois cens hommes, portèrent un pétard à la plus grande maison du fauxbourg, où estoyent les principaux capitaines, desquels en sauta trente-cinq; puis, avec des pots à feu, embrasèrent les maisons, où les fournimens des soldats prenans feu en tuèrent plusieurs; quelques-uns se noyèrent dans la rivière. Cette sortie fit par ses artifices et à coups d'espée mourir plus de quatre-vingts hommes.

Les cavaliers eslevez ayans fait quitter le grand bastion, qui aussi n'estoit pas en défense, la batterie se fit de ce costé, sur le point que le duc de Bouillon fit entrer trois des siens, pour asseurer les compagnons de son secours. Les assiégez sommez en ces termes : que le duc désiroit leur honneur et le sien; le capitaine Ténot[1] respondit que l'honneur du duc estoit de bien attaquer et le leur de bien défendre. Le lendemain une batterie de six canons trouva de si mauvaise estoffe, qu'elle fit bresche de soixante à quatre-vingts pas. De plus, il y avoit une mine par le fossé du bastion quitté. Ceux de dedans, conviez d'attendre l'assaut, firent deux sorties en plein jour, mirent en fuite ce qui estoit aux tranchées. Le duc, laissant aux ennemis son manteau et son espée, et y perdoit son fils, mais il se sauva, faute d'estre connu. Les assiégez tindrent si longtemps le dehors qu'ils eussent emmené

1. Ténot, capitaine des gardes du duc de Bouillon.

deux canons, s'ils eussent eu des chevaux prests. Il falut se contenter de les enclouer; mais ils démolirent la mine et tuèrent tous les mineurs. Ils demandèrent le lendemain, si au lieu de remparer la bresche on vouloit qu'ils l'aggrandissent.

Cependant le duc de Bouillon, marchant au secours, bien que le plus foible, il falut lever le siège le dix-septiesme septembre[1]. Et ainsi Stenai fut garanti. Les petits forts qui l'incommodoyent, comme Yvaut[2] et autre maison particulière, mises en estat de ne recevoir plus garnison.

Le duc de Lorraine n'ayant pu se venger, pour défendre le reste, de là à quelque temps mit sur pieds une armée composée de trois mille Lorrains, de quinze cents lanskenets, de mille à douze cents chevaux et de six canons de batterie; la mit entre les mains d'Amblise[3], pour la commander, quand le marquis du Pont[4] n'y seroit point. Cette armée toute fraîche s'employa pour son premier coup au siège de Beaumont[5], qui tenoit depuis quelque temps pour le roi. Les aproches faites et le canon sur les plates-formes, le duc de Bouillon se présente à soleil levant avec trois cent cinquante chevaux ramassez, desquels Pralin[6],

1. Le duc de Lorraine lève le siège de Stenay, 17 décembre 1591 (Herelle, t. II, p. 411).
2. Avioth (Meuse).
3. Africain d'Anglure d'Amblise, grand maréchal de Lorraine.
4. Henri II de Lorraine, marquis de Pont-à-Mousson.
5. Beaumont (Meuse). — Siège de la place par le duc de Bouillon, 13 octobre 1592.
6. Charles de Choiseul, marquis de Praslin, nommé par lettres du roi du 21 février 1591 (copie; f. fr., vol. 3618, f. 27) lieutenant de roi au bailliage de Troyes en l'absence du duc de Nevers, chevalier des ordres en 1595, mort le 1er février 1626.

Rumeni[1] et quelques autres gouverneurs de Champagne avoyent amenez la moitié pour infanterie. Horsmis les harquebusiers à cheval, qui estoyent venus avec les troupes, il n'y avoit que la jeunesse de Sedan, commandée par Navières. Tout cela faisoit huict cents hommes.

Les plus volontaires de l'armée, cependant qu'elle se mettoit sur ses armes, allèrent recevoir le duc de Bouillon avec une escarmouche qui s'eschauffa jusques à quelque charge. Et là le chef des royaux, qui estoit en pourpoint, eut deux coups d'espées au corps, de l'un desquels ayant mauvaise opinion, résolu d'achever, il s'arma et prit commodité de pousser un mouchoir entre la cuirasse pour arrester le sang. Cela faict, son infanterie arrive; lui partage à Pralin et à Rumeni les troupes qu'il avoit amenées, et avec son reste se mit au milieu; commande à ses gens de pied de marcher le long du ruisseau, droit au corps de garde, qui couvroit le canon, leur défendant expressément de s'amuser à aucune escarmouche. Et, afin que tout arrivast au combat presqu'à mesme temps, leur fit prendre quelques trois ou quatre cents pas d'avancement, et puis, ayant fait faire la prière à sa troupe, il marche au combat. Quelques-uns ont dit que le marquis du Pont venoit d'arriver à l'armée, ce qu'on a voulu celer. Tant y a que la cavalerie de Lor-

---

1. Louis de Mailly, s. de Rumesnil ou de Remilly, suivant une pièce du temps que nous citons à la fin de cette note, était gouverneur de Donchery-en-Argonne et mourut en 1594. Il avait remporté sur les Lorrains, peu de temps auparavant, le 15 juin 1592, une victoire dont la relation est conservée dans le f. fr., vol. 4681, f. 125.

raine, prenant sa place trop pesamment, eut sur les bras ce que nous avons dit et fut enfoncée si rudement que, quoi qu'ils rompissent leurs lances et fissent au commencement tout devoir, l'effroi s'y mit et les mit à gagner les trenchées, et les gens de pied, qui mesprisoyent le peu de gens et le foible effort des Sedanois, furent tout esbays que les arquebusiers à cheval, qui avoyent mis pied à terre, se jettèrent par où cette cavalerie faisoit comme une bresche. Les gens de pied n'eurent plus de honte de tourner l'eschine et de gagner les bois, au moins ceux qui peurent, laissans sur la place plus de quinze cents morts et les six canons pour Sedan[1].

Dun[2] nous baille encor de la besongne au mesme quartier. Le duc de Bouillon, qui ayant au commencement de décembre fait prendre Charmois[3], donna rendez-vous à ses troupes à Ainaut[4]; six jours après marche à un quart de lieue de Dun[5]; là, met pied à terre, fait porter cinq pétards, le premier par le capitaine Richier[6], [par] les capitaines Ténot, du Saut, Bétu et La Chambre, les quatre autres. Deux autres portoyent la mesche et un tréteau pour arrester la herse. Cela estoit suivi de dix hommes armez et autant d'ar-

---

1. Combat de Beaumont-en-Argonne. Victoire du duc de Bouillon sur les Lorrains, 14 octobre 1592. On trouve dans les *Mémoires de la Ligue*, t. V, p. 152, une relation de ce combat.

2. Dun-sur-Meuse (Meuse).

3. Charmois (Meurthe).

4. Ainaut, près Stenay.

5. Siège et prise de Dun par le duc de Bouillon, 6 et 7 décembre 1592 (De Thou, liv. CIII).

6. Noël Richer que De Thou appelle un homme de courage et d'industrie (liv. CI).

quebusiers choisis. Ensuite venoit Caumont[1], avec quarante gens d'armes, pied à terre, et enfin deux cents harquebusiers.

Ceux de Dun, depuis quelques jours, faisoyent une espèce de garde aux fauxbourgs. La sentinelle tira une harquebusade, ce qui prépara celle de la courtine à leur en envoyer deux. Richier leur cria qu'ils avoyent tort, et que c'estoit un pauvre marchand desvalisé par les huguenots. Cependant, le gouverneur, nommé Monsa[2], court à l'alarme. Les soldats s'afustent et crient au marchand qu'il s'arrestast; mais lui, à six pas de la porte, les avertit que le duc de Bouillon vouloit disner là-dedans. Cela dit, voilà la courtine en feu. A cette lumière le premier pétard fut posé, qui fit très bien son effect. Le second est appliqué à l'autre porte, qui fit tout de mesmes; et lors ils abattent la herse et couchent par terre Richier, d'un quartier. Ténot prend le troisiesme pétard des mains de du Saut, le fait jouer contre la herse, mais n'y fait comme rien. Betu lui donne le quatriesme, qui fit un peu mieux; si bien qu'on y pouvoit passer de quatre pieds. A ce pertuis ne manquoyent arquebusades ni coups de pierre. Nonobstant, soixante hommes, que sains que blessez, y entrèrent. Ceux de la ville avoyent encor, sur les avertissemens qu'on leur donnoyent, pratiqué un rasteau qu'ils firent tomber, mais il chut de façon qu'il laissa à un coin quelque moyen d'entrer de costé, pourtant avec tant de péril

1. Caumont, cousin du duc de Bouillon, appartenait à la maison de la Force.
2. Claude de Monsay, capitaine de Dun-sur-Meuse (Lepage, *Lettres de Charles III de Lorraine*, p. 99).

que, de vingt qui s'y hazardèrent, les quinze furent blessez.

Tout cela à la haute ville où il y avoit deux compagnies de cavalerie et autant de gens de pied, qui, avec les habitans, s'ameutoyent au combat et avoyent encor de secours quatre compagnies de la basse ville. Mais ceux qui y estoyent entrez s'avisèrent de gagner la fausse porte, qui alloit de l'une à l'autre et d'y laisser quelque garde. Ceux de la muraille crioyent incessamment à leurs ennemis de dehors que tout ce qui estoit entré estoit perdu. Nonobstant, l'opiniastreté des attaquans fut telle que, par les difficultez que nous avons dites, il coula dans la ville cent ou six-vingts hommes, qui, ne pouvant plus estre suivis, eurent divers combats depuis trois heures après minuict jusques à sept heures. Le duc, ne pouvant avoir nouvelle des siens, faisoit taster la muraille partout. Caumont, qui estoit dedans blessé, s'estant jetté dans une maison, fut attaqué et pris par ceux de la ville. Autant en arriva au capitaine Betu, et du Saut, pris par le gouverneur. Entre ceux qui tastoyent la muraille, Lopez[1] planta une eschelle à la veue de la poterne, que nous avons marquée et à la merci d'une tour où les habitans se retiroyent. Là furent tuez Fauquetière[2], les capitaines Ténot et Camus. Sur les sept heures la garnison s'estonna. Le gouverneur et ceux qui avoyent pris Caumont se rendirent à leur prison-

1. Marc de Loppes, capitaine de cent chevau-légers, s'était engagé par acte du 24 mai 1591 à lever cent cavaliers et à les conduire, outre sa compagnie, au camp du duc de Nevers, lieutenant général en Champagne (acte orig., f. fr., vol. 3980, f. 276).

2. Le s. de Folquetiers, maître d'hôtel du duc de Bouillon.

nier ; il y eut quelques petites défenses qui durèrent jusques à midi. Et ainsi fut pris Dun[1] et acquis au service du roi, avec perte de vingt bons hommes, parmi ceux-là six ou sept de rare valeur, et plus de cinquante blessez[2].

Ces nouvelles arrivées avec celles de Dauphiné et de Provence, avant la mutation du roi, donnèrent peine à ceux qui la pratiquoyent. Ce chapitre s'achèvera par ce qui suivit de près le changement du roi. C'est qu'un nommé Pierre Barrière[3], natif d'Orléans, fut pris à Melun[4], et par l'avertissement[5] d'un jacobin florentin[6], à qui ledit Barrière s'estoit confessé à Lyon, fust trouvé saisi d'un couteau d'assassin. Il ne falut pas beaucoup le tourmenter pour lui faire confesser comment il avoit esté induit à entreprendre la mort du roi, par les confessions et exhortations d'un

1. D'Aubigné a suivi littéralement un récit de la prise de Dun par le duc de Bouillon qui est reproduit dans les *Mémoires de la Ligue* (t. V, p. 179 et suiv.).

2. La prise de Dun termina la guerre dans les provinces de l'Est, et, au mois de janvier suivant, fut signée une trêve entre le duc de Bouillon, représentant du roi, et le maréchal de Saint-Paul, représentant le duc de Mayenne. Cette pièce est conservée en copie dans le f. fr., vol. 3983, f. 45.

3. Pierre Barrière, dit La Barre, batelier sur la Loire, puis soldat, âgé de vingt-sept ans (*Journal de L'Estoile*).

4. Pierre Barrière fut pris à Melun le 27 août 1593 (*Journal de L'Estoile*).

5. On conserve dans le fonds français (vol. 3994, f. 230) la copie d'un billet donnant avis au roi du départ d'un assassin de Lyon avec l'appui du duc de Nemours et des Jésuites. Ce billet doit être l'avis dont parle d'Aubigné.

6. Séraphin Bianchi, dominicain florentin, que Ferdinand de Médicis, grand-duc de Toscane, avait fait passer en France pour lui donner avis des desseins et des chances des ligueurs (De Thou, liv. CVII).

capussin de Lyon, et depuis, encouragé à mesme chose par Aubri[1], curé de Sainct-André-des-Arcs à Paris, et encor de son vicaire, mais plus amplement et en termes plus fort par père Varad[2], jésuite, qui l'avoit tenu longtemps enfermé pour cette instruction. Il fut donc pris sur le poinct de son exécution. Le roi arrivant à Melun, son procez lui fut fait et parfait. Premièrement, il fut tenaillé, son poing où estoit lié le couteau trenchant des deux costez et fait à ondes, bruslé, et puis le corps brisé sur la roue et enfin bruslé, les cendres jettées en la Seine. Cet attentat se faisoit sur le roi avant quatre semaines escheues de sa mutation[3].

A la fin de l'an, Vitri[4], selon le désir qu'il avoit de longtemps, en partie par crainte, en partie par persuasions, amena Meaux[5] à l'obeyssance du roi, estant

1. Christophle Aubry.
2. Le Père Varade, recteur du collège des Jésuites de Paris. Après la réduction de Paris, le légat, retournant à Rome, emmena avec lui le Père Varade, avec la permission du roi, qui le laissa aller comme plusieurs autres, disant : « Je veux tout oublier, je veux tout pardonner... » Plus tard, le Parlement condamna le Père Varade par contumace à être tiré à quatre chevaux (*Journal de L'Estoile*, 1741, t. I, p. 416, note).
3. Supplice de Barrière, 31 août 1593. On trouve dans les *Mémoires de la Ligue* (t. V, p. 430) et dans les *Archives curieuses* de Cimber et Danjou (t. XIII, p. 359) la réimpression du procès de Barrière, et enfin dans le f. fr. (vol. 2757, f. 23, et 3985, f. 163) d'autres récits du procès.
4. Louis Gallucio de l'Hospital, baron de Vitry, gouverneur de Meaux, capitaine des gardes de Henri IV, chevalier des ordres du roi en 1597, mort en 1611. Vitry adressa, le 12 janvier 1594, un manifeste à la noblesse de France pour l'engager à reconnaître Henri IV. Ce manifeste est réimprimé dans les *Mémoires de la Ligue*, t. VI, p. 14.
5. Soumission de Meaux au roi, 4 janvier 1594. L'acte de capitulation est conservé dans le f. fr., vol. 3989, f. 12.

fort dur à digérer aux habitans de rompre compagnie aux Parisiens. Et pour ce que ce fut le premier édict par lequel le roi pacifia avec ses subjects de la Ligue[1], par lui nous achèverons le livre et l'année 1593.

Chapitre XXVI.

Liaison des affaires de France avec les quatre voisins.

Toute l'Alemagne eut pour affaire avec les François au courant de ce livre les levées de reistres pour l'un et l'autre parti. La plus notable fut celle du prince d'Anhalt, en laquelle se jettèrent force gens de bonne maison, estant vuidée la difficulté d'un prince du sang que les estrangers avoyent instamment demandé. Telle fut cette fois la chaleur des Allemans, que l'archevesque de Coulongne ne pût empescher trois jeunes princes, qui estoyent ses chanoines, de marcher.

Il y eut mesme gayeté parmi les Suisses, desquels Sanci fit la levée. Et pour ce que ceux de Berne estoyent menacez des forces du duc de Savoye, à leur requeste on leur permit de faire en passant ce que nous avons dit au dernier livre ; comme aussi nous avons touché de la levée de quarante enseignes sous Wateville, et de ce qui se passa jusques à la mort du roi.

Sur le poinct de laquelle le duc de Savoye, refortifié, assiégea Bonne[2], et y ayant tiré deux cents coups

---

1. Édit du 4 janvier 1594. Voyez au dernier chapitre de ce livre.
2. Siège et prise de Bonne (Haute-Savoie) par le duc de Savoie, 22 août 1589 (De Thou, liv. XCVII).

de canon, ceux de Genève ne pouvant faire esbranler les Suisses, l'emporta à leur veue par capitulation à sortir avec l'espée. Quelque bien couchez et signez que fussent les articles, trois cents hommes et plus qui sortirent de là dedans furent mis en pièces. Le gouverneur, nommé Jean Aubert, et de Marsi[1], ministre, y furent tuez de sang-froid. La cavalerie de Genève ne laissa pas de se convier à conduire les Bernois, desquels ils avoyent obtenu quelques compagnies ; mais elles se rejoignirent au gros et tout cela passa par la ville, la mesche esteinte, non sans reproches sur la perte de Bonne[2]. Le gros des Suisses retiré, on donna quatre compagnies de Genevois, pour demeurer avec les garnisons des Suisses qu'on avoit laissez vers les deux Cluses et à Coulonges[3]. Le duc, estant en la terre de Gets[4], se mit à traiter diversement les Suisses et les Genevois ; ceux-ci à toute rigueur, les autres favorablement ; si bien que les Genevois s'habilloyent en Suisses. Le duc, ayant de la besongne taillée ailleurs, fit exercer par tout l'entour de Genève un estrange ravage de vies et de biens, et puis tasta s'il pourroit obtenir quelque soumission ; ce que ne pouvant, il bastit le fort de Versoi[5]. Ceux de Genève de leur costé assiégèrent et battirent le chasteau de Veigi[6],

1. Guillaume de Mogne de Marsy.
2. L'édition de 1620 porte : *Thonon*.
3. Cluses, Collonges-sous-Salèves (Haute-Savoie).
4. Le pays de Gex, qui forme aujourd'hui une partie du département de l'Ain, appartenait aux comtes de Savoie depuis 1356.
5. Versoi, sur le lac de Genève.
6. Veigy-Foncenex (Haute-Savoie).

le rasèrent, comme aussi le chasteau de l'Hermitage à la montagne de Salève[1].

Versoi cependant, bourgade de soixante maisons, avec un chasteau au haut de la ville, fut fortifié de fossez et bastions et accommodé d'une plate-forme garnie de longues coulevrines pour batre sur le lac, et outre quatre canons de baterie. Là-dedans fut mis le baron de La Serra[2] avec six cents soldats et soixante-dix forçats turcs. Cela fait, l'armée, pleine de maladies, se retira. Les Genevois résolus de donner à Versoi, qu'ils avoyent faillie deux jours auparavant, le septiesme de novembre[3], mirent hors sur le soir de sept à huit cens hommes garnis de pétards, d'eschelles noircies et autres esquipages. Cela, arrivé au ruisseau de Versoi trois heures avant le jour, passe le ruisseau à un moulin. La plus part des gens de pied vont accompagner le pétard à la porte de la ville; d'autres armez pour l'escalade, qui, couvers de chemises, furent pris pour chèvres, comme aussi ils les contrefaisoyent. Une autre troupe de dix-sept suivirent un paysan, qui, avec un levier sur le col, les mena entre la bourgade et le lac à un retranchement de pierres sèches; il en remua assez pour passer, entra le premier. Les dix-sept, au point que la sentinelle s'escria, se jetèrent dans un corps de garde, où ils jouèrent des mains. Le baron et les principaux qui s'estoyent retirez, las de veiller, courent aux armes. Le pétard joue et fait passage. Ceux de l'escalade font leur devoir. La bourgade

1. Le mont Salève (Haute-Savoie).
2. Le baron de la Sarra.
3. De Thou (liv. XCVII) confirme la date de d'Aubigné.

LIVRE TREIZIÈME, CHAP. XXVI.

saisie de tous costez, cependant qu'on y tue trois ou quatre cens soldats, le reste se sauve vers Gets. Le baron se jette dans le chasteau, où estoyent les canons, mais non les vivres. Les forçats avec lui aidèrent à faire jouer le canon. Cela dura jusques au dimanche au soir, que, se voyant sans secours, il se rendit avec composition honorable, bien observée. Ceux de Genève receurent avec joye les quatre canons, pour ce que le duc les appeloit les clefs de Genève. Le reste de l'année se passa en surprises de petits chasteaux, et à la fin fut fait mourir le capitaine Chaudet, après avoir bien servi, mais las de sa fidélité.

Le premier jour de l'an 1590 le baron d'Ermance, allant à la guerre avec quatre-vingts salades bien choisies, trouva des volontaires de Genève qui le chargèrent si résolument que Sainct-Sergue[1], qui menoit trente coureurs, estant mort et les siens en pièces, le baron se sauva à la fuite. Un autre baron, nommé La Bastie[2], voulut mettre sa maison en la place de Versoi. Lurbigni[3], avec les Genevois et quatre pièces de baterie, y fit bresche, le prit par composition et le rasa. De mesme fut traité le chasteau de Gets[4] : toutes ces capitulations bien gardées. Mais le peuple des montagnes en assoma quelque nombre. Tout le mois de mars se passa assez heureusement pour les Genevois, comme en deffaites de compagnies, en la prise de la

1. Le s. de Saint-Sergue.
2. Le château du baron de la Bastie fut pris le 12 janvier 1590 (*Mémoires de la Ligue*, t. IV, p. 696).
3. Le s. de Lurbigny commandait pour le roi les troupes réglées de Genève.
4. Siège et prise de Gex, 18 et 19 janvier 1590 (*Mémoires de la Ligue*, t. IV, p. 696).

Roche[1] à coups de pétard; d'autres chasteaux par surprise, qui furent bruslez; et de Monthou[2] par assaut; la garnison fut tuée et précipitée des murailles. Les chasteaux de Perrière et Présinge[3] bruslez.

Il prit envie aux Genevois d'oster le chasteau de la Pierre[4], dans lequel Arcène commandoit. Lurbigni y marchant avec quatre pièces, ses coureurs rencontrèrent trente argolets sortis de la Cluse, qui voulurent gagner le chasteau de la Pierre. Mais à la veue de ce chasteau ils furent mis en pièces, qui aussitost assiégé aussitost rendu. Les mesmes prirent goust d'enlever la Cluse[5], et pour cet effect ils envoyèrent trois compagnies saisir le chemin. Et, sachant que le capitaine Jean n'avoit plus que trente hommes, ils menèrent leur artillerie à Coulonge pour batre d'un mesme lieu les deux Cluses, basties sur les deux rochers que le Rosne coupe. De mesme temps, ils mettent des hommes sur la montagne, qui rouloyent des roches coupées dans le fort. L'artillerie ne fit rien que rompre quelque ravelin où ceux de Genève se logèrent et jour et nuict, faisant jouer pétards et pots à feu, si bien qu'ils les contraignirent à gagner le milieu du fort où les pierres les assommoyent. En quelques extrémitez que fussent les assiégez, les vrais avis de leur secours qu'ils oyoyent des montagnes leur firent attendre l'extrémité; la sappe les y mit et se rendirent

1. La Roche (Haute-Savoie).
2. Prise du château de Monthou (Haute-Savoie), fin mars 1590 (*Mémoires de la Ligue*, t. IV, p. 696).
3. La Perrière et Prépinge (Savoie).
4. La Pierre (Haute-Savoie).
5. Siège du fort de la Cluse, 19 avril 1590.

le vingtiesme d'avril[1]. Le mesme jour arrivèrent les forces de Savoye à Chastillon[2]. Il fallut tirer les soldats de la place à veue d'ennemi, tellement que les trois compagnies eurent les premières sur les bras et les soustindrent cependant que le secours monstroit une croix rouge à ceux qui estoyent dans le fort. Les Savoyards receurent force mousquetades et perdirent des hommes, et, le fort mal razé, Lurbigni s'en retourna. L'armée du duc le veint resaisir, redresser et agrandir[3]. Au commencement de juin, cent cinquante lances et quatre cens hommes de pied s'estans avancez au territoire, Lurbigni sort avec les carabins de Genève, ayant dessein seulement d'empoigner quelqu'un sur la retraite. Mais les Genevois meslèrent si brusquement les cent cinquante chevaux, qu'ils abandonnèrent leur infanterie qui, se retrenchant dedans un village, en fut attirée par une feinte de retraite, et lors chargez si rudement qu'il y demeura plus de deux cent cinquante hommes, et, entre ceux-là plus de soixante Espagnols[4]. Leurs compagnons de là en avant se plaignans d'avoir esté trahis par les Savoyars.

Les Genevois, accoustumez à cercher les ennemis sans les compter, trouvèrent à Bernai[5] de l'infanterie

1. Le récit des *Mémoires de la Ligue* (t. IV, p. 699) confirme la date de d'Aubigné.
2. Châtillon (Haute-Savoie). — Les troupes de Savoie se rendirent à Châtillon le 20 avril 1590 (*Mém de la Ligue,* t. IV, p. 699).
3. Dégâts causés dans le pays de Gex par l'armée du duc de Savoie, 10 et 11 mai 1590 (*Mémoires de la Ligue,* t. IV, p. 701). Voyez (*Ibid.,* p. 703) une relation de ces ravages.
4. La bataille entre les troupes de Genève et les cavaliers ennemis fut livrée le 5 juin 1590 (De Thou, liv. XCIX). Voyez aussi les *Mémoires de la Ligue* (t. V, p. 792).
5. Combat de Bernex (Haute-Savoie) entre les Genevois et les Savoyards, 22 juin 1590 (De Thou, liv. XCIX).

qui les arresta, et puis, estant sorti entre eux deux cens lances, les attaquans furent suivis jusques à Bernai, perdirent cinquante hommes, moitié morts, moitié prisonniers. Un autre désastre tomba sur eux-mesmes par cinq cens chevaux savoyars, que le bastard de Savoye mena de nuict investir une compagnie près de Genève[1]. Le peuple y accourut sans chef, sans ordre et la pluspart sans armes. Tout cela, ayant couru jusques au bout de la plaine, fut pressé et congné rudement près de la porte de Cornavin, et en demeura de toute sorte de peuple près de deux cens. La compagnie, qui estoit investie, força ceux qui la gardoyent avec perte de sept ou huict soldats, gagnèrent les vignes et la ville. Ces forces firent le dégast des bleds et achevèrent de brusler les maisons du pays.

Sur la retraite d'Amédée, le baron de Conforgien[2] veint commander les troupes de Genève, qu'il employa la première fois avec beaucoup de péril, pource que le baron d'Ermance, ayant ramassé neuf cents hommes des garnisons et se doutant que les Genevois sortiroyent pour favoriser les vendanges, avoyent dressé une embuscade[3] avantagée d'un village à dos, d'un ruisseau et d'un moulin à sa main droite, et d'une grande suite de vignes bien fossoyées à l'autre, où il y avoit aussi lieu propre pour retirer ses lanciers et les faire partir à propos. Conforgien, marchant avec

1. Dom Amédée, bâtard de Savoie, livra bataille aux Genevois le 6 juillet 1590 (Ibid.).
2. Guillaume de Clagny, baron de Conforgien, arriva à Genève le 23 août 1590 (Ibid.).
3. L'armée du baron d'Hermance, gouverneur du Chablais, se mit en marche pour surprendre les Genevois le 16 sept. 1590 (Ibid.).

cent cinquante chevaux, que gens d'armes que carrabins, et deux fois autant de harquebusiers, donne au plaisir de ses ennemis dans le milieu de ces embuscades, où, se trouvant en perplexité, il s'escria : « Seigneur Dieu, conseille-moi. » Puis, ayant crié : « Que chacun charge ce qui l'affronte, » quelque grand que fût le péril, il s'en démesla, pource que ses harquebusiers, quoique surpris, donnèrent aux hayes et les firent quitter. Une troupe se jetta au moulin. Là un Turc esclave, nommé Moyse, se jetta sur la couverture, la rompit, et, sautant dedans, donna moyen au reste de suivre ; et puis la cavalerie ne parut pas plustost qu'il lui passa sur le ventre dès la première charge, laissant sur la place près de trois cents morts, le reste mis en route. Il mourut en ce combat[1] quantité d'hommes de commandement et cent soixante hommes armez. Les prisonniers furent traitez doucement. Le lendemain du combat, ceux de Genève et de Bonne se trouvèrent allans voir les morts, et là furent encores tuez quelques-uns de Thounon[2]. Il y eut pour la fin de l'année quelques courses des Genevois, deffaite d'une partie de la garnison de Croisille[3], brulez dans un village. Et ceux de Genève, ayans receu Sanci[4] et

---

1. Le combat, livré le 17 septembre 1590 entre le baron d'Hermance et le baron de Conforgien, est raconté avec détails dans les *Mémoires de la Ligue* (t. V, p. 802 et suiv.).

2. Ces escarmouches eurent lieu les 18 et 19 septembre 1590 (*Mémoires de la Ligue*, t. V, p. 806).

3. Cruseilles (Haute-Savoie). — Entreprise du baron de Conforgien sur la ville, 29 octobre 1590 (*Mémoires de la Ligue*, t. V, p. 807). Voyez de Thou (liv. XCIX).

4. Nicolas de Harlay, s. de Sancy, arriva à Genève le 22 décembre 1590 (*Mémoires de la Ligue*, t. V, p. 809).

avec lui quelque cavalerie, mirent dehors jusques à deux mille hommes, en y contant trois cents chevaux et trois canons avec eux[1]. Avec tout cela, au commencement de l'année 1591, comme ils marchoyent pour assiéger Buringe[2], et les Savoyars allans à la guerre sous la conduite du comte Christofle de Guevarre[3], se rencontrèrent à veue de la place. Les coureurs de ce comte renversez sur lui, il prit le combat pour eux, où du premier choc il fut tué, avec lui soixante gens d'armes, quatre cornettes prises et force prisonniers. Ceux de Buringe assiégez, après soixante-douze coups de canon, se sauvèrent par une poterne, et estans veus de quelques chevaux légers, payèrent l'hoste de quinze ou seize, que tuez que pendus[4].

En ce temps Guitri retourna à Genève[5] avec quelque peu de renfort, et aussi tost avec cinq canons assiégea Tounon, prit la ville d'emblée[6]; et Campois[7], qui commandoit au chasteau, après deux jours de siège se rendit à composition. De là il assiège Esvian[8]. Là dedans commandoit Bonvilars[9] avec plus de trois

1. Cette escarmouche eut lieu le 31 décembre 1590 (*Mémoires de la Ligue*, t. V, p. 809).
2. Siège de Buringe (Haute-Savoie), par Sancy, 1er janvier 1591 (*Mémoires de la Ligue*, t. V, p. 809).
3. Christophle, comte de Guevara.
4. Prise de Buringe, par Nicolas de Harlay, s. de Sancy, 2 janvier 1591 (*Mémoires de la Ligue*, t. V, p. 810).
5. Jean de Chaumont, s. de Guitry, arriva à Genève le 29 janvier 1591 (*Mémoires de la Ligue*, t. V, p. 811).
6. Siège et prise de Thonon (Haute-Savoie), par le s. de Guitry, 3 février 1591 (*Mémoires de la Ligue*, t. V, p. 811).
7. Compois capitula le 6 février 1591 (De Thou, liv. CII).
8. Siège d'Évian (Haute-Savoie), par Guitry, 8 février 1591 (*Mémoires de la Ligue*, t. V, p. 812).
9. Bonvillars, autrefois gouverneur de Montmélian (Savoie).

cents hommes choisis, qui ayant deffendu ses faux-bourgs et ses dehors quelque temps, la ville fut forcée d'un coup de pétard. Le chasteau ayant tenu quatre jours se rendit[1]. De là Guitri, ayant pris Polinge[2], eut avis que l'armée ducale, commandée par Amédée, assisté du vieil maistre de camp Olivarez, Espagnol, et Sonnas, marchoit vers les royaux avec quatre mille hommes de pied et mille chevaux, que lanciers que carrabins. Les Genevois se résolurent à les recevoir, bien que plus foible d'un tiers. Les Savoyars engagez par Sonnas vindrent cercher le combat sur le haut de Monthou[3], ou les royaux avoyent pris logis, et desquels ils menèrent battant le premier régiment jusques dans le champ que les uns et les autres avoyent choisi pour combat. Le baron de Conforgien, qui menoit la teste, laissa passer Sonnas, menant celle de Savoye, jusques à lui parer le costé, et au mesme temps les mesla si à propos qu'il ramena battant avec meurtre cette cavalerie dans le gros d'Amédée. Cependant deux régimens François s'attaquèrent à douze cents mousquetaires, qui, ayans fait ferme long temps, en fin furent enfoncez et suivis jusques au gros, où Amédée et Olivarez, logez avantageusement, les receurent. Les morts du champ demeurent aux Genevois; entre ceux-là Sonnas, cent gentilshommes et deux cent cinquante fantassins[4]. De là il ne se passa rien de marque

1. Prise d'Évian par les troupes de Guitry, 10 et 11 février 1591 (*Mémoires de la Ligue*, t. V, p. 812).

2. Prise de Poulinge (Haute-Savoie) par les troupes françaises, fin février 1591 (*Mémoires de la Ligue*, t. V, p. 813).

3. Le combat entre les Français et les Savoyards à Monthou fut livré le 12 mars 1591 (De Thou, liv. CII).

4. Le combat de Monthou est raconté avec détails dans les *Mémoires de la Ligue* (t. V, p. 814 et suiv.).

jusques à la tresve de 1592, en laquelle le duc de Savoye fut compris[1].

Nous avons esté contraints de donner tout ce temps aux Genevois, convié à cela par les notables actions d'un peuple que les ennemis ont changé d'aigneaux en lions.

Quant aux affaires de l'Italie avec la France, les principales sont les fulminations que les liguez impétroyent contre le nouveau roi, et qui durèrent jusques à ce que la Ligue, s'estonnant en France, fit part de sa modestie à Rome ; et pource que les effets de cela et les fruicts des voyages du duc de Nevers et des autres sont du livre suivant, nous les garderons à ce poinct.

L'Espagne commençoit lors à se plaindre de ses grandes despenses, de l'infidélité et irrésolution des François, qui n'avoyent pas l'esprit d'acommoder leurs pensées à celles de Castille, faire l'infante roine, pour parvenir au grand dessein, et que la France monstrast l'exemple au reste, pour reconnoistre dom Philippes monarque de la chrestienté.

La roine d'Angleterre s'employoit plus franchement que jamais au secours d'un roi, uni pour lors de religion avec elle, et les Estats de Holande recevoyent de grandes commoditez pour les absences du duc de Parme. Nous verrons mieux cela au chapitre qui nous mènera chez eux.

Il nous faut recueillir comment Balagni[2], gouver-

1. On trouve dans les *Mémoires de la Ligue* (t. IV, p. 690, 703, 713, 717, et t. V, p. 790) une série de pièces du temps sur les entreprises du duc de Savoie contre Genève, que d'Aubigné paraît avoir connues.

2. Jean de Monluc, s. de Balagny, fils naturel de Jean de Mon-

neur de Cambrai, qui lors tenoit en bransle les deux partis, estant convié à donner sa ville avec Guise, La Fère et Péronne[1], que l'Espagnol demandoit pour hostage de son secours, fit response qu'il tenoit la ville pour celui qui seroit roi de France; ce qui fut cause que, deux mois après, le comte de Mansfeld, le marquis de Ranti et La Motte s'aprochèrent de Cambrai en l'absence de Balagni. Sur l'intelligence d'une procession, ils devoyent gagner une porte, mais la dame de Balagni[2], ayant eu bon nez, fit empoigner doyens, chanoines et bourgeois, qui en furent pendus. Et cela m'a semblé des choses communes entre l'estranger et nous.

Chapitre XXVII.

De l'Orient.

Nous n'irons point cercher les affaires d'Orient en Perse, ayant une armée de cent cinquante mille Turcs combatans en Croatie, sous la charge du Bacha Assan[3], qui, après un long siège, prend Wittitski[4], métropolitaine, laquelle servoit de boulevart à la chrestienté

luc, évêque de Valence, nommé gouverneur de Cambrai en 1581, embrassa d'abord le parti de la Ligue. Il passa plus tard au parti du roi et obtint, le 31 janvier 1592, un traité de neutralité qui lui reconnaissait une sorte de souveraineté à Cambrai. Cette pièce est conservée à la Bibliothèque de l'Institut, coll. Godefroy, vol. 96, pièce 32.
1. Guise, la Fère (Aisne), Péronne (Somme).
2. Renée de Clermont, dame de Balagny, morte en 1594.
3. Assan, bacha de Bosnie.
4. Wihitz, dans la Croatie turque.

depuis cent cinquante ans; et se rendit à composition de leur religion libre, mieux observée qu'on n'eust espéré. Carolost[1] ayant couru mesme fortune, l'armée ravagea la Slavonnie, la Stirie et l'isle de Tulepole[2], et vint assiéger l'abbaye de Siffek[3]. L'abbé, ayant enduré six jours quatre-vingts canons et n'en pouvant plus, parlementa pour se rendre dans trois jours, lesquels furent employez à l'acommodement de ce que vous verrez. C'est qu'il fit prier le Bacha que la canaille de l'armée ne jouyst point de sa liberté, mais que la place et les meubles qui restoyent fussent rendus entre les mains des hommes d'honneur. Cela accordé, on fait entrer à cheval et comme en triomphe les plus apparens de l'armée qui passent sans bruit la ville, et jusques dans la cour du chasteau, où ils trouvèrent quatre canons aprestez, et des fougades prestes, et dans la ville les harquebusiers si bien logez au haut des maisons que, tout cela jouant à la fois, il ne se sauve que ceux qui estoyent les plus près de la porte. Cet exploict contraignit Assan de lever le siège[4]. Mais l'année d'après, attaquée par Sinan et foudroyée, fut quittée par la garnison, qui se sauvèrent la pluspart.

Thomas Herden, baron de Slavonie, dressant des embusches à Assan, y fut enclos et deffait avec sept

1. Carlostad, dans la Croatie autrichienne. — Prise de la ville, fin septembre 1592 (De Thou, liv. CIV).
2. Entrée de l'armée d'Assan dans l'île de Turopolie, en Croatie, octobre 1592.
3. Siège de Siffeck, en Hongrie, par les troupes du bacha Assan, 13 juin 1593.
4. Les Turcs levèrent le siège de Siffeck le 22 juin 1593, et reprirent la ville le 3 septembre.

mille hommes, et peu de temps après les Croaces assemblez, renforcez d'Alemans et de Hongres, se jettèrent sur l'armée turquesque en son logis, la mirent en route et tuèrent Assan.

Sinan, successeur d'Assan, rapelé de son exil par les variations de son maistre avec cent mille Turcs, trouva Vesprin[1] abandonné, garni encores de fougades. Les premiers y ayans esté empoignez, il fait si bien suivre la garnison qui se retiroit qu'elle fut mise en pièces. De là, Palotte[2] assiégée et rendue par capitulation faussée, quinze cents Hongres chargèrent six mille Turcs, et leur ostèrent trois mille petits esclaves qu'ils conduisoyent.

L'empereur met sur pieds une armée, sous la charge du comte de Hardech[3], qui, en revenant d'une entreprise, faillie sur Albe-Royale[4], eut sur les bras l'armée turquesque, qui l'obligea au combat. L'avantgarde de cette armée estendue à la droite estoit menée par le comte de Serin. Les chrestiens, voyans leurs nacaires et atabales[5] entamer le combat, firent leur prière, et furent bien tost aux mains en toutes les parties de l'armée, près d'une heure, sans qu'il parust d'avantage d'aucun costé[6]. Mais tout à coup les Turcs

1. Vesprim, dans la basse Hongrie, entre le Danube et la Drave. — Prise de la place, 6 octobre 1593.
2. Prise de Palotta, dans la basse Hongrie, par les Turcs, vers le 13 octobre 1593.
3. Ferdinand, comte de Hardeck, gouverneur de Javarin.
4. Albe-Royale, sur la Ranzia, en Hongrie. — Le comte de Hardeck avait assiégé la ville en octobre 1593 (De Thou, liv. CIV).
5. *Nacaires et atabales,* timbales et tambours.
6. Le combat entre l'armée du comte de Serin et celle des Turcs fut livré le 31 octobre 1593. Voyez le récit de de Thou (liv. CIV).

s'esbranlèrent d'une frayeur sans raison, si bien que les chrestiens, ayans pris cet accident pour une ruse, furent long temps sans en user. En fin, se mettans à la poursuite, les Turcs laissèrent sur le champ, ou par les chemins, seize mille morts. La déroute fut telle que le Bacha s'enfuyant seul, poursuivi seulement d'un muet, tourna teste, et, ayant rompu son cimeterre, le muet lui coupa le poing. Les chrestiens emportèrent, parmi quarante enseignes, deux impériales. Cette victoire leur donna Petrine, en la Croacie, Hastovie et Novigrade [1].

En suite de ces choses, les chrestiens avoyent assiégé Strigonie [2]. Mais Sinan, renforcé jusques à cent cinquante mille hommes, s'en vint avec son poing coupé prendre Dotis [3]. Il parut, et, en poursuivant ceux qui avoyent levé le siège, eut à composition Comor [4]; tout cela pour préparer celui de Javarin [5], autrement Rab. Il y eut en ce siège force remarquables exploicts ; car les chrestiens, renforcez d'une armée qui venoit de Croacie, vindrent camper vis à vis de la Turquesque ; le Danube entre deux. Et pource que les Turcs avoyent fait un retrenchement, garni d'artillerie, un peu esloigné de leur camp, ils trouvèrent moyen de jetter un pont la nuit et gagner ce fort et l'artillerie, au mesme temps que les Turcs firent quit-

1. Pétrinia, Chrastowitz et Novigrad, en Hongrie. — Siège et prise de Novigrad par les impériaux, 7 au 10 mars 1594.
2. Siège de Strigonie ou Gran, dans la basse Hongrie, 8 mai 1594.
3. Siège et prise de Dotis, dans la basse Hongrie, par les Turcs, fin juillet 1594.
4. Comorn, sur le Danube.
5. Javarin ou Raab, dans la basse Hongrie. — Siège de la ville par les impériaux, commencement août 1594.

ter Papa[1]. Le second d'aoust commença la batterie
de soixante canons. Les assiégez, d'un coup de leur
contrebatterie, mirent le feu aux munitions du camp.
Quatre mille Tartares et six mille Turcs passèrent à
nage, leurs cimeterres à la bouche, le Danube, et attaquèrent un fort au dehors de Javarin. Les assiégez y
redonnèrent et firent retirer les autres et repasser
l'eau. Autant en arriva à un ravelin que les janissaires
forcèrent, et y plantèrent trois drapeaux; mais les
chrestiens les deslogèrent quand et quand. Comme la
batterie estoit changée près du portail de Vissambourg, le baron d'Ordep, en garnison à Comor, vint
avec des basteaux battre à coup de canon le pont,
que les Turcs avoyent fait au travers du Danube, et
le mit en pièces, plus par le moyen des Hongres, qui
à la nage coupèrent les cables, que par les coups de
canon. Les assiégez, ayans receu mille hommes que
leur avoit conduit l'archiduc Maximilian, firent une
grande sortie; car, ayans deffait les corps de garde
plus prochains, enfilent les trenchées, gagnent l'artillerie, en enclouent une partie. Le Bacha Sinan rallie
ce qu'il peut par la honte, et fait quitter l'artillerie
aux chrestiens. Sur ce poinct, quelques-uns de l'armée
chrestienne, ayans trouvé moyen de passer à la ville,
vont relever le combat, qui dure depuis sept heures
du matin jusques après midi, et auquel les Turcs perdirent trois mille hommes et sept enseignes, et les
chrestiens quatre cents hommes seulement. La nuict
de devant la Sainct-Martin qu'on appelle, le Bacha
trouva moyen de faire passer sur barques et sur

---

1. Papa, dans le comté de Vesprin, en Hongrie.

radeaux dix mille choisis, la pluspart janissaires. Ces dix mille furent tellement favorisez de l'obscurité et de l'ivrognerie des chrestiens, qu'ils eurent gagné la pluspart des forts avant l'alarme, tellement que ce fut à sauve qui peut. L'archiduc quitte son camp, laisse à l'ennemi pour cinquante mille escus de munitions et de richesses, et, qui pis fut, l'isle de Schiuch[1], qui estoit la clef de Javarin[2]. Les Tartares prirent Vissambourg. Et lors les bresches estans faites à loisir, Sinan fait donner un assaut général, ou plustost trois assauts par trois jours, au dernier desquels, le rempart estant gagné, les assiégez, prenans la résolution de nécessité, font sauter aux Turcs tout ce qu'ils avoyent gagné.

Nous n'avons point encores parlé du comte de Hardech qui commandoit là dedans. La desroute des chrestiens lui fit prester l'oreille à de grands offres, par lesquels Sinan le tentoit. Le marché estant fait, et le Turc ayant continué ses batteries et fait sauter quatre mines, le gouverneur n'eut pas plustost parlé de la reddition que les compagnons la trouvèrent bonne. Et, ayant capitulé à condition honneste et liberté de religion, quitta la ville aux ennemis, et, lui ayant fait courir quelque manifeste sur le défaut de l'armée chrestienne, fut accusé par un valet de chambre du Bacha, qui, esmeu de la trahison et estant chrestien, se desrobe et vint tesmoigner avoir donné deux pochées de ducats à deux hommes, l'un desquels estoit blessé à la face. L'homme connu, la chose fut

---

1. Schut, île de la haute Hongrie, renfermant la ville de Comorn.
2. Prise de Javarin par les Turcs, 26 septembre 1594.

avérée. De plus fut rapporté que, pour empescher les mines des Turcs d'estre entendues, le comte avoit, comme pour son plaisir, fait battre les tambours; qu'il avoit receu des lettres par des flèches. Cela et autres preuves, qui me semblent un peu grossières, lui firent trancher la teste et le poing.

Le Turc, ayant en main Javarin, y laisse trois mille hommes en garnison, marche vers Papa, qu'il trouva en feu, et puis passe dans l'isle de Schiuch, pour assiéger Comor[1]; où l'armée chrestienne, reprenant forces et cœur, passa la Turquesque, deslogea, ayant bruslé le pont, pour n'estre point suivis.

Sur ce changement, le baron de Teuffembach[2], avec quinze mille hommes, alla battre et emporter d'assaut Sabathzie[3], que les Turcs tenoyent si forte qu'ils y avoyent laissé leurs magasins de toutes choses. De là il attaque Fileck[4], et, comme les Turcs vienent au secours, va au devant d'eux, donne bataille, tue sur la place le Bacha de Themisuvar et le Sanjac de Filek, retourne à son siège, prend la ville d'assaut et le chasteau par composition[5]. Cette prise donna aux chrestiens Dregel, Duan, Polavek, Somosk, Hollok, Kek, Bujak, Ainakik. Le baron poursuivit son heur jusques à Novigrade, que les Turcs quittèrent devant lui, et le Bacha en fit estrangler le gouverneur.

1. Siège de Comorn par les Turcs, fin septembre 1594 (De Thou, liv. CX).
2. Christophle, baron de Tieffenbach, gouverneur de Cassovie.
3. Sabotzka, en Hongrie. — Siège et prise de la ville par les impériaux, octobre 1593.
4. Filleck, en Hongrie. — Siège de la place par le baron de Tieffenbach, octobre 1593.
5. Prise de Filleck par l'armée impériale, 24 novembre 1593.

De leur costé, les Cossaques employèrent le temps en courses par la Moldavie. Et, ayans habilement escalé le chasteau d'Albenester, tournent le canon vers la ville, entretienent la peur de la garnison par une attaque qui les fit croire plus forts qu'ils n'estoyent, et, ayant gagné dix canons, avec quantité de munitions, bruslèrent tout, et mirent la place hors moyen de s'en servir. Il arriva encor que la tempeste défit une armée à l'embouchure du Danube comme elle venoit au secours de Sinan.

Nous lairrons en bonne bouche les affaires des chrestiens de ce costé-là par le recouvrement d'une partie de Croatie et des places de Brezens, Segest, Seezin, Babotscham[1] et Capan[2], par les exploits du comte de Serin.

Chapitre XXVIII.

Du Midi.

En nous desmeslant des affaires de Turquie, nous ne pouvons laisser en arrière les nouvelles qui vindrent de l'isle de Cipre à Venise par quelque chrestien secret habitant de Famagouste[3]. C'est que parmi leurs garnisons ils remarquèrent plusieurs morts estranges, comme de rage et de désespoir, estre avenues à ceux qui avoyent commis ensemble la perfidie et la cruauté, le tout en suivant le désespoir de Mus-

---

1. Siège et prise de Babotzca par le comte de Serin, 27 mars 1594 (De Thou, liv. CX).
2. Prise de Prezens, Sechesse, Sechin et Coppau, par le comte de Serin, mars 1594.
3. Famagouste, sur la côte orientale de l'île de Chypre.

tafa, qui avoit fait escorcher Bragadin[1], et puis se tua soi-mesme. Ces lettres cottoyent un accident notable sur Akmat[2], Arabe, qui exécuta de ses mains le commandement de Mustafa. Cettui-ci, estant quelques années auparavant Beglierbei de Cypre, les janissaires et les spachis, qui sont mousquetaires choisis, mutinez par faute de leur solde, conjurèrent la mort de leurs chefs, forcent le logis d'Akmat, défendu par ses nègres d'Alger, d'où il avoit esté vice-roi ; enfin tuent leur général, et le mènent traînant et blessant jusques au mesme endroit où il avoit escorché Bragadin ; les Turcs mesmes après le coup remarquans le jugement de Dieu. En sa place fut establi Morat Aga, renégat italien.

Passons en son pays pour dire comment on se sentoit en Italie des divisions des François. Les Vénitiens n'approuvoyent point les actions du duc de Savoye, et tendoyent à favoriser la légitime royauté de la France, principalement quand Henri IV eut la couronne sur le chef. Les passans, qui pouvoyent leur conter quelques actions de ce roi, duquel la renommée s'enfloit en s'eslongnant, estoyent bien venus. Il est arrivé que, les peintres vendans les tableaux de ce prince à leur mot, un François a esté festiné publiquement pour avoir esté juge entre les tableaux.

Ceux de Gennes, par contagion d'afaires avec l'Espagne, favorisèrent les liguez. Le grand duc de Toscane tint son affection secrette, méditant de bonne heure le mariage qui depuis est ensuivi. Ferrare estoit

---

1. Marc-Antoine Bragadin, un des gouverneurs de Famagouste.
2. Le bacha Achmet.

guisarde à cause des alliances. Ceux de Mantoue changèrent d'avis à la veue du duc de Nevers; le duc d'Urbin de mesmes. Naples et Milan servoyent leurs maistres et s'employoyent aux levées pour la France.

A Rome y avoit quelques partisans pour le roi Henri III tant qu'il vescut, mais si foibles que le cardinal de Joyeuse ne pût tirer aucune raison d'un soufflet qu'il receut dans le consistoire par un cardinal espagnol, en maintenant l'honneur de son roi. Après la mort d'Henri III, il n'y eut aucun qui osast monstrer quelque faction pour le successeur, sinon lors que Sixte, un peu auparavant sa mort, partie par estime de la vertu d'Henri IV, partie par crainte d'elle-mesme, partie par caprice contre la domination d'Espagne, s'adonna à dire du bien en secret, et favoriser de mesmes celui qu'il avoit excommunié.

Sixte mort, fut esleu pape Jean Baptiste Cassagne[1], fils de Cosme, cardinal de Sainct-Marcel, natif de Rome. Il se fit nommer Urbain VII. Cettui-ci ne vesquit qu'onze jours[2], pour faire place à Nicolas Sfondrato[3], cardinal de Saincte-Cicile, Milanois, qui se fit nommer Grégoire XIV. Il mourut en mesme année[4]. Ce fut lui qui envoya son neveu le comte de Marciano. Vous en voyez le succez; il régna deux mois. A lui succéda Jean-Baptiste Facineti[5], qu'ils appeloyent

---

1. Jean-Baptiste Castagna, cardinal de Saint-Marcel, élu pape le 15 septembre 1590.
2. Mort du pape Urbain VII, 28 septembre 1590.
3. Nicolas Sfondrate, cardinal de Crémone, fut élu pape le 5 décembre 1590 et couronné le 8 suivant.
4. D'Aubigné se trompe. Grégoire XIV mourut le 15 oct. 1591.
5. Jean-Antoine Fachinetti fut élu pape le 29 octobre 1591, et prit le nom d'Innocent IX. Il mourut le 29 décembre suivant.

Faquinet, Boulonnois, cardinal des SS. 4[1]. Tous ceux-là n'eurent pas loisir de prendre parti. Mais Hypolite Aldobrandin, fils de Sylvestre, auditeur de rotte et dataire du pape, fut fait cardinal, prestre de Sainct-Pancrace, de là pénitencier. Ayant manié les affaires de Poulongne dextrement et à l'avantage de son parti, il fut esleu pape au commencement de l'an 1592, prit le nom de Clément VIII[2]. Cettui-ci se mesla à bon escient des affaires de France; et, tant qu'il eut bon espoir de celles de la Ligue, dépescha en leur faveur les bulles qu'ils demandoyent, et qui furent traittées rudement, comme nous avons dit. Ce qu'il fit contre le sacre du roi et sa conqueste de Ferrare est du livre suivant.

Encor que l'Afrique produit tousjours quelques monstres, la paisible possession du Turc en tout le Bildugerit[3] seulement se présente. Au Midi le galion Sainct-Thomas, de dix-huit cents tonneaux, où il y avoit pour deux millions de perles et pour quatre d'autres choses précieuses, se perdit vers Socotara[4] par plusieurs tempestes, et c'est ce que nous donne le Midi.

Chapitre XXIX.

De l'Occident.

Outre la fidélité de ceux qui règnent en Espagne,

---

1. C'est-à-dire cardinal au titre des quatre saints couronnés.
2. Hyppolite Aldobrandini, d'une illustre maison florentine, fut élu pape le 30 janvier 1592 et couronné le 2 février.
3. Biledulgerid, ou pays des dattes, en Afrique, capitale Ronsera.
4. Socotora, île à l'entrée de la mer Rouge, capitale Tamarin.

le secret de leurs affaires ne nous permet pas d'en dire beaucoup. Mais sur ce temps, Madame[1] mena au roi son frère un premier secrétaire d'Espagne, nommé Antonio Perez[2], et avec lui un cavalier nommé Gile de Mez[3]. Ceux-ci venoyent se jetter entre les bras du roi, eschappez avec beaucoup de péril, et furent aussi receus courtoisement ; bien traittez, jusques à ce que l'impatience du premier lui osta le meilleur de sa condition. C'estoit un grand homme d'Estat, mais qui mesloit parmi les plus grands affaires les galanteries espagnoles et les intermeses d'amours. Et partant, comme nous apprismes de lui, le roi d'Espagne et Antonio Perez estans devenus rivaux en l'amour d'une dame[4], après les premiers soupçons vaincus, et que les traverses que l'un et l'autre se donnoyent furent quelque temps conduites sans s'aigrir, par la bienséance des amoureux, la matière s'eschauffa, et le roi, usant des avantages de sa grandeur, irrita l'esprit de Perez, jusques à favoriser[5] les affaires d'Arragon contre son maistre. Voici ce que c'estoit.

Le royaume d'Arragon estant tombé ès mains du roi d'Espagne, par élection que les ordres du pays en firent, les Arragonnois se gardèrent les privilèges et les exceptions que font ordinairement ceux qui se

1. Catherine de Bourbon, sœur de Henri IV, née le 7 février 1558.
2. Antonio Perez, secrétaire d'État, était fils de Gonzalo Perez, secrétaire d'État sous Charles-Quint et sous Philippe II.
3. Gil de la Mesa, Aragonais, proche parent de don Antonio Perez.
4. Anne de Mendoza de la Cerda, princesse d'Éboli, veuve de Ruy Gomez de Silva, un des secrétaires d'État de Charles-Quint et de Philippe II. Cette double passion a été contestée.
5. Le sens est : ... Perez, qui favorisa...

donnent à autrui. Ces avantages estoyent principalement pour la liberté de leur justice et police, pour les principaux Estats du royaume, et pour empescher l'imposition libre des subsides sans leur consentement. Pour marque de ce que le royaume réservoit de son ancienne liberté, à la première entrée que les rois d'Espagne faisoyent dans Sarragoce, métropolitaine du royaume, on le faisoit monter sur un tribunal somptueux à plusieurs degrez, et mettoit-on sous mesme dais une fille portant une espée nue, couronnée, et fut sa couronne escrit pour titre : *Justice d'Arragon*. Cette-ci donnoit d'une main le sceptre au roi, en lui monstrant l'espée de l'autre, après avoir prononcé ces mots : « Nous qui valons autant que toi, et qui pouvons plus que toi, t'eslisons nostre roi sous la justice d'Arragon. »

Tant que la crainte des émotions de Grenade put servir à n'enfreindre point les vieilles coustumes et garder les privilèges aux citez, la cérémonie que nous avons déduite ne fut pas vaine. Dès lors que la Grenade fut conquise entièrement, le conseil d'Espagne commença d'entamer les libertez arragonnoises, mais par les choses supportables et de moins de poids : car les affaires de Portugal firent après distraction des forces et des desseins. Mais si tost que le roi d'Espagne fut libre de ce costé, il se rendit tout à coup plus impérieux et envers les pays de sa domination, et envers les particuliers.

Antonio Perez s'en sentit, car, la querelle des amourettes ayant aigri le cœur du maistre, il fut un jour rabroué et injurié fort rudement en la face de plusieurs. Or, comme il estoit trop authorisé en Espagne pour estre sans envieux, quelqu'un qui de long temps machinoit contre lui prit ce temps pour l'accuser au commencement de vices communs. Et cela estant bien venu, on vint à particulariser d'avoir parlé honorablement et avec regrets de l'infant d'Espagne[1], injurieusement de l'Inquisition, d'avoir disputé du droit de Portugal. Le voilà prisonnier[2], et quelque justice qu'on vist en lui, criminel de sa prison, d'où voyant sa vie en danger, et que les grands lui manquoyent de promesse, il corrompit les geôliers d'une somme notable et se sauva en Arragon, se retirant en un monastère, qui s'appelle Collata Jud[3]. Là-dedans il faillit à mourir des geines qu'il avoit endurées, et autres misères d'une longue prison. Estant descouvert, on envoya lettres particulières à un chevalier, sans commission authentique pour enlever Perez, et le remmener à Madril. Le chevalier fut empesché par les religieux. Et partant, ne pouvant faire davantage au nom du roi, on donna à Perez une chambre des dortoirs des moines pour prison, d'où il escrivit au roi[4], qui, ayant augmenté sa colère par l'escapade, renvoya des commissions expresses par lesquelles ce chevalier arracha son prisonnier, non toutesfois sans

1. Don Carlos, fils de Philippe II et de Marie de Portugal, mort mystérieusement, non sans soupçon d'avoir été mis à mort sur les ordres de son père le 24 juillet 1568. Voyez le savant ouvrage de M. Gachard, *Don Carlos et Philippe II*, in-8°, 1867.
2. Perez fut arrêté le 28 juillet 1579 et conduit à la prison du Pinto, ainsi que la princesse d'Éboli.
3. Catalayud.
4. Don Antonio Perez écrivit, du couvent des Dominicains de Catalayud, le 24 avril 1591, une longue lettre au roi, pour lui dévoiler les raisons qui lui avaient fait prendre la fuite.

grande émotion de Collata Jud, pource que c'estoit la première playe qu'on fit aux libertez d'Arragon; aux articles desquelles il est dit que nul prisonnier dans le royaume ne sera mené devant autre justice que celle d'Arragon. Cela estant pesé, il fut laissé à Sarragoce, d'où il escrivit encores au roi, publia une *Apologie*, et, avec ses justifications, présenta une requeste à la chambre de justice générale. Ceux qui le poursuivoyent comme procureurs du roi, redoutans la foiblesse de leurs preuves et la grande intégrité du juge souverain, attirèrent le procez au siège des enquestes, où les officiers sont pourveus par le roi, et partant il y a tout crédit. Perez s'y deffendit toutesfois contre plusieurs accusations, et quelques-unes nouvelles. Et pource qu'il y en avoit en faict de conscience, il demanda de se pouvoir justifier devant l'évesque de Sarragoce, qui lui fut refusé entièrement.

Là-dessus le marquis d'Armenare [1], voyant une belle occasion de gagner de la faveur, se rabatit sur la besongne, fit faire une enqueste contre le prisonnier, et usa de telles menaces envers tous qu'aucun ami, ni mesme l'avocat de Perez, n'osoit plus parler pour lui. Cet abandon lui servit, car ces violences estans connues, les dix-sept d'Arragon en voulurent connoistre. C'est un corps de justice souverain, devant lequel toutes justices respondent, qui représente le royaume, et mesmes qui fait et prononce l'élection des rois. Perez donc, déclaré innocent par ce sénat, est attacqué d'une autre sorte, accusé d'hérésie et demandé par l'Inquisition; estant le peuple abruvé

---

1. Inigo de Mendoza, marquis d'Almenara.

qu'il estoit magicien, et qu'il s'estoit préparé pour se retirer en Holande. Le marquis surtout poussoit à la roue pour l'Inquisition, et fit ouyr des tesmoins devant le Salmedine[1], premier magistrat de ces enquestes. Les dix-sept se roidissans et ne jugeans pas qu'on les vouloit rendre criminels de l'absolue royauté, mettent le Salmedine en prison. Là-dessus le peuple s'esmeut et dit que, Perez estant prisonnier dans Sarragoce, il faut qu'il y soit diffinitivement absous ou condamné. Après surviennent les officiers de l'Inquisition, qui, contre les loix du royaume, notamment contre un privilège qui s'appelle la Manifestation[2], enlèvent Perez du lieu où on le gardoit et le menèrent en la prison de l'Inquisition. Mais le mesme jour, qui fut le 25 de may 1591[3], le peuple s'esmeut, tua quelqu'un qui maintenoit l'injustice, mit le feu en quatre maisons des enquesteurs et contraignit les inquisiteurs de remener le prisonnier en la chambre de Manifestation où il estoit auparavant. Ils firent plus, car ce peuple alla prendre le marquis d'Armenarez et, l'ayant outragé d'injures et de coups, comme traistre et infracteur des loix d'Arragon, ils le jettèrent en prison, où il mourut dans quinze jours des coups qu'il avoit receus, et à la mort confessa ses calomnies et la probité de Perez. Nonobstant, les solliciteurs de l'Inquisition persistent à crier qu'on violoit la *Sancta Hermandad*. Sur quoi treize jurisconsultes furent

1. Galacian Cerdano, Salmedina de Saragosse.
2. La *manifestation* était le tribunal chargé de juger en appel les jugements des autres tribunaux et les sentences ecclésiastiques.
3. Insurrection de Saragosse contre la Sainte-Inquisition en faveur de Perez, 24 mai 1591.

esleus, pour juger si on devoit livrer ou non : ceux-là prononcent que ce seroit livrer à l'Inquisition leurs privilèges, vies et libertez. Et ainsi défendirent le droit du royaume jusques à ce que Jean-Louis Murano[1], ayant parlé à l'oreille de chascun d'eux, leur fit révoquer leur sentence et dire tout au rebours. Le roi avoit mandé qu'il opposast toute sa puissance à la liberté de Perez et qu'au moins l'Arragon lui fût perpétuelle prison, à quoi s'accordèrent les députez.

Le vice-roi[2] fit levée de quelques gens pour favoriser cette affaire. Le peuple, au lieu de s'espouvanter, se mit à crier plus haut que de coustume qu'il ne falloit point souffrir tant de cruautez sur Perez, ses compagnons, sa femme et ses enfans, qui, despouillez jusques à la chemise par les algazils, ne vivoyent que des aumosnes des bourgeois. Il ne s'exécuta rien pourtant jusques à la mi-septembre, que le vice-roi et les chevaliers voulurent voir à quoi pourroit monter la fureur du peuple, espérans mesmes faire leur profit de leur révolte et en avoir des confiscations. L'assignation eschue, qui estoit au vingt-quatriesme[3], le gouverneur ayant donné rendé-vous à ses troupes avant jour en la grand'place, y fit un bataillon de deux mil hommes, leur commanda une escoupeterie, dont un enfant fut tué, et puis lui-mesmes blessa quelquesuns qui en grondoyent. A l'heure du conseil se présentèrent les inquisiteurs, requérans qu'on livrast entre leurs mains Antonio Perez et Jean-Francisque

1. Don Molina de Medrano, un des inquisiteurs de Saragosse.
2. Don Jaime Ximeno, vice-roi d'Aragon.
3. Le jugement de don Antonio Perez, au tribunal de l'Inquisition, avait été fixé au 20 août 1591.

Majorin [1]. Contre toutes les oppositions, les juges consentirent cela, et plusieurs chevaliers allèrent à la prison pour les recevoir, accompagnez de notaires pour faire toutes les cérémonies et des albardiers pour les garder. Les prisonniers eurent beau alléguer les exceptions et privilèges d'Arragon, les inquisiteurs, ayans crié qu'il y alloit de la foi et de la religion, firent mettre les fers aux pieds de tous les deux. Et ainsi les emmenèrent, assistez du vice-roi, du juge principal, de comtes et chevaliers.

Alors ils virent venir à grosses troupes le peuple criant *Libertat*, chose qui estoit avenue plusieurs fois en Arragon quand on blessoit les privilèges. A cette esmeute n'accouroyent au commencement que menue populace, qui ne laissoyent pas d'agacer à coups de pierre le bataillon, que nous vous avons logé en la place de Justice. Le plus pesant du peuple, après avoir crié que ce n'estoit point aux captifs à qui on en vouloit, mais à leurs libertez, prièrent un gentilhomme arragonnois, nommé Giles de Mèse, de vouloir estre leur chef, ce qu'il accepta courageusement. Et, avec ce qui s'approcha de lui ou qui voulut suivre de plus loin, marcha droit au gouverneur et donna la teste baissée dans sa cavallerie, qui prit la fuite du premier choc. Sur leur suite, les enfants mesmes les offensoyent. Ce peuple, ayant tué quelques paresseux, mirent en pièces les mulets qu'ils trouvèrent attachez au coche et le brûlèrent, pour ce qu'il devoit emmener leurs privilèges en Castille, comme ils disoyent. Le vice-roi et quelques seigneurs s'estans retirez en

---

1. Jean-Francisque Mayosini, Génois, accusé de complicité avec don Antonio Perez.

une maison, ils y mirent le feu. Et par ce moyen choisirent les plus grands ennemis de leur liberté, comme Jean-Louis Murano et Pierre Hiérosme de Baradix, quoiqu'il fust des principaux conseillers de Sarragoce. Vous eussiez veu dedans cette furie populaire des vieillars et des mères amener leurs enfans par le poing et les eschauffer pour le païs. Une grande dame y amena son unique fils. Il y eut de part et d'autre près de trois cents que morts que blessez. Enfin les mutinez, estans maistres, courent aux prisons et trouvèrent que les inquisiteurs, pour sauver leur vie, avoyent desjà osté les fers des pieds et prioyent les enfermez de sortir[1]. Perez, ayant demandé acte et n'en pouvant avoir pour le bruit et la confusion, fut mené par le peuple à la maison de Dom Diego d'Eredia[2]. Le mesme jour, lui et ses compagnons délivrez se retirèrent à la montagne, pour n'estre point coulpables de ce qui pourroit arriver. Mais, les chevaliers ayans fait entreprise sur eux, ils furent contraints de se venir cacher dans Sarragoce, où ils demeurèrent quarante jours. Mais là, sachans que les forces de Castille marchoyent pour l'Arragon, Perez et Gile de Mez passèrent auprès de Iaqua, et, par les Aigues-Caudes[3], gagnèrent le Béarn. Par ce moyen, se rengeans près de Madame, il vint en France[4] et nous apprit ce que dessus[5].

1. Insurrection de Saragosse et délivrance de Perez, 24 septembre 1591.
2. Don Diego de Heredia, chargé de la garde de Perez et de Mayorini.
3. Les Eaux-Chaudes, village des Basses-Pyrénées, sur la frontière.
4. Perez arriva le 26 novembre 1591 à Pau.
5. Le récit des aventures d'Antonio Perez, qui met en plein

Quant aux exploicts que fit l'armée de Castille, vous saurez premièrement que le vice-roi fit courir un bruit que toutes ces rumeurs s'appaiseroient aisément et que l'armée passoit en France pour le secours de la Ligue. Nonobstant, Dom Alonso de Vargas, ayant sceu que Perez estoit passé en Béarn, marcha vers Sarragoce, disant qu'il les alloit chastier. Les peuples amassez présentèrent requeste au conseil général, afin que celui qu'ils appellent *El Justicia* fist prendre les armes et marchast au-devant de Dom Alonso. En accordant cette requeste, les dix-sept déclarèrent guerre, donnèrent commissions et firent mettre au vent l'estendart de Sainct-Georges, ce qui ne se fait que quand il faut deffendre la liberté d'Arragon. Voilà force compagnies faites promptement et une armée qui fit bonne mine jusques au premier soir qu'ils virent les feux des ennemis. Ceux qui avoyent le plus à perdre se dérobèrent les premiers, et, au poinct du jour, la frayeur communiquée partout, cette armée devint à rien. Encor, pour faire ouvrir les portes de Sarragoce, le roi Philippes et Alonso firent courir bruit que l'armée passoit en France et qu'elle ne feroit qu'un logis dans Sarragoce, pour marque de soumission. Sur ces choses escrites, la ville fut ouverte, et Alonzo, l'ayant emplie, mit garde aux portes et murailles, commença par les plus apparents seigneurs, chevaliers et gentilshommes à emprisonner, suivit par ceux de la justice et acheva

jour la duplicité et la cruauté de Philippe II, a été l'objet, dans ces dernières années, de deux études approfondies. L'une, par M. Mignet, *Antonio Perez et Philippe II*, l'autre en Espagne, par M. le marquis de Pidal, *Philippe II, Antonio Perez et le royaume d'Aragon,* traduit en français en 1867, 2 vol. in-8°.

jusques aux moindres bourgeois et marchans, ausquels il adjousta plusieurs dames et damoiselles de bonne maison. Claveria et Spinosa, du principal conseil, furent despouillez de leurs offices, et en furent vestus deux qui avoyent fait amende honorable. On confisca le bien des femmes pour le crime des maris. Dom Jouan de la Nuca[1], juge souverain d'Arragon, eut la teste tranchée, sur une lettre du roi portant ces mots : « Faites que j'aye aussi tost nouvelles de sa mort que de sa prison. » Plusieurs de mesme condition furent décapitez.

Il courut force livrets espagnols, qui, pour monstrer la violence des Castillans, racontoyent comment les Arragonnois s'estoyent par vertu délivrez de la main des Mores, qui avoyent tenu sept cens ans l'Arragon, conquis par la bataille où ils tuèrent Roderic, dernier roi des Gots; comment depuis, pour éviter leur confusion, ils demandèrent un roi au pape, lequel leur conscilla, puis qu'ils prenoyent une si mauvaise délibération de prescrire à leur roi des loix qui les garantissent de tyrannie. Suivant cela, ils esleurent les dix-sept et *El Justicia* et ce qu'ils appeloyent la loi de *Manifestation*, et autres articles et cérémonies que Ferdinand refusa de rompre, quoi que ce fust le désir d'Isabelle sa femme et des conseillers, avec un discours notable de ce roi, pour apprendre aux autres à fuyr les nouvelles occupations. Ils alléguoyent encores la loi d'union contenant deux articles : l'un, que, quand leur roi rompra leurs loix, ils en peuvent créer un autre; le second estoit que les

---

1. Don Juan de la Nuça, président de la justice d'Aragon.

grands du royaume estoyent obligez à prendre les armes, sur l'ordonnance des dix-sept. Encore y eut-il entre ceux qui restoyent à Sarragoce quelques-uns qui narrèrent ces choses par une requeste présentée à Dom Alonzo, et qui fut tournée à mespris. De là avint depuis que, quand le roi Philippes fit son entrée dans Sarragoce, on délivra les prisons pour donner au roi une entrée agréable, et selon son commandement, car on lui tapissa les rues de plusieurs pendus et entre autres grande quantité de vieillars.

Vous n'aurez plus de l'Occident sinon que Commerlan, Anglois, aida aux ondes à faire de grands dommages aux Espagnols et Portugais; car, outre la perte du galion *Sainct-Thomas* dont nous avons parlé, cinq autres qui venoyent fraîchement d'Orient, et avec eux un grand navire de Malaca, plein de grandes richesses, furent tellement batus de la tempeste dans la rade de Angra[1] que tous, hormis deux, périrent à la veue et au secours des habitans. Le mois d'octobre après partirent de la Havane cinquante navires, desquels la mer en engloutit onze; quinze des autres, à la veue de la Tercière, virent enfoncer un des leurs à coups de canon par l'Anglois, qui, s'estant retiré, laissa déloger les autres et les vint prendre avec peu de combat à la veue d'Espagne.

Au commencement de l'année suivante, l'armade espagnole perdit douze navires dont nous avons parlé. Les Espagnols ne furent pas seuls qui sentirent ces dommages; car, à l'isle du Corbeau[2], ayans pris un

1. Angra, capitale de l'île de Tercère, dans l'océan Atlantique.
2. Amérique septentrionale.

navire anglois nommé *la Revange* et un autre holandois nommé *la Blanche-Colombe*, ils périrent demipleins de leurs ennemis.

Chapitre XXX.

Des païs septentrionaux.

Hibernie, en nostre chemin du septentrion, nous donnera seulement de quoi se souvenir d'elle, et dire qu'après que ses forces, que le pape avoit prestées pour aller en Irlande, eurent esté desbauchées pour le voyage de l'Afrique, le roi d'Espagne fit passer ce qui en restoit et les accreust encor de six cents Espagnols, qui trouvèrent à leur arrivée tous les catholiques du païs fort mal menez aux provinces de Mounster, Leinste, Methe, Connagh, et qu'il n'y avoit que celle d'Ulster[1], à cause de ses marais, où les princes O'Nel et Odonel s'estoyent conservez; là où mesme la roine leur avoit offert libre exercice de leur religion et franchise de tribut, pourveu qu'ils ne donnassent aucun secours aux catholiques qui apportoyent tousjours quelque nouveauté aux autres provinces. Il y avoit quelque temps que le comte d'Essex y avoit fait la guerre; mais, estant rappellé, les Irlandois, l'an 1594, se remirent sur pieds en la province de Connagh, lorsque les Anglois tuèrent Raimond, archevesque d'Armach[2]. Ces Espagnols et Italiens s'estoyent retranchez en un camp qu'ils nommèrent

1. Munster, Leinster, Methe, Connaught, Ulster, provinces de l'Irlande.
2. Armagh, dans la province de l'Ulster.

fort de Del-Ore, où ils furent forcez par Arthur de Grei[1], vice-roi d'Irlande.

Je ne rechercherai point les guerres des Giralds ni la délivrance de Jaques, qui, de captif en Angleterre, fut remis en liberté pour se servir de lui, à la ruine des siens; nous les laisserons en cet estat pour dire au livre suivant la resource et dernier effort des Irlandois.

Henri quatriesme estant déclaré roi au mesme temps qu'Élisabeth, roine d'Angleterre, fit Jaques, roi d'Escosse[2], chevalier de la Jartière, elle envoya le mesme ordre au roi, et bientost après le secours duquel elle escrivoit ces mots : « Je vous envoye des gens qui n'ont appris qu'à vaincre et qui ont plus de fiance en leur main droite qu'en leur main gauche. »

Il faut maintenant entrer en la partie qui nous donne l'ouvrage le plus honnorable. Nous reprenons les choses laissées au siège de Berg[3], renvitaillée par l'industrie et le courage du collonel Skink[4], lequel, en mesme semaine, averti que quatre cents chevaux et deux mille hommes de pied marchoyent en Frise pour soulager Verdugo[5] des peines que le comte Guillaume de Nassau lui donnoit, ramassa ce qu'il put en Gueldres et les alla rencontrer dans la lande de Lipper-Heydé[6], où, chargeant tout à la fois infanterie

1. Artus, baron Grey de Wilton, nommé vice-roi d'Irlande par la reine Élisabeth, en 1580.
2. Jacques, roi d'Écosse, était fils de Marie Stuart.
3. Bergh, en Flandre.
4. Martin Schenck, seigneur de Tautembourg.
5. François Verdugo, gouverneur de Frise depuis 1582.
6. Schenck livra bataille aux troupes espagnoles, le 11 août 1589, auprès de Wesel, dans la Lippe (De Thou, liv. XCVI).

d'infanterie et cavallerie de cavallerie, il passe sur le ventre et deffit tout. Peu de jours après, ayant failli Nieumègue [1], il se noya, à la confusion de la retraite, par une foule qui se jetta dans son bateau et l'enfonça; capitaine qui, de son temps et pour sa condition, faisoit le plus de bien aux amis et le plus de mal aux ennemis.

En mesme temps les Espagnols prenent les chasteaux de Heel et Rossem [2], l'un après une légère batterie et l'autre par estonnement. Cependant le comte Guillaume assiégea et prit par assaut Rheide [3], qui est vis-à-vis d'Emden. Et, en septembre, les comtes d'Hohenloo et de Mœurs chassèrent les Espagnols de Bommel [4]. Il arriva encor de notable qu'un navire des Estats, de ceux qui gardoyent les embouchures, s'estant seul avancé devant Domkerke, deux navires d'ennemis le cramponnèrent, estans rafraîchis par d'autres. Le capitaine Jaque-Antoine, qui commandoit de vis-amiral en la flotte, se voyant à l'extrémité, fit mettre le feu aux poudres et périr ses ennemis avec lui [5].

Les barons d'Éverstin et de Potis et le chevalier Veer [6], avec trois mil hommes, firent partie pour mener

1. Tentative de Martin Schenck sur Nimègue, août 1589.
2. Prise des châteaux de Heyl et Rossem par les Espagnols, 23 septembre 1589.
3. Siège et prise du fort de Rheyde, en Westphalie, par Guillaume-Louis de Nassau, gouverneur de Frise, juin 1589.
4. Les Espagnols furent chassés de Bommel vers le 23 septembre 1589.
5. Le combat entre Jacques-Antoine de Haerlem et la flotte espagnole fut livré dans les premiers jours d'août 1589.
6. Jean-Philippe, comte d'Eberstein, le baron de Potliz et François de Vère, chevalier anglais.

dans Berg[1] un envitaillement nouveau, allèrent batre le fort de la Roinette[2], en leur chemin; et de là venus à Tekemhof rencontrèrent le marquis de Varembon[3], qui avoit une troupe tirée de l'armée pour s'opposer au secours. Le marquis, se voyant le moins fort, les voulut prendre par la queue, mais il y trouva quatre compagnies angloises et le capitaine Wolf[4], qui mesla et fit sa charge si avant que le reste eut loisir de tourner au combat, où il demeura près de sept cents hommes sur la place et force prisonniers. Le comte de Mansfeld se mit à leurs trousses, et, ne pouvant empescher le renvitaillement, se pare pour les combatre au retour; mais eux se démeslèrent, ayans passé le Rhin auprès de Reez[5]. Le comte, s'en retournant, trouva trente-cinq harquebusiers, qui tirèrent chacun leur coup à sa teste, comme il marchoit; mais, estans entourez dans un bois, furent tous tuez ou pendus.

A la fin de l'année, la garnison de Berg composa par permission des Estats[6], n'espérant plus de renvitaillement pour la mort du comte de Mœurs, que la poudre enleva en essayant des artifices de feu. De mesme temps, le capitaine Bax[7], allant pour les contributions, défit trois compagnies d'Alemans à

---

1. Siège de Rhinbergen, dans l'électorat de Cologne, octobre 1589.
2. Le fort de la Roinette appartenait à l'électeur de Cologne.
3. Marc de Rye, marquis de Varembon, gouverneur de Gueldre.
4. Christophle Wolff.
5. Le fort de Rees, sur le Rhin, dans le duché de Clèves.
6. Reddition de Rhinbergen, fin janvier 1590.
7. Marsile Bacx. Son frère, Paul Bacx, gouverneur de Bergen-op-Zoom, assistait à ce combat.

Stimberg¹, et le comte Guillaume de Nassau força à la veue de Verdugo, Soltcamp et Immentil².

Au commencement de l'an 1592, les mutinez saisirent Courtrai, faillirent Bruge³ et ne laissèrent pas de marcher en France au mandement du duc de Parme. Cependant qu'en Frise les deux chefs sont fortifiez de nouveaux secours, que Grœningue apprend à faire garde contre tous les deux et que le conseil du roi d'Espagne fulmine contre Aix-la-Chapelle, le prince Maurice⁴ fait un dessein sur Breda⁵ par le moyen d'un bateau, qui portoit ordinairement des tourbes à la garnison, sous lesquelles on pouvoit cacher des soldats. A cela il employa Héraugière⁶ et le bastelier nommé Adrian de Berghuen, ayant fait chois d'hommes, entre lesquels je suis tenu de nommer Lambert-Charles, Jean Logier, Jean Fernel, Matthis Held, Girard des Prez⁷. A la première assignation pour l'embarquement⁸, les basteliers manquèrent pour s'estre enyvrez. La glace et le courant de l'eau

---

1. Steenbergen, dans le Brabant hollandais.
2. Prise de Soltcamp, sur le Reediep, et d'Immentil, par Guillaume de Nassau, fin octobre 1589.
3. Prise de Courtray, dans la Flandre autrichienne, et siège de Bruges par les Espagnols, février 1590.
4. Maurice d'Orange, fils de Guillaume le Taciturne, le héros de l'indépendance des Pays-Bas.
5. Breda, dans le Brabant.
6. Charles de Hérauquières, gentilhomme du Cambrésis, attaché au prince Maurice.
7. Lambert Charles, Jean Logier, Jean de Fernel, Mathieu Helt, Gérard des Prez, capitaines de l'armée de Maurice de Nassau.
8. L'entreprise sur Breda avait été fixée au 25 février 1590 (De Thou, liv. C).

leur fit différer l'affaire trois ou quatre fois[1]. Mais, ayans tousjours renoué, enfin ils entrèrent au bateau, à la garenne, dessous le chasteau, à la veue duquel ils demeurèrent devant la Héronnière depuis le matin jusques à trois heures après midi, qu'on les fist entrer dans les barrières, incontinent fermées à leur cul. Tost après un caporal du chasteau vint faire la visite, ouvrit les escoutilles et mit la teste en lieu où il n'y avoit qu'une planche entre lui et les soldats, qui, ayans tousjours toussé auparavant et après en attendant le retour de la marée, commencèrent à désespérer de leurs vies, et, sans les propos de Hérauguière, ils se jettoyent à sauve qui peut. Encor faillirent-ils à se noyer sur un banc, qui, ouvrant une jointure du bateau, les mit en l'eau jusques à mi-jambes.

Le lendemain, sur les deux ou trois heures après-midi, l'escluse fut ouverte pour les faire entrer dans le chasteau, où estans, les porte-faix desgarnirent de tourbes jusques à ce que les soldats voyoyent entre deux ceux qui travailloyent, et mesmes se pensoyent descouverts quand le matelot leur donna de l'argent pour aller boire et garder le reste au lundi. Le sergent-major vint recevoir le bateau pour chasser ce qui estoit dedans, hors-mis un matelot. La nuict venue, ce compagnon remuoit la pompe pour empescher ceux qui toussoyent d'estre entendus. A ce bruit, un soldat de la garde fut envoyé voir que c'estoit. L'excuse fut sur la pompe et sur la vieillesse du bateau. A minuict, au bruit de cette pompe, Hérauguière,

---

1. L'entreprise fut différée jusqu'au 3 mars 1590.

ayant encouragé ses soldats à l'oreille, leur donne les
armes à mesure qu'ils sortoyent, en donne la moitié
aux capitaines Lambert et Fernel pour donner aux
corps de garde du Havre. Lui, avec le reste, cheminant à celui de la ville, rencontre un soldat italien
qui, ayant respondu *amigo*, saisi et enquesté du
nombre des soldats, respondit trois cent cinquante,
avec ceux qu'on a fait entrer de la ville. Et, comme
les soldats demandoyent trop curieusement combien,
il les fit taire et leur dit : « Nous sommes cinquante
bons, contraints à vaincre ou mourir. » Il n'eut pas
fait dix pas que, pour respondre au *qui va là* de la
sentinelle, il lui donna de la picque à travers le corps.
Les gardes et les rondes alarmez vindrent aux mains.
Un enseigne, avant de mourir, donna un coup d'espée
à Hérauguière. Les autres, fermans le corps de garde,
s'y défendoyent; mais à travers les portes et les
fenestres on leur fit crier *miséricorde*, qui n'estoit pas
de saison. Cela dépesché, Antonio Lansavecha[1], fils
du gouverneur, et qui commandoit en son absence,
sortit du dongeon pour charger Lambert et Fenel
avec trente-six hommes. Estans bien receus et leur
chef blessé, ils regagnèrent le nid. Il y avoit encores
un corps de garde de seize hommes près la plateforme, qui fut deffait sans peine. L'alarme ne fut pas
plustost à la ville que la garnison fut aux portes du
chasteau pour y mettre le feu. En mesme temps
arriva le comte Hohenloo et aussitost le prince, qu'il
falut faire entrer par le chemin du basteau. Il vint à
temps pour achever la capitulation de Lansavecha à

1. Paul-Antoine Lanciavecchia.

la vie sauve. La garnison de la ville, voyant le chasteau pris, abandonna les bourgeois par une porte qu'ils rompirent ; le reste vint demander pardon au chasteau et le duc de Parme fit trencher la teste à ceux qui commandoyent la garnison ; et le comte Maurice récompensa le chef et les compagnons de l'entreprise et eut le contentement de trouver là plusieurs marchans de Geertruidembergue[1], qui furent traittez à la rigueur de leur arrest[2].

Le comte de Mansfeld de son costé, pour employer le mois de mars, alla attaquer Steembergue[3] ; mais, l'ayant battu cinq jours, il le quitta, et les Estats le refortifièrent après. Il aima mieux passer en Westphalie, et, vers Coulongne, joindre les forces que nous avons dit qui gastoyent le païs.

Sur les plaintes du cercle de Westphalie, les princes alemans firent mine de se joindre aux Estats pour chasser les Espagnols, mais rien ne tint promesse. Le comte, marchant en haut, rafraîchit le fort de Kenorsembourg[4]. Ce fut lors que par son invention on fit un canal en la Bétuve[5] pour, sans l'incommodité de Nieumègue[6], passer du Wahal dans le Rhin. Durant le labeur du canal, le prince Maurice, faisant pour les

---

1. La fin de l'alinéa manque à l'édition de 1620.
2. Prise de Breda par Maurice de Nassau, 3 mars 1590 (*Mémoires de la Ligue*, t. IV, p. 721).
3. Sevenbergen, à l'embouchure du Merke, près de Breda. — Siège de la ville par le comte de Mansfeld, 10 mars 1590 (*Mémoires de la Ligue*, t. IV, p. 721).
4. Knodsenbourg, fort bâti en juin 1590.
5. Le pays de Bétuwe était une des trois contrées qui composaient la Gueldre hollandaise.
6. Le prince Maurice s'était emparé de Nimègue le 15 mai 1590 (*Mémoires de la Ligue*, t. IV, p. 722).

Alemans ce qu'ils n'avoyent osé pour eux-mesmes, osta aux Espagnols tous les forts qu'ils avoyent basti sur le Rhin et Meuse, comme Hemer[1], Heel, Burich, ville[2] et chasteau, le fort de Grave et Lutken-Hoven[3] au territoire de Coulongne. Et puis, passant en Brabant, prit Terheiden, Rozendael et Steembergue par composition, et par escalade Tillemont[4], qu'il fit quitter; et encores, sur le poinct que ceux de Wenloo[5] chassèrent leurs garnisons, il fit assiéger et eut par composition le fort de Hoie[6] sur Meuse, où commandoit Grobendong.

Ceux des Estats ayans failli une entreprise sur Dunkerke, la garnison d'Ostande emporta par escalade Oudembourg[7], où il y avoit quatre cents soldats de garnison. Les Espagnols aussi, de leur costé, faillirent Lokem[8], qu'ils pensoyent prendre par des soldats cachez dans des charretées de foin ; quelques garçons, qui en déroboyent au passage de la porte, prirent le

1. Prise du fort d'Hemert, par Maurice de Nassau, 27 septembre 1590 (De Thou, liv. C).
2. Le château de Heyl, dans l'île de Bommel, et le fort de Burick, près de Wesel, furent pris par Maurice de Nassau, le 3 octobre 1590.
3. Prise de Graves, dans le duché de Clèves, et du château de Luttekenhoven, par Maurice, octobre 1590.
4. Maurice de Nassau se rendit maître de Ter-Heyden, à l'embouchure de la Breda, de Rosendaal, en Brabant, de Steenberghe et de Tillemont, en octobre 1590.
5. Venloo, sur la Meuse, en Gueldre.
6. Prise du château de Huy, sur la Meuse, par les Espagnols, octobre 1590.
7. Prise d'Oudenbourg, dans la Flandre, par la garnison d'Ostende, vers le 15 octobre 1590.
8. Vaine tentative des Espagnols sur Lochem, en Gueldre, octobre 1590.

pied d'un des soldats; l'alarme prise sur le cri de ces enfans.

Le duc de Parme, à son retour de France, trouvant tant de besongne faite, se voulut venger sur Breda[1], qu'il faillit à la fin de l'an 1590. Mais le collonel Norreis[2] ne faillit pas Blankemberg[3]. La garnison, voyant leur place surprise, s'alla retrancher sur la digue, qui, estant sommée, tua le tambour, puis furent mis en pièces par Norreis; tout cela en février 1591.

Collembourg[4] pris par le chevalier Veer en faveur de Truchsez[5], l'électeur; en avril, Tunehaut[6], par la garnison de Breda; et de là les Estats renforcèrent leur équipage pour employer le printemps. Veer surprit encores le fort[7] qui estoit de l'autre costé de Zutphen par des soldats déguisez en paysanes. Sur cet heur le prince Maurice, marchant au siège de la ville, les grandes diligences et les ponts à passer, cinq chevaux de front qu'il fit jetter en une nuit estonnèrent la garnison, joint qu'elle estoit petite, pour le peu d'apparence d'un tel siège, si bien que la ville fut

1. Entreprise du prince de Parme sur Breda, décembre 1590 (*Mémoires de la Ligue*, t. IV, p. 722).
2. Édouard Norris, gouverneur d'Ostende.
3. Blankenberg, à trois lieues de Bruges.
4. Prise du château de Kalleborg, dans le territoire de Cologne, par François Veer, derniers jours d'avril 1591 (*Mémoires de la Ligue*, t. IV, p. 723).
5. Gebhard Truchsess, doyen de Strasbourg, chanoine de Cologne, élu archevêque de Cologne le 5 décembre 1577. Voyez sur ce personnage les *Mémoires de la Huguerye*.
6. La garnison de Breda s'empara du château de Turnhout, dans le Brabant, le 2 avril 1591.
7. Prise du fort vis-à-vis de Zutphen, par le chevalier Veer, 22 mai 1591 (*Mémoires de la Ligue*, t. IV, p. 723).

rendue dans le mois de mai[1]. De là le prince attaque Deventer[2] par tous les endroits. Sur le poinct de la batterie, le comte Herman[3], qui commandoit dedans, sommé par le prince, dit au trompette qu'il donnoit le bonjour à son cousin, mais non pas la ville, qu'il garderoit jusques à sa mort. Sur la response, la batterie fut de quatre mille coups dans peu d'heures, un pont jetté pour l'assaut, lequel estant trouvé trop court, les Anglois, qui avoyent la pointe, sautèrent du pont en bas, et peu avec une enseigne donnèrent à la bresche. Mais, ne se trouvant guères de tels fauteurs, sept enseignes qui se trouvèrent à la défense les renvoyèrent au logis. La batterie estant recommencée, fort meurtrière aux assiégez, ils eurent honorable composition le lendemain[4]. De là le prince alla assiéger Delphiel[5], Ollac et Immentil et le fort de Dam[6], qui environnoyent Grœningue. Tout cela, ayant enduré quelque batterie, se rendit au commencement de juillet.

Le duc de Parme, qui s'estoit avancé, pensant secourir Deventer, redouta les prospéritez du prince et fut bien aise de ce que ceux de Nieumaigue le pres-

1. Prise de Zutphen, en Gueldre, par le prince Maurice, 28 mai 1591, selon de Thou (liv. C); 31 mai, d'après une pièce du temps imprimée dans les *Mémoires de la Ligue* (t. IV, p. 723).
2. Siège de Deventer, dans l'Over-Yssel, par Maurice de Nassau, 1er juin 1591 (*Mémoires de la Ligue*, t. IV, p. 723).
3. Herman, comte de Berg, gouverneur de Deventer.
4. Prise de Deventer par Maurice, 9 juin 1591 (De Thou, liv. C).
5. Le prince Maurice s'empara de Dolfziel, dans le territoire de Groningue, le 2 juillet 1591.
6. Prise des forts d'Opslach, d'Immentil et de Dam, par Maurice, 2 juillet 1591.

sèrent d'assiéger le fort de Kenorsem[1], bourg qui les ruinoit. Le duc y appela tout ce qu'il avoit de bon, comme les comtes de Mansfeld, de Bossu et de Barlemont-la-Motte[2]. Puis, ayant perdu beaucoup d'hommes aux approches, fit avec neuf canons quelque peu de bresche, qui fut tastée par un enseigne espagnol et quelques Irlandois, mais en vain[3]. Le prince, sachant où il pouvoit à poinct nommé parler au duc de Parme, s'approche de lui par le moyen d'un pont jetté sur le Rhin et, pour faire connoissance, dresse une embuscade dans les bordures du Rhin, où il mit le comte de Solmes[4] et le chevalier Veer. Il envoye deux cornettes se faire voir, qui en eurent six italienes sur les bras, celle du duc pour une. Ses coureurs firent si bien leur retraite à regret qu'ils menèrent leurs poursuivans où il faloit. Les gens de pied de l'embuscade fermèrent de piques le chemin où ils avoyent passé. La cavalerie les mesle et les deffait. Les principaux prisonniers furent Alfonse d'Avalos[5], Petro Francisco Nicelli, lieutenant de la compagnie du duc, avec les autres officiers, comme aussi ceux de Hieronimo Carrafa, Anthonio Padille, qui mourut de sa playe, le frère de Famas[6], Anthonio d'Agina et quelques Espagnols et Italiens. On dit que le duc de

1. Siège du fort de Knodsenbourg par le duc de Parme, 13 juillet 1591 (De Thou, liv. C).
2. Valentin de Pardieu, s. de la Mothe, grand maître de l'artillerie.
3. Cet assaut fut livré le 22 juillet 1591.
4. Georges-Éverard, comte de Solm.
5. Alonzo d'Avalos, mestre de camp italien.
6. Jérôme Carafa, marquis de Monténégro. — Antonio de Padilla, capitaine espagnol. — Charles de Liévin, s. de Famars.

Parme, des remparts de Nieumaigue, vid ce combat ; quoi que ce soit, ayant senti l'espouvente de son armée, il trousse bagage, quitte deux pièces de canon et part de Nieumaigue[1], laissant ses forces à Verdugo pour aller à Spa[2]. Le prince, voyant tout ce qui estoit près de lui plein des forces qu'avoit laissé le duc, à grandes traites va assiéger Hult[3], qui, préparée comme n'atendant point ce destour, se rendit le vingtiesme de septembre. Mondragon[4], gouverneur d'Anvers, ne l'ayant pu secourir, fit essayer de la rassiéger, mais fut contraint de se retirer, et puis ceux d'Anvers, voyans les contributions qui s'élevoyent de tous costez, demandèrent au prince à traitter. Il les refusa, aimant mieux à la mi-octobre assiéger Nieumaigue[5] et le battre de quarante-deux canons par cinq endroits. Les trois compagnies qui estoyent dedans demandèrent composition, qui fut accordée honorable[6]. Deux compagnies entrèrent dedans; elles et les ennemis séjournèrent vingt-quatre heures en la ville sans se dire une injure. Le premier soin du prince fut de faire enterrer honorablement le corps du collonel Skink, qui fut trouvé là conservé par le marquis de Varambon.

1. Le prince de Parme sortit de Nimègue, suivi de huit cents chevaux, le 4 août 1591 (*Mémoires de la Ligue*, t. IV, p. 724).
2. Spa, dans la province de Liège.
3. Hulst, dans le Waas, en Flandre. — Siège et prise de la ville par le prince Maurice, 20 septembre.
4. Christophle de Mondragon.
5. Siège de Nimègue, par Maurice de Nassau, 14 octobre 1591.
6. Prise de Nimègue, par Maurice, le 22 octobre 1591, selon de Thou (liv. C) ; le 21, d'après les *Mémoires de la Ligue* (t. IV, p. 725).

Au commencement de l'an 1592, les Grœningeois envoyèrent nouvelles de leur mauvaise condition, premièrement au comte de Mansfeld, puis à l'empereur, et par lui au roi d'Espagne. Ils receurent quelque subvention d'argent, et Verdugo, avec les restes de Nieumaigue, eut six mille hommes de renfort pour y retourner. Le prince Maurice, venant de faillir Mastric[1] par des eschelles courtes, prit en passant le chasteau de Berkeic[2], qui depuis repoussa un siège d'Espagnols. A la fin d'avril, deux cents soldats des Estats, qui avoyent pris Westerloo[3], furent deffaits, allans à la guerre et tous tuez par les Espagnols.

Le prince assiège Steenuich à la fin de mai[4]. Il y avoit dedans seize compagnies, commandées par Cocuière[5], et parmi ceux-là plusieurs marchans de Geertruidembergue et d'autres, qui, à la prise de Deventer, avoyent juré de ne servir le roi d'Espagne d'un an. Les uns et les autres, sentans ce qu'ils méritoyent, touchèrent à la main de se faire plustost tuer que pendre. Mais la batterie, se faisant de soixante-cinq gros canons, fit que les assiégez demandèrent à se rendre[6], ce qu'ils firent sans armes, et serment de ne les porter de six mois contre les Estats, les déloyaux non compris, qui furent pendus en grande

---

1. Siège de Maestricht, sur la Meuse, par Maurice d'Orange, janvier ou février 1592 (*Mémoires de la Ligue*, t. V, p. 819).
2. Bergeyck, dans la Campigne.
3. Défaite de la garnison de Westerloo par les Espagnols, avril 1592.
4. Siège de Steenwic, dans l'Over-Yssel, par le prince d'Orange, 28 mai 1592 (*Mémoires de la Ligue*, t. V, p. 820).
5. Antoine La Cocquielle.
6. Capitulation de Steenwic, 5 juillet 1592.

quantité. Cette place cousta deux mil neuf cents coups de canon, quinze morts, plusieurs blessez, et, entre ceux-là, le prince Maurice blessé au visage[1].

Cependant, Mondragon prit Westerloo, Turnoult et Bergeaive[2] par composition. De Steenuick, l'armée assiégea Covarden[3] et, d'une partie de soi, Otemarson[4]. Alfonse Mendo, Espagnol, qui commandoit, s'en alla à veue d'ennemi, promettant amener du secours. Cette ville se rendit, ayant tué Famas, général de l'artillerie. Ceux de Covarden faisoyent plusieurs sorties, entre autres une en plein midi, où ils deffirent une compagnie entière. Ce siège se fit pied à pied, dans la grande sécheresse du marais, premier endroit où on a pratiqué les galeries. On envoya à Verdugo encores quatre mil hommes[5]. Avec cela et toutes ses forces ramassées il osa attaquer les trenchées. Il fit si gayement que, les Espagnols en ayans franchi une et crians victoire, le comte de Hohenloo les mesla et fit demeurer sur la place tout ce qui avoit passé. La ville, voyant son secours deffait, le haut de ses remparts rasé et le pied entamé par ces galeries, se rendit par capitulation[6]. Verdugo, qui s'estoit retiré de bonne grâce, emplit de ses troupes quelques bords du

1. Voyez dans de Thou (liv. CIV) quelques détails du siège et de la prise de Steenwic.

2. Prise de Westerloo, de Turnhout et de Bergeaive, par Mondragon, avril 1592.

3. Coevorden, dans l'Over-Yssel. — Siège de la ville par le prince d'Orange, peu après le 5 juillet 1592.

4. Prise d'Oetmarjen, dans l'Over-Yssel, par le prince d'Orange, peu après le 5 juillet 1592.

5. Verdugo marcha au secours de Coevorden le 7 septembre 1592.

6. Capitulation de Coevorden, 12 septembre 1592.

Rhin, mais il garnit les places de Frise principalement.

Le second de septembre, le duc de Parme, estant à Arras pour y tenir les Estats du pays, mourut[1], ayant dit tout haut qu'il avoit esté deux fois empoisonné[2], ce qui fut creu par l'ouverture que les Italiens en firent faire et qui, depuis, ne peurent compatir avec les Espagnols. Il avoit quarante-huit ans. C'estoit le plus accompli de son temps en toutes les vertus de capitaine général, hay des Jésuites pour l'observation de sa foi. Ses funérailles furent à Bruxelles; ce que plusieurs villes d'Italie et en fin Rome contrefirent, avec notables inscriptions au Capitole[3].

En la place du duc de Parme fut establi le comte Charles de Mansfeld[4], avec deux adjoins, sans lesquels il n'ordonnoit rien, assavoir le comte de Fuentes et Estienne d'Ybara[5]. Ces deux Espagnols, pour le commencement de l'année 1593, irritez d'une course que venoit de faire vers Luxembourg le comte Philippes[6],

1. Mort du duc de Parme à Arras, 3 décembre 1592. M. Gachard a publié dans la *Bibliothèque royale de Madrid*, p. 139, un récit de la mort du duc de Parme, attribué à Vasquez et plein de détails nouveaux.

2. Rien ne prouve que le duc de Parme ait été empoisonné. C'est une de ces allégations de fantaisie si fréquentes chez les historiens du temps.

3. Sur les funérailles du duc de Parme, voyez des détails dans de Thou (liv. CIV).

4. D'Aubigné se trompe. Le gouvernement de la Flandre, à la mort du duc de Parme, fut donné au comte Pierre-Ernest de Mansfeld. Son fils Charles fut fait général des troupes qui devaient aller en France (De Thou, liv. CV). Voyez aussi les *Mémoires de la Ligue* (t. V, p. 822).

5. Don Pedro Henriquez, comte de Fuentes; Étienne d'Ibarra.

6. Philippe, comte de Nassau.

rompirent par placard et déclarations publiques l'ordre pour les rançons et contributions[1], qu'on appelle, en ce pays-là, quartier; mais les gens de guerre déclarèrent qu'ils n'estoyent point esparviers de bourreau et firent casser cette nouveauté[2].

Le prince Maurice, pour faire perdre l'opinion qu'on avoit donné dans le pays qu'on lui devoit rongner les ailes l'esté prochain, à la fin de mars, voulant assiéger Geertruidembergue[3], vint attaquer le fort de Stelhof, qui servoit d'un bon dehors à la ville. Et, pource qu'elle le rafrichissoit, il en coupa le chemin par une trenchée, et le fort, se voyant décousu de son secours, après quelque batterie, se rendit le dix-septiesme d'avril[4]; et lors fut gagnée pied à pied la contrescarpe du fossé. Le conte de Hohenloo[5] logé de là l'eau avec un pont pour la passer, le prince réservant près de soi les régimens des comtes Henri, Fæderic[6] et Solms, de Goonvelt et de Balfour[7]. De l'amour que les soldats portoyent à leur chef, ils firent les pionniers et le retrenchement, qui ne se pouvoit circuir qu'en quatre heures, le fossé, de vingt-quatre

---

1. L'édit de Philippe de Nassau, relatif aux contributions, fut porté le 5 janvier 1593.

2. Les états généraux de Flandre publièrent, le 27 février 1593, un édit contraire à celui de Philippe de Nassau.

3. Siège de Gertruidenberg, dans le Brabant hollandais, par le prince d'Orange, 28 mars 1593.

4. D'Aubigné se trompe. Le fort de Stelhoof fut pris par les Espagnols le 7 avril 1593.

5. Philippe, comte de Hohenlohe, beau-frère du comte Philippe de Nassau.

6. Frédéric-Henri de Nassau, frère du prince d'Orange.

7. Georges-Éverard, comte de Solm. — Henri de Balfour, colonel écossais.

pieds, en œuvre, la contrescarpe garnie de pieux fichez en terre; cela lié l'un à l'autre et garni de pointe de fer; les ravelins attachez à la courtine, garnis de chacun deux pièces de canon. Toutes les bandes vivans avec telle douceur que le peuple du pays se vint retirer dans le camp, et ceux qui avoyent des terres labourables travaillèrent comme en temps de paix.

D'autre costé, se fit une mutinerie nouvelle par les Espagnols, qui, ne se contentans pas d'avoir sauvé un de leurs compagnons qu'on vouloit pendre, mais pillé leur général, firent une collecte, fortifièrent pour eux la ville de Sainct-Paul. A leur exemple, les Italiens et Walons, mutinez, se fortifient au port de Sursambre, ce train suivi par la garnison de Rimberg[1], chacun faisant contribuer le pays proche et prenans tous deniers royaux. Cependant, le siège de Geertruidembergue fut assisté d'une armée pour garder la mer et favoriser les vivres; la cavalerie jettée par les garnisons, tant pour incommoder l'ennemi que pour espargner les vivres de l'armée. Le comte de Mansfeld, avec douze mil hommes de pied et trois mille chevaux, se vint camper à demie-lieue du siège[2] et s'y retrancha pour dix jours, et puis changea de quartier, en s'approchant du comte de Hohenloo; c'est pourquoi on le fortifia de Veer et ses troupes. Au bout de trois semaines, le prince fait faire trois batteries et quatre galeries, l'une desquelles fut dans la ruine de la bresche. Un soldat tournesien se mit dans cette ruine.

1. Rhimbergue.
2. Le comte de Mansfeld vint au secours de Gertruidenberg le 9 juin 1593, suivant de Thou (liv. CV); le 6 mai, d'après les *Mémoires de la Ligue* (t. V, p. 823).

Là, voyant ce qui se faisoit au ravelin, fit signe à ses compagnons, qui, prompts à croire, se jettèrent dans le fossé et de là, s'aidans les uns les autres, entrent dans le ravelin; Gisant, gouverneur de la place, et le sergent-major tuez en courant à l'alarme. Et puis, les Escossois s'estans logez de leur costé dans le fossé, les assiégez capitulèrent[1] et sortirent avec armes et bagage, laissans au prince seize drapeaux. Un de ceux qui avoyent vendu cette ville sortant, caché dans une charrette, elle versa, et le galand connu fut pendu[2].

Le comte de Mansfeld, ayant sceu par deux Walons pris à une escarmouche qui s'attaqua sur le poinct de la reddition, et depuis encor par les feux de joye qui se firent dedans, que la ville avoit changé de maistre, marcha pour assiéger Crèvecœur[3]. Le prince, voyant où il avoit la teste tournée, jugea son dessein et, par la commodité de l'eau, fit entrer dans le fort le régiment de Bréderode[4]; et lui, pour estre voisin de ceste besongne, se mit dans Bommel[5]. Cette approche fit quitter le jeu au comte et se retirer en Brabant.

En Frise, le comte Guillaume, renforcé de quelques troupes de son cousin, lorsqu'il vouloit lui envoyer les siennes, prit Oramberge et le chasteau de Vedde,

---

1. Prise de Gertruidenberg par le prince d'Orange, 25 juin 1593 (*Mémoires de la Ligue*, t. V, p. 823).

2. Le siège de Gertruidenberg est raconté avec détails dans de Thou (liv. CV), d'après l'*Hist. des Pays-Bas* de Van Meteren.

3. Crèvecœur, dans le Brabant, sur la Meuse. — Siège de la ville par Mansfeld, juillet 1593.

4. Floris de Brederode, s. de Cloetinghen.

5. Entrée du prince d'Orange dans l'île de Bommel, vers le 24 juillet 1593.

fortifia Boerentange[1], qui fut très utile, pour ce que vous verrez au livre suivant.

Verdugo, fortifié de trois mil hommes et de huict canons, prit Ormarson[2] par composition ; mais, par assaut, Vedde[3], Auverziel[4] et trois autres forts, où tout fut tué ; et, ne pouvant emporter de force Covœrden, la blocqua, et puis quitta son siège pour penser aller prendre le comte Guillaume dans son retranchement. Mais il convertit l'attaque en une escarmouche de sept heures[5]. Les maladies et l'hyver rompirent l'armée de Verdugo, et les gelées firent retirer les autres aux garnisons. Nous finirons ce livre par le changement de gouverneur au Païs-Bas ; ce fut Ernest[6], qui arriva en sa charge au commencement de l'an 1594.

Chapitre XXXI.

Première paix des liguez.

Pource que Meaux, qui fut la première paix des liguez, donna le patron aux autres, nous l'avons pre-

1. Prise de Gransberg ou Grimberg, du château de Wedde et de Boerentaughe par Guillaume de Nassau, août 1593.
2. Prise d'Ootmaarsen par le comte Frédéric de Berg, lieutenant de Mansfeld, 13 septembre 1593.
3. Prise du château de Wedde par Verdugo, peu après le 13 septembre 1593.
4. Auwaarderziel, sur le Groningher-Diep. — Prise du fort par le comte de Capres, un des capitaines de l'armée de Verdugo, septembre 1593.
5. Verdugo livra bataille à Guillaume de Nassau, au commencement d'octobre 1593.
6. L'archiduc Ernest fit son entrée à Bruxelles, comme gouverneur des Pays-Bas, le 31 janvier 1594.

mière et seule couchée de son long. Les articles donc estoyent tels :

1. Que Sa Majesté conservera tous les habitants en la religion catholique, apostolique et romaine, sans qu'il y soit fait autre exercice de religion, et que nul ne sera receu en ladite ville sans permission du gouverneur[1].

2. Que tous les ecclésiastiques du diocèse de Meaux demeureront quittes et deschargez des décimes escheus et à escheoir jusques au jour Sainct-Rémi, chef d'octobre, 1594.

Le roi[2] accorde à ceux du clergé, de la ville et fauxbourgs de Meaux, qui sont à présent résidens en icelle, ce qu'ils doivent des décimes tant du passé que ce qu'ils pourront devoir de la présente année.

3. Que Sadite Majesté aura pour agréables les provisions des bénéfices et prébandes données par M. de Mayenne et les confiscations, sans s'arrester aux provisions ci-devant données par Sa Majesté et autres jugemens et sentences sur ce intervenues : ensemble aux saisies. En conséquence desquelles main levée sera faitte et baillée.

4. Qu'il ne sera mis ou establi en ladite ville autre garnison, soit de cheval ou de pied, que la compagnie de chevaux-légers du sieur de Vitri ; laquelle, néantmoins, sera payée et soudoyée trois jours après le mois passé par Sadite Majesté, sans aucune foule des habitans.

1. Louis de l'Hôpital, baron de Vitry, gouverneur de Meaux.
2. Les paragraphes numérotés contiennent les requêtes de la ville; les suivants contiennent les réponses du roi.

Sa Majesté accorde que ladite garnison soit establie, ainsi qu'il sera requis, pour ledit sieur de Vitri.

5. Que lesdits habitans de Meaux seront et demeureront pour l'avenir exempts des tailles.

Le roi accorde aux habitans de la ville et fauxbourgs exemption des tailles pour neuf années, excepté toutesfois le taillon et payement du prévost des mareschaux.

6. Que tous arrérages des tailles, taillon et levées extraordinaires, seront quittées et remises à tous les villages et parroisses de l'élection dudit Meaux, sans qu'à l'avenir on leur puisse demander aucune chose; nonobstant toutes assignations et contraintes des receveurs, à qui pourroient ci-devant avoir esté baillées promesses, cédules et obligations faites par lesdits habitans desdits villages et parroisses pour raison desdits arrérages, lesquelles demeureront nulles, et les personnes et biens, pour raison de ce, élargis et rendus.

Le roi quitte et remet aux supplians ce qu'ils doivent à cause des tailles et creues des années passées jusques au dernier de décembre passé, attendu la pauvreté notoire et impuissance du plat païs de ladite élection, excepté du taillon et prévost des mareschaux. Et, pour le regard des obligations faites par aucuns desdits habitans desdites parroisses aux gouverneurs et personnes assignez sur lesdits deniers, Sa Majesté, pour les mesmes considérations, en a sursis le payement jusques au premier du mois de mai prochain; pendant lequel temps lesdits gouverneurs et assignez bailleront par estat aux trésoriers de France establis à Senlis les sommes de deniers portez par lesdites obligations et assignations, pour estre icelles par l'un d'eux portées au conseil et en estre ordonné ce qu'il appartiendra. Et, cependant, défenses à tous huissiers et autres de mettre à exécution lesdites obligations et contraintes sur eux jusques à ce qu'autrement par Sa Majesté en ait esté ordonné. Et seront eslargis ceux qui pour ce ont esté constituez prisonniers.

7. Que les diminutions et modérations des tailles, ci-devant faites par ledit sieur de Vitri aux parroisses des élections de Meaux, Melun, Provins, Rozoi et Coulommiers, auront lieu et sortiront leur effect.

Lettres patentes de Sa Majesté seront expédiées, pour ladite descharge, suivant l'estat et descharge faite par ledit sieur de Vitri, en conséquence des traittez faits par ledit sieur de Vitri pour la Brie.

8. Que les frais des redditions des comptes des receveurs establis ès élections de Melun, Provins, Rozoi et Coulommiers, pour recevoir ce que Sa Majesté a ci-devant accordé au sieur de Vitri, par le traité de la Brie, estre levé sur lesdites élections pour l'entretenement de ladite garnison de Meaux, seront prins sur les deniers de l'Espargne, pour le défaut de fonds que peuvent avoir lesdits receveurs, par le moyen de ce que tous les deniers qu'ils ont receus ont esté employez en payement de ladite garnison.

Lesdits comptes seront rendus par estat, par-devant l'un des intendants des finances de Sa Majesté, suivant l'estat qui en sera présenté, et, s'il n'y a fonds, leur sera pourveu d'ailleurs.

9. Que les assignations données par le receveur des aides de la présente année à plusieurs taverniers,

cabarestiers et autres personnes de ceste ville de Meaux pour l'aquit des debtes qui leur estoyent deues par aucuns gens de guerre de la garnison de Meaux, et ce tant sur les cartiers jà escheus qu'autres à eschoir, montans lesdites assignations la somme de…, valideront et sortiront leur effect. Et en ce faisant ledit receveur demeurera du tout quite et deschargé des deniers de ladite recepte.

Accordé sur les deniers de l'année dernière et jusques au premier jour de mars prochain.

10. Sera Sadite Majesté suppliée que, pour l'assiette des tailles, qui se doit faire de l'élection de Meaux, d'avoir esgard à la pauvreté et ruine du peuple, à ce qu'il soit soulagé le plus que faire se pourra.

Sera mandé aux trésoriers de France de soulager, en tout ce qu'ils pourront, ceux de ladite élection. Et cependant Sadite Majesté veut qu'ils soyent sursis durant trois mois de la moitié de ce à quoi ils sont taxez pour le présent quartier. Lesquels deniers desdites tailles, creues et taillon et autres deniez levez en ladite élection, seront apportez par les collecteurs des parroisses en icelles, en la ville de Meaux, ès mains des receveurs desdites tailles ou taillon; et Sadite Majesté a establi lesdites receptes depuis la réduction de ladite ville et non ailleurs. Entendant Sadite Majesté que les officiers de ladite élection exercent leurs charges en ladite ville, expédient les roolles, si aucuns en restent à expédier; demeurant ceux faicts par les éleus de Dammartin[1], pour éviter retardement au recouvrement desdits deniers; s'ils estoyent réformez,

1. Dammartin-sous-Tigeaux (Seine-et-Marne).

pour les faire signer de tous les éleus de ladite élection.

11. Que les receveurs du domaine, aides, tailles, taillon, deniers communs, dons et octrois, receveurs et payeurs des présidiaux, commis aux receptes et autres qui ont esté employez au maniment et distribution des deniers levez, en quelque sorte et pour quelque effet que ce soit, et desquels ils ont compté en la Chambre des comptes à Paris pendant les présens troubles, ne pourront estre poursuivis ni recherchez de nouveau pour la reddition de leursdits comptes jà par eux rendus.

Le contenú au présent article est accordé, et sera faite défense à la Chambre de rien faire au contraire.

12. Et, d'autant qu'aucuns de ceux qui ont receu et touché aucuns deniers levez sur ladite ville ou sur aucuns particuliers d'icelle ont seulement rendu compte en l'hostel de ladite ville, qu'il plaise à Sadite Majesté ordonner qu'ils demeureront deschargez, sans qu'ils puissent estre contraints rendre autres comptes que ceux par eux rendus.

13. Que tous articles rayez et tenus en souffrance ès comptes ci-devant rendus par lesdits receveurs du domaine, taille, taillon, aides et autres, concernans le fait de ladite ville de Meaux, charges et droits d'officiers, seront restablis purement et simplement, nonobstant lesdites radiations et souffrances.

Accordé pour les gages et taxations seulement.

14. Que les deniers ci-devant payez par les fermiers et receveurs de l'évesché et abbaye Sainct-Faron de Meaux aux œconomes establis par monsieur de Mayenne, aux trésoriers et chanoines de la saincte

chapelle du Palais, à Paris, par force ou autrement, leur tourneront en paye et ne pourront estre répétez sur lesdits fermiers et receveurs, qui en demeureront quittes et deschargez, ensemble tous autres fermiers des bénéfices de ladite ville de Meaux.

15. Que les baux des aides faits en ladite ville de Meaux valideront et sortiront leur effect, nonobstant ceux qui pourroyent avoir esté faits à Créci[1], Dammartin et autres lieux, lesquels demeureront cassez et de nul effect et valeur.

Les baux qui se trouveront les plus avantageux et profitables pour le service du roi auront lieu. Et, toutesfois, s'ils se trouvent avoir esté faits par ceux du parti de la Ligue, sera prins lettres de Sa Majesté par lesdits fermiers.

16. Que les habitans de Meaux qui n'ont peu jouyr des fermes des aides baillées par les éleus dudit Meaux, au moyen des autres baux qui en ont esté faits par Sa Majesté, ne pourront estre contraints au payement des sommes, desquelles bail leur a esté fait, d'autant que les receveurs de Sadite Majesté ont esté payez de ceux qui ont jouy.

17. Que les villes, bourgs et villages despendans de l'élection dudit Meaux, qui ont esté naguères esclipsez et distraits pour l'élection des bureaux de Crépi et Rosoi, seront remis et incorporez en ladite élection de Meaux comme ils estoyent auparavant; comme aussi les élections particulières nouvellement establies en l'estendue de ladite élection de Meaux, cassez et supprimez.

1. Crécy (Seine-et-Marne).

Le roi y pourvoira aussi tost que ses affaires le pourront permettre.

18. Que tous lesdits habitants seront gardez et maintenus en leurs privilèges, franchises et libertez, et en ce faisant les droits, dons et octrois accordez par les prédécesseurs rois, confirmez.

19. Que toutes choses qui se sont passées en ladite ville durant les présens troubles seront esteintes et assoupies, sans qu'il soit loisible d'en faire poursuite, reprocher ni susciter aucunes querelles, à peine de punition exemplaire, pour oster occasion à tous habitans de se désunir les uns d'avec les autres.

Accordé pour ce qui s'est fait en faict de guerre et durant la guerre.

20. Que tout ce qui a esté fait en ladite ville de Meaux, joint par le corps d'icelle, authorité de la justice ordinaire ou extraordinaire, depuis les présens troubles jusques à hui, soit pour prinse, levée et emploi des deniers, tant hors que dans icelle, et pour rançon, vente de biens, meubles et perceptions des fruicts des immeubles des absents, faits d'armes et autres choses quelconques, seront par Sa Majesté abolis, sans qu'à l'avenir ladite ville ni particulièrement les habitans en puissent estre recerchez et inquiétez.

Le roi veut que toutes disputes et occasions de querelles soyent assoupies et esteintes.

21. Que tous dons ci-devant faits par Sa Majesté, tant des biens des habitans de ladite ville que bénéfices et autres, seront et demeureront révoquez.

22. Que tous habitans de ladite ville seront payez des rentes et arrérages d'icelle, qu'ils ont tant sur les

tailles et aides que sur l'hostel de ville de Paris et grenier à sel.

Seront employez en l'Estat pour estre payez à l'avenir comme les autres secrétaires du roi[1].

23. Que tous officiers de ladite ville, et qui sont gagez, seront payez par chascun quartier des gages à leurs offices appartenans, lesquels ne pourront estre retrenchez, en quelque manière et façon que ce soit; ains seront payez incontinent le quartier escheu.

24. Que les officiers nouvellement pourveus par monsieur de Mayenne jouiront de leurs provisions, sans qu'en leur lieu et place autre ni plus grand nombre puisse entrer en la jouissance desdits offices, encores qu'ils eussent lettres de provision de Sadite Majesté, moyennant qu'ils soyent résidens présentement en ladite ville de Meaux.

Ceux qui ont esté pourveus par le duc de Mayenne, lesquels sont à présent serviteurs du roi et résidens en ladite ville, jouiront desdits offices, en vertu du don que Sa Majesté leur en a fait en considération de leur fidélité; en prenant par eux lettres de provision de Sadite Majesté. Et les absens, pourveus par le duc de Mayenne, seront privez desdits offices; et en jouiront ceux qui seront pourveus par Sa Majesté. Voulant Sadite Majesté que ceux qui ont financé à ses parties casuelles pour les susdits offices, et qui n'en jouiront, soyent remboursez.

25. Que tous Estats qui sont nouvellement érigez, tant par Sadite Majesté que par le feu roi, ès juridic-

---

1. Ce paragraphe, dans les deux éditions de l'*Histoire universelle*, est imprimé après l'article 22, mais il se rapporte à l'article 23.

tions ordinaires et extraordinaires de ladite ville, dont aucun ne jouit et n'est en possession en icelle, seront supprimez, nonobstant quelques provisions qui en pourroyent avoir esté obtenues et réceptions qui s'en pourroyent estre ensuivies.

26. Que les officiers et autres pourveus par les feus rois seront confirmez par Sa Majesté sans payer finance et sans frais.

Accordé, en prenant lettres de provision de Sadite Majesté.

27. Que ceux qui ont esté pourveus par commission d'aucuns offices de ladite ville ne pourront estre poursuivis ou inquiétez pour la restitution des gages, droits, profits et émolumens qu'ils en ont touchez par les titulaires desdits offices ni autres.

Accordé pour les gages affectez ausditz offices.

28. Que l'augmentation qui a esté faite d'un escu sol, sur chascun minot de sel, pour le payement des gages d'aucuns officiers de ladite ville de Paris, sera cassée et ostée; et l'augmentation qui en a esté faite de la somme de vingt sols, pour le payement des officiers dudit siège présidial de Meaux, confirmée et approuvée par Sadite Majesté.

Ladite augmentation, qui est d'un escu quinze sols, sera levée comme aux autres greniers et les deniers employez au payement de la garnison de ladite ville; cessant la levée de l'escu selon la commission du duc de Mayenne.

29. Que les deniers du quartier commençant le premier jour d'octobre 1593, provenans de ladite crue et imposition d'un escu sol sur chacun minot de sel vendu

au grenier et magasin dudit Meaux, octroyez par le duc de Mayenne aux officiers tenans la Chambre des comptes à Paris, seront baillez et délivrez aux présidents, conseillers et gens du roi au siège présidial de Meaux, qui ont déservi les trois dernières années et sont de présent résidens en ladite ville, en payement et déduction des arrérages de leurs gages.

Se contenteront de la continuation des six sols pour le payement de leursdits gages. Et, s'il n'y a fonds suffisant, leur sera pourveu d'ailleurs.

30. A monsieur de Vitri, l'estat de bailli, capitaine et gouverneur de la ville et chasteau de Meaux, et à son fils[1] aisné la survivance desdits estats, suivant la très humble supplication et requeste que lesdits habitans font à Sa Majesté.

Fait à Meaux, le quatriesme jour de janvier 1594.

Signé : HENRI.

Et plus bas : POTIER, et seellé du contresceel de Sa Majesté, en cire verde.

1. Nicolas de l'Hôpital, duc de Vitry, né en 1581, nommé maréchal de France le 24 avril 1617, mort le 28 septembre 1644.

TABLE DES CHAPITRES

Chapitres   Pages

Livre Douzième (suite).

(Livre II du tome III des éditions de 1620 et de 1626.)

XV.	Prise de Niort et Maillezais	1
XVI.	Secours de la Grenache ; sa reddition ; les refformez s'accommodent de Loudun, Thoars, l'Isle-Bouchart, Chastelleraut, Argenton et autres . . .	11
XVII.	Renaissance du parti ligué	22
XVIII.	Traité et aproche des deux rois, et présentation du duc de Mayenne à Tours.	38
XIX.	Bataille de Senlis ; combat de Saveuze et autres .	46
XX.	Démarches des liguez et exploicts en Bretagne .	55
XXI.	Démarches des rois ; sièges et prises de Gergeo, Pluviers, Estampes, Pontoise et autres moindres places autour de Paris	61
XXII.	Conseil et résolution pour le siège de Paris ; mort du roi Henri III	70
XXIII.	Conséquences de la mort de Henri troisiesme . .	79
XXIV.	Différent estat des deux partis	87
XXV.	Liaison des affaires de France avec les quatre voisins	90
XXVI.	De l'Orient	104
XXVII.	Du Midi	108
XXVIII.	De l'Occident	115
XXIX.	Du Septentrion	120
XXX.	Tresve faite entre le roi et le roi de Navarre . .	133
XXXI.	Déclaration du roi de Navarre pour la tresve . .	142

TABLE DES CHAPITRES.

LIVRE TREIZIÈME.

(Livre III du tome III des éditions de 1620 et de 1626.)

Chapitres		Pages
I.	Avancement des affaires de la Ligue sur la diminution de celles du roi, et son voyage vers Dieppe.	147
II.	Ce qui se passa à Arques et vers Dieppe . . .	156
III.	Prise de Sainct-Germain et de Villebois. . . .	166
IV.	Prise des fauxbourgs de Paris et de Vandosme .	170
V.	Prise du Mans et autres places; du Bois de Vincenne, Pontoise et autres	176
VI.	Bataille d'Ivri.	182
VII.	Première partie du siège de Paris	194
VIII.	Seconde partie et lèvement du siège	203
IX.	Prise et reprise de Corbeil, avec autres exploits .	212
X.	Prise de Chartres, de Corbie et Noyon; entreprise de Sainct-Denis	219
XI.	Guerre de Poictou; deffaite du vicomte de la Guerche; autres combats; le duc de Guise sauvé.	227
XII.	Blocus de Poictiers	235
XIII.	Levée d'estrangers et de deniers; estat de Paris .	242
XIV.	Approches de Rouen et autres événemens . . .	250
XV.	Seconde partie du siège de Rouen et combat d'Aumale	256
XVI.	De ce qui se passa après le siège de Rouen; plusieurs et diverses sortes de combats, qui contraignent le duc de Parme à sa retraite; prise d'Espernay	266
XVII.	De Sainct-Michel, Pontorson et Énay en Berry .	271
XVIII.	Commencement du voyage du duc d'Espernon; combats au milieu de la France	280
XIX.	Exploicts en Champagne; siège et bataille de Craon.	288
XX.	Esbranslement et estats de Paris; prise de Dreux.	296
XXI.	Suite du voyage du duc d'Espernon en Provence .	304
XXII.	Reprise des exploits de Lesdiguières pour nettoyer au terme du chapitre précédent; prise de Grenoble	312
XXIII.	Déclin de la Ligue	321
XXIV.	Du tiers parti et changement du roi	331
XXV.	Affaires de Lyon, Sedan, Stenay; siège et bataille	

Chapitres		Pages
	de Beaumont; prise de Dun; attentat de Barrière; reddition de Meaux.	343
XXVI.	Liaison des affaires de France avec les quatre voisins	356
XXVII.	De l'Orient.	367
XXVIII.	Du Midi.	374
XXIX.	De l'Occident	377
XXX.	Des païs septentrionaux	389
XXXI.	Première paix des liguez	408

Nogent-le-Rotrou, imprimerie DAUPELEY-GOUVERNEUR.